GWYDDELDOD

Machlud haul o'r ynysfor ger An Clochán

Gwyddeldod

Taith at ein Cefndryd yn y Gorllewin

Ian Parri

Argraffiad cyntaf: 2023

(h) testun: Ian Parri 2023

ISBN clawr meddal: 978-1-84527-900-4

ISBN elyfr: 978-1-84524-547-4

CYNGOR LLYFRAU CYMRU

Cyhoeddwyd gyda chymorth Cyngor Llyfrau Cymru

Cynllun y clawr: Eleri Owen

Cyhoeddwyd gan Wasg Carreg Gwalch,
12 Iard yr Orsaf, Llanrwst, Dyffryn Conwy, Cymru LL26 0EH.
Ffôn: 01492 642031
e-bost: llyfrau@carreg-gwalch.cymru
lle ar y we: www.carreg-gwalch.cymru

Argraffwyd a chyhoeddwyd yng Nghymru

Cyflwynedig er cof am Taid Rathlin

Machlud haul o draeth An Fhianait

Cynnwys

Llwybr yr
Iwerydd Gwyllt+

CIONN MHÁLANNA
FÁNAID
Bun
Cranncha
Aird
Ynys Toraigh
Mhic
Giollagáin
Gaoth Dobhair
Clochán
an Aifir
Ynys Reachlainn/
Rathlin/Racherie
Áraian Mhór
DOIRE
Ard an Rátha
Na
Cealla Beaga
Dun na nGall
BÉAL FEIRSTE
AN MULLACH MÓR
CEANN
DHÚN PÁDRAIG
Sligeach
Béal
an Mhuirthead
Béal an Átha
TRÁ NA COIME
Ynys Acaill
Cathair na Mart
Maes Awyr
Cnoc Mhuire
Cruach Phádraig
AN CAOLÁIRE RUA
DEIRGIMLEACH
An Clochán
GAILLIMH
DULYN
Dún Laoghaire
Inis Mór
Dúlainn
AILLTE
AN MHOTHAIR
An Leacht
Cill Ruis
Laimneach
CEANN LÉIME
Trá Lí
Res Láir
An Daingean
Cill Airne
Dún Garbhán
An Coireán
An tSnaidhm
Ceann Mara
CORCAIGH
Baile Chaisleáin Bhéarra
Cobh
Beanntraí
Cloich na Coillte
Cionn tSáile
OILEÁN BAOI
An Sciobairín
AN SEANCHEANN
CARN UÍ NÉID

Pennod 1

Ros Láir

CERDDODD y ddau swyddog diogelwch yn eu dillad duon yn fygythiol tuag aton ni. Teimlais ryw wreichionyn o bryder yn rasio i lawr fy asgwrn cefn. Rhyw gymysgedd o wefr a gofid. Tebyg i'r profiad roedd rhywun yn ei gael wrth groesi'r Llen Haearn ers talwm i hen wladwriaethau comiwnyddol dwyrain Ewrop.

Roedden ni newydd gael ein chwydu allan o safn y llong fferi yn Ros Láir, efo'n bryd ar antur Wyddelig. Roedd yr haul yn gwenu ac awel glên diwedd mis Mawrth yn cosi'n bochau drwy ffenestri agored y modur-gartra. Roedden ni ar dir yr Undeb Ewropeaidd am y tro cyntaf ers gweithredu Brecsit. Ac roedd yn rhaid gofyn, a fyddai'r enwog *céad míle fáilte* – y can mil croeso – cweit mor dwymgalon ag yn y gorffennol.

Wedi'r cyfan, 'toedd ein cylchfeistri gwleidyddol yn Llundain wedi bwrw ati i wneud pethau mor anodd â phosib i Iwerddon? Bygwth heddwch ar yr ynys. Bygwth ail-sefydlu ffin galed rhwng de a gogledd. Bygwth eu cyflenwad bwyd.

Doedd pethau ddim wedi argoeli'n dda ers diwrnod cyntaf ein hysgariad cignoeth oddi wrth weddill ein cyfandir. Un o'r golygfeydd mwyaf arwyddocaol ar y ffrydiau newyddion oedd un o swyddog diogelwch o'r Iseldiroedd yn cipio brechdan ham anghyfreithlon o weflau barus rhyw yrrwr druan o Sais. Efo crechwen fuddugoliaethus, meddai wrth y creadur: '*Welcome to the Brexit, sir.*'

Ond doedd dim troi'n ôl i fod. Powliodd Alabeina'r modur-gartra – wedi ei henwi ar ôl un o amryw wyresau Abram Wood, brenin y sipsiwn Cymreig – ei theiars ar goncrit rhychiog Gwyddelig.

Fy ngwraig Cath oedd wrth y llyw, ar yr ochr chwith, mewn cerbyd gafodd ei adeiladu yn yr Eidal. Mae hi'n gyd-deithiwr anobeithiol pan nad ydi hi'n gyrru. 'Ti'n rhy agos i'r ymyl. Ti'n rhy agos i'r canol. Ti'n rhy agos i'r tarmac. Gwatsia'r defaid 'na yn y cae.'

Llawer haws ydi gadael iddi hi yrru, hyd yn oed â minnau'n gorfod eistedd yn chwysu yn sedd arferol y gyrrwr, ar yr ochr dde. Mae'n fwy llesol i'n perthynas. Ac yn haws inni beidio mynd ar goll pan fydda' i'n cadw llygad ar yr arwyddion ffyrdd. Ran amlaf, o leia'.

Cyrhaeddodd y dillad duon. Roedd yn rhaid, wrth gwrs, wynebu'r gwirio trylwyr arferol ynglŷn â phwy oedden ni, a beth roedden ni'n bwriadu ei wneud yn eu gwlad.

Roedd profiad y Sais llwglyd yn yr Iseldiroedd wedi sicrhau'n bod ni'n llwyr ymwybodol o'r rheolau caeth ynglŷn â mynd a chynnyrch anifail i'r Undeb Ewropeaidd. Ond beth os oedden ni wedi methu rhywbeth? Rhyw hen dun rhydlyd o diwna yn cuddio'n rhywle, efallai?

Roedd yn rhaid inni groesi'n bysedd a gobeithio am y gorau, fel dynion eira yn llygad yr haul. Gofynnodd un o'r swyddogion drwy ffenest agored yn ddigon ffurfiol: 'Mae'n rhaid imi ofyn be' ydy'ch cenedligrwydd.'

Wrth reswm, 'doedd gynnon ni unrhyw fath o sticer GB nac UK ar gyfyl Alabeina. Ond mi fysai rhywun yn meddwl y bysai'r dreigiau coch oedd yn blastar drosti, a'r arwydd CYM hirgrwn ar ei chefn, yn cynnig rhyw fath o awgrym.

'Cymry', medden ni mewn cywilydd, gan wybod bod mwyafrif trigolion Cymru hefyd – os nad y Cymry eu hunain – wedi pleidleisio dros bolisi o fod yn ynysig ac anghroesawgar.

'Iawn,' atebodd. 'Ewch.'

A dyna fo. Haleliwia. Anadlais yn rhwydd eto. Trodd i ffwrdd, efo'r llall yn ei ddilyn fel oen swci, heb ofyn am na phasbort na dogfennau o unrhyw fath. Yna arhosodd am eiliad, a throi ei ben yn ôl tuag aton ni.

'O! Un peth arall.'

Teimlais gwlwm yn cordeddu yng ngwaelod fy mol. Be' ar y ddaear allen ni fod wedi ei anghofio?

'Croeso i Iwerddon,' meddai.

*   *   *

Treulion ni ddwy noson yn Loch Garman, neu Wexford, ac un yn nhre' Port Láirge, Waterford, yn cael ein traed Gwyddelig oddi tanom. Yn cael ein clustiau i arfer efo'r dafodiaith a'r acen, ein meddyliau i arfer efo agwedd 'gwnaiff fory y tro' y Gwyddelod at fywyd, a'n waledi i arfer efo'r prisiau. Nid bod pethau, wrth reswm, hanner mor ddrud ag y daeth rhywun i'w ddisgwyl yn Nulyn, fel pob prifddinas arall.

Roedd hi'n ddiwrnod Ffŵl Ebrill erbyn inni gyrraedd Dún Garbhán, Dungarvan. Yno roedden ni'n dechrau ar ein hantur go iawn, yn trochi'n meddyliau yn ysbryd y Gwyddel llawn cymaint â'n traed yn nyfroedd berw'r Iwerydd.

Roedden ni'n awyddus i ail-danio carwriaeth ddofn y mae nifer o gyd-Gymry wedi syrthio'n glaf iddo. Mae rhai'n honni nad oes 'na unrhyw berthynas, ac eithrio rhamantu gwirion, rhyngon ni â'r Gwyddelod. Nid dyna fy mhrofiad i. Ro'n i'n gobeithio canfod cysylltiad dyfnach, efo'r ymweliad yn hirach na'r arfer, a ninnau am dreulio llawer o'r gwanwyn ymysg ein cefndryd.

Ar Lwybr yr Iwerydd Gwyllt

11

Ni fu gwaith annog ar Cath. Fel un sy'n mopio ar hel achau, roedd hi'n ymwybodol ers peth amser bod gwaed y sipsiwn yn llifo drwyddi, a genynnau disgynyddion Abram Wood ei hun. A finna' hefyd, medda' hi, ar ôl mynnu prynu prawf DNA i mi. Prin oedd hi'n mynd i wrthod cynnig i dreulio cyhyd mewn be' yn ei hanfod sy'n garafán sipsiwn efo injan yn lle ceffyl.

Yn 2014 roedd Fáilte Ireland, bwrdd twristiaeth y Weriniaeth, wedi sefydlu llwybr ffordd ar hyd glannau gwyllt Cefnfor yr Iwerydd. Cynlluniwyd y llwybr i redeg yn llythrennol at bob twll a chornel o'r arfordir. Os oedd lôn yr oedd yn bosib rhoi olwyn arni, lôn o unrhyw hyd neu safon, ac yn lletach na chefn mul, yna roedd yn rhan o'r llwybr.

Cafodd y llwybr ei enwi'r Slí an Atlantaigh Fhiáin, Llwybr yr Iwerydd Gwyllt, a'i farchnata fel y *Wild Atlantic Way*.

Buddsoddwyd €10m ar filoedd o arwyddion ffyrdd brown, yn dangos logo danheddog y WAW, o un pen o'r llwybr i'r llall. Cafwyd pres o goffrau'r Undeb Ewropeaidd i lenwi ambell bydew yn y ffordd. Ac wele, atyniad twristaidd newydd sbon.

Ymgais oedd hyn i ledu enillion twristiaeth yn fwy eang, yn enwedig felly i gorneli anial o orllewin a gogledd y wlad. Llefydd nad oedd prin byth yn gweld ymwelydd o Ddulyn neu Gorc, heb sôn am weddill y byd.

Yn 1,550 milltir o hyd, mae'r Slí yn rhedeg o dre liwgar Cionn tSáile, Kinsale, yn y de, hyd at bentre hollol ddisylw Magh, neu Muff, yn y gogledd orllewin pell. Ydi, mae Iwerddon yn wlad fwy na fysai rhywun yn ei ddisgwyl.

Ond pam mae llwybr mor odidog yn dŵad i ben – neu'n dechrau, os ydych chi am wneud y daith yn groes i gyfeiriad bys y cloc – mewn lle bach cysglyd ar lan Loch Feabhail, Lough Foyle? Cwestiwn teg. Mae'n ymwneud i raddau helaeth â David Lloyd George.

Ac yntau'r unig Gymro Cymraeg erioed i fod yn brif weinidog yn Llundain, roedd iddo rôl allweddol yng nghreadigaeth cor-wladwriaeth Gogledd Iwerddon yn 1921. Ac oherwydd y ffin fympwyol gafodd ei gosod ar fap i hollti Iwerddon ganrif a mwy yn ôl, yno yn Magh y daw arfordir y Weriniaeth i ben yn swyddogol. Ac felly hefyd, i ni sy'n cychwyn o'r de, Slí an Atlantaigh Fhiáin.

Yn wir, yn wreiddiol nid oedd unrhyw ran o arfordir y gogledd orllewin pell i gael ei gynnwys o gwbl yn rhan o'r Slí. Ddim yn ddigon difreintiedig, mae'n amlwg, er i synnwyr cyffredin ddŵad i'r adwy yn y diwedd. Ond penderfynon ni ymestyn y llwybr at ein dibenion ein hunain, yn ei ddechrau a'i ddiwedd, a'i ystumio at ein dant. Roedd yn gyfle inni gynnwys mwy o'r glannau gwyllt na'r hyn roedd mympwyon gwleidyddion yn ceisio ein harwain iddyn nhw.

Ac felly a fu. Gwasgwyd popeth fyddai ei angen ar gyfer treulio'r gwanwyn dros y dŵr i gypyrddau a gofodau cudd Alabeina, yn dronsiau, nicyrs, sgidiau, llyfrau, past dannedd. Ac i ffwrdd â ni, wedi'n cyffroi fel milgwn mewn trap rasio.

Pennod 2

Dún Garbhán

CNULIODD cloch eglwys Sant Awstin yn yr awel, annhymhorol o gynnes am ddiwrnod cyntaf Ebrill. Roedd yn llifo'n fwyn dros y fynwent o'r bae, lathenni i ffwrdd. Trodd yr ugeiniau oedd yno eu golygon at ddrws yr eglwys.

Roedden ni wedi treulio'r noson cynt yma yn Dún Garbhán, lle'r oedd ein hantur yn dechrau o ddifri'. Cofiwch fod 'bh', 'bhf' ac 'mh' mewn Gwyddeleg ran amlaf yn cael eu seinio fel 'f' Gymraeg, ond ar brydiau fel 'w', ac mi ewch yn bell o ran ynganu'r enwau'n agos at gywir.

Llithrodd neidr, liwgar afreolus o alarwyr trwy'r drws. Rhai mewn dillad parch gwledig o siwtiau brethyn, sgleiniog, fu'n ffitio'n

Harbwr Dún Garbhán
Llun: Fáilte Ireland

iawn ar un pryd. Eraill mewn anoracs drud o siopau ffasiynol Corc neu Ddulyn. A rhai mewn trowsusau tracwisg dangos-y-taclau-i-gyd na ddylid eu caniatáu heb drwydded. A phawb ar ras i gael y blaen ar yr ymadawedig druan yn ei arch.

Ond pwy o'n i, estron digywilydd yn eu mysg, i feiddio bod mor ddirmygus wrth fygu piff o chwerthin yn fy llaw? Pwy, yn wir? Ond gallwn yn hawdd ddadlau mai gwerthfawrogi o'n i'r tebygrwydd rhwng angladd fel hon yn Iwerddon a sawl cynhebrwng o'i math yng Nghymru. Rhyw elfen ddoniol, anarchaidd, os nad hurtrwydd iachus, llwyr, yng nghanol y tristwch.

Mae rhai yn ceisio dadlau nad oes y ffasiwn beth â Cheltiaid mwyach. Efallai nad dyna ydan ni go iawn. Ond mae rhyw gwlwm rhyngon ni, gafodd ei greu gan ein cysylltiadau ieithyddol a daearyddol, sydd wedi dal ei afael ar draws y canrifoedd. A dylai'r sawl sy'n dweud nad oes perthynas ystyried geiriau'r Athro David Greene, fu'n athro Gwyddeleg yng Ngholeg y Drindod, Dulyn, yn y 1960au.

Roedd o'r farn bod dylanwad y Gymraeg a'r Cymry yn gryf ar Iwerddon. Bu ein saint yn bla yno yn y bumed a'r chweched ganrif, yn ceisio dwrdio'r trigolion lleol yn surbychaidd am fethu â chadw at y llwybrau culion. A 'dan ni wedi hen glywed yr haeriad bod Padrig yn llawer mwy o Gymro nag o Wyddel.

Roedd Greene yn teimlo mai o'r gair Cymraeg 'gwyddel' y deilliodd y geiriau Gaeilge a Goidel am yr iaith a'r bobol (*Gaelic* a *Goedelic* yn Saesneg), er i'r tarddiad fod bach yn amharchus. Mae'n ymddangos mai gwyllt ac anniwylliedig oedd un ystyr hynafol i'r gair gŵydd, ac iddo gael ei ddefnyddio i ddisgrifio ymfudwyr Gwyddelig i Gymru yn y chweched ganrif.

Does dim gwadu bod ein ieithoedd o'r un nyth

Mabwysiadwyd y gair yn Iwerddon oherwydd nad oedd cyn hynny enw oedd yn cwmpasu'r wlad a'i phobol yn ei chyfanrwydd, ond yn hytrach ddisgrifiadau rhanbarthol. Fel ein gogs a'n hwntws ni, yn hytrach na chyd-Gymry. Ond onid rhywbeth Celtaidd ei naws, yn ei ystyr cyfoes, oedd imi alw heibio cynhebrwng yn y lle cynta'? Yn enwedig pan nad oedd gen i'r syniad lleiaf pwy oedd yn gorwedd o dan y caead pren? Digwydd pasio o'n i. Nid mod i wedi gobeithio cael fy ngwahodd am frechdanau caws a chafniad o Guinness yn yr wylnos – neu'r wêc – na dim byd o'r fath. Rhyw hen 'fyrraeth i fusnesa a'm denodd, rhywbeth â'm hudodd i weithio fel newyddiadurwr am nifer o flynyddoedd.

Prin y sylwodd neb fy mod i yno, cymaint oedd eu brys i ffurfio gwarchodlu amryliw o barch wrth y drws. Roedd llais yr offeiriad yn llafarganu i'w glywed yn atseinio'n nes ac yn nes o du fewn yr eglwys, yn llawer rhy gyflym i'r galarwyr druain allu cael trefn ar bethau.

Roedd hwn yn ddiwrnod boddhaol o waith i'r offeiriad yntau, yn un o ganghennau Duw Cyf. Roedd wedi llwyddo i lenwi'r lle at ei ymylon am y tro cyntaf ers yr angladd neu'r briodas neu'r bedydd diwethaf. Byddai'r esgob yn sicr wedi ei blesio. Ac mi fysai'r cyfan yn ychwanegu at ei bwyntiau bonws, siawns, pan ddeuai hi'n bryd iddo gael ei holi'n dwll gan Bedr Sant wrth y giatiau trymion 'na. Felly roedd o hefyd â'i fryd ar ddathlu, ac am hel ei draed oddi yno cyn gynted â phosib.

Bu addoldai ac eglwysi efo rôl bwysig yng ngwead cymdeithasol a gwleidyddol Iwerddon, fel yng Nghymru. Ond gwanio bu'r dylanwad hwnnw yn y gwledydd Celtaidd i gyd. Wedi dweud hynny, yng ngweriniaeth Iwerddon – mae crefydd yn y gogledd yn haeddu llyfr iddo'i hun – mae'r Pabyddion o leiaf wedi dal gwell gafael ar eu praidd na'r Anglicaniaid a'r anghydffurfwyr. A llawer gwell nag y gwnaeth yr eglwysi a'r capeli ar yr ochr Gymreig i'r dŵr.

Rhywbeth i'w wneud efo'r ddefod o orfod cyffesu'ch pechodau, mae'n bosib. Rhoi sgwrfa i'r enaid. Collodd y capeli Cymraeg gyfle yn fanna. Byddai hynny wedi cadw'u gweinidogion yn brysur.

Gwnaeth yr arch ei ffordd sigledig drwy'r drws, heb ei sgriffio'n ormodol. Dechreuodd rhuthrad ymysg y galarwyr, fel merlod wedi eu rhyddhau o bwll glo fis Awst. Gwthiodd ambell un ei ffordd at lan y bedd agored, heibio adfeilion hen abaty tu cefn i'r eglwys, er mwyn talu'r gymwynas olaf. Aeth eraill yn syth am y giât, gan groesi'u hunain yn ddefodol wrth frysio heibio delwedd o'r croesholiad oedd yn wal y fynwent.

Ac efo'r ymadawedig wedi ei blannu yn y pridd, seiniodd trwmpedwr unig y darn enwog o Symffoni Rhif 9 Dvořák i'r Byd Newydd i ddweud ffarwel. Mae'r darn hwnnw yn cael ei 'nabod yn ein mysg ni'r llai diwylliedig fel y diwn fu'n gwerthu bara *Hovis* mewn hysbysebion beunyddiol ar y teledu am ddegawdau. *Hot from t'oven*, fel y dywedon nhw.

Gerllaw gwelais fedd y Capten Tom Donohue, brodor o'r dre a fu farw yn Rhagfyr 1949. Roedd yn un o amryw arwyr morwrol Iwerddon yn yr Ail Ryfel Byd, er i'r wlad fod wedi datgan ei niwtraliaeth. Er nad oedd Iwerddon yn rhan o'r brwydro, achosodd Yr Argyfwng – fel y mae'r Rhyfel yn cael ei gyfeirio ato hyd heddiw – loes a cholledion lu i'r wlad. A gwelwyd dewrder enfawr ar ran ei morwyr.

Ym mis Mai 1943 roedd Capten Donohue ar fwrdd yr SS Irish Oak, yn cludo gwrtaith o Fflorida i Ddulyn. Cafodd ei long ei suddo gan long danfor Almaenig yr U-608, 700 milltir i'r gorllewin o Iwerddon. Achubwyd o, ac yn fuan wedyn cafodd ei benodi'n feistr ar long y Kerlogue. Roedd ei meistr blaenorol, Desmond Fortune, wedi gorfod ymddeol o'r môr ar ôl dioddef anafiadau difrifol yn sgil ymosodiad damweiniol arni gan Lu Awyr Prydain.

A'r Kerlogue erbyn hynny wedi ei thrwsio, dau ddiwrnod ar ôl y Nadolig yn 1943 cychwynnodd ar ei ffordd o Lisboa am Ddulyn efo llond yr howld o orenau. Dau ddiwrnod yn ddiweddarach, yng nghanol Bae Biscay, cafodd gais am gymorth gan luoedd yr Almaen yn sgil brwydr waedlyd efo llynges Prydain.

Ymatebodd y Kerlogue, a ddwy awr yn ddiweddarach daeth ar draws galanastra uffernol yng nghanol tonnau mynyddig y môr. Roedd 700 o ddynion yn y dŵr, y rhan helaethaf ohonyn nhw'n gyrff meirw. Dros ddeg awr gythryblus llwyddwyd i achub 168 Almaenwr, a'u gwasgu ar fwrdd y llong fechan.

Ceisiodd yr uwch-swyddog Almaenig gael y capten i fynd â'i ddynion i Ffrainc, oedd o dan reolaeth yr Almaen. Yn ddewr iawn, o ystyried bod cymaint mwy o Almaenwyr nag o Wyddelod ar y llong, gwrthododd Capten Donohue. Gwrthododd hefyd â chydymffurfio â chytundeb efo'r awdurdodau yn Llundain ar gyfer llongau niwtral, oedd yn ei gwneud yn ofynnol arno i ddocio'r llong yn Abergwaun i gael ei harchwilio wrth adael neu ail-ddychwelyd at ddyfroedd dwyreiniol Iwerddon.

O ystyried cyflwr truenus nifer o'r Almaenwyr, penderfynodd Tom Donohue anelu'n syth am borthladd Gwyddelig Cobh. Trodd radio'r llong i ffwrdd, er mwyn celu ei fwriad a'u lleoliad. Bu'r cargo o orenau yn dra defnyddiol i gadw bron pawb yn fyw gydol y daith, er i bedwar farw. Deuddydd yn ddiweddarach, dwy awr cyn y Flwyddyn Newydd, a hwythau 40 milltir allan o Cobh, trodd y radio ymlaen eto. Cysylltodd efo'r awdurdodau Gwyddelig a'u rhybuddio bod 164 o ddynion (ac un corff marw, efo tri arall wedi eu claddu yn y môr yn ystod y daith) ar ei bwrdd fyddai angen sylw meddygol.

Ffrwydrodd yr awdurdodau Prydeinig mewn dicter, gan fynnu bod y Kerlogue yn mynd yn gyntaf i Abergwaun. Darlledwyd neges ati bob chwarter awr yn mynnu ei bod yn cydymffurfio, ond yn ofer. Cafodd yr Almaenwyr eu cadw fel carcharorion rhyfel ym marics Corc tan ddiwedd yr Argyfwng. Ond derbyniodd criw'r Kerlogue gwpanau arian mewn diolchgarwch gan Lysgennad yr Almaen yn Nulyn.

Roedd yr awdurdodau Prydeinig yn aruthrol flin yn sgil y digwyddiad, gan fygwth dileu 'trwydded' y Kerlogue i fasnachu fel llong niwtral. Gan yn gyfleus iawn anghofio iddi hefyd, yn 1941, fod wedi mynd i gynorthwyo'r llong cludo glo, y Wild Rose. Roedd honno â'i chartref yn Lerpwl, ond wedi ei hymosod arni gan awyrennau'r Almaen ym Môr Iwerddon. Onid ystyr niwtraliaeth oedd peidio â bod yn unochrog?

Llong Wyddelig arall a chwaraeodd ran allweddol a lliwgar yn y ddau ryfel byd, a thu hwnt, oedd sgwner haearn y Cymric. Fel y bysai rhywun yn ei dybio o'r enw, cafodd ei hadeiladu yng Nghymru, gan

William Thomas a'i Feibion ym Mhorth Amlwch, Ynys Môn, yn 1893. Llwyddodd drwy gamgymeriad i suddo llong danfor Brydeinig, yr oedd hi i fod ar yr un ochr â hi, yn ystod y Rhyfel Mawr. A chwaraeodd ran allweddol yn y symudiad i sefydlu *Coimisinéirí Soilse na hÉireann* – Comisiynwyr Goleudai Iwerddon – yn 1935 i reoli goleudai a goleulongau ynys Iwerddon gyfan. Hyd at hynny buon nhw o dan reolaeth Trinity House o Lundain.

Mae badau achub Iwerddon yn parhau i ddŵad o dan adain Prydain, ond nid Gwylwyr y Glannau. Mae'r RNLI hyd heddiw yn darparu gwasanaeth badau achub elusennol, o'u pencadlys yn Poole yn ne Lloegr, ar gyfer y cyfan o'r ynysoedd hyn.

Cododd stŵr enfawr yn 1931 pan darodd y Julia yn erbyn y creigiau ger An tInbhear Mór, gan golli ei chriw o bump, ar ôl i Trinity House fynnu adleoli goleulong oddi yno. Y Cymric ganfyddodd weddillion y Julia. Penderfynodd y Gwyddelod dorri eu cwys eu hunain yn sgil hynny.

Erbyn yr Ail Ryfel Byd, bu'r Cymric yn chwarae rôl allweddol yn cludo bwyd a nwyddau eraill rhwng cyfandir Ewrop a Phrydain neu Iwerddon.

Ar Chwefror 23, 1944, hwyliodd o Ardrossan yn yr Alban am Lisboa ym Mhortiwgal efo llwyth o lo. Cafodd ei gweld ger Dulyn y diwrnod canlynol, ond ni welwyd hi na'i chriw o 11 fyth wedyn. Roedd rhai yn credu iddi grwydro i ddarn gwaharddedig o Fae Biscay, a'i bod – fel y Kerlogue – wedi cael ei suddo gan awyrennau'r cynghreiriaid. Ceir cofeb iddi a'i chriw ar y cei yn Loch Garman.

Tre fach digon dymunol o tua 9,000 o bobol ar arfordir sir Port Láirge ydi Dún Garbhán. Ar ôl gadael sioe'r fynwent, ces fy hun yn gwrando ar fysgar yng nghanol y dre, cawr blewog â barf cringoch, ei wallt yn cyhwfan dros ei wyneb yn yr awel. Roedd iddo gitâr fyddai wedi syrthio'n ddarnau heb gynhorthwy llathenni o dâp lapio parseli.

Efallai iddo haeddu cael ei enwi fymryn y tu allan i restr 10,000 bysgar gorau Iwerddon. Yn sicr, digon tila oedd ei enillion yng nghês y gitâr wrth ei draed. Aeth drwy'r hen glasuron. *The Old Dungarvan Oak*, ac yna *Dirty Old Town*, ac yna *Fields of Athenry*, ac yna *The Old*

Dungarvan Oak. A phob tro roedd hi'n ymddangos i'w repertoire fod wedi dŵad at ei therfyn, câi *The Old Dungarvan Oak* ei hocheneidio eto, mewn llais fel cath yn ceisio dianc o sach ar lan afon. Os nad oedd hynny'n bod yn angharedig. Yn angharedig efo'r gath.

Ond be' well na chân werin draddodiadol Wyddelig, am y dre ei hun, i geisio gwahanu'r twristiaid Americanaidd lu oddi wrth eu doleri gwyrddion? Teimlais y dylwn ofyn iddo a wyddai hanes y gân, ond roedd peryg' y byddai hynny wedi amharu ar ei ymdrechion i ennill doler onest. Yn sicr doeddwn i ddim hanner digon dewr i ddŵad rhwng canwr mawr sychedig a'i gronfa Guinness. A does wybod ble byddai'r gitâr ddarniog wedi cael ei pharcio.

Ond tybed a fyddai'r Americanwyr hyd yn oed wedi fy nghredu pe byddwn wedi egluro mai cân Gymreig oedd hi'n wreiddiol? Un wedi ei chyfansoddi mor ddiweddar â diwedd y 1960au? Cân gan yr enwog Frank Hennessy, Cymro o dras Wyddelig fel y gwyddon, oedd â'i dad-cu a'i fam-gu ar ochr ei dad yn hanu o gyffiniau Dún Garbhán.

The Old Carmarthen Oak oedd hi'n wreiddiol, a chafodd ei chyfieithu i'r Gymraeg yn ddiweddarach fel Yr Hen Dderwen Ddu. Ond daeth hi'n fyd-enwog yn ei chôt Wyddelig, a chael ei recordio gan sêr megis Diarmuid O'Leary and the Bards, Paddy Reilly, Brendan Shine, Foster and Allen, a Daniel O'Donnell. Cynhwysodd hwnnw'r trac mewn albwm o'i hoff ganeuon, a werthodd fwy na miliwn o gopïau. Wyla, Frank bach, wyla.

Dyma benderfynu dianc o'r plagio cerddorol, a chael gwg o du ôl i'r blewiach cringoch pan luchiais ddarn ewro unig i'r cês gitâr. I bawb ei haeddiant. A doedd gen i ddim byd llai.

Ail-ymddangosodd Cath, fu'n stwna o amgylch y strydoedd a'r siopau, tra bûm i mewn cynhebrwng! Anelon ni'n syth am gasgliad go iach o dafarnau lliwgar yng nghyffiniau'r sgwâr llydan yng nghanol y dre.

Deuai cerddoriaeth fywiog, ffidl-di-didl-di, o ddau ohonyn nhw, yn amlwg yn cael eu chwarae ar jiwcbocsys yn hytrach na gan gerddorion cig a gwaed. Ond roeddwn i wedi 'laru ar gerddorion go iawn am y tro, ac wedi cael llond fy ngwala o'r bali goeden dderw 'na. Ymysg y mwya' diddorol yr olwg o'r tafarnau eraill roedd un o'r enw'r Lady Belle, sefydlwyd ym 1825 yn ôl yr arwydd uwch y drws. Penderfynon ni angori yno am sbel.

Llong o'r dre oedd y Lady Belle. Ym mis Mawrth 1941 ymosodwyd arni gan y Luftwaffe, y llu awyr Almaenig, ger y mynediad at Fôr Hafren wrth wneud ei ffordd o Dún Garbhán i Gaerdydd i gasglu cargo o lo. Er mewn cyflwr difrifol, llwyddodd i wneud ei ffordd at ddiogelwch cymharol yn Aberdaugleddau. Yn ffodus ni anafwyd yr un o'r criw. Gwerthwyd hi yn fuan wedyn i gwmni o Gorc.

Bu Dún Garbhán ar un pryd yn borthladd pwysig, efo cysylltiadau lu â de Cymru. Dyna, lled debyg, sut y bu i daid a nain Frank Hennessy ymgartrefu yng Nghaerdydd.

Trueni i fwrdd gwybodaeth ar y cei gawlio pethau drwy fynnu mai dinasoedd Seisnig ydi Caerdydd ac Abertawe. Ble mae'r paent gwyrdd pan mae ei angen o arnoch? Poenus o anwybodus. Ond mae'n rhaid cydnabod bod 'na dueddiad anffodus ymysg rhai Gwyddelod, y to hŷn yn bennaf, i enwi'r ynys i'r dwyrain ohonyn nhw yn 'England'. Go dratia nhw.

Ro'n i'n dal i ferwi am yr anghyfiawnder wrth inni gamu o'r haul tanbaid i'r hanner tywyllwch cysurus tu mewn i'r dafarn. Daeth dyn aton ni mewn lifrai cogydd, ei drowsus sgwariog du-a-gwyn llac yn edrych fel piano wedi bod mewn damwain. Dyna groeso cynnes, meddyliais; y pen dyn yn amlwg, yn dŵad i'n cyfarch yn bersonol.

'Ydach chi'n chwilio am fwyd?' meddai, mewn acen oedd ddim ond yn rhannol Wyddelig, gan edrych ar ei oriawr. Roedd hi'n 2.30. Wel na, medden ni, dim ond rhyw lymaid bach. Roedden ni'n ofni inni fod wedi siomi cogydd balch o'i grefft.

'Diolch i Grist am hynny,' meddai efo gwên, gan dynnu ei gap yn fuddugoliaethus wrth wneud jig ysgafndroed ar ei ffordd yn ôl i'w gegin.

Roedd y creadur wedi bod wrthi fel lladd nadroedd ers peth amser. Roedd y byrddau o'n cwmpas yn gwegian o dan fynydd o blatiau gweigion, fu gynt yn orlawn o frechdanau Hovis a sosej rôls a phasteiod. Neu dyna be' oedd y doreth o friwsion a sbarion selsig ar y llawr yn ei awgrymu.

Ond os oedd y bwyd wedi hen ddiflannu, roedd y gwydrau Guinness a lager Rockshore yn cael eu hail-lenwi bron cyn cael eu gwagio. Roedd yr enfys o ddilladach wedi cyrraedd o'r eglwys, a'r wylnos olau dydd yn mynd o nerth i nerth. Câi hyd yn oed y rasys ceffylau, un o grefyddau eraill y Gwyddelod, oedd yn cael eu dangos ar dwr o setiau teledu ym mhob twll a chornel, eu hanwybyddu'n llwyr.

Codai ton ar ôl ton a chwerthin wrth i fywyd a throeon trwstan yr ymadawedig gael eu diberfeddu'r fforensig. Ac, fel sy'n arferol yng Nghymru bellach, rhyw bryd cyn hanner nos byddai pawb yn mynd adref gan frolio iddyn nhw fod wedi cael clamp o ddiwrnod i'w gofio.

Byddai'r ymadawedig wedi cymeradwyo'n llwyr, mae'n debyg. Yr unig gŵyn ganddo fyddai'r ffaith nad oedd yn gallu bod yno yn eu mysg. Nid yn gorfforol, o leia'.

Pennod 3

Cobh, y Teitanic ac Inis Píc

ANODD ydi meddwl am unrhyw le yn Iwerddon sy'n llwyddo i gostrelu hanes diweddar y wlad cystal â thre fechan, liwgar a chosmopolitaidd Cobh. Mae wedi ei lleoli ar un o ddwsin o ynysoedd bychain y mae harbwr Corc yn eu hanwesu, pontydd yn cludo'r ffyrdd a'r rheilffordd sy'n cysylltu'r rhai mwyaf ohonynt â'i gilydd ac efo'r tir mawr. Rhyw fath o Venezia fach Wyddelig, heb y camlesi. A heb y prisiau trawiad-ar-y-galon a godir am goffi gan yr Eidalwyr clên wrth eich blingo.

Dyma'r olwg gyntaf ar y wlad gaiff nifer wrth gyrraedd ar longau mordeithio anferthol. Felly hefyd y teithwyr ar y nifer cynyddol o longau fferi sy'n cysylltu fan hyn yn uniongyrchol â Llydaw, Gwlad y Basg, a gweddill ein cyfandir. Gan osgoi Prydain ynysig a'r holl waith papur sydd ynghlwm â theithio drwy'r lle.

Yn y gorffennol, dyma hefyd oedd yr olwg olaf ar dir mawr eu mamwlad i 2.5 miliwn o'r cyfanswm o 6 miliwn o Wyddelod a allfudodd i Ogledd America yn y can mlynedd o 1848 ymlaen. Fan hyn hefyd oedd y

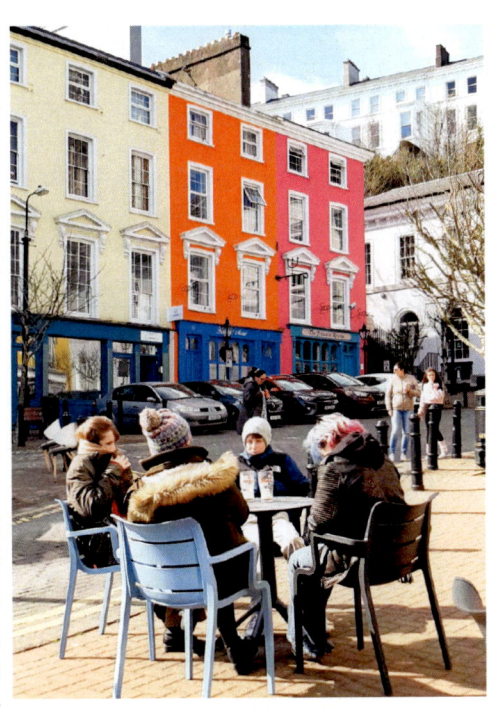

Cobh

tir olaf i'r teithwyr ar fwrdd y Titanic ei weld yn 1912 cyn hwylio at eu tranc yng ngogledd yr Iwerydd. Yma i Cobh y cludwyd y sawl a oroesodd yr ymosodiad ar y Lusitania gan long danfor Almaenig yn 1915, a chyrff nifer na wnaeth.

Mae'r dre yn sefyll ar ynys An tOileán Mór, Yr Ynys Fawr, yng nghanol beth y mae rhai'n mynnu ydi'r harbwr naturiol ail fwyaf yn y byd, ar ôl Sydney yn Awstralia. Mae'n gorchuddio 70 milltir sgwâr, ac yn ymestyn 13.6 milltir i un cyfeiriad a 10 milltir i'r llall.

Roedden ni newydd gyrraedd erchwyn yr harbwr, oedd dim ond lled llwybr troed i ffwrdd. Ar hyd y llwybr hwnnw y bydd teithwyr y llongau mordeithio anferthol, hyd at 4,000 ohonyn nhw ar y tro, yn troedio i gyrraedd canol y dre pan gân nhw eu dadlwytho yma. Mae olion traed wedi eu peintio ar y llwybr yn dynodi ei fwriad, ar gyfer y rhai na fedr weithio hynny allan eu hunain. A bydd cyffro mawr yn codi ymysg masnachwyr y dre wrth glywed sŵn doleri, ewros, yen a phunnoedd sychion yn cael eu gwasgu i waledi a phyrsiau wrth i hwteri'r llongau gyhoeddi eu bod nhw wedi cyrraedd.

Roedd Alabeina yn swatio'n gysurus yn sŵn y tonnau isel oedd yn clepian yn erbyn ymyl y cei, yn mwynhau'r haul oedd yn adlewyrchu oddi ar yr heli, yng nghwmni rhyw ddwsin o'i chyd-fodur-gartrefi. Gwyddelod oedd perchnogion y rhan fwyaf ohonyn nhw, ynghyd â ni, a chwpwl o'r Iseldiroedd. Roedden ni'n defnyddio *aire*, adnodd o eiddo'r cyngor lleol ar gyfer modur-gartrefi sy'n gyffredin iawn ar gyfandir mawr Ewrop, gan dalu €10 y noson am barcio, tap dŵr, tŷ bach, a rhywle i gael gwared ar wastraff.

Mae'r trigolion lleol wrth eu boddau efo'r trefniant. Mae'n cadw modur-gartrefi mewn mannau penodol ar eu cyfer, tra'r un pryd yn denu'r perchnogion i gyfrannu'n hael at yr economi lleol. Ac efo'r dre dim ond pellter cerdded i ffwrdd, mae digonedd o gyfle i wario yn ei hamryw dafarndai, bwytai, siopau ac amrywiol atyniadau eraill. Dim ond y cwmnïau tacsi allai ddadlau nad oedden nhw'n gallu elwa, efo'r orsaf drên tu cefn inni yn cynnig gwasanaeth rheolaidd i ddinas fawr ddrwg Corc.

Taith fer fu hi yma o Dún Garbhán, tua 43 milltir. Ond bu'n rhaid galw ym mhentre glan môr Aird Mhór ar y ffordd, ar ôl i gyd-yfwr yn un o dafarnau Port Láirge erfyn arnon ni i wneud.

Credir mai yno roedd anheddiad Cristnogol cyntaf Iwerddon, wedi ei sefydlu gan Sant Declán yn y bumed ganrif, cyn dyddiau Padrig. Mae enw'r pentre yn golygu 'yr uchder mawr'. Mae hwnnw'n cyfeirio at fryncyn gerllaw lle mae adfeilion hen gadeirlan, tŵr crwn trawiadol 30m o uchel o'r 12fed ganrif, cerfiadau hynafol o Adda ac Efa, a cherrig Ogham.

Bellach yn bentref o 400 o eneidiau parhaol, bydd pobol yn dylifo yma yn yr haf i fwynhau ei draeth braf a'r cae ffair ar draws y ffordd. Ond heddiw, â'r tymor gwyliau ymhell i ffwrdd, roedd y cae ffair ar gau a dim ond y chwyn yn mwynhau chwarae mig ymysg ei atyniadau. Ac er i'r haul dywynnu, roedd brathiad brwnt yn y gwynt oedd yn chwipio oddi ar y môr.

Digon anghysurus oedd cerdded o amgylch y pentre hynod dawel, heb bron enaid wedi mentro ar ei strydoedd ac eithrio criw swnllyd oedd yn tarmacio'r ffordd. Ond roedd caffi'n agored dafliad carreg o'r traeth, dyrnaid o gerddwyr cŵn wedi ymgasglu'n ddewr tu allan iddo dros baneidiau stemllyd a stwmpiau sigaréts i drafod helyntion diweddaraf Mot a Phero.

Ond mewn gwirionedd roedd ein bryd ar gyrraedd Cobh, a bellach roedden ni yn ein hafan ger yr harbwr. Ar ein ffordd yma mi deithion ni ar draws Fóite, neu Fota, un o'r dwsin ynysoedd yn yr harbwr. Arni mae parc bywyd gwyllt poblogaidd, sw i bob pwrpas, ar stad fu tan ddiwedd yr ugeinfed ganrif ym mherchnogaeth disgynyddion y teulu Normanaidd-Gymreig de Barry.

Maen nhw o'r un llinach â Gerallt Gymro, oedd yn honni i enw'r teulu darddu o Ynys y Barri. Ac enw fanno yn ei dro yn deillio o Sant Baruc, sydd yn ôl pob sôn wedi ei gladdu yno, ac adfeilion ei gapel i'w gweld ar yr ynys honno hyd heddiw.

Y bont o Fóite ydi'r unig gysylltiad ffordd ar ac oddi ar An tOileán Mór, ac mae'n rhaid defnyddio cob pellach i gyrraedd y tir mawr o Fóite. Yn sgil storm anferthol Ophelia yn 2017, caewyd pob cysylltiad ag An tOileán Mór, yn ffordd, trên a fferi, gan adael 12,000 o drigolion yn gaeth ar yr ynys am gyfnod.

Yr aire yn Cobh

O fewn golwg rhwydd inni yng nghanol yr harbwr roedd ynys arall, Inis Píc, Spike Island. 103 erw o dir lled ffrwythlon sy'n rhan o'r ynysfor rhyfeddol hwn. Yno yr anfonwyd 1,400 o garcharorion rhyfel Gwyddelig gan y Saeson yn ystod y Rhyfel Annibyniaeth ar ddechrau'r ugeinfed ganrif. Bu hefyd yn garchar cyffredinol, drwg ei enw. Yr Alcatraz Gwyddelig.

Roedd Inis Píc hefyd ymysg y tiroedd olaf i'w trosglwyddo i lywodraeth Gweriniaeth Iwerddon, cymaint oedd ei phwysigrwydd strategol, er yn llai na chwarter maint Ynys Enlli. Gwelai Prydain ei bod yn hollbwysig cadw'r hawl i ddefnyddio'r ynys a'r harbwr er mwyn gwarchod ei buddiannau ei hun. Dim ond yn 1938, efo rhyfel eto yn y gwynt, y trosglwyddwyd nhw i ddwylo Dulyn, 16 mlynedd ar ôl i'r wlad sicrhau ei hannibyniaeth.

Mae'r harbwr wedi cynnig angorfa i fflyd An tSeirbhís Chabhlaigh, Llynges Iwerddon, fyth ers i honno gael ei sefydlu yn

1946. Roedd nifer o'i llongau llwydion i'w gweld yn glir ar draws yr harbwr, y faner drilliw yn cyhwfan yn falch ar bob un yn yr awel finiog. Roedd hynny ar ynys arall eto fyth, Inis Sionnach, neu Haulbowline.

Enw gwreiddiol y pentre ar An tOileán Mór ddatblygodd i fod yn Cobh oedd Baile Ui-Mhaoileoin, gafodd ei Seisnigo rhyw bryd yn Ballyvoloon. Pan sefydlodd Lloegr ganolfan filwrol forol yno yng nghanol y ddeunawfed ganrif, cafodd y lle ei gyfeirio ato fel *The Cove of Cork*, neu'n syml *Cove*. Yn 1849 daeth newid enw anwirfoddol arall pan alwyd y lle yn Queenstown, yn dilyn ymweliad ag un o'i threfedigaethau gan y frenhines Victoria.

Daeth y newid olaf yn ystod y Rhyfel Annibyniaeth, yn 1920. Penderfynodd y cyngor lleol ddangos ei liwiau gwleidyddol yng nghanol y gwrthryfel drwy fabwysiadu, nid yr enw gwreiddiol Baile Ui-Mhaoileoin, ond sillafiad Gwyddeleg o Cove.

A thra i Kingstown, y porthladd i'r de o Ddulyn, newid ei enw'n ôl i'r ffurf wreiddiol Dún Laoghaire yn yr un flwyddyn, gwell oedd gan awdurdodau Cobh Wyddeligo'r enw Saesneg. Ac mae'n debyg mai dyma'r unig enghraifft o hynny'n digwydd yn Iwerddon.

Aiff y llwybr troed o lanfa'r llongau mordeithio, a'r *aire* lle'r oedden ni wedi ymgartrefu am ddeuddydd, heibio Canolfan Dreftadaeth Cobh yn hen adeilad ysblennydd Fictorianaidd yr orsaf. Bellach nid oes angen adeilad ar yr orsaf, dim ond dau blatfform, a chysgodfannau arnyn nhw. Yn y Ganolfan cewch doreth o wybodaeth am y tristwch a'r torcalon a welodd y dre o wylio miliynau o bobol y wlad yn ffarwelio â hi am byth.

Bydd gofyn ichi dywys eich hun o amgylch yr arddangosfeydd, a byddwch yn falch o wybod bod yr unedau gwrando y cewch eu benthyg yn gallu adrodd y stori mewn Saesneg, Ffrangeg, Almaeneg, Eidaleg, Sbaeneg, Isalmaeneg, Pwyleg a Hebraeg. Ond nid y Wyddeleg.

Gyferbyn â'r fynedfa mae cerflun trawiadol o ferch ifanc a'i dau frawd bach, yn edrych yn obeithiol dros y gorwel. Nhw oedd yr allfudwyr cyntaf erioed i fynd drwy ganolfan fewnfudo enwog Ellis Island, yng nghysgod y Cerflun Rhyddid, yn Efrog Newydd. Ei henw

Annie Moore a'i brodyr
Llun: Fáilte Ireland

oedd Annie Moore, roedd hi'n 17 oed, ac roedd hi a'i brodyr Anthony a Phillip yn ymuno â'u rhieni yn yr Unol Daleithiau ar ôl bod ar wahân am bedair blynedd. Roedd hi'n Ddydd Calan 1892, ac Annie a'i brodyr wedi treulio 12 niwrnod ym mol rhataf llong y *Nevada,* ar ôl gadael Cobh – neu Queenstown ar y pryd – cyn y Nadolig. Mae cerflun cyfatebol yn Ellis Island i nodi'r digwyddiad.

Cafodd Ellis Island ei henwi ar ôl Samuel Ellis, brodor o Wrecsam, a fu'n berchennog arni hyd nes ei farwolaeth yn 1794. Ei briod oedd Anne Evans. Yn 1770 prynodd yr ynys tair erw, oedd yn cael ei hadnabod fel Oyster Island, a chodi tafarn arni i wasanaethu'r pysgotwyr wystrys oedd yn heidio yno.

Pan fu farw, canfuwyd ei fod wedi gadael yr ynys i blentyn ei ferch feichiog Catherine Ellis Westervelt, oedd eto i'w eni. Ond roedd dau amod. Yn gyntaf, mai bachgen fyddai o, ac yn ail ei fod yn cael ei enwi ar ôl ei daid. Ond bu farw Samuel Ellis bach yn fuan ar ôl ei eni, a bu cythrwfl mawr yn y teulu wedi hynny ynglŷn â pherchnogaeth yr ynys.

Erbyn 1806 roedd yr ynys ym mherchnogaeth ei or-ŵyr Samuel Ellis Ryerson, ond gwerthodd hwnnw hi i John A Berry. Ddwy flynedd yn ddiweddarach talodd llywodraeth ffederal yr Unol Daleithiau $10,000 amdani, sef tua $235,000 ym mhrisiau heddiw. Bargen, os bu un erioed.

Bu'n safle milwrol cyn cael ei ddatblygu'n ganolfan brosesu mewnfudwyr. Erbyn heddiw mae'r tair erw wreiddiol wedi datblygu'n 27 erw drwy gynlluniau mewn-lenwi, sydd wedi gweld balast o longau yn cael ei dywallt i wely Bae Efrog Newydd. Dyna hefyd sut y crëwyd Ynys Balast ym Mhorthmadog.

Bu cryn ddadlau ar hyd y blynyddoedd am ei pherchnogaeth. Mor ddiweddar â 1998 penderfynodd y Goruchaf Lys mai talaith New Jersey oedd yn berchen ar y 22.8 erw sydd wedi ei fewn-lenwi, a thalaith Efrog Newydd yn berchen ar y gweddill. Talaith Efrog Newydd ydi'r unig un yn y wladwriaeth efo darn o'i thir wedi ei amgylchynu gan dalaith arall.

Mae rhyw deimlad cyfandirol ei naws i Cobh, sydd wedi gefeillio efo Pontarddulais yng Nghwm Tawe, ymysg llefydd eraill. Hynod drawiadol ydi ei hadeiladau lliwgar, byrddau ar y palmentydd yn perthyn i gaffis a thafarndai, gwifrau trydan a ffôn yn cordeddu fel nadroedd am eu polion, a chlychau cadeirlan St Colmán ar y bryn uwchben yn atseinio'n rheolaidd drwy'r strydoedd. Mae i'r gadeirlan yr unig *garillon* yn Iwerddon, trefniant o 49 o glychau unigol sy'n gallu chwarae gwahanol donau.

Ar Fedi 9fed, 1953, pan gamodd y digrifwyr Laurel a Hardy oddi ar fwrdd yr SS America, cyfarchwyd nhw gan y clychau yn canu Dawns y Cogau, arwyddgan enwog eu ffilmiau. Ymdrech oedd yr ymweliad â Cobh i ail-danio eu gyrfaoedd, rhan o daith hyrwyddo hir drwy Ewrop. Cafodd y ddau groeso mor syfrdanol gan y dyrfa anferthol nes iddyn nhw gael eu twyllo i gredu y byddai modd iddyn nhw gyrraedd entrychion y byd adloniant eto. Ni ddigwyddodd hynny; ond nid y nhw oedd y cyntaf, na'r olaf, i gael eu hudo i fyd ffantasi gan barablu afieithus y Gwyddel.

Lled debyg y bydden nhw wedi cael yr un croeso dros ben llestri mewn unrhyw dre fach dawel yng Nghymru. Fel yn Cobh, byddai cyfle i weld sêr y sgrin fawr – hyd yn oed rhai oedd wedi hen weld eu dyddiau gorau – wedi bod mor brin â dannedd ieir. Ond mae hanes y diwrnod yr ymwelodd Laurel a Hardy yn dal yn rhan o lên gwerin balch y dre.

Yn yr haul ar y cei roedd dau fysgar canol oed, un efo banjo a'r llall efo gitâr, yn elwa'n hael o'r torfeydd pnawn Sadwrn. Roedden nhw'n canu'r un hen faledi cyfoes ag unrhyw fysgars Gwyddelig eraill. Dim mwyach y clywch chi lawer am ddianc o garchardai, neu am ymprydio at farwolaeth, neu ddangos i'r Saeson pwy ydi'r bos. Un o'r caneuon mwya' poblogaidd o'i bath fu A Nation Once Again, a gyfansoddwyd gan Thomas Osborne Davis a'i chyhoeddi yn 1844. Yn 2002 cafodd fersiwn y Wolfe Tones ohoni ei dewis fel hoff gân y byd gan wrandawyr gwasanaeth radio byd-eang y BBC. Roedd y cyfansoddwr yn fab i Gymro, James Davis, llawfeddyg efo'r fyddin Brydeinig yn Nulyn am nifer o flynyddoedd. Bu farw fis cyn genedigaeth ei fab. Roedd Thomas Davis yn un o sefydlwyr y mudiad cenedlaetholgar Éire Óg, Iwerddon Ifanc, ac yn golygu eu papur newydd dylanwadol The Nation. Bu farw o'r dwymyn goch yn 1845, yn ddim ond 30 oed.

Tu cefn i'r bysgers roedd canolfan Profiad y Titanic, wedi ei leoli yn hen swyddfa docynnau cwmni'r White Star Line, perchnogion y llong anffodus. Yno mae dehongliadau gwych, drwy sain a llun, o fordaith gyntaf ac olaf y llong enwocaf erioed i gael ei hadeiladu yn Iwerddon.

Tu cefn i'r ganolfan mae sgerbwd trist yr union bier pren o le camodd 123 o bobol ar y cychod llai oedd yn eu cludo at y Titanic foethus, oedd wedi ei hangori yn yr harbwr, a gweddill eu cyd-deithwyr. 44 yn unig ohonyn nhw fyddai'n gweld tir sych fyth wedyn.

Roedd hi wedi cychwyn ar ei thaith yn Southampton, ac wedi codi rhagor o deithwyr yn Cherbourg yn Ffrainc, cyn aros am y tro olaf yn Queenstown ar ei ffordd am Efrog Newydd. Ymysg saith teithiwr ddaeth oddi ar y llong yno roedd un dyn ifanc hynod ffodus o'r enw Francis Browne, cyw-offeiriad o Gorc. Roedd wedi derbyn tocyn o Southampton i Queenstown yn anrheg gan ei ewythr, er mwyn cael y profiad o fod ar daith gyntaf y llong.

Roedd yn ffotograffydd pybyr, ac mae ei gasgliad yn gofnod pwysig o ddyddiau olaf y Titanic. Tra ar ei bwrdd daeth yn gyfeillgar efo cwpl cyfoethog o America, a gynigiodd dalu iddo gwblhau'r daith yr holl ffordd i Efrog Newydd. Anfonodd neges at ei benaethiaid yn erfyn am ganiatâd, ond gwrthodwyd o'n swta, efo gorchymyn i fynd yn ôl at ei astudiaethau yn Nulyn.

Ffarweliodd y Titanic â Queenstown efo chwythiad o'i hwter am 1.55 y prynhawn ar ddydd Iau, Ebrill 11eg, 1912, heb Francis Browne ar ei bwrdd. Bedwar diwrnod yn ddiweddarach tarodd yn erbyn mynydd iâ yng ngogledd yr Iwerydd a suddo; boddwyd mwy na 1,500 o'r 2,224 oedd arni. Ond bu Browne yn ddigon hirben i ddeall pwysigrwydd ei ffotograffau, a bu'n brysur yn gwerthu'r hawliau arnyn nhw i gyhoeddiadau ledled y byd.

Un arall oedd ar ei bwrdd yn Queenstown ac a oroesodd oedd Thomas William Jones, o Lanbadrig yng ngogledd Môn. Wrth reswm cai ei adnabod weddill ei oes fel Twm Teitanic. Roedd ymysg criw'r llong, a chafodd ei orchymyn i fod yn gyfrifol am fad achub rhif 8 pan darwyd yn erbyn y mynydd iâ. Yn ddiweddarach disgrifiodd sut mai dim ond 35 oedd yn y bad, er bod lle i 65 neu fwy arno. Roedd nifer wedi gwrthod neidio i mewn, gan gredu na fyddai'r Titanic fyth yn gallu suddo. Yn waeth na hynny, dim ond ar y llong roedd modd mwynhau'r gerddorfa'n canu.

Cafodd ei swyno gan hyder rhyfeddol un ferch 33 oed oedd yn un o'r 35. Rhoddodd hi yng ngofal y llyw tra bu yntau'n rhwyfo, tan iddyn nhw gael eu hachub gan y Carpathia bum awr yn ddiweddarach. Hi oedd Iarlles Rothes, a chadwodd y ddau mewn cysylltiad hyd ei marwolaeth yn 1956. Bu Twm Teitanic ei hun farw yn 1967, ac yntau'n 89 oed.

Nid mai dyna'r unig drychineb i bier Queenstown dystio iddo. O'r un pier yn union allfudodd 2.5 miliwn o Wyddelod am resymau llai breuddwydiol; dianc rhag tlodi enbyd y wlad, fel yn achos Annie Moore a'i brodyr. Ac i nifer, mewn cyfnod cynharach, y perygl o newynu i farwolaeth. Bu pobol yn allfudo o Cobh i'r Byd Newydd dros y gorwel hyd at 1950, dair blynedd yn unig cyn i Laurel a Hardy gyrraedd o'r cyfeiriad arall.

Ym mar a bwyty'r ganolfan roedden ni wedi trefnu i gyfarfod Liam Gilley a Ger Wallace, pâr priod sy'n frodorion o'r dre. Buom ni'n gyfeillion â nhw fyth ers eu cyfarfod gyntaf ar fordaith ein hunain i ddwyrain Môr y Canoldir. Roedd hi'n braf eu gweld eto. Roedden nhw'n llawn straeon am hyn a'r llall, am eu teuluoedd wrth reswm, ond hefyd am y Titanic a'r allfudo, a Laurel a Hardy. Fel pawb arall yn Cobh.

Ond mae Liam â diddordeb ysol yn Inis Píc, oedd yn sbecian arnon ni drwy'r ffenest. Bu teulu iddo yn ffermio yno ar un pryd.

Eglurodd iddo fod yno yn y misoedd cynt ar daith dywys dwristaidd i'r ynys, sydd yn anarferol i ddyn lleol. Ond roedd yn llawn afiaith am y profiad, ac yn ein hannog i fynd.

Dyma gytuno ei bod yn gyfle rhy dda i'w golli, a phenderfynon ni fynd y diwrnod canlynol. Roedd hi'n fore Sul heulog, ond efo min yn y gwynt, pan gerddais o'r *aire* i ganol y dre, efo Cath i'm dilyn yn hwyrach. Roedd rhyw gynnwrf mawr yn cyniwair, a phobol wedi tyrru yno yn un haid. Ar y promenâd roedd dwy ferch ifanc, efo ffidil a gitâr, yn canu clasuron Abba drwy system sain digon pethma, efo ffydd a thâp yn dal y blychau at ei gilydd yn hytrach na sgriws.

Nid oedd ein cwch at Inis Píc yn gadael am gwpwl o oriau, felly dyma fanteisio ar y cyfle i gael brecwast. Un gwlyb. Efallai y byddai hi wedi bod bach yn gynnar i rai, ond roedd dewis o dri chwrw du – Beamish, Murphy's a Guinness – ym mar Kelly's. Bwyd a diod, meddan nhw. Roedd meddyg teulu yn Nyffryn Nantlle, lle ces i fy magu, yn arfer argymell yfed stowt ar gyfer pob cyflwr neu afiechyd. Iselder, annwyd, torri coes. Felly roedd o'n siŵr o fod yn llesol.

Des i ddeall bod ras redeg 10 milltir yn digwydd, wedi ei henwi ar ôl yr athletwraig Sonia O'Sullivan. Mae hi'n arwres leol a chenedlaethol, a enillodd y fedal aur yn y ras 5,000m ym Mhencampwriaethau'r Byd yn Sweden yn 1995, a'r arian yn y Gemau Olympaidd yn Sydney yn 2000. Mae cerflun efydd ohoni, â'i breichiau wedi eu codi'n fuddugoliaethus i'r awyr, ar y promenâd gyferbyn â Pharc John F Kennedy.

Roedd nifer da o wirfoddolwyr Ambiwlans St Ioan o gwmpas y lle, yn bodio'u bagiau o drugareddau oedd yn hongian yn cŵl oddi ar eu hysgwyddau. Roedden nhw'n barod am y cyfle i brofi gwerth eu hyfforddiant. Roedd nifer o bobol eraill yn ei sgwario hi o gwmpas y lle mewn tracwisgoedd efo *Ballymore Cobh Athletic Club* mewn ysgrifen fras ar eu cefnau. A mwy nag ychydig ohonyn nhw yn dangos prawf iddyn nhw fwynhau brecwast Gwyddelig traddodiadol, cig coch a bresych wedi'i ffrïo, yn amlach na iogwrt.

Fyddwn i wedi synnu dim pe byddai angen gwasanaeth criw St Ioan cyn hir. Ond debyg bod hynny braidd yn rhagrithiol am fore Sul, a minnau'n cael Murphy's i frecwast wrth fwrdd ar y palmant.

Mewn gwirionedd prin oedd unrhyw awydd i redeg yn eu cylch, a hwythau'n cicio'u sodlau heb godi chwys. Des i ddeall mai stiwardiaid oedden nhw, nid rhedwyr. Oedd ddim yn syniad ffôl.

Ymhen hir a hwyr daeth parabl cyson rhyw sylwebydd aneweledig, oedd wedi cael meicroffon a system sain yn anrheg Nadolig, i anterth. Roedd yn swnio fel mwnci mewn sw yng nghanol gweithred na ddylid sôn amdani mewn cwmni parchus. A meddyliais efallai y câi'r gwirfoddolwyr iechyd eto gyfle i brofi eu doniau. Roedd y rhedwyr cyflymaf yn dynesu at y llinell derfyn. Llyncais fy Murphy's a mynd yn nes at yr achos. Roedd llif cyson o gyrff chwyslyd o bob siâp, lliw, llun ac oedran yn dylifo dros y llinell honno, i gael eu gwobrwyo efo potel gynnes o ddŵr Ballygowan. Ac roedd y balchder yn eu llygaid i'w ryfeddu ato. Cywilyddiais wrth feddwl imi fod yn llymeitian cwrw du funudau ynghynt, tra i'r rhain wirioni ar ddŵr potel. Ond pawb at y peth.......

Parhaodd y llif cyrff yn gyson am ragor nag 20 munud. Yna cododd bloedd annaearol o'r dorf wrth i'r sylwebydd fynd i apoplecsi annealladwy llwyr. Edrychais draw at wirfoddolwyr St Ioan, ond symudodd neb. Roedd dynes yn ei hoed a'i hamser, mewn fest gwyrdd, yn chwythu ei ffordd yn benderfynol tuag at y llinell, i fonllef fyddarol. Ac am y tro cyntaf deallais ddau air o enau'r sylwebydd, pan floeddiodd ei henw: 'Sonia O'Sullivan'.

Yn 52 mlwydd oed, roedd hi'n dal i redeg, ac wedi cwblhau'r 10 milltir mewn amser hynod barchus o 1 awr 12 munud ac 8 eiliad. Sy'n gyflymach nag ambell gar fu gen i yn y gorffennol. Holltodd ei hwyneb mewn gwên enfawr wrth dderbyn ei Ballygowan. Lathenni i ffwrdd, edrychai'r cerflun o'r Sonia ifanc yn famol draw at y Sonia hŷn. Ac er iddi orffen yn safle rhif 121, câi rhywun y teimlad bod y botel ddŵr yna, a'r ffaith iddi gwblhau'r ras, wedi rhoi bron cymaint o bleser iddi ag a gafodd yn Sweden 37 mlynedd ynghynt. Bron, ddwedais i.

Ymddangosodd Cath o rywle. Roedd hi'n bryd inni hel ein traed am Bontŵn John F Kennedy, lle roedden ni i gwrdd â'n cwch i Inis Píc. I'r ieithgwn yn eich plith, efallai ichi sylwi y defnyddir y geiriau Gwyddeleg *oileán* ac *inis*, ac ar brydiau *inseán*, i gyd i olygu ynys.

Gatiau'r hen garchar ar Inis Píc

Mater o raddfa ydi hyn, o'r *oileán* fwyaf i'r *inseán* leiaf. Ceir ynys ac ynysig yn Gymraeg, am ynys fawr ac ynys fach. Ond mae'r tri enw Gwyddeleg yn cyfieithu'n gywirach i *island*, *isle* ac *islet* yn Saesneg.

Cyrhaeddodd ein cludiant. Efo'r môr ar drai, bu'n rhaid mynd heibio Oileán Cathail, lle mae'r amlosgfa leol, ac o amgylch Inis Sionnach a'r llongau milwrol, i gyrraedd ein cyrchfan. Ac yno i'n cyfarch ar Inis Píc funudau'n ddiweddarach roedd John G. Câi ei enwi felly, meddai, er mwyn gwahaniaethu rhyngddo yntau a rhyw John arall. Gwenai yn llachar tu ôl i sbectol haul eithriadol o weriniaethol, gan fwrw ati efo arddeliad i'w lith o groeso.

Mae i'r ynys hanes rhyfeddol. Bu'n gartref i fynachlog a sefydlwyd gan Sant Mochuda yn 635OC, er nad oes dim olion o hynny yno bellach. Lled debyg i unrhyw adfeilion gael eu claddu o dan gaer anferthol Fort Mitchel. Mae honno'n honglad 24 erw o beth ar ffurf seren, a godwyd ac a ddatblygwyd gan Loegr o ddiwedd y ddeunawfed ganrif ymlaen. Dim ond mymryn bach yn fwy ydi'r Pentagon yn Virginia, pencadlys Adran 'Amddiffyn' yr Unol Daleithiau, sy'n ymestyn dros 28 erw ac yn canfod lle i 28,000 o bobol weithio yno.

Codwyd Fort Mitchel yn wreiddiol er mwyn gwarchod y mynediad at harbwr Corc, ar adeg digon cythryblus mewn gwleidyddiaeth ryngwladol. Maes o law daeth yn garchar, un efo enw eithriadol o ddrwg, oedd yn cael ei ddisgrifio fel uffern ar y ddaear. Bu farw mil o garcharorion yn ystod y saith mlynedd gyntaf i'r lle gael ei ddefnyddio. Cafodd miloedd eu cadw yma, yn aml am faterion hynod bitw, cyn eu halltudio i Awstralia neu'r Caribî, neu drefedigaethau eraill. Ar un pryd dyma oedd y carchar mwyaf yn y byd, efo 2,300 o ddynion, a bechgyn mor ifanc â 12 oed, yn cael eu cadw dan glo yno.

Fel y crybwyllais, adeg y Rhyfel Annibyniaeth cafodd hyd at 1,400 eu cadw yma'n ddi-gyhuddiad. Yma hefyd y cadwyd criw llong yr Aud Norge, oedd wedi ei dal gan Brydain wrth geisio dŵad ag arfau i Iwerddon o'r Almaen ar gyfer Gwrthryfel y Pasg yn 1916. Gorfodwyd y llong i hwylio i'r harbwr hwn, ond cafodd ei suddo'n fwriadol gan ei chapten Almaenig rhag i'r arfau syrthio i ddwylo Prydeinig.

Parhaodd y llywodraeth yn Nulyn i'w defnyddio fel carchar ar ôl cael ei phawenau arni yn 1938, a chai pobol eu cloi'i fyny yno mor ddiweddar â 2004. Yn 1985 ffrwydrodd y lle i sylw rhyngwladol pan gododd terfysg ymysg y carcharorion, a roddwyd ambell floc o'r lle ar dân. Collodd y staff reolaeth lwyr ar y sefyllfa, a phenderfynwyd cipio cychod yr ynys a dianc i'r tir mawr er mwyn sicrhau y byddai'r carcharorion o leia' yn gaeth arni.

Yn anffodus, golygai hynny bod y gymuned glòs barhaol oedd yn amaethu'r ynys hefyd wedi eu gadael ar ôl i wynebu'r canlyniadau. Ni ddaeth yr un ohonyn nhw i unrhyw niwed, oedd yn ffodus o ystyried bod rhai o ddrwgweithredwyr peryclaf Iwerddon yn cael eu cadw yno. Ond sylweddolwyd nad oedd modd iddyn nhw barhau i fyw ar Inis Píc mwyach, a chynigiwyd tai iddyn nhw ar y tir mawr.

Mae eu cartrefi trist yn dal yno hyd heddiw, yn y brwgaets a'r chwyn. Ond mae'r hen gaer a charchar wedi ei datblygu yn amgueddfa, sydd ymysg y mwya' diddorol y gellid eu dychmygu. Mae'n adrodd ei hanes hir hyd at 2004 yn hynod ddifyr, ac yn cynnwys adran gyfan ar frwydr Iwerddon dros annibyniaeth.

Wrth reswm rhoir sylw dyladwy i David Lloyd George, fu'n arwain y trafodaethau ar heddwch ac annibyniaeth ar ran Llundain. Ond mae'n canolbwyntio hefyd ar Arthur Griffith, fu'n arwain y ddirprwyaeth Wyddelig. Yn olygydd papur newydd a sylfaenydd Sinn Féin, y blaid weriniaethol, roedd â'i wreiddiau yn Nrws y Coed Uchaf, wrth lan Llyn y Dywarchen yn Nyffryn Nantlle. Roedd ei daid, y Parchedig John Griffith, yn offeiriad ym Mwcle yn Sir y Fflint. Cafodd ei garcharu yn Frongoch ger y Bala, ynghyd â channoedd o weriniaethwyr eraill, am gyfnod yn 1916.

O'r nifer o ynysoedd yr oedden ni'n bwriadu ymweld â nhw yn ystod ein pererindod, byddai Inis Píc yn sicr yn aros yn hir yn y cof. A gallwn ddeall pam i Liam fod mor awyddus i'n cael i ymweld. Roedd yn llygad ei le.

Pennod 4

Cionn tSáile a Brwydr y Bóinne

MAE hi'n hawdd anghofio eich bod chi ar ynys wrth dreulio amser ar rywle fel An tOileán Mór. Fel efo Ynys Gybi neu Ynys Môn neu Ynys y Barri, sydd â'u ffyrdd a'u rheilffyrdd yn llinyn bogail efo'r tir mawr, ar brydiau gall rhywun anghofio'n llwyr fod y môr yn eich amgylchynu.

Efo dim ond un lôn oddi ar yr ynys, cawsom ni ein cynghori i geisio cadw'n glir o wallgofrwydd traffig boreol dinas fawr Corc wrth wneud ein ffordd am Cionn tSáile. Ac er bod ffordd osgoi ar gael er mwyn cadw draw o'r canol, y farn ar y stryd yn Cobh oedd nad oedd hi'n cyflawni'r hyn roedd ei henw'n awgrymu y dylai hi ei gwneud. Ac os oedd ein cymal nesaf am fod mor ddiffwdan ag y bu pethau hyd yma, anghofio am Gorc a'i helbul trwyn-wrth-din fyddai orau.

Hi ydi trydedd ddinas fwyaf Iwerddon gyfan, ar ôl Dulyn a Béal Feirste (Belffast). Mae ei henw Gwyddeleg Corcaigh yn deillio o'r

Canol dinas Corc
Llun: Fáilte Ireland

gair corcach, sy'n golygu cors. Mae iddi boblogaeth o 220,000, a dyma gartref cwrw du enwog Murphy's, er i'r cwmni fod ym mherchnogaeth ryngwladol Heineken ers peth amser bellach.

Dwi wedi bod yng Nghorc ambell waith, yn rhinwedd fy ngwaith fel newyddiadurwr ran amlaf, ac yn ei chael yn ddinas ddigon bywiog a chyfeillgar. Yn sicr dylai unrhyw un sydd heb erioed fentro ymhellach na chwyrligwgan cymdeithasol Dulyn, â'i phrisiau creadigol, ystyried hel eu traed am Gorc. Ond dinas ydi dinas ar ddiwedd y dydd. Ac yma i fwynhau'r Iwerddon wyllt a'i phobol oedden ni, nid strydoedd llawn mwg a phalmentydd gorffwyll.

Ac oedd, roedd modd osgoi'r ffordd osgoi, fel petai, fel y dylai fod ym mhob man gwaraidd. Ac mi fyddai'r llwybr amgen yn ein galluogi i gadw'n llawer nes at arfordir yr Iwerydd.

Deallon ni bod gwasanaeth fferi yn croesi o un ochr o harbwr Corc i'r llall ar draws afon An Laoi. Mae'n cysylltu cymunedau Carraig Uí Leighin ar ochr orllewinol An tOileán Mór efo Gleann an Fheileastraim yr ochr draw i'r afon. Pum munud yn unig o daith hamddenol ar y dŵr, ac ymlaen gan chwibanu am ryw 18 milltir digon disylw i lawr yr R611 am Cionn tSáile, pen yr heli.

Ond os disylw ydi'r daith, mae gwledd – yn llythrennol – yn disgwyl rhywun wrth i Cionn tSáile ddŵad i'r golwg, efo tonnau llwydaidd, penwyn yr Iwerydd yn hudo tu cefn iddi. Penderfynon ni adael Alabeina yn y maes parcio cyntaf inni ei weld ar yr allt serth sy'n plymio i lawr at y dre. Mi dybion ni, yn hollol gywir, mai digon trafferthus fyddai hi wedi bod i lywio tair tunnell a mwy o anghenfil metel o gwmpas ei strydoedd culion.

Does dim dwywaith ei bod hi'n dre fach ddel iawn, yn gartref i 5,000 o bobol. Mae hi'n enfys s'mudliw o le mewn gwirionedd, efo adeiladau o bob lliw a llun i ryfeddu atyn nhw rownd pob cornel. Ni fyddai sefydlu siop gwerthu paent llachar yn y dre wedi bod yn gam gyrfaol gwag. Ond roedd rhywun yn amlwg wedi cael y blaen arna' i.

Mae Cionn tSáile hefyd yn hoff gyrchfan ar gyfer bolgwn sydd ddim yn grwgnach gwario'n sylweddol am bryd o fwyd, efo nifer fawr o fwytai crand yma. Mae arweinlyfr Michelin ar gyfer Iwerddon yn enwi tri bwyty yn y dre, sy'n dipyn o gamp. Ond cymrwch gip ar

Cionn tSáile

eich cyfrif banc, neu mynnwch air efo rheolwr eich cangen agosaf, cyn camu drwy ddrws unrhyw un ohonyn nhw.

Wedi dweud hynny, â hithau'n amser cinio, arogl hyfryd finegr yn tasgu oddi ar sgodyn a sglodion gwerinol oedd yn cario ar yr awel ar draws y ffordd i'r marina crand sy'n ganolbwynt i'r dre. Mae'r lle yn gyrchfan rasio boblogaidd sy'n denu cystadleuwyr o'r ddwy ochr i Fôr Iwerddon, ac ymhellach. Ac roedd gwerth crocbris o gychod yn hercian yn ddiog ar y mân donnau oedd yn slochian i mewn yn hamddenol o'r Iwerydd, i gefndir sŵn rhaffau yn clepian yn ysgafn yn erbyn mastiau.

Roedden ni'n falch o weld y Ddraig Goch yn cyhwfan ar un o'r polion gyferbyn â'r marina i groesawu'r morwyr yn eu 'sgidiau dŵr melyn a'u capiau Huw Puw. Rhwng baneri Ffrainc ac un ai Awstralia neu Seland Newydd. Alla' i byth gofio p'run ydi p'run.

Yn y 1960au bu'r lle yn hoff gyrchfan ryddfrydol. Yma y daeth carfan sylweddol o hipis i fwynhau cerddoriaeth a charu, a gwin, a 'smygu ambell beth amheus oedd yn ogleuo fel eithin ar dân. Mae 'na elfen hipïaidd i'r lle hyd heddiw, er wedi ei foneddigio a'i ail-becynnu wrth i'r gwallt a'r barfau fritho. Ac yn sgil y boneddigio hwnnw, mae pris pob dim wedi ei wthio i'r entrychion.

Ond mae'r lle wedi parhau efo thraddodiad cryf o gynnig llwyfan ar gyfer cerddoriaeth yn y bwytai a'r tafarndai, ac mae artistiaid a chrefftwyr yn dal i ymgartrefu yno yn eu heidiau.

Mae hi'n dre hyfryd i stwna'n ddiamcan o'i hamgylch, er yr anesmwythdod o weld bwydlenni wrth ddrysau'r bwytai wedi eu hargraffu ar bapur aur. Heb sôn am syllu mewn anghredinedd yn ffenestri swyddfeydd y gwerthwyr tai.

Ac os cewch eich hun yn cicio'ch sodlau yno yn y prynhawn rhwng 2 a 4 o'r gloch (ac eithrio dydd Llun), anelwch am ddistyllfa fedd, neu miodh, y Kinsale Mead Company. Yno cewch weld sut mae'r ddiod hynafol hon wedi goroesi a datblygu ar hyd y canrifoedd, efo hanes hir tu cefn iddi yn Iwerddon.

Caiff gwenyn mêl, y mae eu cynnyrch yn hanfodol er mwyn distyllu'r medd ohono, fwy neu lai eu haddoli drwy'r llyfrau hanes. Ac mae Iwerddon yn un o ychydig iawn o wledydd all ddangos hen, hen gyfreithiau penodol parthed gwenyn, y *Bechbretha*. Maen nhw'n dyddio o'r 7fed ganrif, ac yn delio â pherchnogaeth gwenyn a gwerth yr heidiau.

Roedden nhw hyd yn oed yn pennu'r iawndal y byddai gwenwynwr yn ei dderbyn tasai ieir rhywun yn bwyta'i drychfilod gwerthfawr. Yn ogystal roedden nhw'n nodi faint o iawndal roedd yn rhaid i wenwynwr ei dalu pe bai un o'i wenyn yn pigo rhywun.

Mae'n rhyfedd dyfalu sut roedd penderfynu gwenyn pwy fu'n gyfrifol am y fath anfadwaith: 'Na, eich anrhydedd, gwenynen Seán oedd hi.'

Ond mae'n ymddangos mai traddodiad Cymreig a fabwysiadwyd gan y Gwyddelod ydi cadw gwenyn yn y gwraidd. A, lled debyg, cynhyrchu'r medd oedd yn deillio o hynny. Ysgrifennodd y cynfeirdd Taliesin ac Aneirin ill dau am wenyn a medd, ac am y peryglon o orfwynhau'r medd. Dyna'r weithred caiff ei disgrifio fel meddwi hyd heddiw. Ac yn yr Hen Wyddeleg y gair am gwch gwenyn oedd *lestar*, y gellid tybio iddo ddeillio o'r un tarddiad â llestr. Cyflwynwyd y grefft o'u cadw gan Sant Modomnoc, fu'n ddisgybl i Ddewi Sant yng Nghymru ar ddechrau'r 6ed ganrif.

Gellid dweud ar un llaw bod y dre wedi gwerthu ei henaid yn llwyr i dwristiaeth. Ar y llaw arall, efallai iddi fod wedi manteisio'n llawn ar ei gogoneddau. Dewiswch chi. Ond mae 'na ryw deimlad bod Walt Disney wedi gafael yn sgrepan y lle a'i droi yn ddarlun o'r Iwerddon yr hoffai rhai ei weld.

Acenion Gwyddelig oedd i'w clywed ran amlaf ar y stryd, ond roedd yn anodd dirnad faint o drigolion lleol o'r iawn ryw oedd ar ôl. Yn sicr mae'r lle'n orlawn o dai haf, ail gartrefi, a llety dros dro. A'r cyfan yn gofyn am sach o aur Clogau er mwyn gallu eu fforddio. Gwelais hysbyseb yn ffenest un o'r gwerthwyr tai yn cynnig stad gyfan o dai newydd sbon, yn cael eu disgrifio'n neilltuol fel tai gwyliau.

Ond roedd i'r lle lawer mwy o fywyd nag y byddai rhywun wedi ei ddisgwyl mewn tre debyg yng Nghymru. Ac roedd y tiliau'n diasbedain yn groch.

Wrth grwydro, ni fydd rhywun yn hir yn sylwi ar y garwriaeth rhwng y dre a Sbaen. Ceir, er enghraifft, stryd o dai drudfawr o'r enw Spanish Walk. Ar y ffordd i fyny'r bryncyn at Dún Chathail, neu Gaer Siarl, aiff rhywun heibio tafarn liwgar a hynod boblogaidd The Spaniard. Ac ar frig y bryncyn hwnnw ger pyrth Dún Chathail mae 'na wastad faner goch a melyn Sbaenaidd yn saliwtio yn y gwynt, er yn un mor garpiog â throwsus postmon mewn cwt bleiddiaid pan ymwelon ni.

Bu cysylltiadau cryf rhwng y fan yma ag Iberia, ac yn arbennig Galisia, ers cyn cof. A dim syndod, efo'r môr yn ei ddydd yn drafffordd nid yn unig rhwng y gwledydd Celtaidd a'i gilydd, ond â pharthau gorllewinol eraill y cyfandir.

Mi fydd disgyblion ysgol yn Iwerddon yn dysgu hyd heddiw am yr adeg yn 1601 pryd yr anfonodd Felipe III, brenin Iberia, forlu efo miloedd o ddynion ar ei bwrdd i helpu penaethiaid brodorol Iwerddon yn eu brwydr yn erbyn y Saeson.

Bu'r Normaniaid a'r Saeson yn llwyddiannus iawn yn meddiannu darnau helaeth o ddwyrain y wlad erbyn y cyfnod hwnnw. Roedd yr iaith ar drai, a'r crachach yn fodlon eu byd efo'u hymerodraethau eu hunain, fel arglwyddi'r Mers yng Nghymru. Roedd yr ardal o amgylch Dulyn o dan reolaeth uniongyrchol Llundain. Câi ei gyfeirio ato fel An Pháil Shasanach, neu *The English Pale*. Deilliai hynny o'r gair Lladin palus, sef polyn ffens, ddaeth yn y pen draw i olygu'r 'ffin'. Tra i bopeth yn y parth hwnnw gael ei ystyried i fod yn wych a gwaraidd, ystyrid ganddyn nhw rannau eraill o'r wlad oedd yn dal o dan reolaeth frodorol i fod yn anwar. O hynny deilliodd y dywediad *'beyond the pale'* i ddisgrifio rhywbeth annerbyniol.

Erbyn 1600 roedd Lloegr â'i bryd ar ymestyn An Pháil Shasanach i gwmpasu'r wlad yn ei chyfanrwydd. Dim ond llinach teulu Ó Néill yn y gogledd oedd wedi llwyddo i gadw gafael ar eu tir a'u hiaith a'u traddodiadau. Fel Pabyddion pybyr, erfynion nhw ar eu cyd-Gatholigion yn nheyrnas Sbaen i'w cynorthwyo yn eu brwydr yn erbyn Lloegr Anglicanaidd.

Cafwyd sawl ymgais i anfon cynhorthwy, dim ond i'r môr a'i donnau ddifetha'u hymdrechion. Ond ar Hydref 2il, 1601, llwyddwyd i lanio byddin o 4,000 o filwyr yn Cionn tSáile. Yn anffodus i'r O'Neilliaid gogleddol, roedd hynny'r pen anghywir i'r wlad. Serch hynny, anfonwyd dynion o'r gogledd i ymuno â'r Sbaenwyr mewn brwydro gwaedlyd yn erbyn lluoedd y Saeson, oedd wedi eu hanfon yno o An Pháil Shasanach.

Ymhen tri mis trechwyd y Gwyddelod a'r Sbaenwyr, efo'r cyfan yn dod i'w anterth mewn brwydr fawr ar Noswyl Nadolig 1601. Ildiodd y Sbaenwyr, a mynd yn ôl am adref â'u cynffonau'n dynn rhwng eu coesau. Roedd crib y Gwyddel wedi ei dorri, a'r Saeson wedi meddiannu'r ynys gyfan, sefyllfa na fyddai'n newid am fwy na thair canrif.

Ond mae'r Gwyddelod yn dal hyd heddiw yn ddiolchgar i'r Sbaenwyr am ymateb i'w cri am gymorth. Ac mae'r plac tair-ieithog o ddiolch, a'r faner garpiog, ger Dún Chathail yn un enghraifft o hynny.

Yn 1689 daeth byddin estron arall i Cionn tSáile. Cyrhaeddodd lluoedd Ffrengig, o dan arweiniad Iago II o Loegr, neu Iago VII o'r Alban yn ôl ei ail basbort. Roedd y Pabydd hwn wedi colli ei le ar orsedd gyfun Lloegr a'r Alban, ond â'i fryd ar ei hennill yn ôl. Efo nifer o gefnogwyr Gwyddelig tu cefn iddo, cafodd ei hun y flwyddyn ganlynol mewn ymladdfa gignoeth yn y gogledd. Yn eu hwynebu roedd lluoedd yr Isalmaenwr Willem III, y Protestant oedd wedi ei ddisodli a chipio'i orseddi, ac oedd yn nai ac yn fab-yng-nghyfraith iddo.

Fyth ers 1609, bu'r frenhiniaeth Seisnig yn anfon pobol o dde'r Alban a gogledd Lloegr i feddiannu tiroedd meithion ar draws llawer o ran ogleddol yr ynys. Efo'u diwylliant a'u hiaith wahanol, a'u hymlyniad at Brotestaniaeth, y bwriad oedd glastwreiddio'r boblogaeth frodorol nes ei bod yn haws i'w cael i blygu i'r drefn.

Mae'n batrwm o wanio'r gwreiddiau a cheisio dileu hunaniaeth y mae sawl ymerodraeth wedi ei ddefnyddio, o'r Undeb Sofietaidd i Iwgoslafia, Ffrainc, Sbaen, Tsieina, a Phrydain Fawr, i enwi dim ond rhai. Patrwm sy'n parhau i gael ei ddefnyddio hyd heddiw.

Trechwyd y Pabyddion ar faes y gad ar lan afon Bóinne, mewn brwydr gaiff ei hadnabod yn Saesneg fel *The Battle of the Boyne*. Yn anghredadwy bron, bedair canrif a mwy yn ddiweddarach, dyna sail y drwgdeimlad crefyddol sy'n dal i ferwi mewn rhannau o Iwerddon hyd heddiw.

O'r cysylltiad hwnnw â'r Iseldiroedd, a defnydd y deyrnas honno o'r lliw oren i ddynodi ei hunaniaeth, y daeth hoffter y Protestaniaid at ddefnyddio'r lliw fel rhan o'u hunaniaeth grefyddol a diwylliannol hwythau. A dyna arweiniodd at sefydlu ac enwi'r Urdd Oren, sy'n parhau yn rhan anhepgorol o fywyd bob dydd i leiafrif sylweddol.

Heglodd Iago hi'n ôl am Cionn tSáile a llwyddo i ddychwelyd i Ffrainc â'i groen yn iach, gan adael ei gefnogwyr Gwyddelig i wneud y gorau o sefyllfa anobeithiol. Dywed rhai Gwyddelod hyd heddiw i'r cyn-frenin gael ei adnabod fel Iago II yn Lloegr ac Iago VII yn yr Alban, ond yn Iwerddon Séamus an Chaca – Iago Gachu – fydd o hyd byth.

Bu'r dre hefyd ar un pryd yn cynnig hafan ddiogel i ysbeilwyr oedd yn gweithio ar ran y Goron. Yn 1703 roedd yr Albanwr Alexander Selkirk yn un o'r swyddogion ar fwrdd llong y Cinque Ports, a hwyliodd oddi yno ar ei ffordd i ysbeilio llongau'r Sbaenwyr.

Credai'n daer fod y llong yn anniogel ac mewn perygl o suddo. Yn sgil ffrae efo'r capten, mynnodd gael ei adael ar un o ynysoedd anghysbell diboblogaeth Juan Fernández oddi ar arfordir Chile. Pengaled tu hwnt, does dim dwywaith, ond profwyd o'n iawn pan suddodd y Cinque Ports yn ddiweddarach ger arfordir Colombia.

Ond bu hi'n bum mlynedd unig iawn cyn i Selkirk gael ei achub. Daeth i ddibynnu ar eifr gwyllt oedd yn byw yno am fwyd, dillad, a..... nwyd, os allwn ni ei ddisgrifio felly. Y fo, maes o law, ysbrydolodd gymeriad Robinson Crusoe yn nofel enwog Daniel Defoe. Nid iddo dynnu llawer ar brofiadau Selkirk efo'r geifr i lenwi tudalennau'i nofel.

Mae Dún Chathail yn gampwaith o amddiffynfa, ar ffurf seren, a godwyd gan y Saeson yn ystod 1677-82 er mwyn gwarchod yr harbwr hollbwysig oddi tano. Ac yno roedd ein cartref i fod y noson honno, ar ddarn prin o darmac gwastad, wrth inni swatio'n glyd ar ochr y bryn gwyntog yng nghwmni un modur-gartra arall.

Daeth perchennog y llall aton ni i'n rhybuddio i symud ychydig lathenni. Ofnai y bydden ni'n pechu'r gwerthwr coffi oedd bob bore yn parcio'i gwt symudol yno, am yr union reswm ei fod yn ddarn

Dún Chathail
Llun: Fáilte Ireland

gwastad ar ymyl y ffordd. Roedden ni'n falch o gydymffurfio; mae'r Gwyddel hawddgar yn llawer mwy croesawgar tuag aton ni deithwyr mewn modur-gartrefi na nifer o Gymry. Heb sôn am y Saeson. Nid oedden ni ar unrhyw gyfrif am beryglu'r croeso hwnnw.

Pâr priod yn eu saithdegau oedd ein cyd-letywyr ar ochr y bryn, Saeson o Amwythig oedd wedi gwerthu eu cartref ac yn byw'n barhaol yn eu Hymer anferthol. Roedd eu brwdfrydedd heintus tuag at eu bywyd newydd i'w edmygu. Ac yn sicr, mae rhywbeth yn rhydd a braf mewn 'newid aelwyd bob yn eilddydd', fel yr ysgrifennodd Crwys. Heb os, roedd ein 'carafán mewn cwr o fynydd' yn hen ddigon clyd er y gwynt oedd yn plycio o'r Iwerydd.

Cofiwch, byddai gwaith ar y naw fy narbwyllo i fyw felly'n barhaol.

Wrth geisio dychmygu'r machlud tanbaid oedd yn tanio'n wefreiddiol tu ôl i'r cymylau oedd yn gorchuddio'r gorwel, daethon ni'n ymwybodol o oglau mwg a sŵn coed yn clecian. Ymhen dim taranodd dwy injan dân i'r golwg ar wib o'r dre, ac annog eu nadroedd boliog o bibellau i boeri dŵr ar y fflamau oedd yn prysur gydio yn y tir ar draws y ffordd.

Yn y cyfamser daeth aelod o'r Garda heibio, prin wedi rhoi'r gorau i fwyta bwyd llwy, a dechrau dwrdio dyn canol oed druan oedd â'i wyneb yn goch fel tin babŵn. Edrychai fel athro wedi ei alw i swyddfa'r prif ddisgybl i gael pregeth am y peryglon o chwarae efo matsis.

Roedd hi'n ymddangos mai ceisio llosgi sbwriel ar faes parcio'r clwb pêl-droed gerllaw oedd ei drosedd. Ond efallai iddo erbyn hynny ystyried na fu hynny ei benderfyniad doethaf erioed. Chwyrlïodd y mwg ar draws yr harbwr, a chuddio'r dre o dan fantell lwyd a drewllyd. Brysiodd pobol i glepian eu ffenestri ynghau. A gellid clywed cwsmeriaid y bwytai yn eu capiau pig gloyw yn pesychu uwch eu cimychiaid.

Ac wedi sicrhau bod y dynion tân wedi gwneud eu gwaith yn iawn, dyma setlo am noson o gwsg gan wenu, wrth weld eto ac eto fys ifanc y Gard yn pwnio o flaen wyneb coch aeddfed.

Pennod 5

Gwyrthiau, a dilyn yn ôl troed cawr

A NINNAU eisoes wedi bod yn Iwerddon ers naw diwrnod, daeth hi'n bryd rhoi cychwyn ar y Slí swyddogol o ddychymyg y gwleidyddion a'r bobol marchnata. Ffarwelion ni â'n cymdogion o anturiaethwyr aeddfed.

Cyn cychwyn, ac wrth i'r dyn efo'r cwt coffi symudol baratoi am ddiwrnod o iro llwnc yr ymwelwyr, sylweddolon ni bod y brwgaets ar ymyl y ffordd gyferbyn yn dal i fud-fygu. Gobeithion ni bod y dyn efo'r wyneb tin babŵn wedi cael noson o gwsg llawn cystal â ni.

Gan fentro drwy'r dre a heibio'r marina a'r clwb hwylio, yn fuan mae'r ffordd yn troi'n dynn i'r chwith wrth adael Cionn tSáile. Dacw arwydd brown danheddog y WAW, yr un cyntaf inni ei weld, ac mae'r daith bellach yn swyddogol wedi dechrau.

Roedd bron i 1,600 o filltiroedd ar ei hyd o'n blaenau, efo'r llwybr yn treiddio i bob hollt a phob plyg yn y map, fel chwannen mewn gwely. Pe byddai modd trawsblannu Llanbadrig yng ngogledd Môn, Uwchmynydd ym mhen pellaf Llŷn, Clarach yng Ngheredigion, Porth Mawr yn Sir Benfro, neu Borth Einion ar Benrhyn Gŵyr, i gyd ar arfordir Iwerddon, yna byddai'r WAW yn eich arwain atyn nhw.

Prin fod twll yn y ffordd nad yw wedi ei gynnwys. Nid oes unrhyw le'n rhy ddisylw, nac unrhyw ffordd na lôn yn rhy gul, serth na garw, i gael ymweld â hi ar y daith. Yn aml bydd y lôn yn eich hudo i rywle efo'i arwyddion brownion, dim ond i'ch gorfodi i ddŵad yn ôl yr un ffordd yn ddiweddarach.

Hollol ddibwrpas ydi'r rhybuddion yn yr arweinlyfrau, ar gyfer gyrwyr o gyfandir mawr Ewrop, y dylid cofio gyrru ar ochr chwith y ffordd. Yn aml, does dim chwith na de i ddewis ohonyn nhw.

Ond yn ffodus, mae'r gyrwyr lleol ran amlaf yn ddigon hirben ac amyneddgar i ddeall sut i yrru ar ffyrdd o'r math. Maen nhw'n ddigon parod i dynnu i'r ochr i wneud lle, cyn belled â'ch bod chithau yn fodlon cyfaddawdu. Mor wahanol i nifer o'r ffyliaid mewn cerbydau 4x4 sgleiniog, sy'n galaru os cân nhw fymryn o gachu gwartheg ar eu paent, sy'n tyrru i gefn gwlad Cymru.

Ond roedden ni wedi penderfynu, doed a ddelo, y bydden ni'n ceisio glynu at y llwybr cyn belled ag oedd yn ymarferol bosib. Derbyn yr her, a chroesi'n bysedd. A gwenu'n ddel ar y brodorion wrth dagu eu ffyrdd o dan eu trwynau.

Roedd y ffordd yn dyllog ond yn ddigon llydan, cloddiau blodeuog o boptu iddi, wrth inni anelu am benrhyn An Seancheann. Roedd yr ardal yn fy atgoffa o Ben Llŷn neu berfeddion Sir Benfro. Mae'n bosib ei fod rhywbeth i'w wneud â'r golau tryloyw a glasaidd ei natur. Rhyw gymysgedd o awyr lydan a môr agored, sydd wedi denu arlunwyr a breuddwydwyr ar hyd y blynyddoedd at yr arfordiroedd Celtaidd.

Ond eto, mae rhywbeth mwy na hynny yn denu. Rhyw ysbryd, rywsut. A feiddia' i ei alw'n rhyw enaid Celtaidd, er na faswn i'n honni fy mod yn ysbrydol mewn unrhyw fodd? Neu a fasech chi'n meddwl fy mod wedi mynd yn hollol dw-lali?

Yr oll dwi'n ei wybod ydi imi wastad deimlo'n hynod gartrefol yn y llefydd hyn, hyd yn oed heb bresenoldeb eu pobol. Rhyw deimlad o berthyn, efo'r un teimlad yn llifo drosta' i bob tro.

Ac mi heria' i chi i fynd heibio tafarn mor drawiadol o wledig ei gwedd a'i henw ag An Daras Breac, Y Drws Brech, heb deimlo rhyw dynfa. Yn ffodus roedd hi'n llawer rhy gynnar i alw i mewn, efo'r drysau yn ddiogel ynghau tu ôl i'w paent coch llachar, a'r maes parcio ar draws y ffordd yn wag. Dim ond suo'r pryfaid yn y cloddiau, ac yn mwytho'r tail yn y caeau, oedd yn torri'r tawelwch heulog hyfryd.

Byddai newyddion wedi cyrraedd clustiau'r selogion yma dros eu diodydd, un prynhawn ym mis Mai 1915, am drychineb erchyll o fewn golwg i'r arfordir gerllaw. Dim ond 11 milltir allan i'r môr oedd llong mordeithio anferthol y Lusitania pan gafodd ei suddo gan long danfor Almaenig, a hithau ar ei ffordd o Efrog Newydd i Lerpwl.

Aeth i ddifancoll yr heli mewn 18 munud yn unig, a boddwyd 1,198 o'r 1,959 oedd ar ei bwrdd, yn deithwyr a chriw.

Gan nad oedd hi'n llong filwrol, roedd ei suddo yn arwydd o ba mor fileinig y byddai'r Rhyfel Mawr yn profi i fod. Ond dadleuodd yr Almaenwyr iddi fod yn darged dilys gan iddi hefyd fod yn cludo 173 tunnell o arfau ac offer milwrol i Loegr o'r Unol Daleithiau, er nad oedd y wladwriaeth honno yn swyddogol yn cefnogi'r un ochr na'r llall ar y pryd.

Agorwyd amgueddfa fechan a chofeb ger goleudy An Seancheann yn 2015 i gofnodi canmlwyddiant y suddo.

Roedd y ffordd yn rhyfeddol o dawel, serch am ambell dractor neu ffermwr mewn 4x4 drud yn ymlwybro heibio'n hamddenol, gan godi llaw yn gyfeillgar. Cawson ginio ger traeth Garrylucas, lle hynod boblogaidd yn yr haf am ei dwyni braf a'i ddyfroedd Baner Las. Ond yn gynnar ym mis Ebrill fel hyn, nid oedd enaid ar ei gyfyl, ac eithrio rhyw gythreuliaid duon o deulu'r frân yn chwilio am dameidiau blasus yng nghanol y gwymon.

Roedd cwch pysgota yn brwydro'n ddewr i ddringo dros frigau'r tonnau allan yn y bae. A rhyfedd oedd meddwl nad oedd unrhyw dir dros y gorwel nes cyrraedd Galisia bell.

Gerllaw ym mhentre bychan Béal Átha an Spidéil, Ballinspittle, roedden ni am weld lle digwyddodd gwyrth. Wel, un honedig, o leiaf.

Wrth gyrraedd y pentre mae cerflun o'r Forwyn Fair yn ymochel mewn cysgodfa gerrig fechan, ar ochr bryncyn amlwg wrth ymyl y ffordd. Dyma sail y wyrth.

Does dim byd syfrdanol yn hynny mewn gwlad sydd wedi dal peth gafael – er yn llawer mwy llac nag y bu – ar ei chrefydd. A dydyn nhw'n gweld dim o'i le ar ei odro, er lles rhyw goffrau neu'i gilydd, pan fydd modd. Aiff ffydd â chi'n bell.

Wedi'r cyfan, codwyd maes awyr rhyngwladol Gorllewin Iwerddon yng nghanol cors ger pentref Cnoc Mhuire, Cnwc Mair. A hynny ar sail honiad i'r forwyn ei hun gael ei gweld yno un noswaith lawog ym mis Awst 1879. Ond nid yn unig hi. Roedd Iesu Grist, a'r saint Joseff ac Ioan, hefyd wedi eu gweld yn hofran yn y cyffiniau. Bu'r esgobion yn ystyried yr adroddiadau, a dŵad i'r casgliad eu bod yn hollol gredadwy.

Bu miloedd ar filoedd ar bererindod yno fyth ers hynny, gan gynnwys y Santes Teresa o Kolkata, a dau bab, Ioan Pawl II a Francis. Ac mae pobol yn dal i heidio yno yn y gobaith o gael gwellhad.

Agorwyd y maes awyr yn 1985 yn sgil ymgyrch gan uwch-offeiriad lleol, y Monsignor James Horan. Roedd nifer o arbenigwyr wedi rhybuddio bod y safle yn rhy gorsiog, yn rhy niwlog, ac yn rhy.... wel, wedi ei lleoli yn nhwll din y byd, i fod yn llwyddiant. O, chi o ychydig ffydd. A beth mae arbenigwyr yn ei wybod am unrhyw beth o'i gymharu â dyn efo cysylltiad uniongyrchol at y Bod Mawr?

Efo cildwrn o 10 miliwn o bunnoedd Gwyddelig o goffrau'r llywodraeth tu cefn iddo, nid oedd dim yn mynd i atal y Monsignor rhag denu pererinion i weld lle bu'r wyrth. Neu ddwy wyrth, mewn gwirionedd; yr un ysbrydol yn 1879, a'r un gyfalafol yn 1985.

Agorodd y maes awyr ar Hydref 25ain, efo tri ehediad arbennig gan gwmni Aer Lingus yn gadael. Ac er mwyn diolch am yr arweiniad dwyfol, i ble arall fydden nhw i gyd yn hedfan ond Rhufain? I lygad y ffynnon, mangre cadarnhau gwyrthiau byd-eang yr eglwys.

Ond ai cyd-ddigwyddiad oedd hi i 'wyrth' arall ddŵad i'r amlwg yn yr un flwyddyn ag yr agorwyd y maes awyr i ffanffer swnllyd? A oedd pobol Béal Átha an Spidéil wedi eu hysbrydoli gan brofiad Cnoc Mhuire? Nid eu bod nhw am gael maes awyr, na dim o'r fath. Ond byddai'r eglwys leol wastad yn gallu gwneud efo côt o baent, darn o garped moethus i lawr yr eil, neu blwm newydd ar y to.

Y flwyddyn honno daeth adroddiadau i sylw'r wasg bod pobol leol wedi gweld y ddelw hon o'r Forwyn Mair oedd o'n blaenau yn symud yn ddigymell. Aeth pobol yno yn eu miloedd, a bu nifer ohonyn nhw yn honni iddynt hwythau weld y cerflun yn symud.

Ond wrth i rai dechrau rhwbio dwylo yn ddisgwylgar, rhoddwyd pin yn eu swigen o obaith. Mewn arwydd efallai o sut roedd y rhod grefyddol wedi troi mewn canrif, gwrthododd pen bandits yr Eglwys Babyddol â datgan barn yr un ffordd na'r llall. Eisteddon nhw ar y ffens ddiwinyddol pan oedd pobol Béal Átha an Spidéil mwya' eu hangen.

Mae'r gysegrfa yn cael ei chynnal a'i chadw'n ddigon destlus, chwarae teg. Wnaethon nhw ddim cefnu'n llwyr ar y Forwyn. Ond mi allwn ni gadarnhau na welon ni neb yno efo arwyddion doleri yn eu llygaid yn gwerthu trugareddau crefyddol. Ac ni welon ni chwaith yr un symudiad ym mhlygion gŵn wen yr hen Fair.

Hen dro, hefyd. Faswn i wedi hoffi bod yn dyst i wyrth. Ond dyna'r gosb am fod yn anghredadun, debyg. Hyd yn oed un fu ar sawl trip Ysgol Sul i'r Rhyl.

Cafwyd taith hwylus ar hyd lonydd cefn arfordir sir Gorllewin Corc, er mor gul oedden nhw, gan ddilyn yr arwyddion danheddog i'r fodfedd. Ond mae'n rhyfedd sut y daw rhywun i arfer efo un olygfa ogoneddus o'r môr ar ôl y llall, nes nad oedd modd eu

gwahanu wrth iddyn nhw droi'n un caleidosgop liwgar. Cyn hir roedden ni'n ysu am weld tre a siopau a meysydd parcio. A thafarn, os oedd rhaid.

Do, bu Béal Átha an Spidéil yn gobeithio elwa ar bererindota crefyddol traddodiadol. Ond mae tre fechan Cloich na Coillte, y castell cerrig yn y coed, neu Clonakilty, wedi llwyddo i ddatblygu'n gyrchfan bererindota o fath gwahanol. Un hanesyddol a gwleidyddol o bwys.

Dyna'r ardal, os nad y dre ei hun, lle y ganwyd, ac y lladdwyd, Michael Collins, neu Mícheál Ó Coileáin fel y cyfeiriai ato'i hun ar brydiau. Ac yno yng nghanol y sgwâr i'n cyfarfod roedd y dyn ei hun. Neu'n hytrach, gerflun ohono.

Y fo oedd arwr milwrol y rhyfel a ddaeth ag annibyniaeth i'w wlad. Mireiniodd ei syniadau

Cerflun Michael Collins
yn Cloich na Coillte

50

a'i dactegau wrth gael ei gadw'n garcharor rhyfel yng ngwersyll Frongoch ger y Bala, gwersyll a ddaeth i gael ei adnabod yn ddiweddarach fel Prifysgol y Chwyldro.

Ond roedd hefyd, ym marn rhai, yn fradwr gwleidyddol. Y fo a arwyddodd gytundeb, yn rhan o'r ddirprwyaeth oedd yn cael ei harwain gan Arthur Griffith, sy'n golygu bod talp go fawr o'r wlad yn dal o dan reolaeth Lloegr.

Roedd yn ffodus o fod yn y trafodaethau terfynol o gwbl yn sgil digwyddiad ym Môr Iwerddon oddi ar arfordir Ynys Môn. Roedd Collins a dau arall o'r ddirprwyaeth weriniaethol, Erskine Childers a Gavan Duffy, wedi gadael Caergybi am 3 y bore ar Ragfyr 3ydd, 1921, efo Griffith a gweddill y ddirprwyaeth yn teithio ar wahân.

Roedd y tri ohonyn nhw ar fwrdd llong bost y Cambria, oedd ar ei thaith gyntaf erioed, ac yn dychwelyd i Ddulyn efo cynigion diweddaraf Llundain.

Yn y tywyllwch ger goleudy Ynys Arw, ddwy filltir heibio i drwyn morglawdd Caergybi, deffrowyd y teithwyr oedd yn pendwmpian yn eu seddi gan glec uchel. Cafodd y llong ei hysgytian yn egr, a daeth i stop. Sgrechiodd nifer mewn braw, â'r Cambria'n siglo'n anesmwyth yn ymchwydd y môr.

Roedd wedi taro yn erbyn sgwner y James Tyrrell, oedd ar ei ffordd rhwng Lerpwl a Gwlad yr Haf efo'i chargo o wartheg a bwyd. Cafodd y sgwner bren ei hollti'n ddwy. Boddwyd tri o'i morwyr, ac achubwyd pedwar arall gan griw'r Cambria.

Galwyd teithwyr y llong bost ar y dec i baratoi i gael eu rhoi yn y badau achub, a rhoddwyd siacedi achub iddyn nhw eu gwisgo. Mynnodd Collins ei fod wedi bod 'mewn gwaeth twll o lawer na hyn' pan roddwyd ei siaced iddo.

Ond llwyddodd y Cambria i gloffi'n ôl i Gaergybi, bedair awr ar ôl gadael. Trosglwyddwyd Collins, Childers a Duffy, a gweddill y teithwyr, i long bost yr Hibernia i ail-gychwyn ar eu taith. Ac i geisio unwaith eto fachu ar rywfaint o gwsg.

Roedd cyfarfod oedd i brofi'n un o'r rhai mwya' tyngedfennol yn hanes Iwerddon yn eu disgwyl unwaith iddyn nhw gyrraedd Dulyn. Yn y cyfarfod hwnnw cytunwyd i dderbyn cynigion Lloyd George.

Yn oriau mân y bore canlynol, roedden nhw ar eu ffordd yn ôl i Gaergybi i deithio ymlaen i Lundain. Ddau ddiwrnod yn ddiweddarach arwyddwyd y cytundeb oedd i arwain ar greu'r Wladwriaeth Rydd, a rhannu Iwerddon yn ddwy.

Câi Collins ei gydnabod yn dipyn o athrylith ar faes y gad. Ond ar yr un pryd cafodd ei ddilorni gan David Lloyd George, y prif weinidog o Gymro Cymraeg, a'i gwawdiodd am nad oedd yn gallu'r Wyddeleg yn rhugl. Cytunodd Collins a Griffith i'r posibilrwydd o greu gwladwriaeth Brotestannaidd yng ngogledd-ddwyrain eu gwlad, lle'r oedd gwrthwynebiad chwyrn i'r syniad o fod o dan reolaeth Dulyn.

Dadleuai Collins bod y cytundeb o leiaf yn gam pwysig tuag at ryddid llawn. Roedd hanner torth yn well na dim briwsionyn.

Deallodd nad oedd unrhyw fodd y câi bopeth yr oedd yn ei ddymuno allan o Lloyd George. Bu gwrthodiad hwnnw i roi rheolaeth i'r Gwyddelod dros borthladdoedd fel Inis Píc yn bilsen arbennig o chwerw i'w llyncu, fel roedd gorfod ildio'r gogledd-ddwyrain. Teimlodd i Éamon de Valera, arweinydd y mudiad gweriniaethol a aeth ymlaen i fod yn brif weinidog ac yn arlywydd, ei anfon yntau a Griffith i drafod efo Lloyd George yn Llundain gan wybod yn iawn mai dyna fyddai'r canlyniad.

Cafodd de Valera, ym marn Collins, olchi ei ddwylo o'r sefyllfa wrth baratoi i arwain gwlad led-annibynnol, os un ranedig. Ac yn wir, rhagwelodd beth fyddai'r canlyniad pan ddatganodd ei fod newydd arwyddo ei warant farwolaeth ei hun wrth lofnodi'r cytundeb.

Roedd yn gytundeb a arweiniodd at Ryfel Cartref gwaedlyd yn Iwerddon, rhwng cefnogwyr y cytundeb a'r rhai oedd yn ei gwrthwynebu. Holltodd y rhai fu'n cyd-frwydro am annibyniaeth yn ddwy garfan, yn llawn casineb at ei gilydd.

O'r ddwy garfan rheiny y ffurfiodd y ddwy blaid wleidyddol fu'n llywodraethu'r wladwriaeth fyth ers ei sefydlu. Ffurfiodd Fine Gael yn fras o blith cefnogwyr y cytundeb, a Fianna Fáil o blith y gwrthwynebwyr.

Bu brwydro ffyrnig dros 11 mis yn 1922/23, pryd lladdwyd rhwng

2,000 a 4,000 o bobol. Yn eu plith roedd Michael Collins ei hun, ar Awst 22ain, 1922. Efo lluoedd y wladwriaeth newydd yn dechrau ennill y rhyfel cartref, penderfynodd Collins anwybyddu pob cyngor diogelwch a mynd i'w sir enedigol i weld y sefyllfa dros ei hun. Cafodd ei adnabod yng nghefn car agored ger tafarn y Four Alls, gaiff ei hadnabod heddiw fel y Diamond Bar. Mae honno yn Béal na Blá, pentre bychan sy'n sefyll ar yr R585. Torrodd brwydr ffyrnig allan rhwng Collins a'i ddynion a chriw o wrthwynebwyr y cytundeb. Ond y fo oedd yr unig un i farw, mewn amgylchiadau sy'n parhau'n ddirgelwch hyd heddiw. Mae croes garreg wedi ei gosod gerllaw i nodi un o'r digwyddiadau mwyaf arwyddocaol yn hanes diweddar y wlad.

Dri mis yn ddiweddarach byddai Erskine Childers hefyd yn gorff, ac yntau erbyn hynny wedi troi'n llwyr yn erbyn Collins. Teimlai'n gryf na ddylid fod wedi derbyn y cytundeb, ac roedd Lloyd George wedi pryderu yn ystod y trafodaethau y byddai Childers wedi chwalu'r cwbl.

Ymunodd efo'r lluoedd gwrth-gytundeb, ond cafodd ei arestio gan ddynion llywodraeth y Wladwriaeth Rydd. Cafodd ei ddedfrydu i gael ei ddienyddio, a saethwyd o i farwolaeth mewn barics yn Nulyn ar Dachwedd 24ain, 1922. Ysgwydodd law â phob un o'r milwyr cyn iddyn nhw ei saethu, a'u hannog i gamu'n nes ato er mwyn gwneud pethau'n haws.

Rhwng Mehefin 1973 a Thachwedd 1974 bu ei fab, Erskine Hamilton Childers, yn Uachtarán na hÉireann, arlywydd y Weriniaeth. Y fo fu'r unig arlywydd erioed i farw tra yn ei swydd.

Treuliodd Collins beth o'i fagwraeth yn un o'r tai Sioraidd crand yn y sgwâr yn Cloich na Coillte, lle mae ei gerflun heddiw. Does dim cofnod dibynadwy ynglŷn â pha dŷ yn benodol y bu'n byw ynddo. Ond mae un ohonyn nhw wedi ei ddatblygu'n amgueddfa goffa hynod ddifyr, os wedi ei goleuo braidd yn llachar oddi fewn.

Ac os nad ydi ymweliad a Thŷ Mícheál Ó Coileáin yn gallu diwallu'ch awch am wybodaeth, cofiwch bod y ffasiwn le â Chanolfan Mícheál Ó Coileáin hefyd yn bodoli. Mae honno'n sefyll ar ffẹrm yn Ballinoroher, tua thair milltir i'r dwyrain o Cloich na Coillte, ar hyd lôn leol fain yr L8085.

Mae'n amgueddfa draddodiadol, efo'i thrugareddau hanesyddol, ac mae'n edrych yn ogystal ar fywydau enwogion eraill efo cysylltiadau lleol, fel Henry T Ford a John F Kennedy. Ond mae'n rhannu ei chenadwri am Collins drwy'ch gwahodd i wrando ar gyfarwydd yn adrodd straeon amdano, efo hynny'n digwydd deirgwaith y dydd.

Ac os na fydd hyd yn oed hynny yn eich bodloni, mae'r cyngor sir wedi clustnodi llwybr treftadaeth y gallwch yrru neu feicio ar ei hyd, sy'n ymweld ag amrywiol fannau pwysig yn hanes bywyd a thranc y dyn ei hun.

Aiff â chi heibio'r ffermdy lle cafodd ei eni, ei hen ysgol, tafarn y Four Alls, y lôn gul y cludwyd ei gorff yn y tywyllwch ar hyd-ddi ar ôl iddo gael ei ladd, a'r Amgueddfa Annibyniaeth yn Cill Mhuire, Kilmurry.

Ia, amgueddfa arall. A na, fuon ni ddim yno.

Pennod 6

Tonau dros y tonnau, a gwarth An Sciobairín

DOEDD dim amheuaeth ein bod ni'n delio efo'r Iwerydd gwyllt wrth ddeffro ar ymyl y ffordd yng nghesail bae tro pedol Trá Dhearg, y Traeth Coch. Prin ddeng munud i'r gorllewin o Cloich na Coillte, dyma un o'r traethau gorau ar gyfer syrffwyr ar yr arfordir deheuol, yn enwog am ei ddŵr crisial a'i wyntoedd cyson a nerthol.

Maen nhw'n honni iddo gael ei enwi yn sgil rhyw frwydr hynod waedlyd, wrth i'r Normaniaid geisio sicrhau troedle yn y wlad. Efallai bod rhyw arlliw cochlyd i'r tywod, o edrych o'r cyfeiriad iawn. Drwy sbectol binc. Yn y golau mwya' addas. Wrth i'r haul fachlud. Ond i mi, allwn i weld dim ond tywod lliw tywod.

Yn sicr roedd Morys y Gwynt yn brysur ddigon y bore hwnnw, yn sgubo'r tywod yn dwyni bychain ym mhobman, ac wedi bod wrth

Trá Dhearg
Llun: Fáilte Ireland

ei waith yn ddyfal drwy'r nos. Roedden ni wedi cael ein siglo i gysgu yn ein crud, wrth i Alabeina ein hanwesu fel mam ofalus. Ond ni chyfaddawdodd yr hen Forys â hi. Claddwyd gwaelodion ei holwynion mewn tywod mân erbyn y bore. A gadawyd côt daclus o'r un deunydd am ei chorff i'w chadw'n gynnes. Bu'r Traeth Coch, fel Morys, yn hael ei gyfraniad. Ond beth arall oedd i'w ddisgwyl, mewn difri' calon, ar lannau'r Iwerydd ym mis Ebrill?

Y noson flaenorol mi benderfynon ni nad oedden ni am fentro'r un filltir ymhellach nag oedd rhaid. Doedd neb arall o gwmpas Trá Dhearg, oedd yn ein siwtio i'r dim. A chlywon ni ddim ond ambell gerbyd yn mynd heibio'n hollol ddiffwdan drwy'r nos. Ac wrth i'r gwynt geisio chwibanu ei ffordd aton ni drwy unrhyw hollt posib yn y drysau neu'r ffenestri, mi geision ni foddi ei sŵn yng nghwmni'r radio.

Mae gan Iwerddon rwydwaith eang iawn o orsafoedd radio, lleol a chenedlaethol, rhai yn llawer gwell na'i gilydd. Ond, a ninnau'n swatio rhag eithafion y gwynt wrth droed rhyw fryncyn, prin oedd y gorsafoedd oedd ar gael inni. Diolch i'r drefn roedd gwasanaeth Gwyddeleg Raidió na Gaeltachta i'w glywed yn glir fel cloch.

Ac, er na ddeallon ni ryw lawer o'r hyn oedd yn cael ei barablu rhwng y caneuon, rhaglen o gerddoriaeth draddodiadol gawson ni. Roedd llawer ohono yn amlwg wedi ei recordio'n fyw mewn amrywiol neuaddau gwledig, â'r perfformwyr yn cael cymeradwyaeth wresog gan eu cynulleidfaoedd. Roedd fel camu i gegin ffarm yng nghefn gwlad Cymru ddegawdau yn ôl, efo Bob Tai'r Felin yno yn ei 'sgidiau hoelion mawr i'ch croesawu. Beth am bill o Foliannwn, Bob?

Wrth bendwmpian yng nghanol môr o Wyddeleg, cododd ein clustiau wrth glywed y cyflwynydd yn ceisio ynganu'r geiriau Ar Lan Y Môr. Ac yn sicr ddigon, cafodd y gân werin honno ei chanu mewn Cymraeg digon derbyniol gan gôr Gwyddelig na lwyddais i ddeall pwy oedden nhw.

Cafodd Raidió na Gaeltachta ei lansio fel gwasanaeth Gwyddeleg ei gyfrwng yn 1972, bum mlynedd cyn i Radio Cymru daro'r tonfeddi. Cyn hynny roedd hynny o raglenni Gwyddeleg ag oedd yn bodoli yn cael eu darlledu ar amseroedd digon anghyfleus hwnt ac yma ar wasanaethau cyffredinol RTÉ, darlledwr teledu a radio'r wladwriaeth.

Roedd hynny yn codi peth wmbredd o anniddigrwydd ymysg siaradwyr uniaith Saesneg y wlad. Ychydig iawn o barch fu i'r iaith frodorol fyth ers sefydlu'r wladwriaeth, efo nifer yn ei gweld fel rhwystr yn hytrach na chymorth. A hynny i gyd er i Erthygl 8 o'r Cyfansoddiad ddatgan mai'r Wyddeleg ydi prif iaith swyddogol y Weriniaeth.

Bydd nifer sy'n byw ger arfordir gorllewinol Cymru yn gyfarwydd â derbyn rhaglenni o Iwerddon, mewn Saesneg a Gwyddeleg. Yn aml bydd signal Raidió na Gaeltachta yn ddigon cryf i ddisodli un Radio Cymru, yn enwedig wrth deithio yn y car. Ac yn y gorffennol bu nifer o Gymry yn mwynhau gwrando ar orsafoedd masnachol Saesneg didrwydded, fel Radio Nova a Sunshine Radio, oedd wedi eu lleoli yn Nulyn. Drwy hynny daethon ni'n gyfarwydd â grwpiau Gwyddelig cyfoes fel Bagatelle, a chyflwynwyr poblogaidd fel Declan Meehan.

Ces innau fy magu yn nyddiau cynnar gwasanaeth teledu Telefís Éireann, gafodd ei lansio yn 1961. Cyn hynny nid oedd unrhyw wasanaeth teledu ar gael yn Iwerddon, ac eithrio unrhyw signalau y byddai modd eu casglu efo erialau ar bolion hirion wrth iddyn nhw grwydro'n amddifad ar draws Môr Iwerddon. Am gyfnod, Telefís Éireann oedd un o'r ddwy sianel yn unig roedden ni'n gallu eu derbyn gartref yn Nyffryn Nantlle. Cofiaf yn iawn wylio'r lluniau du a gwyn yn ymddangos ar y sgrin fel ysbrydion yn cerdded drwy storm eira.

Saesneg oedd y rhan fwyaf o'r cynnwys. Ond roedd rhaglen newyddion Nuacht, a'r tywydd, yn nosweithiol mewn Gwyddeleg, a rhyw hanner awr arall wedi ei luchio i mewn yma ac acw. Weithiau ceid gemau pêl-droed Gwyddelig, efo Mícheál Ó Muircheartaigh yn sylwebu mewn Gwyddeleg yn yr hanner cyntaf, ac yn Saesneg yn yr ail. Sôn am geisio cadw'r ddysgl ieithyddol yn wastad!

Ond roedd hynny'n ddigon imi allu cael rhyw grap, bychan iawn, ar yr iaith. Hyd heddiw dwi'n dal yn gallu cyfrif i ddeg, ac adrodd ambell beth roeddwn yn ei glywed yn aml, fel: 'Agus anois an aimsir.'

Mae tair o'r pedair llythyren agoriadol yn y cymal byr yna yn cael eu hynganu fymryn yn wahanol i'w gilydd, er mai'r un llythyren ydi hi. Ac mae'r pedwar gair hynny'n golygu: 'A rŵan y tywydd'. Sydd, dwi'n siŵr y byddwch yn cytuno, yn rhywbeth digon anodd i wasgu i mewn i sgwrs.

Ond mae gynnon ni'r Cymry Cymraeg le arbennig i ddiolch i Raidió Éireann, gwasanaeth darlledu gwreiddiol y weriniaeth newydd-anedig pan gafodd ei lansio yn 1925. Prin iawn oedd y deunydd Cymraeg ar gyfrwng newydd radio yn y 1920au, dim ond ambell wasanaeth crefyddol neu gymanfa. Doedd dim rhaglenni rheolaidd, ac yn sicr dim adloniant ysgafn, efo'r BBC wedi creu rhanbarth ddarlledu yn 1923 oedd yn gosod Cymru a de orllewin Lloegr efo'i gilydd mewn un clwstwr blêr ac anystyriol.

Dadleuai'r BBC nad oedd galw am raglenni Cymraeg, ac mai prin oedd y setiau radio drudfawr oedd wedi eu gwerthu yng Nghymru. Ar ochr arall y ddadl, teimlai nifer nad oedd y Cymry Cymraeg yn mynd i fuddsoddi yn yr offer pan nad oedd rhaglenni ar eu cyfer.

Gan geisio profi pwynt gwleidyddol, ddwy flynedd yn unig ar ôl sefydlu Raidió Éireann, aeth y Gwyddelod ati i geisio diwallu awch y Cymry Cymraeg am adloniant yn eu mamiaith. Darlledwyd y cyngerdd radio Cymraeg cyntaf erioed, o Ddulyn, ar Fawrth 4ydd, 1927, mewn rhaglen arbennig i ddathlu Gŵyl Ddewi.

Sêr y digwyddiad hanesyddol oedd y brodyr Owen a Griffith Francis o Ddyffryn Nantlle. Roedden nhw'n gantorion o fri a berswadiwyd i roi eu gwasanaeth am ddim gan y cerddor W S Gwynn Williams, oedd yn trefnu'r holl beth. Daeth y rhaglen yn ddigwyddiad misol, ar y dydd Gwener cyntaf. Gwirionodd y Cymry o glywed nifer o'u harwyr cerddorol yn perfformio i gyfeiliant cerddorfa lawn am y tro cyntaf erioed. Byddai'r perfformwyr yn gadael am Ddulyn ar y llong o Gaergybi brynhawn dydd Gwener, ac yn dychwelyd y diwrnod canlynol. Ni chafodd yr un ohonyn nhw erioed eu talu.

Ond â hithau'n fore, doedd dim awydd sŵn radio yn ein clustiau bellach, na'r tywydd mewn Gwyddeleg. Roedden ni am brofi mwy o ryfeddodau. Gan adael olion ein teiars yn ddwfn yn y tywod, nadreddon ni ein ffordd yn hamddenol ymlaen i'r de tuag at benrhyn Dún Deidi.

Oddi yno roedd goleudy enwog Galley Head i'w weld yn glir yn ei lifrai gwyn yng nghanol y môr. Dyma'r goleudy cryfaf yn y byd o ran grym ei olau, yn ôl y gwybodusion, un o 65 o oleudai sydd o amgylch Iwerddon.

Ond y bore hwnnw, â'r haul yn brwydro am oruchafiaeth efo'r gwynt a'r cymylau, trechwyd hyd yn oed y goleudy hwnnw mewn pencampwriaeth o ryfeddodau optegol. Ymddangosodd enfys lachar yn ei holl ogoniant seithliw, gan greu bwa anferthol oedd yn edrych fel 'tai hi'n croesi'r holl ffordd i'r ochr arall o'r Iwerydd.

Ymhen dim penderfynodd y lôn ein harwain yn ddisymwth yn ôl tua gogledd y penrhyn, nes i rywun deimlo iddo fod yn troi mewn cylchoedd. Dilynon ni'r arwyddion brownion yn ffyddlon. Croeson ni ein bysedd nad oedd rhyw ffermwr blin oedd wedi cael llond bol ar gerbydau estron ar ei ffyrdd wedi eu troi nhw i'n cyfeiriad anghywir. Ond doedd dim rhaid poeni. Yn fuan dyma ddŵad at gòb hynafol o gerrig, a chroesi aber llydan braf at dre fechan Ros Ó gCairbre, rhos Cairbre, Rosscarbery.

Roedd eglwys, efo tŵr sgwâr nobl a meindwr uchel ar ben hwnnw wedyn, yn perchnogi'r awyr. Hon oedd Cadeirlan Sant Fachtna, eglwys gadeiriol Anglicanaidd leiaf Iwerddon. Cafodd ei difrodi'n ddrwg yn ystod gwrthryfel y Pabyddion yn 1641. Gerllaw mae hen fynwent yr abaty, a gweddillion priordy Benedictaidd. Mae rhwydwaith o dwneli canoloesol wedi eu canfod o dan y tir, a daeth un arall i'r golwg yn ddiweddar pan agorodd twll mawr yn y ddaear lle'r oedd datblygiad o dai yn cael eu codi.

Er mai prin wedi cychwyn ar y cymal hwn o'r daith roedden ni, penderfynwyd bod Ros Ó gCairbre yn edrych yn ddigon diddorol i haeddu peth o'n hamser. Roedd y cymylau oedd yn bygwth ein mygio funudau ynghynt bellach wedi eu hel i ffwrdd am y mewndir, a'r awyr yn las pur. Ond roedd hi'n fore rhyfeddol o dawel, heb enaid ar y stryd yn unman. Os oedd hon yn edrych yn fymryn o dre-un-ceffyl, roedd hyd yn oed y ceffyl hwnnw yn rhochian o hyd yn ei wely gwair.

Gan barcio Alabeina a dechrau crwydro, daeth rhyw deimlad anghyffyrddus drostan ni. Teimlai'r lle fel un o'r trefydd gwledig 'na y cewch chi mewn ffilmiau dros-ben-llestri, lle mae'r trigolion i gyd wedi eu lladd mewn rhyw anffawd. Wedi eu lladd, ond ar fin atgyfodi'n haid o sombis hanner byw, a mynd ar sgowt i weld pa un o'r cymdogion fyddai fwya' blasus. Coes neu frest, cariad? Anelon ni am y gadeirlan a'r hen fynwent, ond methon ni â chanfod ffordd i mewn i'r un ohonyn nhw. Ond ai pâr o lygaid llwglyd welon ni'n syllu arnon ni'n farus heibio llenni'r tŷ acw? Arhoson ni ddim i gael gwybod. Efo'r ceffyl yn dal yn ei wely, a chyn i banig gydio yn ein calonnau, neidion ni'n ôl i glydwch Alabeina a pharhau ar ein ffordd.

Aethon ni ymlaen drwy Cuan Dor, glan y ddôr, Glandore, pentre hynod brydferth ar ymyl harbwr hirfain tair milltir o hyd. Mae dwy ynys fechan yn cadw golwg ar fynedfa'r harbwr, wedi eu llysenwi yn Adda ac Efa. Y cyngor syml a gaiff hwylwyr a chychwyr wrth gyrraedd neu adael ydi 'i osgoi Adda a chofleidio Efa'. Sydd bach yn annheg, o gofio pa mor annibynadwy fu Efa. Afal, unrhyw un? Does wybod sut roedd adnabod un oddi wrth y llall chwaith, gwybodaeth hollbwysig fysai rhywun yn ei dybio.

Roedd yr arwyddion danheddog bellach yn ein gwthio ymlaen am An Sciobairín, Skibbereen. Dyna enw sydd wedi ei ysgythru ar feddwl unrhyw un sydd ag unrhyw ddiddordeb yn hanes y Newyn Mawr, An Gorta Mór. Nid oedd unrhyw fodd nad oeddan ni am dreulio amser yno wrth inni gyrraedd tua diwedd y bore. Dyna un o enghreifftiau mwya' cywilyddus Ewrop gyfan o chwant am arian yn profi'n drech nag anghenion pobol.

Yn y cyfnod 1845-49, bu farw miliwn o bobol y wlad. Gorfodwyd miliwn arall i ffoi dramor. Collodd Iwerddon chwarter ei phoblogaeth mewn cyfnod byr iawn. Y rheswm am y newyn yn arwynebol oedd methiant y cnwd tatws pan darodd aflwydd. Ond cafodd gwledydd ledled Ewrop, gan gynnwys Cymru, eu taro gan yr un aflwydd. Dioddefodd Iwerddon mor enbyd oherwydd dibyniaeth lwyr y tlodion ar datws am eu cynhaliaeth. Ond gwaethygwyd y sefyllfa ganwaith oherwydd i'r tirfeddianwyr cyfoethog barhau i allforio'r doreth o fwydydd eraill gâi eu cynhyrchu yno drwy gyfnod y Gorta, heb unrhyw ymyrraeth gan y llywodraeth yn Llundain.

Cafodd y trychineb effaith pellgyrhaeddol ar yr iaith frodorol. Y de a'r gorllewin ddioddefodd waethaf, y parthau lle'r oedd y Wyddeleg ar ei chryfaf bryd hynny. Câi'r cyfnod ei gyfeirio ato nid yn unig fel An Gorta Mór, ond hefyd An Drochshaol, y bywyd drwg. Mae'n ddigwyddiad sy'n parhau yn friw agored yn y wlad. Ac mi effeithiodd yn arbennig o ddrwg ar An Sciobairín, lle mae cofnodion yn dangos i boblogaeth yr ardal bron haneru o 58,335 yng nghyfrifiad 1841 i 32,412 ugain mlynedd yn ddiweddarach.

Bellach yn gartref i 2,500 o bobol, mae An Sciobairín yn strimyn hir o stryd fawr liwgar, lle mae lorïau a bysiau'n gorfod tynnu eu boliau i mewn i wasgu'n drafferthus heibio'i gilydd. Ond mae datblygiadau concrit mwy cyfoes yn difetha'r cyrion, fel bron unrhyw dre.

Yma hefyd, yn ôl plac a welais ar wal wrth gefn archfarchnad Supervalu, y sefydlwyd cymdeithas ddirwestol gyntaf Ewrop yn 1817. Yn yr union safle hwnnw roedd neuadd ddirwest gyntaf Iwerddon, wedi ei hagor gan y Crynwyr yn 1833. Bu'n agored tan 1966, ond does dim olion ohoni bellach.

Bu'r wlad â phroblem enfawr efo gor-yfed yn y blynyddoedd pan sefydlwyd y gymdeithas, ychydig cyn y Gorta. Roedd y boblogaeth yn 8m yn 1831, a châi 7.5m galwyn o wirodydd eu hyfed yn y wlad yn flynyddol, cyn belled ag yr oedd yr awdurdodau yn gallu ei gyfri'. Erbyn 1838 roedd y ffigur hynny wedi saethu i fyny i 12m galwyn.

Nid fod hynny'n syndod. Byddai unrhyw un sydd wedi bod yng nghwmni Gwyddelod yn gwybod am eu hoffter o'r ddiod ac o dafarnau. Wedi dweud hynny, mae'r to ifanc erbyn heddiw yn troi mwyfwy at arferion yfed mwy cyfandirol eu naws.

Ond hyd yn oed wedyn, prin fyddai'r ymwelydd fyddai'n cysylltu'r wlad â dirwest. Mae hyd yn oed yr offeiriaid imi gwrdd â nhw dros y blynyddoedd wedi bod yn hoff iawn o'u glaseidiau. Doedd dim disgwyl i rywun adrodd am ei orchestion diota yn y blwch cyffesu. Fu diota erioed yn bechod digon pechadurus. Sy'n ffodus, achos mi fysai rhywun wedi gorfod goddef cyffesiadau hir ar y naw. Ac mi fyddai'r offeiriad yn gorfod rhoi cychwyn ar bethau drwy roi ei gardiau yntau ar y bwrdd.

'Deg peint neithiwr, ia, Seán? Hy! A ti'n galw hynny'n yfed?'

Efo teimlad braidd yn eironig y cawsom ni'n hunain mewn caffi yn mwynhau oferedd o goffi a croissant i frecwast hwyr anwerinol, mewn tre a welodd y fath ddioddefaint. Mor ddiolchgar fysai'r trueiniaid wedi bod am friwsionyn melys oddi ar ein platiau barus. Roedd y gwynt wedi dychwelyd mor gyflym ag y tawelodd, a'r cymylau unwaith eto yn bygwth dadlwytho eu cargo. Cefais hwyl yn gwylio drwy'r ffenest deulu yn ceisio mwynhau eu paneidiau wrth fwrdd ar y palmant mewn hin mor anghysurus. Ond dyna'r gafael digyfaddawd sydd gan nicotin ar bobol. Mae'r angen am flwch llwch yn drech hyd yn oed na'r awydd am wres a chlydwch.

Edrychai'r fam, y penteulu heb os, yn betrusgar i'r awyr wrth ychwanegu siwgr a lludw i'w choffi. Ond roedd hi i'w gweld yn mwynhau'r coctel anarferol, ac yn annog ei nythaid anfodlon i wneud y gorau o'u sefyllfa rynllyd.

Mae hanes trist An Gorta Mór yn cael ei adrodd yn gelfydd mewn arddangosfa barhaol yn Ionad Oidhreachta an Sciobairín, y ganolfan dreftadaeth, ar safle'r hen waith nwy. Yno hefyd cewch gyfle i ddysgu am Loch Oighinn, Llyn y Crochan. Llyn dŵr hallt unigryw ydi hwnnw, gafodd ei ddynodi yn Warchodfa Natur Forol gyntaf Iwerddon yn 1981. Mae'n gorwedd tua thair milltir o'r dref, ac yn cynnwys nifer o hynodion, gan gynnwys gweddillion hen gastell teulu Ó hEidirsceoil ar ynys yn ei ganol.

Yn ôl un hen chwedl liwgar, yno hefyd roedd cartref y brenin Labhra Loingseach. Roedd gan y creadur glustiau asyn, a byddai pob barbwr fyddai'n torri ei wallt yn cael eu dienyddio ar ôl cyflawni eu gwaith er mwyn cadw ei gyfrinach. Yn ôl y sôn, doedd hi ddim yn yrfa boblogaidd. Ond llwyddodd un barbwr i sibrwd y gyfrinach wrth goeden ar lan y llyn cyn cwrdd â'i ffawd.

Flynyddoedd yn ddiweddarach cafodd y goeden ei thorri i lawr, a defnyddiwyd peth o'i phren i gynhyrchu telyn. Ac wrth i delynor chwarae honno yn llys y brenin un diwrnod, mynnodd yr offeryn chwarae ei dôn ei hun. Datgelwyd cyfrinach y brenin. Ffodd hwnnw mewn cywilydd, efo'i glustiau rhwng ei goesau, a welwyd mohono erioed wedyn. Ceir bron yr un stori yn y chwedl Gymreig am y brenin March ap Meirchion.

Canolfan Dreftadaeth An Sciobairín
Llun: Fáilte Ireland

Ond dydi ymweliad â'r ganolfan dreftadaeth ddim yn ddigon o ymdrech ynddo'i hun i dalu parch cyflawn i'r miloedd gollodd eu bywydau yn ystod An Gorta. Ac er nad yn brofiad cysurus, fel ymweld â gwersylloedd difa'r Natsïaid mewn llefydd fel Treblinka a Terezin, mae'n ddyletswydd ar rywun i gynnal y bererindod annifyr honno.

Ar draws yr afon o'r dre, rhyw filltir o'r ganolfan, mae mynwent Mainistir na Sruthrach, Abbeystrowry. Mae'n anferth o gladdfa. Cymysgedd o gerrig beddi digon cyffredin, a thir glas anwastad heb na chofeb na charreg ar ei gyfyl. Yma roedd y pydewau lle cafodd hyd at 10,000 o bobol, fu farw dros gyfnod o saith mlynedd An Gorta Mór, eu claddu heb nac arch, na gwasanaeth, na pharch.

Byddai cyrff esgyrnog y meirw yn cael eu taflu'n ddiseremoni i'r pydew yng nghanol nos, heb drefn na chofnod. Ac yna byddai tair modfedd dila o bridd yn cael ei daenu dros y rhes uchaf erbyn y wawr, yn barod am lwyth y noson ganlynol.

Câi'r cyrff eu gwaredu dros nos fel hyn er mwyn i'r teulu allu manteisio ar olau dydd i chwilio am fanion i'w bwyta, neu gyflog pitw. Ond digwyddai felly hefyd er mwyn iddyn nhw allu osgoi'r cywilydd o fethu â chladdu eu hanwyliaid efo urddas. Dywedwyd i genhedlaeth gyfan o bobol yr ardal gael eu claddu felly mewn deunaw mis.

Ysbrydolodd y Gorta Mór nifer fawr o bobol i feddwl mai

annibyniaeth fyddai'r unig ateb i dlodi Iwerddon. Nid leiaf ohonyn nhw oedd Jeremiah O'Donovan Rossa. Yn enedigol o Ros Ó gCairbre, cafodd ei fagu gan deulu estynedig yn An Sciobairín ar ôl i'w dad Denis farw yn y newyn. Gorfodwyd ei fam Ellen a gweddill y teulu i ffoi i'r Unol Daleithiau.

Daeth yn argyhoeddedig mai dim ond drwy ddulliau rhyfel y gallai'r wlad dorri'n rhydd o grafangau'r Ymerodraeth. Chwaraeodd ran allweddol yn sefydlu'r Frawdoliaeth Weriniaethol, yr IRB. Yn 1871 cafodd ei alltudio i America am ei drafferth.

Parhaodd i fod yn flaenllaw yn ymdrechion y gweriniaethwyr hyd at ei farwolaeth yn 1915. Cafodd ei gorff ei gludo o Efrog Newydd i gael ei gladdu ym mynwent enwog Glas Naíon yn Nulyn.

Taniodd y gweriniaethwr amlwg Pádraig Pearse ysbryd y dorf efo araith danbaid ar lan y bedd. Galwodd ar Iwerddon i godi yn erbyn ei gorthrymwr. Dywedodd Tom Clarke, arweinydd yr IRB, wrth weddw Rossa na allai ei gŵr fod wedi marw ar adeg well i Iwerddon. Lai na blwyddyn yn ddiweddarach ysgubodd ysbryd gwrthryfel drwy'r wlad.

Roedd teimlad arallfydol i fynwent Mainistir na Sruthrach, er y sŵn traffig oedd yn codi o'r ffordd fawr gerllaw. Dechreuodd smotiau o law oerllyd daro fy nhalcen. Teimlais nad oedd y lle yn gofeb deilwng i'r holl ddioddefaint. Hon oedd lladdfa Iwerddon. Ei holocost. Ond beth mewn gwirionedd fyddai'n deilwng?

Oes, mae trychinebau hyd yn oed gwaeth o ran niferoedd wedi digwydd ar draws ein cyfandir. Ond yr hyn sy'n gwneud An Drochshaol yn unigryw yn Ewrop ydi mai nad oherwydd rhyfela neu drychineb naturiol y digwyddodd. Digwyddodd oherwydd trachwant a difaterwch; byddai wedi bod yn hawdd ei osgoi.

Teimlwn yn ddig wrth feddwl am y fath drahauster. Ond allwn i ddim dechrau dychmygu pa mor ddig y byddai'r Gwyddel cyffredin yn teimlo. Ac o feddwl i'r agwedd barhau i'r 21ain ganrif. Pwy feddyliai y bysai Ysgrifennydd Cartref y wladwriaeth ar draws y dŵr yn awgrymu y dylid ystyried ceisio cyfyngu ar allu Iwerddon i fwydo ei phobol? A hynny ddim ond fel erfyn yn ei brwydr ideolegol dros y Brecsit perffaith. Beth bynnag oedd hynny i fod.

Pennod 7

Dún na Séad a'i chant o ynysoedd

TAITH fer ydi hi i lawr yr R595 o An Sciobairín am Dún na Séad. Mae fanno'n llawer mwy cyfarwydd wrth ei enw Saesneg, Baltimore. A lle bach digon cymysglyd fu o fyth ers i wladfa Seisnig gael ei sefydlu yno yn 1605.

Cymrwch yr enw, er enghraifft. Mae'r enw Gwyddeleg yn cyfieithu rhywbeth tebyg i Gaer y Tlysau, ond o'r Wyddeleg y mae'r enw Saesneg wedi tarddu yn ogystal. Daw o Baile an Tí Mhóir, Treflan y Tŷ Mawr.

Ond nid cyfeirio at rywbeth yn yr ardal y mae o. Yn hytrach mae wedi etifeddu'r enw oddi wrth deulu Calvert, barwniaid Baltimore, fu yn berchen ar diroedd yn lleol. Cymerwyd teitl y farwniaeth o enw stad y teulu – Baltimore Manor – yn sir An Longfoirt yng

Dún na Séad
Llun: *Fáilte Ireland*

nghanolbarth Iwerddon. A'r plas hwnnw o bosib oedd y Tí Mhóir mewn cwestiwn.

Yr ail farwn, Cecil Calvert, oedd un o sylfaenwyr talaith Maryland yn yr Unol Daleithiau. A phrif ddinas fanno erbyn hyn, wrth gwrs, ydi Baltimore. Ceir cerflun gwenithfaen hardd o Lady Baltimore, dehongliad symbolaidd o ysbryd y ddinas Americanaidd yn hytrach na pherson go iawn, yn Baltimore Lane yn Cluain Gaothaire yn sir An Longfoirt. Cafodd ei osod yno yn 1974, yn rhodd gan Gymdeithas Sant Padrig Baltimore. Y Baltimore Americanaidd.

Os oedd An Sciobairín yn strimyn di-batrwm o le efo blas trefol iddo, roedd y golygfeydd dros Loch Trasna ar ein llaw dde wrth ddynesu at Dún na Séad yn syfrdanol.

Caiff Loch Trasna ei alw yn Roaring Water Bay yn Saesneg. Am unwaith, nid gorliwio Gwyddelig ydi hynny. Mae'n gallu bod yn rhan ffyrnig o'r Iwerydd, yn gwarchod ynysfor gyda'r harddaf a welwch chi yn unman. Mae 50 o ynysoedd bychain yn brechu'r tonnau gwynion, er i ormodiaith ambell sgwennwr hawlio mai dyma'r Hundred Isles.

Mae'r bae a'r ynysfor wedi llarpio nifer fawr o longau ar eu creigiau ar hyd y blynyddoedd. Ac mae un o'r rhai diweddaraf yn dal i eistedd yn amlwg yno nid nepell o'r lan, lle mae wedi bod ers 1996. Y Kowloon Bridge, oedd wedi ei gofrestru yn Hong Kong, oedd testun y llongddrylliad mwyaf o'i fath yn Ewrop. Mae'n 900 troedfedd o hyd, a chwythwyd yr anghenfil metel yn erbyn y creigiau mewn storm nerthol ar Dachwedd 22ain y flwyddyn honno. Roedd yn cludo 165,000 tunnell o fwyn haearn o Québec i'r Alban.

Cafodd y criw o 28 i gyd eu hachub gan hofrennydd, ond achosodd y ddamwain gryn dipyn o lygredd wrth i'r olew oedd ar ei fwrdd ddianc i'r môr. Amcangyfrifwyd ar y pryd bod y llong a'i gargo yn werth 10m o bunnoedd Gwyddelig. Ond ni aethpwyd ati i godi unrhyw beth oedd o werth ohono, yn sgil anghytuno rhwng y perchnogion a'r awdurdodau treth.

Daw deifwyr yn aml i nofio o'i amgylch, a hyd yn oed i mewn i'w berfedd tywyll, er y peryglon amlwg mae'r cerrynt a'r tonnau yn gallu eu hachosi. Ond, fel efo dringo mynyddoedd neu ddadlau efo'ch partner, go brin fod pleser i unrhyw weithgaredd os nad oes risg ynghlwm ag o.

Cyrhaeddon ni gei digon blêr yr olwg, cewyll cimychiaid blith draphlith â darnau metel rhydlyd o longau wedi eu hen anghofio amdanynt. Er gwaetha' hynny, penderfynwyd ymgartrefu yno tan y diwrnod canlynol. Daethon ni ar draws cornel dawel, yn gorwedd rhwng rhyw adeilad fu'n warws pan oedd y llechi yn dal i gyd ar y to, ac adeilad brics coch hen orsaf reilffordd y dre. Hon oedd gorsaf derfynol y West Cork Railway, gafodd ei chau yn 1961.

Bron fel roedden ni'n troi'r injan i ffwrdd, ac Alabeina yn cael ei gwynt ati, daeth car i'n cyfeiriad ar frys ac aros wrth ein hochr efo gwich o'r breciau. Roedden ni'n disgwyl cyfnewid geiriau croes am feiddio parcio'n horwth yng nghanol eu chwyn bach del nhw. Byddai hynny'n sicr yn gallu digwydd yng Nghymru. Ond pleser oedd gweld dyn yn gwthio'i hun allan o sedd y gyrrwr efo gwên lydan yn hollti ei wyneb siriol.

Cymro oedd o, dyn o Aberystwyth yn wreiddiol, ac wedi byw yn An Sciobairín ers sawl blwyddyn. Roedd wedi sylwi ar ein plastar o ddreigiau coch a'n bathodyn CYM, ac yn gorfod aros am sgwrs. Eglurodd ei fod yn gweithio ar y fferi rhwng y dre ac Inis Arcáin, Sherkin. Roedd yr ynys honno yn gorwedd dim ond chwarter awr i ffwrdd ar draws y bae, efo'r fferi fechan yn cludo twristiaid a nwyddau hanfodol eraill yn rheolaidd at y boblogaeth o ryw gant.

Eglurodd na châi'r trigolion ar y cyfan ddŵad â'u ceir oddi ar yr ynys, gan nad oeddyn nhw'n ffit i fod ar ffyrdd cyhoeddus y tir mawr. Nid heb fentro tynnu sylw'r Garda, oedd yn amlwg yn malio dim am beth oedd yn digwydd ar yr ynys ei hun. Roedd nifer ohonyn nhw'n cadw car cyfreithlon at ddibenion y tir mawr ym maes parcio cyhoeddus Dún na Séad, ac unrhyw hen recsyn efo llinyn yn dal y drysau ynghau ger y pier ar Arcáin.

Cyn An Gorta Mór, roedd rhagor na mil yn llwyddo i grafu bywoliaeth bitw ond hapus yno allan ar yr ynys, o'r tir garw a'r môr. Bryd hynny byddai'r lle wedi bod yn uniaith Wyddeleg. Ond gwantan ydi sefyllfa'r iaith arni bellach. Mae nifer o'r trigolion yn grefftwyr o fewnfudwyr sy'n chwilio am y bywyd braf ymhell o bobman.

Filltir ymhellach i'r cefnfor mae ynys Oileán Chléire, sy'n rhan swyddogol o'r Gaeltacht. Pocedi amrywiol o'r wlad, lle mae i'r iaith a'i siaradwyr statws arbennig er mwyn ceisio gwarchod eu treftadaeth, ydi'r Gaeltachtaí.

Oileán Chléire ydi'r rhan fwya' deheuol o Iwerddon sydd â phobol yn byw ynddo, ac mae'r iaith rywfodd wedi llwyddo i ddal ei thir yno. Ond efo poblogaeth o 150 yn unig, mae'n arwydd o gymaint mae'r Wyddeleg wedi ei gwthio i'r cyrion pellaf un.

Dangosodd y Cardi parablus ysgraff inni oedd wedi ei angori wrth y cei. Trwmbel o long gwaelod fflat ydi peth felly, efo'r cefn yn agor fel bod modd gyrru car neu lori arno. Neu Jac Codi Baw, polion teliffon neu ddeunyddiau adeiladu, pan fydd angen rhai ar yr ynysoedd. Mae hwn wedi ei ddefnyddio hyd yn oed i gario a dadlwytho offer i glustfeinio ar forfilod allan yn y bae.

Wedi ei baentio mewn coch llachar, efo phatsys deniadol o rwd haearn, cawson eglurhad am yr enw Sabrina II ar ei ystlys. Cafodd ei adeiladu'n wreiddiol i weithio ar Fôr Hafren, gan hwylio allan o borthladd y Barri. Sabrina, wrth gwrs, yw'r ffurf Ladin ar Hafren. Ceir cwch pleser o'r un enw, sy'n cludo hen gojars ar daith araf wrth iddyn nhw lafoerio dros sgons a the, ar Afon Hafren yn Amwythig.

Efo'r ddarlith o groeso a'r cyflwyniad i Dún na Séad ar ben, sgrialodd y Cardi am adref mewn ffrwydrad o gerrig mân. Aethon ni ar grwydr, i weld be' oedd gan ein cartref dros dro i'w gynnig.

Canolbwynt y dre o 300 o drigolion parhaol ydi'r castell sy'n rhoi ei enw Gwyddeleg i'r lle. Mae'n sefyll yn ffroenuchel ar graig uchel, fel brenin yn edrych ar ei daeogion wrth ei draed. Bu unwaith yn gartref i lwyth enwog Ó hEidirsceoil, y daethon ni ar draws murddun castell arall o'u heiddo ar yr ynys yn Loch Oighinn. Yn ddisgynyddion i'r hen frenhinoedd lleol, nhw oedd y bobol fu'n rheoli pethau am ganrifoedd â dwrn o ddur. Roedden nhw'n cadw dau ben llinyn yn gysurus ynghyd efo rhyw fymryn o ysbeilio fan hyn, a bach o forladrata fan draw. Nid y math o bobol i dynnu blew o'u trwynau.

Mae'r teulu yn dal efo'u bysedd mewn sawl brywes yn y cyffiniau, yn cael eu hadnabod bellach o dan y ffurf O'Driscoll o'r enw. Ond ces sicrhad eu bod nhw erbyn heddiw'r bobol gleniaf y gallwch ei ddychmygu. Wedi ei godi yn 1215 gan y Normaniaid, mae'r castell yn fwy o hen neuadd nag amddiffynfa filwrol. Cafodd ei brynu a'i achub yn 1997 gan Patrick a Bernie McCarthy, efo'r lle erbyn hynny yn dechrau mynd â'i ben iddo. Maen nhw bellach wedi ymgartrefu ynddo, ac wedi ei adfer i'w hen ogoniant. Dyma'r unig gastell yn Iwerddon sydd hefyd yn gartref teuluol.

Mae o hefyd yn gyrchfan boblogaidd ar gyfer priodasau crand, yn ogystal â bod yn – curiad ar y drymiau, os gwelwch yn dda – amgueddfa hanes lleol. Yno cewch ddysgu am y drefedigaeth Seisnig a sefydlwyd yn lleol yn 1605, y tir wedi ei osod i'r Saeson ar les gan lwyth Ó hEidirsceoil. Pwy arall?

Efo'r Saeson a'r bobol leol yn tynnu 'mlaen yn ddigon deche, datblygodd yn borthladd pysgota o bwys. Ond llenwyd y coffrau hyd yn oed yn llawnach gan y gweithgareddau all-gwricwlaidd, fel smyglo a morladrata, y bu'r lle mor enwog amdanynt erioed. Dywedir i holl ferched y dre ar un pryd fod yn wragedd neu'n feistresi i forladron. Ac roedd hyd yn oed yr ynadon lleol yn elwa'n hael o'r busnes, efo chymorth clustiau byddar.

Rhoddwyd stop ar y llewyrch un noson ym Mehefin 1631 pan hwyliodd helwyr caethweision o ogledd Affrica i'r lan. Rhoddwyd toeon gwellt y tai ar dân, a chipiwyd 107 o Wyddelod a Saeson, yn ddynion, merched a phlant, i'w gwerthu fel caethweision yn Algiers. Gorfodwyd nifer o'r dynion cryfaf i weithio fel rhwyfwyr llongau, tra bu i'r merched iau gael eu cadw fel puteiniaid.

Mae tafarn yr Algiers Inn yng nghanol y dre yn gofnod hapusach o ddigwyddiad wnaeth adael craith ar yr ardal am genedlaethau. Bu Dún na Séad yn dre farw am amser maith, wrth i'r boblogaeth nad oedd wedi eu cipio adael am gartrefi diogelach ymhellach o'r arfordir.

Doedd y castell ddim ar agor, ond cawsom ni dro bach o amgylch ei sylfeini. Nid nepell ohono roedd stad drist o dai lled-newydd, oedd fel y bedd. Dim golau yn yr un ffenest. Dim ceir wedi eu parcio. Dim dillad ar lein. Dim sŵn plant. Dim cŵn yn brygowthan wrth giât. Dim.

Ydi, mae'r Iwerddon wledig wedi dioddef llawn cymaint â'r Gymru wledig o ddiboblogi. Ac wrth i lefydd fel Dún na Séad droi mwyfwy yn faes chwarae i bobol y dinasoedd, mae mwy a mwy ohonyn nhw'n troi'n stadau o dai haf gweigion fel hon.

Oes, mae 'na fwyty seren Michelin i lawr y ffordd, lle cewch chi swper bach digon dymunol am €150 y pen. Ond mae'r siop sglodion ar gau tan y gwanwyn, ac mae byrddau gweigion tu allan i dafarn sydd hefyd ynghau yn crefu am gwmpeini. Bydd, mi fydd hi'n wyllt wallgo' yma pan ddaw'r Ŵyl Ffidlau Ryngwladol enwog â phobol yma o bedwar ban byd ym mis Mai. Ac mi fydd hi'n ddigon llewyrchus pan fydd y tymor ymwelwyr yn ei anterth. Ond ym mis Ebrill fel hyn, bron bod disgwyl gweld pelen o chwyn yn powlio drwy'r strydoedd fel mewn ffilm gowboi.

Efo'r tywydd i'w weld yn gwaethygu, a'r Cardi rhadlon eisoes wedi parcio'r fferi ger y cei am y dydd, doedd dim gobaith croesi am Inis Arcáin. Nid y byddai'n lle i fagu gwaed. Ond yng nghysgod y castell, roedd drws coch tafarn Bushe's Bar yn gilagored. Yn groes i'r graen, gallaf eich sicrhau, gwthion ni ein ffordd i mewn heibio iddo.

Roedd murmur o sgwrsio tawel i'w glywed wrth inni gamu i'r bar ar y chwith, ond rhes o gefnau crymion a gwarrau blewog anghroesawgar rhyngon ni â'r ffynnon. Gwyddelod oedden nhw, yn ôl eu hacenion. Gwyddelod yn trafod cartrefi ymhell i ffwrdd, neu'n cwyno am ba mor anodd oedd hi i gael rhywun i osod gwasier ar dap yn Baltimore. Ond o leia' roedd hi'n amlwg nad oedd pob tŷ haf yn wag, hyd yn oed ar bnawn Mercher gaeafol ym mis Ebrill.

Aethon ni drwodd i'r bar arall, a setlo efo'n diodydd wrth ffenest oedd yn dechrau wylo o law. Gallen ni weld llen drom o law yn 'sgubo mewn cenlli' ar draws y bae tuag aton ni, yn cynhyrfu ymhellach y dyfroedd oedd yn barod yn berwi mewn cynddaredd. Ond tu ôl i'r glaw, prin filltir i ffwrdd, roedd hi eisoes yn ail-oleuo a'r haul yn ceisio gwthio ambell belydryn o obaith at Inis Arcáin.

Mewn un cornel o'r bar gwelwn ddyn barfog mewn cap gwlân, yn mwynhau ei Guinness wrth gynnal sgwrs bwyllog efo rhywun. Tynnodd hances amryliw o boced ei gôt fawr, chwythu ei drwyn yn swnllyd iddi, ac astudio'r canlyniad yn ofalus cyn ei gwthio'n ôl i'w boced.

Yn y cyfamser ymddangosodd dyn arall o'r adran fanwerthu fechan, mwy o dwll dan grisiau estynedig na siop. Roedd ganddo lond ei hafflau o ganiau cwrw gorau'r Daniaid. Ceisiodd gynnal sgwrs mewn Gwyddeleg efo'r dyn ifanc tu ôl i'r bar wrth dalu, ond heb lwyddiant. Mynnodd hwnnw na chafodd o erioed wers yn yr iaith yn yr ysgol. Cafodd y datganiad hwnnw ei dderbyn efo chymaint o goel a phe byddai o wedi dweud bod y Pab wedi ei ddal yn amharu ar ddefaid.

'Dylie ti ddysgu; bydde' ti'n cael mwy o gildyrnau,' meddai'r cwsmer yn Saesneg, cyn stwffio pob sentan o'i newid i'w boced yn ddiogel.

Pennod 8

An Scoil, a chael ein sugno i ddifancoll

OS bu hi'n wyntog a garw wrth lan Loch Trasna a'i gant o ynysoedd honedig, roedd yr awyr yn asur a'r haul yn dawnsio'n ffri yn harbwr hyfryd An Scoil y pnawn canlynol. Taerwn fod gwên yng ngoleuadau blaen Alabeina wrth iddi wasgu i'w lle ar y cei, yn llythrennol fodfeddi o'r dŵr.

Nid iddi fod yn daith bell fel hed y frân, neu'r wylan benddu, â ninnau mewn ffaith dim ond wedi croesi o'r ochr arall i'r Loch. Ac yno ar y gorwel roedd ynys Oileán Chléire, y bu inni ei llygadu drwy'r glaw y diwrnod cynt.

Yn gorwedd efo copa Cnoc Osta fel clustog gysurus 407m uwch ei phen, y dre fach hon ydi'r mynediad at benrhyn enwog Carn Uí Néid, neu'r Mizen.

Alabeina wrth y cei yn An Scoil

Dyma ran fwya' deheuol tir mawr Iwerddon, a bydd pobol yn heidio yma o bob rhan o'r wlad, a thu hwnt. Ac yn sicr mae'r arfordir, a'i glogwyni uchel sydd wedi eu herydu yn siapiau rhyfeddol gan y môr, yn wledd i'r llygad.

Cafodd y dre ei hadnabod ar un pryd fel Scoil Mhuire, Ysgol Fair. Ond cyfeiriodd y Pab ati fel Scol mewn llythyr at esgob Corc mor bell yn ôl â 1199. Bellach yn cael ei hadnabod yn ffurfiol fel An Scoil, y mae ganddi hefyd y ffurfiau Saesneg Schull neu Skull i'w henw.

Mae canran uchel o'r tai yn llety gwyliau bellach. Ac mae llawer o'r diwydiant pysgota, fu'n cynnal yr harbwr yr oedden ni ar ei ymyl, wedi hen ildio ei le i gychod pleser. Ond roedd arogl yr heli yn dal i ddylifo o waith trin bwyd môr mewn uned fasnachol gerllaw. Wrth ei ddrws hanner agored, roedd crëyr glas yn siglo'n amyneddgar yn yr awel ar ei stiltiau o goesau. Roedd yn gwybod y deuai rhyw ddanteithyn bach i'w ffordd unrhyw funud, fyddai'n llai o drafferth na gorfod gwlychu ei big a dal ei ginio ei hun.

Wrth inni ymlwybro'n hamddenol i ben y morglawdd concrit, cerddodd dau bysgotwr heibio ar frys at dreillong pysgota fawr. Dechreuon nhw roi trefn ar y rhwydi, yng nghanol ton o chwerthin a rhegfeydd, wrth baratoi i fynd allan i geisio medi'r môr.

Gerllaw roedd pysgotwr bochgoch yn clymu ei gwch un-dyn wrth y cei, ac yn paratoi i roi ei gêr yn ei fan. Ond roedd yn ddigon parod i aros am sgwrs, ac i roi'r byd yn ei le. Roedd yn gofidio'n fawr am ddyfodol ei ddiwydiant a'i iaith, efo'i deulu yn hanu o Oileán Chléire, oedd yn tywynnu yn y cefnfor tu cefn iddo.

'Hwnna ydi'r cwch pysgota go iawn olaf yma, y Letitia,' meddai, gan daflu ei fawd dros ei ysgwydd at le'r oedd y rhegfeydd yn tarddu.

'Roedd 'na nifer fawr yma ddim mor bell yn ôl â hynny. Ond does 'na'm digon o bysgod ar gael dim mwy. Mae'n ddigon da i rywun fel fi, sioe un dyn, ond ddim os ydach chi am drio cyflogi dynion. Nid fod 'na lawer o sgotwyr yn byw yma mwyach, beth bynnag.

'Twristiaeth ydi bob dim, a thai ha'. Dydi o ddim yn beth llesol. Maen nhw'n heidio yma o lefydd fel Corc, ac mae hi'n troi'n flêr yma ar brydiau. Cyllyll a chyffuriau a phob dim. Bydd cannoedd o gwmpas y lle yn chwil ulw, a dim ond tri gard (plismon) i ddelio efo nhw.

'Fydda' i ddim yn mentro at fy nghwch tan fydd hi wedi gwawrio pan fydd hi'n brysur. Mae gen i ormod o'u hofn nhw. Dach chi'n lwcus eich bod chi yma'r adeg hon o'r flwyddyn, neu fasech chi ddim wedi dewis parcio lle'r ydach chi.'

Efo'r dadansoddiad brawychus yna o lygad y ffynnon yn dal i dreiddio drwy'r meddwl, penderfynon ni chwilio am gyfle i ymlacio. A dechreuodd amrywiol dafarnau lliwgar y dre ein hudo.

Cawson ni wybod yr eiliad y cerddon ni drwy ddrws y Bunratty Inn, yn ddigon diserch, nad oedd unrhyw fwyd yn cael ei weini ar y pryd. Nid ein bod ni yn chwilio am beth, a hithau braidd yn gynnar. A doedd y cawl tatws a chennin oedd yn cael ei gynnig fel pryd arbennig, ac yn cael ei hysbysebu fel Taffy's Soup, oherwydd y cennin mae'n debyg, yn apelio'r un iot. Byddwn yn hawdd wedi gallu awgrymu y gellid ei alw'n Mick's Soup, oherwydd y tatws ynddo. Ond teimlwn efallai na fysai hynny wedi gwneud lles i'r berthynas gyd-Geltaidd. Cadwais fy sylwadau yn ddiogel o dan fy het.

Eisteddon ni allan o flaen y dafarn, yn mwynhau'r cwrw llawn cymaint â'r haul, yn gwylio'r bobol, y ceir, a'r tractorau yn mynd o gwmpas eu dyletswyddau. Wedi llymeitian mor araf ag yr oedd ei angen i fod yn barchus, mentron ni i lawr yr allt yn nes at ganol y dre.

Roedd arogleuon cwrw neithiwr yn treiddio drwy ddrws agored Hackett's. Edrychai'n union fel y math o dafarn nad oedd prin fyth yn cael sylw nac adeiladwr na pheintiwr. A dim mymryn gwaeth oherwydd hynny. Nid oedd hi'n unrhyw syndod canfod yn ddiweddarach mai adeiladwr oedd y perchennog.

Ac o gamu i mewn, daeth yn amlwg na chafodd y lle prin ei newid ers ei agor yn y 1920au. Roedd yr arwyddion i'r tai bach yn datgan Fir a mNá yn uniaith Wyddeleg, nid imi glywed gair o'r iaith yno. Ond mae'n gorfodi'r cwsmer llai addysgedig i weithio allan pa ddrws oedd ar gyfer y dynion, a ph'run ar gyfer y merched. Yn ffodus i ni siaradwyr Cymraeg, mae'r gair menywod yn cynnig arweiniad digonol.

Ond roedd un darn o waith peintio trawiadol iawn wedi digwydd yn ddiweddar. Ar y wal gyferbyn â'r cownter roedd murlun anferth yn rhedeg o un pen o'r 'stafell i'r llall, adlewyrchiad clyfar mewn paent o'r bar a'i gwsmeriaid. Ac roedd modd adnabod o'r murlun ambell un o'r criw brith o yfwyr, hetiog nifer ohonyn nhw, oedd yno'n mwynhau diod fach amser te.

Tafarn Hackett
Llun: Fáilte Ireland

Hetiog hefyd oedd y dyn tu ôl i'r bar, neu gapiog i fod yn fanwl gywir. Roedd cap gwlanen Rastaffaraidd yn cuddio'i ben a'i glustiau, ac yn gorwedd bron at ei ysgwyddau fel condom llipa. Cyflwynodd ei hun fel Baz. Eglurodd iddo fod wedi symud i An Scoil o brysurdeb Corc er mwyn mwynhau bywyd oedd yn fymryn llai o straen. Eglurais innau ein bod ar daith hirfaith o amgylch tri chwarter arfordir Iwerddon.

Roedd yn barablwr o fri, nid fod Cath druan yn deall prin air o'i lith. Rydw i wedi datblygu clust weddol at yr holl acenion Gwyddelig dros y blynyddoedd, yn enwedig os bydda' i wedi bod yn eu plith am gyfnod. A ches fy hun yn bras gyfieithu iddi o'i Saesneg Corcaidd o i Gymraeg.

Doedd dim syndod iddi gael trafferth, chwarae teg. Yn ôl arolwg gan gwmni technoleg Huawei, acen Corc ydi'r un ail anoddaf i'w deall o holl acenion Saesneg Iwerddon, efo Ciarraí, Kerry, yn dynn wrth ei chwt.

Eglurais mai nid methu siarad Saesneg oedd fy ngwraig, ond yn cael trafferth deall ei acen. Chwerthodd, a mynd allan ar y palmant i danio'r sigarét rowlio â llaw oedd rhwng ei fysedd. Prin funud yn ddiweddarach, dychwelodd mewn cwmwl o arogleuon nodweddiadol baco.

'Dylie ti ddisgw'l tan gyrhaeddi di Donegal os ti'n meddwl 'mod i'n anodd fy neall,' meddai wrthi, yn hollol annealladwy. Edrychodd Cath ata' i efo wyneb gwag i ddisgwyl am y cyfieithiad. Ac yn wir, yn ôl Huawei, dyna nid yn unig yr acen anoddaf un i'w deall, ond yr un fwya' rhywiol yn ogystal. Allwn i brin ddisgwyl, er y byddai hi'n rhai wythnosau cyn inni gyrraedd y gornel honno o'r wlad.

Rhwng y cyfieithu, buon ni'n rhoi'r byd yn ei le, yn trafod ein taith, a'r murlun, ac yn cwyno am y gwleidyddion yn y Dáil ac yn San Steffan. O'r diwedd penderfynodd Baz ei bod hi'n bryd iddo ofyn be' oedden ni am ei gael i'w yfed.

Roedd un cysur mawr yn deillio o'r broses bleserus o hirwyntog hon o gael ein gweini. Go brin y bydden ni'n gallu meddwi. Ond nid oedd yn gwneud unrhyw les i dìl y perchennog.

Roedd cloch yr eglwys yn cnulio'r Angelus, i ddynodi ei bod hi'n chwech o'r gloch, wrth inni gerdded i lawr y stryd i chwilio am gyrchfan arall. Defosiwn Pabyddol ydi'r Angelus, un sy'n dathlu'r beichiogi gwyrthiol.

Roedd yn f'atgoffa o wrando ar funud o'r cnulio am chwech o'r gloch bob nos ar Telefís Éireann ers talwm. Bu'r radio yn ei ddarlledu am hanner dydd hefyd, tan y 1970au yn fyw o Gadeirlan Mair yn Nulyn. Ac roedd trefn gaeth i'w dilyn: 15 eiliad o dawelwch cyn y cnuliad cyntaf, y gloch i ganu 18 gwaith, a 15 eiliad o dawelwch ar ôl y cnuliad olaf. Mae fersiwn o'r Angelus yn parhau i gael ei ddarlledu.

Ar y ffordd yn ôl tua chyfeiriad yr harbwr cyrhaeddon ni adeilad oedd yn ymdebygu i siop o'r oes o'r blaen, ddwy ffenest fawr â fframiau gwyrddion o boptu drws o'r un lliw. Ond roedd yr arwydd uwch y drws yn addo Ceol agus Ól (Cerddoriaeth a Diod). A rywfodd gwelon ni'n hunain yn camu drwy'r drws.

Digon dienaid oedd hi yn nhafarn O'Regan o'i gymharu â Hackett's. Ond efo'r dyn ifanc oedd yn llaesu dwylo tu ôl i'r bar yn edrych yn obeithiol i'n cyfeiriad, penderfynon ni mai'r peth iawn i'w wneud oedd prynu diod. Roedd hwnnw o Loegr, ni'n dau o Gymru, a dyrnaid o Wyddelod oedrannus mewn ambell gornel. Ond yn hawlio'r sylw i gyd, fel ceiliog ar ben tomen, roedd Americanwr cegog yn eistedd wrth y bar. Daethon ni i'w lysenwi'n Hank. Roedd o'n ffodus. Cawsom ein temtio i'w alw'n rhywbeth llawer gwaeth.

Ceision ni'n aflwyddiannus i gynnal sgwrs efo Gwyddel, mewn cap pêl-fas a siaced frethyn hynafol, oedd yn siglo'n annoeth o lawen ar gopa stôl. Ond bu'r ymdrech yn drech na'm galluoedd clustfeinio i, mwy oherwydd y Guinness na'i acen.

Penderfynodd Hank gamu i'r adwy, a chymryd yr awenau. Cawson ein diflasu gan lith hir am ei orchestion ym myd busnes, am ei wreiddiau Gwyddelig honedig, ac am sut yr oedd o'n treulio pythefnos yn Iwerddon i chwilio am dŷ haf. Ac er mai llith i ni oedd hi i fod, roedd pawb yn y lle yn rhan o'r gynulleidfa. Gan ddiolch iddo am ei ddarlith hynod ddifyr, llyncon ni ein diodydd yn llawer cynt na'r bwriad a hel ein traed yn ôl am Hackett's.

Roedd hi wedi prysuro, pawb yn hofran o flaen y bar yn hytrach na'n eistedd, a'r lle yn fwrlwm o sgwrs. Daeth Baz a'i gap i mewn o'r stryd yn ogleuo'n gryf o nicotin, a chynnig y croeso arferol inni. Ymhen peth amser penderfynodd ein bod wedi sefyll yno'n ddigon hir i haeddu diod, a chawson ein llusgo i mewn i amrywiol sgyrsiau'r selogion.

Awgrymodd un dyn, ymgymerwr sgaffaldio oedd wedi ymddeol yno o Gorc, y bydden ni wrth ein boddau yn byw yn An Scoil.

'Pam na wnewch chi ystyried y peth?' erfyniodd o ni, fel 'tai o'n beth hollol arferol i ymwelwyr beidio â mynd adref o gwbl.

Ond torrodd llais cyfarwydd drwy'r murmur llon. Roedd Hank newydd gamu drwy'r drws, ac wedi dŵad â'i domen glochdar efo fo. Ni fu'r selogion yn hir yn cael ei hyd a'i led, er na sylweddolodd o eu bod nhw'n ei gymryd yn ysgafn.

Wrth iddo adrodd ei stori yn ceisio prynu tŷ haf, cynigiodd un y dylai chwilio yn Cionn tSáile. Gwyddai'n iawn y byddai hynny'n costio dwywaith, deirgwaith, mwy iddo. Doedd y gost yn mynd i fod yn broblem iddo, mynnodd Hank, achos onid oedd o wedi gwerthu ei fusnes am swm enfawr?

Roedd y datganiad hwnnw fel rhoi matsien wrth ffiws. Faint o bres? mynnai'r Gwyddelod gael gwybod. Tyrd yn dy flaen, dweud wrtha' ni. Faint ges di? Ac o'r diwedd daeth Hank allan yn anfoddog efo '5.9 miliwn'.

Roedd Baz a'i gap ar eu ffordd allan eto. Roedd gweddillion sigarét, yr oedd o eisoes wedi rhoi cychwyn arni nifer o weithiau, rhwng ei fysedd eto.

'Dwi wedi clywed llwyth o falu cachu yma yn fy nydd, ond mae hwn yn eu curo nhw i gyd,' meddai, mewn sibrydiad llwyfan uchel.

Ymunodd pawb yn y gwawdio. 5.9 miliwn? Doleri? Py! Piso dryw. Dwi wedi gwerthu'r fferm am 8 miliwn, meddai un. Ewros. Ac aeth y bar yn ferw gwyllt, â Hank yn ffromi i'w beint, wrth i bawb adrodd am symiau uwch ac uwch roedden nhw wedi eu derbyn am fusnesau hollol ddychmygol.

Roedden ni'n dal i chwerthin y bore canlynol wrth wasgu ein ffordd i lawr ffyrdd culion tuag at drwyn y penrhyn. Roedd hi'n addo bod yn ddiwrnod heulog arall. Yno'n torheulo'n yn y llewyrch braf, rai milltiroedd o'r lan, roedd y goleudy enwog ar ynysig fechan

Deigryn Iwerddon – Carraig Aonair
Llun: Fáilte Ireland

Carraig Aonair, y garreg unig. Caiff y lle ei adnabod ledled y byd fel Fastnet.

Dyma nid yn unig dir mwya' deheuol Iwerddon, ond y darn olaf un o'u mamwlad i'r miloedd ar filoedd a ymfudodd i Ogledd America ei weld. Yn aml am byth. Does ryfedd iddo ennill y llysenw Deigryn Iwerddon.

Mae i'r ynysig ffurf nodweddiadol iawn, oedd yn silwét clir yn erbyn y gorwel. Credir i'r enw Saesneg ddeillio o'r hen Lychlyneg Hvasstein-ey, ynys y dannedd miniog. Dyma le bydd cychod hwylio yn troi'n ôl am Plymouth yn Nyfnaint yn ras enwog Fastnet. Mae hi'n un o'r cystadlaethau enwocaf yn y byd hwylio, 700 milltir galed o dro pedol o lwybr sy'n cychwyn ar Ynys Wyth.

Diolchon ni i'r drefn na ddaeth unrhyw un i'n cwrdd ar y lonydd culion. Ar ôl taith ddiddiwedd canfyddon ni'n hunain rywfodd ym mhentre bychan An Cruachán, Crookhaven. Wyddwn ni ddim hyd heddiw sut.

Bu bron inni gael ein hunain mewn andros o dwll wrth i'r lôn dwmffatu yn gulach a chulach. Roedd hynny o arwyddion ag a oedd yn hynod gamarweiniol. Teimlon ni fel pryfyn twp yn cael ei hudo i berfeddion gludiog, blewog un o'r planhigion 'na sy'n bwyta cig, yn cau amdanon ni fel magl. Doedd dim dianc i fod.

Ond wrth inni ddechrau anobeithio, a'r tarmac tila efo rhuban gwyrdd yn ei ganol yn bygwth troi'n dir glas, daeth adwy i'r golwg ar y chwith. Llwyddwyd i droi'n chwyslyd yn ôl.

Yma i An Cruachán y daeth Guglielmo Marconi, y dyfeisiwr byd-enwog, i sefydlu rhwydwaith radio dibynadwy ar draws yr Iwerydd. Roedd ei fam Annie yn hanu o deulu Jameson, y gwneuthurwyr wisgi Gwyddelig. Trawsnewidiodd y maes cyfathrebu'n llwyr. Crebachodd y byd yn sgil ei waith, diolch nid yn unig i An Cruachán, ond hefyd i waith arbrofol a gyflawnodd yng Nghymru.

Llwyddon ni i wneud ein ffordd yn ôl i'r 'ffordd fawr', os oedd hi'n haeddu'r fath ddisgrifiad. Yn fuan daeth trwyn y penrhyn i'r golwg. Canfyddon ni faes parcio anferthol, efo mannau wedi eu cadw ar gyfer bysiau. Bysiau! All rhywun ond dychmygu'r tagfeydd pan fyddai'r tymor ymwelwyr yn ei anterth.

Anelon ni am y Ganolfan Ddehongli, lle'r oedd dyn yn strachu i gario cratiau trymion o gwrw i mewn i'r adeilad. Daeth aton ni ac egluro nad oedd yn gweithio yno, dim ond wedi cael yr allwedd er mwyn danfon y diodydd. Ond na, doedd y lle ddim yn agor bob dydd, gan gynnwys heddiw, er gwaetha' beth roedden ni wedi ei ddarllen ar eu gwefan. Ac roedd y bont oedd yn arwain dros hollt yn y graig i ben y penrhyn hefyd ar glo, hyd y gwyddai. Ond roedd croeso inni ddefnyddio'r tai bach cyn iddo ail-gloi'r lle.

Ceision ni fwynhau'r golygfeydd godidog, a chymryd diddordeb mewn propelor llong enfawr oedd wedi ei osod ar ymyl y maes parcio. Daeth hwnnw oddi ar long yr Irada, a suddodd reit wrth y creigiau hyn dridiau cyn y Nadolig yn 1908 wrth gludo cotwm o Decsas i Lerpwl.

Ymysg y rhai a foddwyd roedd y Capten Arthur Wellesley Roberts, o Benbedw, dyn a allai'n hawdd fod yn Gymro. Yn sicr, y Capten Hugh Williams oedd cynrychiolydd y perchnogion fu'n delio efo cholled y llong.

Ond yn amlwg roedd y capten a foddwyd wedi ei enwi mewn eilunaddoliaeth o Arthur Wellesley arall, sef Dug Wellington. Roedd hwnnw wedi ei eni yn Nulyn, yn aelod o deulu Eingl-Wyddelig o dirfeddianwyr crachaidd. Pan gyfeiriwyd ato fel Gwyddel un tro, mynnodd: 'Dyw cael eich geni mewn stabl ddim yn eich gwneud yn geffyl'. A thwll dy din tithau hefyd, Ddug.

Gwnaethon ein ffordd ar hyd arfordir gogleddol y penrhyn, yn hofran rhwng anniddigrwydd, siom a blinder teithio. Wedi'r cyfan, dyma oedd yr ail ddiwrnod ar ddeg ers inni gyrraedd Iwerddon, i fyw mewn blwch metel cyfyng. Os oedd hi'n weddus cyfeirio at Alabeina druan yn y fath fodd rhyfygus. Ond efo rhai wythnosau eto o'n blaenau, a channoedd ar gannoedd o filltiroedd, a oedden ni wedi etifeddu digon o ysbryd y sipsiwn i gyrraedd pen ein taith?

Pennod 9

Beanntrái, An Gleann Garbh
a Chymreictod annisgwyl

OEDD, roedd yr arwyddion brownion yn ceisio ein dargyfeirio i'r chwith at benrhyn main Rinn Mhuintir Bháire, Sheep's Head. Ac roedden ni'n ymwybodol ei fod yn baradwys ar y ddaear, ar gyfer cerddwyr o leiaf. Lle ichi fwynhau unigrwydd ar fys o dir yn ymwthio allan i fogail yr Iwerydd.

Ond roedden ni hefyd yr un mor ymwybodol eich bod yn sôn am ragor o lonydd trol. Rhagor o fieri. Rhagor o dyllau yn y tarmac wyneb-y-lleuad i'n hysgytian i'n seiliau. Ac roedden ni wedi gweld digon o'r rheiny am un diwrnod. Byddai'r atgof am An Cruachán yn ceisio ein sugno i'w chôl am byth yn aros yn y cof am hir iawn.

A, chwarae teg, onid addo dilyn y Slí yn ei chyfanrwydd lle'r oedd hynny'n ymarferol wnaethon ni? Paradwys cerddwyr ydi Rinn Mhuintir Bháire, nid paradwys modurgartrefi. Ac yn sicr mi fysai trigolion hoff y penrhyn wedi cytuno efo hynny. Cadwch o'ma, y 'ffernols.

Beth bynnag, yr hyn sy'n digwydd yn aml wrth bendroni tu ôl i'r llyw ydi y byddwch wedi

Yr hen fynwent yn Cill Cheangail

81

mynd heibio'r gyffordd cyn sylweddoli. A dyna ddigwyddodd. Cafwyd seibiant byr yn Cill Cheangail, Eglwys yr Angylion, murddun hen eglwys o'r 15fed ganrif sydd â mynwent ryfeddol o'i hamgylch. Mae ugeiniau ar ugeiniau o gerrig isel plaen o'r caeau yn nodi lle bu teuluoedd, nifer yn anllythrennog, yn claddu eu hanwyliaid. Bydden nhw'n gorfod cofio siâp y garreg er mwyn canfod y bedd yn ddiweddarach.

Cyn hir agorodd bae llydan yn wynlas o'n blaenau, a thre Beanntraí, Bantry, yn ein gwahodd draw.

Allan yn y bae hwnnw am rai dyddiau yn Rhagfyr 1796 gwelwyd llynges Ffrengig enfawr yn ymgasglu. Roedden nhw'n barod i helpu ymdrechion gwrthryfelwyr Gwyddelig i dorri eu gwlad yn rhydd o hualau Lloegr. Ar fwrdd un ohonyn nhw, yr Indomptable, roedd arweinydd y gwrthryfelwyr, y Protestant Anglicanaidd Theobald Wolfe Tone.

Roedden nhw'n disgwyl i weddill y fflyd o 43 llong gyrraedd, yn cario 15,000 o filwyr. Yn eu mysg roedd y fflaglong Fraternité, oedd yn cludo'r Cadfridog Louis Lazare Hoche. Roedd yn un o arwyr Rhyfeloedd y Chwyldro, ac y fo oedd i arwain yr ymosodiad.

Ond bu gwyntoedd cryfion yn chwythu'n ddi-baid o'r dwyrain ers dyddiau. Dim ond 18 llong oedd wedi cyrraedd o'r 43 a hwyliodd, a 6,500 o'r milwyr. Yn wyneb hynny, ac yn absenoldeb Hoche, penderfynodd y Ffrancwyr droi'n ôl am adref cyn i luoedd y Saeson gyrraedd. Boddodd gobeithion Wolfe Tone, yn llythrennol bron, yn ymyl y lan.

Wrth ddisgrifio'r ymosodiad na fu yn ei ddyddiadur, ysgrifennodd yn alarus: 'Roedden ni'n ddigon agos i daflu bisgeden i'r lan yn Ahabeg'.

Cyrhaeddon ni *aire* ar gyfer modur-gartrefi ym marina newydd Beanntraí, ein cartref am y noson, a thalu'r ffi i'r peiriant.

Roedd golygfa ogoneddus o'n blaenau ar draws y marina ac allan i'r bae. Am le bendigedig i barcio'n gwely, meddylion ni, yn sŵn rhaffau'r cychod yn tincial yn erbyn eu mastiau. Ond roedd ein traed yn cosi ac awydd arnon ni i grwydro'r dre, ac i gyfrannu mwy at yr economi lleol. Yn fuan roedden ni'n troedio'r prif sgwâr, lle'r oedd cerflun urddasol o neb llai na Wolfe Tone ei hun yn sefyll i'n croesawu. Mae'n amlwg iddo ennill maddeuant.

Roedd hi'n hwyr y bore, a'r sgwâr a'r strydoedd o'i amgylch fel cwch gwenyn o fwrlwm. Roedd hi'n ddiwrnod marchnad, digwyddiad masnachol a chymdeithasol o bwys mawr yn yr Iwerddon wledig o hyd. A does dim gwell ffordd i allu plymio i ganol bywyd lleol, ble bynnag yn y byd, na thrwy fynychu'r farchnad.

Mae 'na draddodiad hir i'r farchnad hon. Bob dydd Gwener o 10yb tan 2yp bydd pobol yn heidio yma o'r cefn gwlad eang o gwmpas i chwilio am fargen, ac i gyfarfod â'u ffrindiau. Roedd fel cymryd cam hudolus yn ôl i'r gorffennol, a'r dre yn fôr o ddillad brethyn amaethyddol, yn gymysg efo dilladach lliwgar mwy hipïaidd eu naws. Daeth arogleuon tail gwartheg ac arogldarth y 'joss sticks' ynghyd.

Roedd popeth dan haul ar werth. Trugareddau rhydlyd fu'n gorwedd ar gowt y fferm fan hyn. Hen beiriannau gwnïo na welodd edau ers cyn dyddiau cynnar Telefís Éireann fan draw. Nodwyddau a gweill. Ffrwythau a llysiau. Wyau, rhai glas, gwyn a brown, efo baw'r adar yn dal arnyn nhw. Dillad a chapiau brethyn. Dillad yn lliwiau'r enfys. Crysau timau pêl-droed Gwyddelig y GAA. Morthwylion a hoelion, ac ambell erfyn na wyddwn i beth oedden nhw. Teganau plastig rhad o'r Dwyrain Pell, a llyfrau lliwio. A stondinau bwyd y stryd o bedwar ban. Denwyd fy llygad gan faner Lydewig ddu-a-gwyn yn cyhwfan uwchben stondin grempog, yr oedd y rhai mwya' amaethyddol eu gwisg yn troi eu trwynau arni.

Prynu ceiliog ym marchnad Beanntraí

Roedd llawer mwy o acenion Seisnig i'w clywed nag yn unman arall ar ein taith hyd hynny, nifer ohonyn nhw yn rhedeg stondinau crefft. Mae rhyw debygrwydd rhwng yr ardal â Machynlleth, yn enwedig pan ddaw'r farchnad i fanno bob dydd Mercher. Cewch brynu sebon lafant wedi ei gynhyrchu ym meudy rhywun, neu emwaith cain o fwrdd y gegin, menyn cartra hallt, a chanhwyllau bach a mawr o bob lliw a llun.

Eglurodd un o'r stondinwyr nad oedd hi'n anarferol gweld mulod wedi eu clymu wrth bolion trydan, yn chwilio am brynwr, ar ddiwrnod ffair. Roedd hynny'n digwydd ar y dydd Gwener cyntaf o bob mis, pan fydd y cefn gwlad o gwmpas yn gwagio, a'r ffyrdd culion yn dagfeydd o dractorau a cheir 4x4 mwdlyd yn llusgo trelars.

Doedd hi ddim yn ddiwrnod ffair, na'r un mul yn hysbysebu ei hun drwy nadu wrth bolyn. Ond mewn un cornel roedd criw wedi ymgasglu o gwmpas sŵn clochdar a chlwcian, yn tarddu o gewyll wedi eu gosod ar y palmant. Roedd bocsys cardbord ail-law o wyau yn cael eu gwerthu fel slecs gan y perchennog. Ond roedd yr adar eu hunain hefyd yn mynd o dan y morthwyl.

Pwyntiodd dyn at geiliog brown smart, ei grib yn llachar goch, a bu trafod byr ar y pris. Cytunwyd ar €25, a daeth sgrech o anniddigrwydd o'i big wrth i'w berchennog afael ynddo a'i wthio i un o'r blychau cardbord mawr oedd wrth law. Ac aeth ei berchennog newydd ar ei ffordd efo gwên fodlon ar ei wyneb, a sŵn bytheirio'r ceiliog yn ei fygwth o'r bocs.

Wedi ein diddanu'n enfawr yn y farchnad, a'n bwydo, daeth hi'n bryd profi awyrgylch un o'r amryw dafarnau. Y difyrraf ei golwg a'i henw oedd Ma Murphy's, yr hynaf yn Beanntraí. Roedd rhaid camu drwy ddarn blaen y dafarn, siop fechan yn gwerthu pob math o hanfodion bywyd, i gyrraedd y bar drwy ddrws gwichlyd mewn pared pren. Ond roedd dynes yn mwynhau rhyw hanner bach slei yn y siop wrth gasglu ei bara a'i sebon llestri.

Tu hwnt i'r drws, roedd y bar yn fud-dywyll, ac i'w weld yn dywyllach fyth ar ôl camu iddo o'r heulwen lachar tu allan. Wrth i'r llygaid ddŵad i ymdopi, roedden ni'n gallu gweld clasur o far Gwyddelig. Nid ei bod hi'n arferol gweld casgenni cwrw yn cael eu cadw ar y llawr o dan y meinciau ym mhobman, hyd yn oed ym mherfeddion Iwerddon. Roedd y waliau wedi eu gorchuddio â thrugareddau rygbi, yn lluniau a fflagiau a sgarffiau a chrysau. A nifer fawr ohonyn nhw – y mwyafrif, mae'n debyg – yn ymwneud â Chymru. Eglurodd y dyn ifanc tu ôl i'r bar mai'r diweddar berchennog fu'n gyfrifol.

'Roedd o'n dŵad o Gymru, ac wedi mopio efo rygbi Cymru,' meddai, wrth osod ein peintiau yn ofalus o'n blaenau a mynd drwodd at y til yn y siop drws nesa' efo'n pres.

Bu farw Billy Leonard yn 2018, ond er iddo fod ag acen gref y cymoedd ar ei Saesneg, roedd o wastad yn mynnu mai Gwyddel o Oileán Chléire oedd o yn y gwraidd. Dyna o le'r oedd ei rieni Con a Mary yn hanu, cyn symud i Gymru i chwilio am waith, lle cafodd eu mab ei eni. Ar Oileán Chléire hefyd cyfarfu Billy â'i wraig Patricia.

Ond Gwyddel wrth reddf ai peidio, ni chollodd yr angerdd am rygbi Cymru a dreiddiodd i fêr ei esgyrn – fel ei accn – heb iddo sylweddoli bron.

Llwyddodd i wireddu breuddwyd yn 1981 pan brynon nhw Ma Murphy's, a chafodd symud at ei wreiddiau. Mynnai bob dydd, wrth bawb oedd efo clust i wrando, iddo fod 'y dyn mwya' lwcus fu fyw erioed'.

'Dyma'r dafarn fwya' Gymreig yn Iwerddon gyfan,' meddai dyn ifanc oedd wrth y bar wrthon ni, gan edrych o'i gwmpas, barn na allwn i fyth ei gwrthbrofi.

Y fo oedd yr unig gwsmer arall oedd yno, prysurdeb amser cinio wedi hen basio, ond roedd yn hynod barod ei sgwrs. Eglurodd ei fod yn 28 oed, ac wedi dychwelyd o Ddulyn i fyw efo'i rieni yng nghanol ansicrwydd mawr Cofid. Ond nid oedd hi'n unrhyw fwriad ganddo i aros yn ei dre enedigol yn hirach nag oedd rhaid.

'Does 'na'm gwaith ar gael yma, os nad ydach chi'n fodlon gweithio mewn archfarchnad am gyflog dwy-a-dimai,' meddai'n drist, cyn cymryd llowcied ddofn o'i gwrw a ffarwelio.

Y noswaith honno, a ninnau'n ôl yn Alabeina yng nghwmni potel o win yn mwynhau gwylio'r haul yn anelu am y gorwel oren, daeth sŵn rhuo annaearol wrth ein hochr. Gwelon ni fodur-gartra hynafol, werdd, ei chorff yn dolciau byw, a theiars mawrion milwrol arni, yn ymdrechu i barcio yn y gofod nesa'.

Daeth dau ddyn ifanc rhadlon aton ni i ofyn beth oedd y drefn mewn *aire*. Athrawon oeddan nhw ill dau, o Cill Chainnigh yng nghanolbarth Iwerddon, ac wedi benthyg y cerbyd gan gyfaill i dreulio'r penwythnos yn Beanntraí. Dyma oedd y tro cyntaf erioed iddyn nhw fod yn y fath gerbyd, heb sôn am yrru un. Ac ie, bu'n rhaid iddyn nhw gyfaddef, yn llawn euogrwydd, mai nhw fu'n gyfrifol am y tolciau wrth yrru'n rhy agos i'r clawdd.

Tebyg mai dyna fyddai nid yn unig y tro cyntaf iddyn nhw gael ei fenthyg, ond y tro olaf hefyd. Ond roedden nhw'n benderfynol o fwynhau'r profiad i'r eithaf.

Cynigion ni eu rhoi nhw ar ben ffordd, a dangos iddyn nhw'r drefn. Gan i'w cerbyd fod yn eitha' hen, a heb gymorth elfennol pethau fel paneli haul sy'n galluogi Alabeina i fyw'n wyllt am ddyddiau benbwygilydd, byddai defnyddio cyflenwad trydan yr *aire* yn hanfodol. Ac roedd hi'n anhepgorol cael digon o nwy yn y poteli storio i gael y gwres canolog i weithio, efo'r nosweithiau yn gallu profi'n ddigon rhynllyd.

Edrychon nhw'n wag arnon ni, fel 'taen ni'n trafod athroniaeth ganoloesol mewn Lladin. Ymbalfalon ni tu ôl i bob drws, ac ym mhob cist a chwpwrdd, ac ysgwyd y botel nwy fel cymysgydd coctel. Ond daethon ni i'r casgliad bod y 'cyfaill' wedi eu hanfon ar eu ffordd heb na nwy na chebl trydan. Efallai ei fod yn gofyn am dolciau yn ei gerbyd, awgrymodd un o'r athrawon, yn nes at ddifri' na chellwair.

Roedd y llall am wneud swper ar y stôf, hyd nes imi ei atgoffa na fyddai honno'n gweithio heb nwy. A wel. Penderfynon nhw mai swper o'r siop sglodion fyddai hi'n gorfod bod. A chylchdaith o amgylch y tafarndai wedi hynny i gadw effaith yr oerfel draw yn nes ymlaen wrth iddyn nhw fynd i gysgu.

Ni weithiodd y cynllun. Ni chlywon ni mohonyn nhw'n dŵad yn ôl ar ôl i'r tafarnau gau, chwarae teg. Ond bob hyn a hyn drwy'r nos byddai eu hinjan swnllyd yn rhuo'n effro, wrth iddyn nhw ei thanio i geisio cynhesu'r modur-gartref hynafol. Ac nid y nhw yn unig oedd yn diawlio'r 'cyfaill' a fenthycodd ei gerbyd iddyn nhw.

Teithwyr hanner effro, hanner ynghwsg, wnaeth eu ffordd yn Alabeina y bore canlynol, ar ein ffordd at lan bella'r bae. Yn 22 milltir o un pen i'r llall, cafodd y bae ei ffurfio pan gododd lefel y môr ryw bryd yn y gorffennol pell, gan foddi dyffryn oedd wedi ei gerfio o graig y ddaear gan lif afon.

Yn y golwg rhyngon ni a'n cyrchfan roedd ynys Oileán Faoide, Whiddy Island, lle mae prif lanfa olew'r holl wladwriaeth. Ganrif a hanner yn ôl bu hyd at 450 o bobol yn byw ar yr ynys, yn cynnal eu hunain drwy bysgota a ffermio. Erbyn heddiw prin 20 sy'n galw'r lle yn gartref parhaol.

Am un o'r gloch y bore ar Ionawr 8fed, 1979, brawychwyd y boblogaeth pan gafodd eu cartrefi eu siglo gan ffrwydrad nerthol. Yn ôl adroddiadau, clywyd sŵn clecian a thrwstio yn dŵad o fol y tancer olew Ffrengig y Betelgeuse. Yn fuan wedyn ffrwydrodd mewn un belen anferthol o dân. Chwythwyd gweithwyr i'r môr oddi ar y lanfa, ger arfordir yr ynys, lle'r oedd y llong enfawr yn dadlwytho ci chargo.

Holltwyd hi yn ei hanner gan gyfres bellach o ffrwydradau, wrth i'r olew ar ei bwrdd fynd ar dân. Efo tymheredd y tân gwynias yn cyrraedd mwy na 1,000°C, chwalodd y concrit oedd yn dal y lanfa yn ei lle. Lladdwyd 50 o bobol yn y trychineb, ond ni chafodd cyrff 23 ohonyn nhw erioed eu canfod. Credir mai nam yn strwythur y llong oedd yn gyfrifol am y digwyddiad.

Mae i'r bae nifer o ynysoedd y mae modd ymweld â nhw, ond y mwya' poblogaidd ydi Garinis. Yn 37 erw o faint, ac yn gorwedd dim ond ychydig o funudau i ffwrdd o An Gleann Garbh, Glengarriff, ar ddewis eang o fysiau dŵr, mae'n enwog am ei gerddi isdrofannol trawiadol. Er yn daith fer, mae'n cynnig cyfloedd lu i fwynhau gweld morloi a morhychod.

Mae An Gleann Garbh, y glyn garw, yn mwynhau ei feicro hinsawdd ei hun. Gorwedda mewn cilfach gysgodol o'r bae yng nghesail coedwig o binwydd a derw ar lethr y mynydd. Mae'n cynnig golwg digon Alpaidd i'r pentre', rhyw fath o Fetws y Coed bychan, efo'i glwstwr o dafarnau lliwgar, orielau celf, a siopau gwerthu cofroddion.

Mae'r pentre yn gorwedd ar ddechrau neu ddiwedd cylchdaith o amgylch gogoneddau penrhyn Béarra. O'r herwydd mae'n arosfa

An Gleann Garbh

boblogaidd ymysg Americanwyr, a theithwyr hŷn eraill, ar y llu o fysiau sy'n galw. Mae'n cynnig talp ffug o Wyddeldod hawdd ei lyncu.

Profodd y lle'n boblogaidd ymysg ysgrifenwyr ac artistiaid ar hyd y blynyddoedd. Cafodd pobol fel Thackeray, Wordsworth a George Bernard Shaw eu swyno ganddo. Ac mae'n dal i ddenu pobol sydd o leiaf yn credu eu bod nhw o'r un anian.

Roedd marchnad bwyd y stryd yn cael ei chynnal ger ochr y ffordd wrth inni gyrraedd. Gerllaw roedd heidiau o bobol yn ceisio cael lle ar un o'r bysiau dŵr i Garinis, digon o reswm inni beidio ag ymuno efo nhw. Doedd cael ein gwasgu efo lliaws o bobol ar ynys rhywfaint llai na deunaw cae rygbi yn apelio dim.

Roedd teuluoedd cyfain wedi ymgasglu yn y farchnad fwyd, ac yn cadw gafael ar y byrddau picnic pren oedd yma ac acw unwaith iddyn nhw berchnogi un. Roedd hi'n amlwg yn ddiwrnod allan poblogaidd, pawb yn cadw'u hangylion bychain yn hapus drwy eu stwffio efo byrgyrs, cŵn poeth, pizza, cebabiaid, a hufen iâ.

Er nad oedd hi hyd yn oed yn tynnu am amser cinio, cododd yr holl arogleuon flys arnon ni. Ond doedden ni ddim am ymuno efo'r haid, a cheisio gwthio bwyd poeth i'r geg ar ein sefyll. A hynny heb losgi'n gwefusau a baeddu'n dillad.

Croeson ni'r ffordd am y Perrin Inn, ac archebu dau frecwast Gwyddelig i'w fwyta yn yr haul tu allan. Mae'r brecwast Gwyddelig bron yn union yr un peth â'i gefnder Cymreig seimllyd. Ond cewch dost o fara soda wedi ei grasu ar eich plât, a thafell neu ddwy o bwdin gwyn yn nofio'n fygythiol fel siarc mewn môr o saim.

Yn ôl yr hen ryseitiau, gall pwdin gwyn gynnwys dewis o blith ceirch, nionod, siwed, porc, perfedd gwartheg, neu ymennydd defaid, i gyd wedi ei wasgu i gwdyn o dreip. Ond dim gwaed, fel sydd yn ei gefnder du. Sy'n swnio'n........

Roedd hi'n ddigon prysur ar y teras tu allan. Rhai wedi aros am baned neu ddiod oer, eraill fel ni yn sgafio cyn cinio. Yn eu mysg roedd dyn lled oedrannus, llond ei groen, mewn het wellt â chantel llydan. Roedd sgarff hir wedi ei droelli sawl gwaith o amgylch ei wddf. Roedd iddo lais corn niwl, ac acen Seisnig uchel-ael, ac roedd yn hynod barod i rannu ei farn ddigyfaddawd am bopeth. Doedd ryfedd iddo fod yn eistedd wrth fwrdd ar ei ben ei hun.

Roedd wedi symud i fyw i An Gleann Garbh ers peth amser, cafodd pawb oedd yn byw ar lannau'r bae wybod, ar ôl ymweld â'r lle dair gwaith ynghynt. '*Thrice*' oedd ei union eiriad. Mynnodd iddo fod yn mwynhau bod 'ymysg y gymuned Ewropeaidd sy'n byw yma'. Soniodd o ddim os oedd y gymuned Ewropeaidd yn teimlo'n cweit mor frwdfrydig amdano yntau.

'Rêl Sais cegog,' meddwn wrth Cath, gan rwygo'r cig moch ag awch anghyffredin efo 'nghyllell.

Trodd ei sylw at deulu bach oedd yn ceisio ei anwybyddu, ar ôl eu clywed yn siarad Ffrangeg. Cafwyd llith ddiflas ganddo, rwdl o straeon am Agincourt, Waterloo, Hitler, Churchill a Brecsit. Ceisiodd y fam yn eu mysg dorri ei grib drwy egluro yn ddigon swta nad Ffrancwyr oedden nhw, ond Llydawyr.

'*Ah!*' atebodd, heb droi blewyn. '*Les Bretons? Je viens du Pays de Galles.*'

Cymro, myn diain i. Os un uffernol o annhebygol. Cododd ei baned o goffi mewn cyfarchiad at ei gyd-Geltiaid hoff. A cheisiais innau lyncu fy mhwdin gwyn heb dagu.

Pennod 10

McCarthy's Bar, a'r E8 i Gaercystennin

MAE i'r gornel hon o'r wlad sawl dewis o benrhynau sy'n ymwthio i'r môr, fel bysedd ym maneg yr Iwerydd. O Carn Uí Néid a Rinn Mhuintir Bháire, i'r byd-enwog Gylch Ciarraí. Ond go brin y gall unrhyw un ohonyn nhw gynnig profiad mwy arallfydol Wyddelig na Béarra.

Tebyg bod hynny oherwydd na fedr y ffyrdd culion gynnal y bysiau mawrion sy'n cludo ymwelwyr ar wibdeithiau o amgylch siopau cofroddion a'r tai te fel y lleill. Ac mae'n llawer gwell oherwydd hynny, er i'r trigolion lleol weithio'n galed i geisio hudo rhywfaint o'r doleri a'r ewros i'w coffrau.

Wedi ei wthio cyn belled i'r cefnfor nes iddo deimlo bron fel maestref anial o Efrog Newydd, does dim chwarter cymaint o gydnabyddiaeth i'r lle. Ac mae ymyl galed i'r profiad o ymweld, rhyw deimlad y bydd raid ichi ddysgu byw heb foethusrwydd pum seren. Iwerddon yn ei hesgidiau cicio gwartheg.

Baile Chaisleáin Bhéarrá

Mae wedi ei rannu'n ddwy ran gan fynyddoedd tywodfaen Sliabh Mioscais tua'r de, a mynyddoedd An Cheacha i'r gogledd ohonyn nhw. Aeth y daith ar hyd arfordir y de â ni drwy gyfres o bentrefi pysgota, i gyd yn edrych yn hynod debyg i'w gilydd, nes cyrraedd Baile Chaisleáin Bhéarra, Castletownbere.

Roedd golwg mwy diwydiannol a phrysur i'r lle hwn, efo'r harbwr yn llawn llongau pysgota mawrion yn hercian yn y dŵr. Roedd yn un o'r porthladdoedd y gwrthododd Llundain eu rhoi i wladwriaeth newydd Iwerddon yn sgil annibyniaeth, cymaint oedd ei phwysigrwydd milwrol. Roedd yn un o sawl cynnen a daniodd y Rhyfel Cartref gwaedlyd a welodd Wyddel yn lladd Gwyddel.

Dyma un o borthladdoedd pysgota pwysicaf y wlad erbyn hyn. A'r adeilad sgwâr disylw ar y cei ydi un o ddau safle Coleg Pysgodfeydd Cenedlaethol Iwerddon.

Ond mi fysai'r bobol leol yn cytuno ei bod wedi tawelu'n sylweddol ers y dyddiau pryd yr arferai llongau anferthol yr hen Undeb Sofietaidd lanio eu llwythi yma. Nid nad oes llongau o gyfandir mawr Ewrop yn parhau i angori a masnachu yma.

Bûm i'n mwynhau prysurdeb y cei tra bu Cath yn stwna rhwng y siopau, oedd wedi eu hanelu'n fwy at anghenion y trigolion na thwristiaid. Ac yn llawer mwy diddorol a defnyddiol o'r herwydd. Beth ydi gwir werth dyn bach blin mewn dillad gwyrdd yn dawnsio mewn storm eira mewn pelen blastig?

Roedd gofyn troedio'n ofalus ar hyd y cei. Roedd peithoniaid o raffau tewion a chadwyni cryfion fel maglau dynion yn bygwth baglu'r amharod. Roedd arogl gwych yr heli ym mhobman, a'r rhwydi gwyrddlas ymhleth ar y concrit yn disgwyl i rywun dynnu'r gwymon ohonyn nhw.

Dihangais rhag y peithoniaid, a gwneud fy ffordd yn ôl at ganol y dre', lle ces fy llusgo gan Cath at ryw dafarn. Eto fyth. Ond pwy oeddwn i i hyd yn oed geisio ymwrthod â themtasiwn, efo 'ngwraig yn chwarae Efa i fy Adda diniwed i?

Mae sawl MacCarthy's Bar yn Iwerddon, wrth reswm. A dacw un arall yn gwenu, ac yn cynnig afal o'i choeden imi, ar draws y ffordd. Ond, er na fûm i yno o'r blaen, roedd tu blaen y dafarn hon rywfodd yn gyfarwydd, fel mewn breuddwyd. Ac yna tarodd fi.

Dyma oedd y dafarn ar glawr teithlyfr ysbrydoledig Pete McCarthy o 2000, *McCarthy's Bar*. Ysgrifennwyd y llyfr hwnnw â llaw efo beiro a phapur, a gwerthodd filiwn a mwy o gopïau. Cynsail y llyfr oedd i'r awdur addo na fyddai'n pasio'r un dafarn â'r un enw ag o yn ystod chwe mis o daith yn Iwerddon. Ac roedd hon o'n blaenau ymysg y rhai y canodd eu clodydd fwyaf. Cofiai'n arbennig barti pen-blwydd y dafarnwraig, a barhaodd drwy'r nos, pryd na lwyddodd i wario'r un sentan goch y delyn. Roedd yn swnio fel fy math i o le.

Gallwn gofio'r clawr yn glir. Yr awdur yn codi'i het wen mewn cyfarchiad wrth y drws, o dan yr arwydd uwchben, oedd wedi ei newid yn gyfrifiadurol o MacCarthy i McCarthy. Ac ar fainc tu allan, ar ochr dde'r drws, roedd lleian yn ei du yn llymeitian peint o Guinness llawn cyn dded. Llun eiconaidd ar glawr llyfr eiconaidd.

Disgrifiodd McCarthy y lle, fel ag yr oedd pan ymwelodd yn y 1990au hwyr, fel hyn: 'Mae'r hanner cyntaf yn siop groser efo seddi i yfwyr; yr hanner cefn yn far sy'n siop groser.'

Diolch i'r drefn, doedd dim wedi newid. Nid fod hynny'n debygol, efo pobol yn dal i heidio yno i weld y lle yn sgil y llyfr dau ddegawd yn ddiweddarach. Ac roedd yr un dafarnwraig wrth y llyw, yno'n gwenu tu ôl i'r bar isel wrth inni gyrraedd. Adrienne MacCarthy sydd wedi rhedeg y busnes, a gafodd ei sefydlu gan ei thaid, ers amser maith, er iddi bryderu mai hi fydd yr olaf o'i llinach i wneud.

'Dwi wedi bod yma 42 mlynedd,' meddai, mewn acen Llundain, lle treuliodd lawer o'i phlentyndod. 'Ond dydi plant sydd wedi eu magu mewn tafarn ddim yn dueddol o fod efo diddordeb mewn parhau efo'r gwaith.'

Daw pobol yma hefyd i weld lle ganwyd a magwyd ei harwr rhyfel o dad. Bu'r farw'r diweddar Dr Aidan MacCarthy yn 1992. Bu'n rhaid iddo adael Iwerddon am Gymru, ac yna i Loegr, i gael gwaith fel meddyg. Methodd â chael swydd yn ei wlad ei hun er iddo gymhwyso ym Mhrifysgol Corc yn 1938. Roedd hi'n anodd sefydlu practis heb y cysylltiadau iawn.

Er bod Iwerddon wedi datgan ei niwtraliaeth filwrol, efo rhyfel yn y gwynt, ymunodd â'r Llu Awyr Brenhinol fel swyddog meddygol. Roedd yn un o'r mwy na 50,000 o bobol o wladwriaeth rydd Iwerddon – ni chafodd ei chreu yn weriniaeth tan 1949 – a wirfoddolodd i ymladd efo lluoedd Prydain yn ystod yr Ail Ryfel Byd.

Ac roedd iddo stori ryfeddol o lwc a dewrder. Roedd ar y traeth yn Dunkerque pan aeth y gwrthymosodiad hwnnw ar chwâl. Roedd yn Java pan syrthiodd fanno i ddwylo'r Japaneaid, ac 19 allan o'r 27 o feddygon gafodd eu dal yn Wyddelod. Ac roedd ar fwrdd llong yn ei gludo i Japan fel carcharor rhyfel pan suddwyd honno gan luoedd yr Unol Daleithiau.

Ar ôl cael ei hun yn gaeth yng ngwersylloedd ciaidd y Japaneaid, enillodd glod am ei ofal tyner o eraill o dan amgylchiadau bron yn amhosib. Erbyn Awst 1945 roedd wedi ei orfodi i weithio i gwmni Mitsubishi, caethwas i bob pwrpas, ar gyrion Nagasaki. Efo Japan yn colli'r rhyfel, roedd yntau a'r dynion oddi tano wedi eu gorchymyn i dyllu bedd mawr i'w hunain pan ollyngwyd bom niwclear ar y ddinas gan luoedd America.

Yn ei hunangofiant, A Doctor's War, mae'n disgrifio'r galanastra o'u cwmpas pan ymddangoson nhw o'r gysgodfa roedden nhw wedi ei greu eu hunain. Disgrifiodd sut roedd dinas Nagasaki wedi diflannu. Roedd yr haul wedi ei orchuddio gan gwmwl o lwch, a glaw du yn syrthio. A disgrifiodd y trueiniaid na gyrhaeddodd y gysgodfa yn crwydro o gwmpas wedi eu dallu, a'u croen yn syrthio'n dalpiau oddi ar eu cyrff.

Un peth na soniodd amdano yn ei lyfr, oherwydd gwyleidd-dra, oedd sut iddo achub bywyd pennaeth y gwersyll pan ildiodd Japan. Roedd y carcharorion eraill am ddial ar yr Ail Lefftenant Isao Kusuno, a'i ladd. Ond, fel yr uchaf ei reng ymysg y carcharorion, clôdd Dr MacCarthy o mewn cell er ei les ei hun, a thaflu'r allwedd i ffwrdd. Yn ddiweddarach rhoddodd Kusuno ei gleddyf samurai iddo yn ddiolch, gweithred symbolaidd eithriadol o bwysig yn niwylliant milwrol Japan. Ac mae'r cleddyf hwnnw yn dal ym mherchnogaeth y teulu.

Roedd hi'n fore Sadwrn, diwrnod ras geffylau fawr y Grand National yn Lerpwl. Roedd rhai cwsmeriaid yn dechrau gosod cotiau dros stolion o flaen y teledu yn MacCarthy's yn barod, hyd yn oed efo rhai oriau eto i fynd. Mae'r busnes rasio ceffylau 'ma yn cael ei gymryd o ddifri' yn Iwerddon, a'r perchnogion, hyfforddwyr a jocis o Wyddelod yn arwyr. Ac mae pawb yn hoffi meddwl eu bod yn bach o arbenigwyr ar y ji-jîs.

Roedd hi'n amlwg o'r sgwrs, a'r huwcyn cwsg mewn amryw lygad, i'r noson flaenorol fod yn un wyllt. A do, mi gafodd y ddefod o baratoi'r corff at anghenion y diwrnod ei hun ei gymryd yn hollol ddifrifol. Doedd fawr wedi newid ers ymweliad Pete McCarthy, mae'n amlwg.

Daeth un cwsmer i mewn a gofyn yn bryderus os mai yno roedd o wedi buddsoddi mewn tocyn swîp ar gyfer y ras y noson cynt. Roedd darn bach o bapur yn ei law, ond ni allai yn ei fyw gofio ym mha dafarn roedd o wedi ei brynu. Nid fod swîp yn ddull gwyddonol o fetio ar gyfer y fath arbenigwyr proffesiynol, wrth reswm. Ond, ar ddiwedd y dydd, ydi hi o bwys pan fo €200 yn y fantol?

O gael cadarnhad mai yno roedd y tocyn wedi deillio, ymlaciodd, codi peint, a chwilio am stôl heb gôt wedi ei thaenu drosti. Daeth tri dyn arall i mewn yn eu dillad gwaith, efo'r dafarnwraig yn amlwg yn eu hadnabod ac yn taflu gwên i'w cyfeiriad.

'Tres grandes?' holodd, a dechrau tynnu lager i wydrau peint. Amneidion nhw i gytuno y byddai tri chwrw mawr yn gwneud i'r dim. Pysgotwyr Sbaenaidd, wedi ymlwybro oddi ar un o'r myrdd llongau wrth y cei i olchi'r halen o'u llwnc. Nid oedd angen na phasbort na thrwydded gwaith arnyn nhw i fwynhau rhywfaint o gwrw mewn bar Gwyddelig.

A'r Sbaenwyr newydd setlo wrth fwrdd mewn un murmur parablus o Sbaeneg llawn cyffro, daeth dyn ifanc arall i mewn efo'i wynt yn ei ddwrn, yn holi am Aidan.

'Wna i ei alw fo rŵan,' meddai Adrienne, a hel ei thraed am y cefn. Cymerais i mai ei mab oedd Aidan, ac roedd hi'n ymddangos ei fod yn rhedeg gwasanaeth tacsi.

'Dwi angen bod yn Corc erbyn y pnawn 'ma, ond mae'r bws wedi mynd o flaen ei amser,' meddai'r un pryderus, y gwynt yn dal yn dynn yn ei ddwrn.

'Corc?' meddai un o'r yfwyr, gan chwerthin. 'Pnawn 'ma? Fyddi di'n lwcus os gyrhaeddi di'r wythnos 'ma. Pam wnei di'm aros fan hyn i wylio'r ras?'

Ni chafodd unrhyw air o gysur o du'r gweddill chwaith. Dim ond llwyth o rwdlan, a chwynion am safon y gwasanaeth bysiau.

'Y gobaith gora' iti ydi gwneud dy ffordd i Glengarriff,' meddai un arall, gan godi ei ben o dudalennau rasio ei bapur newydd. 'Mae 'na fwy o fysus yn mynd trwy fanno na fan hyn. Os ydyn nhw'n trafferthu stopio yno, wrth gwrs. Dydi pob gyrrwr ddim am wastraffu amser drwy stopio yno.'

Yng nghanol y môr o gyngor hollol ddi-werth, ymddangosodd Aidan efo allweddi yn ei law, a gwthio'r dyn am y drws fel roedd o wrthi'n egluro'i bicil.

'Tyrd,' meddai. 'Wnawn ni drio dal i fyny efo'r bws a'i stopio fo i ti.'

Wn i ddim os llwyddon nhw, nac a gafodd y dyn ifanc ei wyrth o gyrraedd Corc y pnawn hwnnw. Wn i ddim chwaith pwy fu'n lwcus efo'r swîp. Ond roedd enillydd y ras, Noble Yeats, yn geffyl o Iwerddon. Yn well na hynny, i unrhyw un fyddai wedi rhoi pres arno efo'r bwcis, roedd pris o 50/1 ar ei gefn.

Hen ddigon o reswm i fwynhau noson wyllt arall o ddathlu ym MacCarthy's Bar. A dwi'n sicr bod haid ohonyn nhw wedi gwneud hynny. Ond, cymaint ag oedd y syniad yn apelio, bu'n rhaid inni gallio a meddwl am y milltiroedd meithion, a'r holl dafarnau, oedd eto rhyngon ni a diwedd ein taith. Penderfynon ni, yn hytrach, fynd allan am fwyd yn un o'r amrywiol fwytai bach hudolus.

Ond allai rhywun ddim llai na meddwl am gyngor Pete McCarthy, mewn cyfieithiad bras, yn ei lyfr: 'Os ydi bywyd fel llyfr, yna darllenwch o dra medrwch chi. Peidiwch â chadw unrhyw dudalennau at ryw bryd eto, oherwydd efallai na ddaw'r cyfle.'

Geiriau doeth. Bu farw'r awdur o ganser yn 2004, yn 53 oed.

Erbyn y bore canlynol roedd y tywydd wedi troi er gwaeth unwaith eto. Roedden ni wedi mwynhau noson dda o gwsg cymharol ddi-alcohol mewn *aire* arall, yng nghanol y dre. Ac roedd taith ar unig gar-cebl y wlad o'n blaenau, a'r unig un yn Ewrop sy'n croesi'r môr mawr garw, drosodd i ynys Oileán Baoi, Dursey, ger pen pella'r penrhyn.

Y car-cebl i Oileán Baoi
Llun: Fáilte Ireland

Wel, o 'mlaen i oedd y daith, nid ni, a bod yn fanwl gywir. Rhoddodd Cath ei throed lawr a mynnu y byddai hi'n aros yn Alabeina, wir, tra y baswn i ar yr ynys. Dydi hi ddim wedi mopio ar geir-cebl, er iddi fentro ar un ar ynys Santorini yng ngwlad Groeg unwaith. Caeodd ei llygaid bryd hynny a gafael yn dynn, pan sylweddolodd mai'r dewis arall oedd llusgo ei ffordd i fyny cannoedd o risiau serth, ar droed neu ar gefn asyn lleuog.

Cafodd y gwasanaeth i Oileán Baoi ei agor yn 1969, yn sgil pryderon am ddiboblogi, a'r ffaith na ellid dibynnu ar gychod i groesi nôl a blaen. Er mai 250 llath yn unig ydi'r ynys o'r lan, yn aml mewn tywydd drwg gallai pobol fod yn gaeth yno am hyd at chwe wythnos ar y tro. Ni lwyddodd y cynllun i atal y diboblogi, efo llond llaw yn unig yn byw yno bellach. Ond mae'r gwasanaeth car-cebl yn boblogaidd efo ymwelwyr fel fi, sy'n mwynhau bach o antur.

Wedi dweud hynny, efo'r gwynt a'r glaw yn chwipio i mewn o'r cefnfor, roedd yr awydd wedi dechrau pylu. Ond roedd yn rhaid dyfalbarhau'n broffesiynol, a gwneud ein ffordd drwy'r hyrddiadau a'r niwl am fys y penrhyn. Onid oedd gen i lyfr i'w sgwennu?

Mae'r car-cebl yn cludo hyd at chwech o bobol ar y tro, neu un fuwch, dwsin o ddefaid, neu unrhyw gyfuniad drewllyd arall. Oes car-cebl arall yn y byd sy'n cludo da byw, tybed? Ac ydyn nhw'n glanhau'r car ar ôl pob taith? Dim ond deng munud o daith sigledig ydi hi, ond byddai'n siŵr o fod yn brofiad bythgofiadwy. Cyrhaeddon ni'r maes parcio ym mhen gwlyb pellaf y penrhyn, y defaid yn edrych yn syn arnon ni. Gallwn weld ceblau dur yn chwifio'n wyllt fel lastig llac rhwng pâr o beilonau, un bob pen i'r sianel berw.

Ar y llethr uwch ein pennau roedd yr orsaf o le'r oedd y car yn cychwyn ar ei daith cae ffair i Oileán Baoi. A gallwn weld a chlywed y car yn siglo a griddfan yn y gwynt. Mwya' sydyn, doedd ymweld â'r ynys lom ar draws y dŵr ddim mor bwysig â hynny. Rhoddodd fy stumog dro bach taclus. Ond onid oeddwn i wedi addo, i fi fy hun o leia'?

Ond fel y mae hi wastad dywyllaf cyn y wawr, felly yn yr achos yma. Gwelais arwydd yn rhybuddio na fyddai'r gwasanaeth yn rhedeg – am fisoedd lawer – oherwydd gwaith cynnal a chadw. Haleliwia.

Do, mi wnes i rwgnach am ddiffyg rhybudd ar wefan y cyngor sir, sy'n rhedeg y gwasanaeth. Ond gwnaethon ein ffordd yn llawen, gan ganu hei-ho hei-di-ho, am ogledd y penrhyn.

Mae i'r ardal honno hanes hir o gloddio am fwyn copr, ac mae'r olion i'w gweld yn amlwg. Mae'n ymdebygu i'r ardaloedd copr ac alcam yng Nghernyw. Seiliodd Daphne du Maurier ei nofel Hungry Hill ar y penrhyn hwn, er iddi leoli'r stori am y diwydiant mwyngloddio yng Nghernyw.

Mae olion amlwg iawn yn ardal Na hAilichí, Allihies, lle mae'r ddaear wedi ei liwio'n arallfydol gan y mwynau. Bu'r gweithfeydd, er yn llefydd creulon a digyfaddawd, yn cyflogi rhai miloedd ar eu hanterth. Câi'r mwyn ei gludo oddi yma'r holl ffordd i Abertawe i gael ei fwyndoddi.

Tyfodd y boblogaeth i 39,000 ychydig cyn y Newyn, ond erbyn heddiw 4,200 sy'n byw drwy'r fro i gyd. Mae'r amgueddfa gopr yn Na hAilichí yn wirioneddol werth ei gweld, yn ôl pob sôn.

Aethon ni drwy gyfres o bentrefi bychain lliwgar dros ben,

llacharedd eu waliau yn torri'n rhwydd drwy lymder y tywydd. Roedd y tai fel bocsys bach cardbord amryliw, ond prin yr un car na thractor na pherson, na hyd yn oed gath, i'w gweld yn unman. Dim ond pyllau dŵr yn y ffordd, a'r glaw yn dylifo o'r caeau brwynog annaearol. Roedd Na hAoraí, Eyeries, yn arbennig o liwgar, gan edrych fel Aberaeron gwlyb ar steroids

Ymddangosodd arwydd mawr coch yng nghanol y lôn i'n rhwystro, yn rhybuddio bod gwaith trwsio'r ffordd yn digwydd. Ar ddiwrnodau gwaith mae'n debyg. Doedd dim enaid o gwmpas wrth inni gael ein dargyfeirio yn annisgwyl at ryw ffordd arall, gulach fyth.

Tebyg ein bod wedi methu rhyw gyffordd yn y gweiriach a'r glaw yn rhywle. Allwn i ddim credu y byddai hyd yn oed Gyngor Sir Corc wedi bod mor greulon â gwneud hyn yn fwriadol. Siawns. Ond aeth y lôn, gul ag yr oedd hi, efo'r mwsog' ar ei chanol, yn gulach fyth.

Tynnodd Alabeina ei gwynt ati i geisio gwneud ei hun yn feinach. Sugnodd y paent yn dynnach am ei chorff. Ond roedd y mieri yn chwerthin yn braf wrth ei phoenydio. A chafodd drych y gyrrwr ambell ysgytwad poenus.

Daeth darluniau hunllefus o lonydd culion An Cruachán yn ceisio ein llyncu am byth yn ôl i'r cof. Ai dim ond echdoe oedd hynny? O ddifri'? Ond os oedd An Cruachán yn hen wrach ddrwg, roedd fan hyn ganwaith gwaeth. Chwaer fawr o widdan hyll, heb nac adwy na giât i hyd yn oed feddwl am droi'n ôl.

Roedden ni rywsut wedi cael ein hunain ar y Slí Bhéara, rhan o'r E8 sy'n rhedeg yr holl ffordd o Oileán Baoi i Gaergystennin, neu Istanbwl. Mi fydd y mwya' craff yn eich plith wedi sylwi mai llwybr cerdded ydi'r E8, yr holl 2,920 milltir ohono, sy'n cynnwys rhannau gogleddol o Lwybr Arfordir Cymru. A ninnau'n grwgnach ei fod fymryn yn gul i dair tunnell a hanner o fodur-gartra!

Hedfanodd cyhuddiadau am analluogrwydd i ddarllen map, ac amharodrwydd i ddilyn cyfarwyddiadau, o gwmpas Alabeina. Meddyliais unwaith mai cyfarwyddyd oedd arwydd am Kilcatherine welais i. Ond cyfeirio at lwybr troed ar draws y caeau roedd hwnnw. Sylwais i ddim ar unrhyw fath o lôn yn gwyro oddi ar hon.

Yn y pen draw doedd dim dewis ond dal ati. Gafael yn dynn, a

Slí Bhéara – yr E8 i Gaergystennin
Llun: Fáilte Ireland

gweddïo i'r derwyddon lleol na fyddai hyd yn oed dryw bach yn
dŵad i'n cwrdd, heb sôn am gar. A gobeithio fod gynnon ni ddigon
o ddisel, rhag ofn y bydden ni'n gaeth ar y lôn hon am fisoedd.

Esgynnodd a syrthiodd y lôn fel cefn draig, gan ein harwain yn
un lle drwy fuarth fferm yn llawn ieir, oedd yn sgrialu'n swnllyd o'n
blaenau. Efo'r ewinedd bron wedi eu cnoi i'r byw, o'r diwedd
daethon i groesffordd ymhell o bobman, ar ryw waun anial o
weiriach melynfrown. Trwy'r niwl tenau mi welon ni draffordd yr
R571 yn y pellter. O leia', roedd yn teimlo fel traffordd ar ôl inni ei
chyrraedd. Roedd hyd yn oed lle i ddau gerbyd basio'i gilydd arni.
Efo gofal.

Daeth arwydd yn cyhoeddi ein bod wedi cyrraedd sir Ciarraí.
Roedden ni wedi treulio naw diwrnod cyfan yn sir Corc. A mis o
hynny ar yr E8 i Gaergystennin. A fyddai Ciarraí â chymaint o antur
i'w gynnig tybed?

Pennod 11

Seibiant yn An tSnaidhm

UN penrhyn ar ôl y llall ydi hi yn y rhan hon o Iwerddon. A ninnau newydd ddianc o grafangau Béarra, o groen ein dannedd, daethon ni at un arall. A hwnnw oedd y mwya' o ddigon yn y rhan yna o'r byd, penrhyn Uíbh Ráthach, Ivereagh.

Mae'n fwyaf adnabyddus am gylchdaith syfrdanol Mórchuaird Chiarraí sy'n rhedeg o'i amgylch, neu Gylch Ciarraí fel maen nhw'n ei alw yn y llyfrynnau gwyliau. Ac mae pob un o'i 111 milltir â rhywbeth i'w gynnig i'r teithiwr.

Ond mae i'r penrhyn fewndir diddorol dros ben yn ogystal, nid leiaf mynyddoedd uchaf y wlad, sydd i'w gweld yn glir o bob cwr. Rheiny ydi'r Na Cruacha Dubha, gaiff eu hadnabod yn Saesneg fel MacGillycuddy's Reeks.

Mae hynny'n deillio o'r llond ceg o enw Gwyddeleg llawn – cymrwch anadl ddofn – Na Cruacha Dubha Mhic Giolla Mo Chuda, staciau duon llinach Mhic Giolla Mo Chuda. Ac mae'r Saeson yn cael trafferth ynganu Yr Wyddfa?

Yn eu plith mae'r uchaf un, Corrán Tuathail, cryman Tuathail. Mae ei gopa 3,407 troedfedd uwch y môr, dim ond fymryn bach yn is na'r Wyddfa. Ond does dim caffi na thrên bach na chiwiau hurt o ymwelwyr ar gopa'r brawd bach Gwyddelig, er bod oddeutu 140,000 ar gyfartaledd yn dringo yno'n flynyddol.

Ond mae 'na groes ddur, golygfeydd godidog pan mae'r cymylau'n caniatáu, ac arwyddion yn rhybuddio am beryglon mynydda. Be' arall sydd ei angen ar ben mynydd?

Ond crwydro'r Slí yn ei chyfanrwydd, ac ymhellach, oedd ein her ni. Nid dringo bali mynyddoedd. Diolch byth. Roedd gynnon ni hen ddigon ar ein plât, rhwng coblynnod y ffyrdd, a'r ffaith ein bod ar ddwy fil o filltiroedd o bererindod.

Yn nwyrain y penrhyn mae Cill Airne, Killarney, hwb twristiaeth ar gyfer ardal eang yng ngorllewin Iwerddon. Yno bydd nifer o ymwelwyr rhyngwladol yn aros, yn cael eu blingo'n braf yn un o'r llu gwestyau moethus. Cân nhw eu cludo'n un fflyd ddi-baid o fysiau oddi yno o amgylch Mórchuaird Chiarraí. A gwae chi os daw un, neu fwy, o'r bysiau i gwrdd â chi ar ddarnau culion o'r ffordd.

Efo hynny mewn golwg, mae'r bysiau i gyd yn teithio'r Cylch yn groes i'r cloc, rhag ofn i ddau ohonyn nhw ddŵad wyneb yn wyneb yn rhywle. Sy'n wybodaeth ddefnyddiol i unrhyw gerbyd lletach na moto-beic.

Ond mae'n debyg bod rhyw ysbryd gwrthryfelgar wedi cydio ynom ni. Aethon ni efo'r cloc, ac i'r diawl ag unrhyw fysus. Nid inni weld mwy na dyrnaid ohonyn nhw. Yn wir cyrhaeddon ni An tSnaidhm, y cwlwm, Sneem, ar arfordir deheuol y penrhyn heb orfod dŵad wyneb-yn-wyneb ag unrhyw un ohonyn nhw.

Mae'n bentre deniadol arall, efo afon o'r un cnw yn rhuo drwy'i ganol dros bwt o raeadr. Mae iddo ddau sgwâr mawr o boptu'r afon, nodwedd ddigon anarferol mewn lle efo poblogaeth mor fychan. Ein

Goosey Island

101

bwriad oedd ymlacio yno o'r teithio am ryw ddeuddydd, rhoi ein traed i fyny, a mwynhau. A'n cyrchfan oedd maes modur-gartrefi efo'r enw anarferol Goosey Island, sydd mewn gwirionedd yn foncyn uchel ar dro yn yr afon yn hytrach na'n ynys go iawn.

Doedd dim modd cadw lle o flaen llaw. Y drefn oedd canfod lle i barcio yn gyntaf, cyn picio i dafarn Dan Murphy i dalu. Ac roedd hynny'n swnio'n ddechrau addawol iawn i'n seibiant.

Tra bod Cath yn rhoi trefn ar ein cartref bach clyd, sgriffiog, codais i beint o'r stwff du wrth sgwrsio efo'r dyn tu ôl i'r bar. Wel, ro'n i'n meddwl mai dyna oedd y peth cwrtais i'w wneud mewn tafarn. Rhybuddiodd o ni i beidio dewis safle yn rhy agos at lan yr afon, rhag ofn inni gael ein sgubo i ebargofiant gan lifogydd.

Daw pobol o bobman i hamddena yn y pentre, nifer fawr ohonyn nhw am awr neu ddwy yn unig. Bydd y bysiau'n eu chwydu allan yn ddiseremoni i wario eu doleri a'u hewros. A chyn i'r cymeriadau lleol allu cynnig mynd â nhw i weld mwynfeydd aur y coblynnod gwalltgoch mewn gwyrdd, wrth fonyn rhyw enfys, mi fyddan nhw'n ôl ar y bws. Â'u cardiau plastig wedi toddi.

Erbyn hynny, bydd y siopau eisoes yn ail-lwytho'r silffoedd. Mwy o lepreconiaid plastig, teisenni Berffro Gwyddelig mewn cistiau metel, a siwmperi gwlân o ynysoedd Árann. Heb sôn am gryno-ddisgiau o 100 o hoff ganeuon serch siwgwrllyd Daniel O'Donnell i bobol ddylai wybod yn well.

Roedd dynion y cyngor sir newydd gyrraedd yn eu lori, yn gosod baneri a fflagiau yn hamddenol ar y polion stryd i groesawu'r byd i An tSnaidhm.

Arhosodd bws o Almaenwyr trefnus wrth ymyl Sgwâr y De. Heb fod yn bell, roedd un arall yn byrstio efo tyrchod tewion mewn capiau Make America Great Again. Oedd, roedd y gwanwyn ar ei ffordd. Roedden nhw ar sgowt o Cill Airne cyn i'r llifddorau twristaidd fyrstio'n agored. Ymhen llai nag wythnos byddai'r Pasg wedi cyrraedd, a'r diferion wedi troi'n lli'.

Nodwedd boblogaidd o'r pentref ydi'r Llwybr Cerfluniau. Mae'n ymlwybro heibio casgliad o gofebion i enwogion, rhai lleol a rhai rhyngwladol. Ac mae o o'r hyd perffaith i gadw perchnogion siopau a gyrwyr bysiau, fel ei gilydd, yn hapus.

Es i draw at un gornel o'r sgwâr, lle'r oedd yr unig gerflun imi erioed ei weld o reslar. Roedd yn ei ogoniant bygythiol yn ei drowsus byr, a'i frest casgen yn ymwthio allan yn heriol. Hwn oedd Steve Casey, arwr lleol a phencampwr ymaflyd codwm y byd yn y 1930au a'r 1940au. Dyn oedd yn llawn haeddu ei lysenw 'Crusher', yn ôl pob sôn. Yn sicr, nid dyn i chi fentro troi ei drwyn ym mar Dan Murphy ar nos Sadwrn.

Cofeb John Egan yn An tSnaidhm

Ac os gall pobol An tSnaidhm dalu clod i'w 'Crusher', oes rheswm yn y byd pam na allai pobol Ysbyty Ifan godi cofeb debyg i Orig Williams, El Bandito ei hun?

Ar draws y maes glas, mwdlyd, roedd cerflun o arwr lleol arall o fyd y campau. Roedd hwn yn un mwy rhadlon yr olwg, yn eistedd yn gysetlyd ar fainc efo pêl gron yn ei law chwith. Dyma oedd John Egan, seren tîm pêl-droed Gwyddelig sirol Ciarraí, Real Madrid y gamp. Bu farw yn 2012, a'r cerflun hwn ohono ydi'r ychwanegiad diweddaraf at y Llwybr.

Yng nghanol y maes mae'r Gofeb Genedlaethol i'r diweddar Cearbhall Ó Dálaigh, arlywydd Iwerddon rhwng 1974 a 1976. Bu'n farnwr uchel ei barch yn Iwerddon, ac yn aelod o fainc Llys Cyfiawnder Ewrop.

Ond cododd gwrthdaro mawr rhyngddo a'r prif weinidog, y Taoiseach Liam Cosgrave, a arweiniodd at ymddiswyddiad yr arlywydd.

Yn draddodiadol, rôl symbolaidd sydd i swydd yr arlywydd. Cyflwyno cwpanau chwaraeon, croesawu pwysigion o dramor, plannu ambell goeden, ac agor ambell ysbyty. Mae'r grym gwleidyddol go iawn yn nwylo'r Taoiseach. Ond nid felly yr oedd Ó Dálaigh yn ei weld hi.

Yn sgil llofruddiaeth llysgennad Prydain, Christopher Ewart-Biggs, yn Nulyn yn 1976, pan ffrwydrodd bom ger ei gar, penderfynodd llywodraeth Cosgrave ymestyn y cyfnod y gellid dal unigolyn heb ei gyhuddo o ddau ddiwrnod i saith.

Gwrthwynebai Ó Dálaigh hynny'n groch. Gwrthododd gytuno i'r ddeddf ddŵad yn gyfraith, a chyfeiriodd hi at yr Uchel Lys. Roedd hynny gyfystyr â Brenin Lloegr yn cyfeirio deddf o'r Senedd yng Nghaerdydd neu o Dŷ'r Cyffredin at yr Uchel Lys yn Llundain.

Cytunodd yr Uchel Lys efo Cosgrave, ac ymddiswyddodd Ó Dálaigh, er mwyn 'gwarchod annibyniaeth yr arlywyddiaeth.' Ymddeolodd i An tSnaidhm, lle bu farw ddwy flynedd yn ddiweddarach.

Ceir cofeb bellach iddo ger y ffordd at y pier, panda marmor a gyflwynwyd gan lywodraeth Tsieina yn 1986. Bu'n cefnogi Tsieina ar un pryd yn eu brwydr i gael ymaelodi â'r Cenhedloedd Unedig.

A draw yn Sgwâr y Gogledd mae hyd yn oed cofeb arall iddo, ar ffurf coeden ddur. Roedd hon yn rhodd gan lywodraeth Israel, a chafodd ei dadorchuddio gan yr Arlywydd Chaim Herzog yn 1985. Cafodd Herzog ei eni ym Melffast, a'i fagu yn Nulyn, a bu ei dad yn Brif Rabbi dros Iwerddon. Roedd Herzog ac Ó Dálaigh yn gyfeillion oes, a bu Ó Dálaigh yn gefnogol iawn i'r gymuned Iddewig yn Iwerddon.

Efallai fod ganddo'i elynion yn Nulyn. Ond sawl arweinydd gwleidyddol arall – yn unman – fysai yn gallu disgwyl gweld tair cofeb iddo neu iddi o fewn tri thafliad carreg go nerthol i'w gilydd?

Hefyd yn Sgwâr y Gogledd mae cofeb i arlywydd arall, ond nid un Gwyddelig. Annisgwyl mae'n debyg ydi gweld cyn-arlywydd Ffrainc, Charles de Gaulle, yn cael ei anrhydeddu yma.

Bu yn An tSnaidhm i chwilio am lonyddwch ar ôl ymddiswyddo o'r arlywyddiaeth yn 1969. Dewisodd y lle oherwydd i'r ferch fu'n nani i'w wraig hanu o'r pentre yn wreiddiol. Ia, cysylltiad simsan ar y naw. Ond cysylltiad ydi cysylltiad, yn enwedig os ydach chi â'ch bryd ar greu Llwybr Cerfluniau teilwng. Ac os gall pobol o Seland Newydd neu Gefnfor y De chwarae rygbi i Gymru, heb na thaid na mam-gu erioed wedi bod ar gyfyl ein gwlad, pam lai?

Hefyd yn rhan o'r Llwybr mae casgliad o byramidiau cerrig bychain ger yr eglwys, a cherflun o'r duw Isis. Rhodd gan lywodraeth yr Aifft, rhag ofn eich bod yn ysu i wybod.

Y noson honno, mentron ni draw am dafarn Riney's Bar. Roedd sawr hyfryd mawn yn llosgi yn llenwi'r lle, arogl fel wisgi Gwyddelig da mewn gwydr. A chafodd y gweinydd tu ôl i'r bar bleser yn fy nghyflwyno i'w ddewis helaeth o seidr Gwyddelig.

Es i drwy bedwar gwahanol fath wrth sgwrsio efo Tony, gŵr lleol bochgoch, tua 30 oed. Roedd yn ffermio ac yn gweithio i adeiladwr lleol, eglurodd. O'r herwydd, doedd ganddo fawr o amser i'w wario ar ferched a gwyliau a rhyw wastraff amser felly. Roedd yn ddyn ei filltir sgwâr o'r iawn ryw.

'Fydda' i byth yn mynd o'ma, a ddim yn teimlo fel mynd,' meddai. 'Fues i yng Nghorc unwaith, ond dwi erioed wedi bod i Ddulyn. Mae popeth dwi ei angen yn fan hyn. Wel, bron. Mi faswn i'n lecio priodi rhyw ddiwrnod. Ond does na'm brys.'

Yn y cyfamser, draw ym mar O'Shea roedd y perchennog yn diawlio'r llywodraeth yn Nulyn wrth daflu talpiau o fawn sych efo angerdd i'r lle tân.

'Fyddwn ni ddim yn gallu gwneud hyn cyn bo hir,' arthiodd. 'Y bobol fach fusneslyd 'na yn y Dáil sy'n meddwl eu bod nhw'n gwybod yn well na ni am bob dim. Maen nhw am wahardd llosgi mawn. Be nesa maen nhw am ei wahardd? Anadlu?'

A thagodd y tân bron cymaint â'i gwsmeriaid wrth iddo luchio basgedaid o'r mawn yn flin at le'r oedd fflamau bach tila yn brwydro am eu heinioes.

Y bore canlynol, brwydron ni ymlaen am y gorllewin drwy'r niwl a'r glaw. Roedd corsydd o boptu inni yn dangos olion amlwg o godi mawn ar raddfa ddiwydiannol. Roedd y dirwedd yn ddyfrlliw dugoch, a llwyd, a du, a thyfiant ifanc hwnt ac yma yn brwydro i gynnal peth glesni.

Roedd mawn yn gorwedd ym mhobman, fel stribedi gwlybion o

bast dannedd brown. Yn y pellter roedd peiriannau melynion i'w gweld yn rhwygo rhagor ohono o'r tir. Roedd rhyw brysurdeb mawr yn yr aer llaith. Ac eto, roedden ni'n dystion i ddiwydiant ar ei wely angau.

Roedd dwy ffordd o edrych ar ddadleuon y dyn efo'r asgwrn i'w grafu yn nhafarn O'Shea. Roedd y Dáil yn sicr wedi codi nyth cacwn i'w pennau, wrth weithio i roi'r farwol i'r diwydiant. Roedd y gorsafoedd cynhyrchu trydan oedd yn llosgi mawn eisoes wedi eu cau, neu yn y broses o gael eu newid yn orsafoedd biomas. Ac yn 2021 daeth Bord na Móna, y Bwrdd Mawn, a'u holl waith cloddio i ben.

Ni ellir dadlau nad ydi tiroedd mawnog ymysg yr hidlyddion gorau o garbon deuocsid y gwyddir amdano. Mae eu hachub at y dyfodol yn gyfraniad pwysig gan Iwerddon at y frwydr yn erbyn cynhesu byd-eang. Dyna un ffordd o edrych ar bethau.

Ond aflonyddu ar draddodiadau Gwyddelig hollol ddiniwed ydi'r ffordd y mae pobol eraill yn ei gweld hi. Efo'r cacynnod yng nghefn gwlad yn grwnan, mae'r llywodraeth yn bwriadu cyfaddawdu drwy ganiatáu codi peth mawn drwy ddulliau traddodiadol yn ymwneud â nerth bôn braich yn unig. Berfa, neu whilber, nid JCB, o hyn allan bois bach.

Doedd dim golwg o gopaon y mynyddoedd drwy'r niwl. Ac roedd y gorwel lle'r oedd yr Iwerydd llwm yn cyffwrdd â'r awyr yn strimyn main llwyd.

Roedd yr N70 yn glynu at yr arfordir, yn rhyfeddol o dyllog ac anwastad am briffordd mor brysur. Roedd yn atgoffa rhywun o sut y bu rhwydwaith gyfan ffyrdd y wlad hyd nes i'r Undeb Ewropeaidd ddechrau taflu pres atyn nhw.

Ond roedd gobaith yn y gwynt, efo peiriannau cloddio, lorïau tarmac, gweithwyr efo arwyddion lolipop, a pheiriannau rowlio, yn un pla ar ei hyd-ddi. Efo'r Pasg ond dyddiau i ffwrdd, roedd brys amlwg i wella'r darn pwysig hwn o'r Mórchuaird Chiarraí. Brys yn yr ystyr mwy hamddenol Wyddelig o'r gair.

Mewn hir a hwyr, ar ôl aros wrth doreth o oleuadau traffig a lolipops cochion, daethon ni i An Coireán, Waterville. Mae'n sefyll yn fregus rhwng y môr mawr garw ar un ochr, a dyfroedd hallt Loch Luíoch yr ochr arall. Ar ynys bedair erw Inis Uasail yng nghanol y

Crwydro ar Sceilg Mhichíl
Llun: Fáilte Ireland

loch mae murddun mynachlog o'r 12fed ganrif yn sefyll.

Ond y peth mwya' trawiadol o ddigon am y pentre glan môr hwn ydi'r cerflun o'r actor Charlie Chaplin ar y prom, yn ei wisg trempyn nodweddiadol o drowsus llac a het gron. Bu'n ymwelydd cyson yma rhwng 1959 a 1971, wastad yn aros yng ngwesty'r Butler Arms.

Dechreuodd yr awyr oleuo, a chawsom ni'n hudo i ddargyfeirio am bentre pysgota bach del An Caladh, Portmagee. Mae'n bosib dal cwch oddi yno am Sceilg Mhichíl. Wyth milltir allan i'r môr, ac ar siâp dant, dyna'r mwyaf o grŵp o ynysoedd anial sydd â hanes hir, hir iddyn nhw.

Yn un o ddim ond tri safle treftadaeth byd-eang UNESCO drwy Iwerddon, mae'n lle rhyfeddol. Mae gweddillion mynachlog Sant Fionán o'r chweched ganrif yn sefyll ar ei gopa miniog, ac mae modd eu cyrraedd drwy ddringo 600 a mwy o risiau cerrig o lanfa'r cychod.

Hanes hir yn wir, ac anrhydeddus. Ond, yn rhagrithiol bron, enillodd Sceilg Mhichíl enwogrwydd yn bennaf oherwydd mai hi a ddewiswyd i bortreadu cartref Luke Skywalker yn y ffilm *Star Wars:*

The Last Jedi. I ddyfynnu Skywalker ei hun: 'Wyt ti'n meddwl y des i i'r lle anoddaf i'w ganfod yn yr alaeth heb unrhyw reswm o gwbl?' Yn naturiol, ar ynys mor fechan, nifer cyfyngedig gaiff fynediad ati ar y tro. Roedd yn rhaid trefnu'r bum awr o daith ymhell o flaen llaw. Roedden ni'n anlwcus. Nid i Cath fod wedi edrych ymlaen rhyw lawer at gael ei hysgwyd ym mol y cwch. Wrth iddi hi ymlacio yn An Caladh yn cyfri' ei bendithion, cychwynnais i ar droed am ynys arall, haws i'w chyrraedd.

Dim ond llathenni o'r lan mae Dairbhre, ynys y derw, neu ynys Valentia. Daw'r enw Saesneg, nid o'r un gwraidd â dinas Valencia yn Sbaen, ond yn hytrach o enw harbwr yr ynys, Cuan Bhéil Inse. Mae un o'r ddau wasanaeth fferi fu'n arfer cysylltu'r ynyswyr efo'r tir mawr yn dal yn weithredol yn yr haf, ond yn An Caladh codwyd pont goncrit hollol ddisylw ati yn 1970.

Mae canolfan ddehongli hynod ddiddorol yn adrodd hanes ynysoedd Sceilg yn croesawu rhywun wrth gyrraedd yr ynys. Ond difyrrach fyth ydi'r hen orsaf deligraff, y pen Ewropeaidd o'r cysylltiad cebl radio cyntaf efo Gogledd America. Gosodwyd cebl copr 2,500 o filltiroedd o hyd ar wely'r Iwerydd yn 1858 i gysylltu Dairbhre efo Newfoundland. Ni pharhaodd y cysylltiad yn hir, ond erbyn 1866 llwyddwyd i greu cysylltiad parhaol.

A hithau erbyn hynny yn ganolbwynt i wasanaethau cyfathrebu Ewrop, roedd i'r ynys rôl bwysig yng Ngwrthryfel y Pasg yn 1916. Roedd Brawdoliaeth Weriniaethol yr IRB yn naturiol am i'r byd wybod, ac yn arbennig yr Unol Daleithiau, unwaith i'r gwrthryfel danio.

Roedd Tim Ring yn un o ddim ond dau weithiwr Gwyddelig yn yr orsaf, ynghyd â'i frawd Eugene. Trefnodd i'w gyfnither Rosalie, oedd yn gweithio yn swyddfa'r post yn Neidín, anfon neges mewn cod drwy'r orsaf at John Devoy, arweinydd y mudiad Gwyddelig-Americanaidd Clan na Gael.

'Bu'r llawdriniaeth ar John yn llwyddiannus,' meddai'r neges. Ac efo hynny gwyddai'r Unol Daleithiau, a gweddill y byd, bod y Gwyddelod wedi codi arfau yn erbyn Lloegr.

Yn ddiweddarach, â'r gwrthryfel wedi ei drechu, carcharwyd y brodyr Ring am eu trafferth. Anfonwyd Tim i Frongoch.

Mi frysion ni ar hyd arfordir gogleddol y penrhyn i geisio cwblhau'r Mórchuaird Chiarraí cyn i'r heidiau gyrraedd, efo'r glaw yn trio dal i fyny efo ni. Ni fu ein hamser ar benrhyn Uíbh Ráthach y rhan mwyaf ysbrydoledig o'n taith hyd at hynny, roedd yn rhaid cyfaddef. Hyd yn oed o ystyried y golygfeydd ysblennydd oedd yn siŵr o fodoli tu ôl i'r niwl a'r cymylau fu'n ein dilyn bron gydol yr amser.

Efallai iddo fod yn rhy dwristaidd ei naws, rywsut. Ond be' sy'n fwy hurt na thwristiaid yn cwyno bod rhywle'n rhy dwristaidd?

Wrth inni deithio drwy Cathair Saidhbhín, Cahersiveen, a Cill Orglan, Kilorglin, roedd y tywydd yn gwella eto. Roedd yr haul yn taflu ei lewyrch dyfrllyd ar ambell gae glas yng nghanol y mynydd-dir mawnog. Roedd lliw yn dechrau trechu'r llwydni, a'r caeau fel taen nhw wedi eu hamlygu'n llachar gan frwsh rhyw artist.

Draw dros y bae roedd 'na benrhyn arall eto fyth yn ein disgwyl. Un lled gyfarwydd inni y tro hwn, ond un roedden ni'n awchu i gael blas arno eto. Hyd yn oed os byddai hwn yn debygol o fod yn fwy twristaidd fyth.

Pennod 12

An Daingean, Charlie a'r morhwch

DAETH ffyrdd mwy cyfarwydd i'r golwg o Caisleán na Mainge, Castlemaine, ymlaen, er i sawl blwyddyn hedfan heibio ers imi fod yn ymwelydd lled gyson.

Ac wrth dreiddio'n ddyfnach i ogoneddau penrhyn Corca Dhuibhne, Dingle, ar hyd ffyrdd oedd yn dal yr un mor bonciog ag yn y gorffennol niwlog, llifodd yr atgofion yn ôl.

Tro pedol yn y ffordd fan hon, dringfa serth fan draw, talcen rhyw dafarn fan acw. Neu'r tafod main o dywod yn ymestyn tua'r de o fynwes y twyni uchel yn Inse, pedair milltir o draeth melyn hyfryd. Yno cafodd nifer o olygfeydd enwog o'r ffilm *Ryan's Daughter*

eu rhoi ar seliwloid. Yn aml bydd cannoedd o geir wedi eu parcio arno fel chwain.

Yna daw'r tro i'r chwith wrth y gyffordd yn Abhainn an Scáil. Yn y pentre hwnnw mae tafarn y South Pole Inn, cafodd ei henwi a'i rhedeg gan yr anturiaethwr Tom Crean. Roedd yn un o griw Capten Scott ar fwrdd y Terra Nova, a hwyliodd o Gaerdydd yn 1910 mewn ymdrech aflwyddiannus i fod y cyntaf i gyrraedd Pegwn y De.

Tafarn yn An Daingean

Cyn hir daeth An Daingean, y ddinas neu'r gaer, tre Dingle, i'r golwg. Ciliodd y cymylau'n ddramatig i un ochr, fel theatr yn agor ei llenni ichi allu mwynhau'r sioe.

Os mai Cionn tSáile ydi Abersoch Iwerddon, yna An Daingean ydi ei Dinbych y Pysgod. Dyma'r lle i ddŵad am benwythnos gwyllt o ddathlu, ac i fynd dros ben llestri. Oedd, roedd yn gyrchfan boblogaidd pan oedden ni'n ymweld yn lled gyson yn y 1990au. Ond ffrwydrodd poblogrwydd y lle ers hynny, efo pawb a'i frawd a'i chwaer am gael eu gweld yno. A phrynu tŷ yno, yn achos y mwya' cefnog.

Ydi, mae'r ail gartrefi yn bla, ac yn ddrud. Ac mae diboblogi yn parhau i sugno'r dre o'i henaid a'i phobol ifanc. Fel mewn mannau tebyg yng Nghymru, dydi cyflogau'r diwydiant twristiaeth byth yn mynd i fod yn ddigon i dalu morgais na rhent.

Do, gwnaeth rhai yn dda o'i phoblogrwydd. Y sawl oedd efo eiddo yma'n barod, neu wedi etifeddu tŷ neu siop neu dafarn. Ond dangos y drws tua'r dwyrain wna'r diwydiant ymwclwyr i fwyafrif y bobol leol ifanc.

Wrth gwrs, pwy na fedr deimlo'n fymryn o ragrithiwr wrth ychwanegu at bwysau'r diwydiant dim ond drwy fod yno? Ond roedd y dre â'i phroblemau, gwahanol, cyn i'r heidiau gyrraedd.

Mae hi heb os yn un bwrlwm heintus o fywyd, hyd yn oed os ydi hi wedi crwydro o'i gwreiddiau. Maen nhw o leia' yn deall sut i odro eilun Gwyddeldod. A bydd y rhan fwyaf o'r pres, os nad y cyfan, yn aros yn y wlad. Mae'n rhywbeth sydd tu hwnt i ddirnadaeth y diwydiant yng Nghymru ynglŷn â godro a hybu Cymreictod.

Roedd y cyn-Taoiseach Charles Haughey, fu wrth y llyw dros dri chyfnod gwahanol, unwaith yn wyneb cyfarwydd ar ei strydoedd. Fel roedd nifer o sêr y byd adloniant, oedd am weld y lle, a chael eu gweld. Disgrifiwyd y dre unwaith fel Cannes yn y niwl.

Roedd Haughey yn cadw ei gwch pleser anferthol a drudfawr, y Celtic Mist, yn yr harbwr. Roedd hefyd yn enwog am ei hoffter o fwytai drud, a dillad crand. Roedd ganddo geffylau rasio. Bu hefyd yn berchennog ar Inis Mhic Aoibhleáin, un o ynysoedd enwog Na Blascaodaí, y Blaskets, oddi ar drwyn y penrhyn allan ym mrathiad yr Iwerydd.

Bu'r ynysoedd unwaith yn enwog am eu llenorion Gwyddeleg, arwyr y gair fel Peig Sayers a Tomás Ó Criomhthain. Ond bu'n rhaid i'r trigolion adael yr ynysoedd yn 1954, â hwythau i gyd yn tynnu 'mlaen mewn oedran, yn sgil pryderon ynglŷn â sicrhau gwasanaethau brys iddyn nhw.

Treuliai Haughey lawer o'r haf ar ei ynys. Bu François Mitterand yn westai iddo yno yn 1988, pan oedd hwnnw'n arlywydd Ffrainc. Bu llawer yn ceisio dyfalu sut ar wyneb daear yr oedd Haughey'n llwyddo i gynnal bywyd mor foethus ar enillion gwleidydd. Ond mae amrywiol ffyrdd o gael Wil i'w wely.

Mae penddelw efydd ohono â lle amlwg ar y cei wrth y marina, adnodd y mae nifer yn lleol yn credu na fyddai byth wedi gweld golau dydd heb ei gefnogaeth frwd. Mae'n dal yn ffigwr poblogaidd yn lleol, er i'w enw gael ei lusgo drwy'r mwd sawl gwaith yn ystod ei yrfa.

Mae hyd yn oed seren wedi ei gosod yn y palmant er clod iddo, yn null y palmant enwog hwnnw yn Hollywood, tu allan i dafarn Dick Mack's. Yn cadw cwmni iddo yn y ffurfafen balmentog mae ymwelwyr o enwogion eraill, gan gynnwys Dolly Parton, Robert Mitchum, Timothy Dalton a John Mills.

Penddelw o Charles Haughey ar y cei yn An Daingean

Disgrifiwyd o gan RTÉ mewn bywgraffiad ohono fel 'y gwleidydd mwya' dadleuol, enigmatig, cynhennus, ac o bosib' y mwya' dawnus' o holl wleidyddion Iwerddon erioed.

Cafodd ei gyhuddo o gyflenwi arfau i'r IRA, o glustfeinio ar alwadau ffôn ei elynion gwleidyddol, ac o bocedu degau o filiynau o bres y wladwriaeth. Canfu tribiwnlys iddo gadw £250,000 o gronfa gwerth £336,000 roedd o ei hun wedi ei chodi i anfon y cyn-wleidydd Brian Lenihan i'r Unol Daleithiau i gael iau newydd.

Ar hyd ei yrfa derbyniodd symiau anferthol o sawl ffynhonnell. Yn 1979 cytunodd un o'r banciau Gwyddelig na fyddai raid i Haughey ad-dalu gorddrafft o £1m. Llwyddodd unwaith i helpu dyn busnes amlwg i gael gostyngiad o £22m yn ei fil treth incwm.

Gydol ei arweinyddiaeth bu ei wlad mewn trafferthion ariannol dybryd. Ond Haughey gaiff y clod gan lawer am sefydlu Dulyn fel canolfan ariannol o bwys Ewropeaidd, sydd bellach yn cyflogi 44,000 o bobol.

Hyd heddiw mae iddo ei gefnogwyr, llawn cymaint â'r rhai sydd am ladd arno, er iddo farw yn 2006, yn 80 oed. Mae'n arwr neu'n ddihiryn, yn ôl eich safbwynt. Ond i bobol An Daingean, dyn o fri ydi Charlie o hyd. Dydi hi ddim yn anarferol i weld ei lun yn gwenu arnoch o du ôl i'r bar mewn ambell dafarn yn y dre, ochr yn ochr ag ambell un enwog oddi ar y sgrin fawr fu'n llymeitian yno.

Roedd hi wedi brafio'n sylweddol, â ninnau wedi sicrhau angorfa berffaith i Alabeina. Roedden ni ar ddarn o dir gyferbyn â'r acwariwm poblogaidd, o fewn pellter cerdded cranc o ymyl yr harbwr. Rhoddon ni ein pres, arian papur mewn amlen, yn y blwch gonestrwydd roedd y perchennog wedi ei osod ar wal rhyw adeilad oedd wedi hen weld dyddiau gwell.

Aethon am y dre, a phenderfynu prynu coffi drwy ffenest agored cwt sinc melyn oedd fawr mwy na blwch ffôn hen ffasiwn. Oddi allan iddo roedd arwydd wedi ei osod efo tâp clir i nodi eu bod yn chwilio am staff, efo'r cyfarwyddyd: 'Apply within'.

Roedd merch ifanc, ei gwallt wedi ei blethu blith-draphlith fel rhaff llong, yn cadw tu mewn i'r cwt mewn trefn fel brân yn tacluso'i nyth. Gofynnon ni a oedd modd cael coffi du i fi, a choffi heb gaffîn i Cath.

'Na, sori,' atebodd yn rhadlon. 'Does gen i ddim heb gaffîn. Ond dwi'n meddwl bod y siop werdd 'na ar draws y ffordd yn ei werthu. Pam na holwch chi yn fanna?'

Gan ddiolch iddi am golli busnes yn wirfoddol i gystadleuydd, troeon ni i groesi'r ffordd. Yno yn ein hwynebu roedd rhes o bedair neu bum siop. Pob un ohonyn nhw wedi eu peintio'n wyrdd, o ryw arlliw.

Mwynhaom ni ein coffi ar fwrdd picnic cyhoeddus, yn amsugno cyffro'r stryd. Yn y maes parcio gerllaw roedd modur-gartra efo arwydd o'i blaen yn cynnig gwasanaeth Roseann i ddarogan eich ffawd. 'Ymhen rhai eiliadau byddwch yn dlotach o beth coblyn.'

Ond roedd y siopau'n hudo fel morforynion direidus, ac aeth Cath ar ei hynt. O fy rhan i, roedd bar James Long gyferbyn â'r pier yn denu.

Oddi allan roedd ambell henwr lleol, yn gymysg â'r twristiaid amlieithog, yn llymeitian cwrw neu goffi yn yr haul. Archebais beint o Murphy's, ac wrth ddisgwyl amdano codais sgwrs efo un ohonyn nhw am Haughey. Roedd yn gadarn ei farn.

'Wel, doedd o ddim yn angel, nag oedd?' meddai, gan sychu ewyn y cwrw du oddi ar ei weflau efo llawes ei gôt. 'Ond dangosa di wleidydd sy'n angel i mi, ac mi bryna i sbectol i ti. Wnewch chi byth gyflawni dim os byddwch am ddilyn y rheolau. Ac mi wnaeth o gyflawni llawer i'r dre 'ma. Fysa hi wedi marw fel arall.'

Ond os gwnaeth Charles James Haughey les i An Daingean, gwnaeth un cymeriad lliwgar arall hyd yn oed fwy o gyfraniad. Ac maen nhw'n dal i weld ei golled yn sgil ei ddiflaniad yn 2020.

Cododd chwedloniaeth ryfeddol am Fungi, dolffin gwrywaidd a ddaeth yn enwog am ei hoffter anarferol o gwmni pobol. Ymddangosodd gyntaf yn y bae oddi ar arfordir An Daingean yn 1983, ac ymgartrefu yno. Roedd hynny'n hollol anarferol i forhwch gwyllt, sydd fel arfer yn byw fel aelod o grŵp o'r anifeiliaid deallus. Ond byddai Fungi'n nofio'n hapus ochr yn ochr â phobol, yn dilyn cychod, ac i bob pwrpas yn perfformio i'w gynulleidfa werthfawrogol.

Cyfrannodd filiynau i'r economi leol, efo ymwelwyr yn heidio yno i'w weld. Trodd nifer o'r pysgotwyr lleol at redeg cychod pleser i gludo pobol ato, a phur anaml y byddai'n siomi drwy beidio ag ymddangos.

Dwi'n cofio fferru ar un o'r cychod un Dydd Calan, efo 'nghorff yn dal i geisio ymdopi efo sgil-effeithiau'r noson flaenorol. Roedd hi'n ymddangos bod Fungi hefyd wedi bod yn gor-ddathlu, a phenderfynodd perchennog y cwch droi'n ôl am y marina heb inni ei weld. Teimlwn yn falch, rywsut, efo'm stumog a'r tonnau yn cyd-ddawnsio'n braf.

Ond â ninnau bron wrth geg yr harbwr, ymddangosodd fflach ddulas o gefn ac asgell gwlybion o'n blaenau o rywle. Doedd Fungi ddim am siomi ei gyhoedd, wedi'r cwbl. Bu'n dilyn ein cwch am beth amser, a buan yr anghofiais am fy noluriau.

Mawr fu'r siom a'r galaru pan ddiflannodd ar ôl 37 mlynedd o ddiddanu a llenwi tiliau. A chafwyd sawl stori yn ceisio dyfalu be' oedd wedi digwydd iddo. Efallai bod rhywun wedi ei saethu? Neu efallai iddo symud i ffwrdd i chwilio am gwmpeini wrth i glo mawr Cofid ei amddifadu o'i bobol?

Ond er bod ambell forhwch, yn eithriadol, yn gallu byw hyd at ei 40au pell, oed cyfartalog gwryw yn y gwyllt ydi 15 neu 16. Wn i ddim a feiddiwn i sibrwd hyn ar strydoedd An Daingean, ond y tebygolrwydd ydi fod Fungi wedi marw o henaint.

Nid fod y cof amdano wedi cilio. O, naddo. Ceir murluniau ohono yn y dre, a cherflun ar y cei, heb sôn am gofroddion plastig yn y siopau. Ac wedyn dyna chi'r peiriannau ar y palmentydd sy'n gwasgu delwedd ohono i ddarn o arian.

Bellach, cystadlu i gludo ymwelwyr am dro i'r bae, neu ar daith am y diwrnod i Na Blascaodaí, fydd y cychwyr. Ond Fungi sydd wedi talu am eu cychod.

Llawer mwy amrwd ac ansoffistigedig oedd llawer o atyniadau'r dre pan ddechreuon ni fynychu'r lle yn y 1990au. Ac roedd hynny'n rhan fawr o'i hapêl. Boed hynny'n dafarn heb adnewyddu'r gwifrau trydan ers y Gwrthryfel, neu agwedd y bobol at y byd mawr dros y gorwel, roedd yn chwa o awyr iach.

Un o'n hoff gyrchfannau oedd tafarn James Flahive, efo'r dyn ei hun a'i wraig Peggy yn teyrnasu drosti. Un stafell syml oedd i'r lle, a honno â llawr concrit moel, ac yn atseinio i sŵn tri chloc pendil yn tipian mewn cystadleuaeth â'i gilydd.

Roedd hen gownter gwerthu bwyd ar yr ochr dde, pecynnau hynafol o bethau fel powdwr golchi Omo neu grefi Bisto yn dal yn eu lle ar y silffoedd ers degawdau. Yr ochr arall roedd y cownter cwrw. Byddai gwresogydd trydan, yn drewi o arogl hen lwch a phlastig yn toddi, yn cael ei osod arno pe byddai'r oerfel o'r llawr concrit yn ormod i'w ddioddef.

A thu ôl i hwnnw byddai Jimmy Flahive ei hun yn ei ogoniant. Byddai cwpaned o de wastad wrth law, staeniau melynion oes o yfed te yn amlwg ar y cwpan. Ond welais i erioed mohono yn yfed dim byd cryfach.

Treulion ni un nos Galan fythgofiadwy yno, un arall eto, â ninnau erbyn hynny yn ymweld yn gyson dros y Flwyddyn Newydd. Roedd pedwar ohonon ni Gymry, teulu o'r Swistir, ac ambell Wyddel oedd yn berchen ar dai gwyliau, gan gynnwys barnwr uchel lys o Ddulyn.

Pan glywodd Peggy fwy o Gymraeg a Ffrangeg yn ei bar nag o Saesneg, ymddangosodd yn frenhinol o'r cefn a chyfarch pawb yn ei dro mewn Gwyddeleg. Tyrchais i gof fy mhlentyndod am y Wyddeleg oddi ar Telefís Éireann, ac ambell ymdrech ddiweddarach i'w dysgu. Llwyddais i gofio: 'Tá sé fuar anseo anocht' (Mae'n oer yma heno). Gwgodd Peggy arna' i, a diflannu'n ôl i'r cefn.

Y noson honno hefyd buon ni'n cadw cwmni i aelod o urdd y Brodyr Cristnogol, rhan o'r eglwys Rufeinig oedd yn rhedeg ysgolion crefyddol pydewog eu parch. Cawson nhw eu beirniadu'n hallt am eu dulliau creulon, ac ar brydiau anghyfreithlon, o drin y plant yn eu gofal.

Roedd yn frodor o'r ardal, ac wedi dychwelyd i dreulio'r flwyddyn newydd adra. Buon ni'n ei gadw mewn cwrw a sigaréts Carrolls drwy'r nos, gan iddi fod yn amlwg nad oedd ganddo lawer o bres i'w enw. Roedd yn tancio'n braf, ac yn dangos dim awgrym o arafu. A minnau wedi fy magu yn yr Ysgol Sul a'r Band o Hôp sych-dduwiol, gofynnais iddo a oedd meddwi'n dderbyniol yn ei urdd.

'Popeth yn iawn,' meddai, yn aneglur ei leferydd, ac yng nghanol cwmwl o nicotin. 'Rargian, tydw i ar fy ngwylia' fel chitha'?'

Bûm yn pendroni ynglŷn â beth ddigwyddodd i'r dafarn fach

honno, oedd yn sefyll wrth yr harbwr yn rhywle. Es i chwilio amdani. Ond methais â'i chanfod, nac olion ohoni, yn unman. Dylwn fod wedi gofyn i'r dyn efo'r llawes wleb tu allan i far James Long. Yn amlwg roedd wedi ei datblygu yn rhywle mor gyfoes, crand a drud, fel na allwn ei hadnabod. Roedd hi'n ddim mwy nag un arall o blith myrdd o fwytai bwyd môr, neu fariau coctel, neu siopau dillad drud fyddai unwaith wedi gweddu'n well i ganol Dulyn neu Lundain. Wedi dweud hynny, roedd y dre'n byrlymu'n hyfryd i barabl ieithoedd o bedwar ban byd. Gweithiodd Iwerddon yn galed i hudo twristiaid o'r Undeb Ewropeaidd, a chryfhau ei chwlwm efo'r cyfandir mawr. Yn 2019 bu 431,000 o drigolion Sbaen, yn unig, yn ymweld.

Ond prin y clywais air o Wyddeleg, er iddi fod yn weledol amlwg. Mae rhyw werth masnachol i'r iaith ymysg twristiaid, yn amlwg. Ond er i An Daingean fod yn y Gaeltacht, ni fu'n un o'r cadarnleoedd ers degawdau. Bellach prin 13% o'r boblogaeth yno sy'n gallu'r iaith.

Gwasgon ni i mewn i dafarn a siop ledr Dick Mack's, heibio'r palmant serog, i ymuno efo Cenhedloedd Unedig o dyrfa. Ymunon ni hefyd yn y ddefod ryfedd o dalu crocbris am gwrw du gaiff ei fragu yng nghefn y lle. Tu ôl i'r bar, yn ogystal â'r llun anhepgorol o Charlie Haughey, roedd silffoedd yn ymestyn o'r llawr i'r nenfwd yn llawn o wahanol boteli o wisgi.

Gwylion ni un o'r staff yn dringo'n fedrus fel mwnci i gyrraedd y silffoedd uchaf bob hyn a hyn. Yno roedd y poteli mwya' gwerthfawr, oedd yn gwerthu am hyd at €150 y gwydriad. Yn fwy rhyfeddol fyth, roedden nhw'n cael eu harchebu'n gyson, mewn myrdd o acenion. Nid i'r un acen Gymraeg gael ei chlywed.

Bues i'n hel rhagor o atgofion yn nhafarn An Droichead Beag, y bont fechan, yn gwrando ar gerddoriaeth byw tra bu Cath yn ymlacio yn Alabeina. Yn ddiweddarach, cwrddon ni i symud ymlaen i fyny'r brif stryd at dafarn enwog efo'r enw anhraethol o anysbrydoledig, y Dingle Pub.

Roedd nifer o gerddorion yn gweithio mewn shifftiau yno, am oriau ben bwygilydd. Un lle'n unig oedd hwn o blith sawl tafarn yn y dre roedden nhw'n symud rhyngddyn nhw i ganu am eu swper.

Y Dingle Pub yn An Daingean

Tybiwn fod hen ddigon o waith i'w cynnal yn llawn amser.

Holai'r cantorion o ble'r oedd y gynulleidfa'n dŵad. Awstralia, medd rhai. America. Canada. Catalonia. Ffrainc. Sbaen. Yr Almaen. Cymru, gwaeddon ni. Ond prin oedd y lleisiau a floeddiodd 'Iwerddon'. Dim ond criw bychan ond balch o Felffast.

Do, mi gawson ni ddetholiad o'r baledi poblogaidd. The Fields of Athenry. Too-Ra-Loo-Ra-Loo-Ral. Molly Malone. Ride On. The Black Velvet Band. Ac wrth gwrs, y mabwysiedig Dirty Old Town, er mai cân am Salford ger Manceinion ydi hi mewn gwirionedd.

Mi welon ni hefyd ddyn ifanc o ddawnsiwr dawnus mewn clos pen-glin a sanau hirion. Roedd yn stepio'n wallgo' ar lwyfan symudol caled roedd yn ei gario o dan ei gesail, mewn gofod oedd yn amhosib o fychan. Sawl tro mi neidiodd dros hances boced rhwng ei ddwy law, nes bron â tharo'i ben yn y trugareddau oedd yn hongian o'r nenfwd. Cnocell y coed mewn 'sgidiau clocsio, a roddodd berfformiad gwefreiddiol, er i'r gynulleidfa fod yn ddigon agos i stemio'i sbectol efo'i hanadl.

Yn ôl y cyflwyniad brwd gafodd o, hwn oedd pencampwr stepio Gwyddelig y byd. Oedd hynny'n debyg i ennill Cyfres y Byd mewn pêl-fas, efo dim ond yr Unol Daleithiau a Chanada yn cymryd rhan? Faswn i wedi meddwl y byddai pencampwr stepio Gwyddelig Iwerddon yn ddigon o froliant ynddo'i hun.

Gwyddeldod wedi ei becynnu yn brofiad i dwristiaid oedd hyn, heb os. Ond un digon pleserus. A phroffidiol. A llawer gwell na'r carioci a'r dynwaredwyr Elvis neu Sinatra gwael y bydd y rhan fwya' o'n tafarndai ni yn ei gynnig i'n hymwelwyr.

Yn y cyfamser, dim ond lathenni i ffwrdd ym mar Neligan, criw trist o bitw oedd yn gwrando'n dawel ar gerddorion yn canu deunydd gwerin traddodiadol. Dagrau pethau oedd i hanner ohono fod yn y Wyddeleg.

Pennod 13

Trá Lí, lle i'r hardd a'r hagr

DYDI Trá Lí, traeth yr afon Lí, ar yr olwg gynta' ddim y math o dre fyddai'n denu twristiaid. Ac ar ôl profiadau An Daingean, roedd hynny'n rhywbeth roedd mawr ei angen arnon. Cyfle i gymysgu efo pobol gyffredin Iwerddon, os oes y fath bobol yn bodoli, yn mynd o gwmpas eu pethau'n ddiffwdan i sicrhau bod to uwch eu pennau a bwyd ar y bwrdd.

Tre lychlyd, fyglyd, galed yr olwg, sy'n gartref i 24,000 o bobol. Prif dre weinyddol y sir. Fel unrhyw dre, mae iddi ei rhinweddau a'i ffaeleddau. Ni fu'r blynyddoedd diweddar yn garedig i ganol y lle. Ni fu'r Teigr economaidd fu'n rhuo drwy'r wlad cweit mor swnllyd yma, ar gyrion Ewrop. Ac ydi, mae cyffuriau a thorcyfraith yn bla. Ond pa dre o'i maint fedr honni nad ydi hynny'n wir?

Paratoi at gystadleuaeth Rhosyn Trá Lí
Llun: Fáilte Ireland

120

Ond eto, dyma gartref gŵyl allwch chi ond ei disgrifio fel un rhyfeddol o ddiniwed a hen ffasiwn. Trueni nad oes cyfieithiad teilwng o'r gair Saesneg 'quaint'. Ond felly mae ei disgrifio.

Mae gŵyl Rhosyn Trá Lí yn anacronistiaeth, does dim dwywaith amdani. Rhywbeth na allai rhywun ei ddychmygu yn digwydd mewn dinasoedd mwy metropolitaidd fel Corc neu Ddulyn.

Mae'r holl syniad fel petai wedi camu i'r 21ain ganrif yn syth o'r 1950au. Y cyfnod pryd roedd gwraig y tŷ yn ei menig rwber yn golchi tronsiau ei gŵr yn llon yn y sinc. A hwnnw wrth y bwrdd yn tynnu ar ei getyn yn disgwyl yn ddiamynedd am ei swper.

Ond bob mis Awst aiff pobol yn eu miloedd i'r dre i gymryd rhan, neu wylio, be' sy'n sicr o fod yn gystadleuaeth harddwch fwya' Ewrop.

Nid bod gormod o gnawd yn y golwg. O, nac oes. Does dim disgwyl i'r merched ifanc sy'n cymryd rhan droedio'n ysgafndroed yn eu holl ogoniant yn eu dillad nofio. Chwilio am harddwch o ran cymeriad a galluoedd mae'r beirniaid, nid tlysni tâp mesur.

Dydi hi ddim yn anarferol i gystadleuydd ddangos ei dawn gerddorol, ar delyn neu hyd yn oed ar ddrymiau, neu i adrodd darn o farddoniaeth. Bydd rhai yn sôn am eu gwaith elusennol, wrth reswm. Eraill am ddysgu Swahili cyn gwirfoddoli.

A bydd yr holl ddefod o ddewis y Rhosyn yn ymestyn dros ddwy noson. Caiff ei dilorni, yn gyff gwawd digrifwyr a newyddiadurwyr ledled y wlad. Ond mae'n llwyddo'n gyson i ddenu cynulleidfa deledu fwya'r flwyddyn. Bydd mwy na miliwn wedi eu glynu'n ddagreuol i'r sgrin, tua chwarter y boblogaeth.

Caiff pob sir drwy'r wlad enwebu Rhosyn, â'r merched wedyn yn mynd drwy gyfres o ragbrofion eisteddfodol eu naws i weld pwy gaiff fynd i Trá Lí ei hun. Ac mi fydd cymunedau Gwyddelig ledled y byd hefyd yn brwydro i anfon eu merched tecaf nhw i ymuno yn y miri.

Dechreuodd yr holl beth nôl yn 1959, wedi ei ysbrydoli gan faled boblogaidd The Rose of Tralee o'r 19eg ganrif. Roedd yn ymdrech i ddenu pobol i wario yn y dre. Tarodd rhywun ar y syniad o redeg cystadleuaeth Brenhines Garnifal draddodiadol, ond ar raddfa hurt o anferthol. Ac mi gydiodd.

Mae'r parc cyhoeddus yng nghanol y dre yn rhoi lle mwy na theilwng i'r holl rialtwch. Ceir gardd rosynnau ysblennydd yno, fel y byddai rhywun yn ei ddisgwyl. Heb sôn am baneli gwydr tal, lle rhestrir enw pob rhosyn fu'n cymryd rhan. O'r cychwyn cyntaf un. Ac ni fyddai hi'n Iwerddon heb gerflun arall. Maen nhw'n hoff o'u cerfluniau a'u cofebion. Mae hwn yn un maint llawn o William Pembroke Mulchinock, dyn cyfoethog o Brotestant, a Mary O'Connor, ei forwyn dlawd a phrydferth o gariad Pabyddol. Hi oedd y ferch go iawn y canodd y faled amdani. A fo gyfansoddodd y gân. Neu dyna'r stori, o leia'. Ceir fersiynau eraill, mwy credadwy, yn ogystal. Ond pam difetha'r holl esgus dros y dathlu?

Roedden ni wedi trefnu i dreulio'r Pasg mewn maes carafanau ger y Rose Hotel, honglad o adeilad pedair seren gyferbyn â'r parc, a chanolbwynt i'r holl ŵyl. Dyma oedd yr unig drefniant inni ei wneud o flaen llaw ar gyfer Alabeina ar hyd yr holl Slí, yn hytrach na dilyn ein trwynau a gobeithio am y gorau. Ond roedden ni'n gwybod bod y Pasg yn adeg brysur yn Iwerddon, efo'r dathlu'n llawer mwy angerddol nag yng Nghymru. Yn wir, dydi'r ŵyl ddim ymhell tu ôl i'r Nadolig o ran natur y dathliadau. A'r gwario.

Cawson arwydd clir o bwysigrwydd y cyfnod wrth droi i mewn at y maes carafanau oddi ar yr N86. Yno, wrth y goleuadau traffig, roedd dyn ar gefn moto-beic yn gwisgo pen cwningen binc, glustiog dros ei helmed. Ac wrth ei fodd. A gwelon ni sawl gyrrwr bws yn gwenu'n rhadlon ar eu cwsmeriaid o dan glamp o bâr o glustiau wedi eu gwasgu am y pen.

Â'r tymor ymwelwyr yn dechrau prysuro, roedden ni wedi hepgor pen pella' penrhyn Ceann Sléibhe, i'r gorllewin o An Daingean, ar ein ffordd yma. Gwn o brofiad y gall y ffordd gul honno o amgylch trwyn y penrhyn fod yn wyllt wallgo', ac yn brofiad digon amhleserus.

Hefyd wedi ei hepgor oedd bwlch drwg-enwog An Chonair i'r gogledd o An Daingean. Dyma un o'r ffyrdd cyhoeddus uchaf yn Iwerddon, yn cyrraedd uchder o 1,496 troedfedd ar ei gopa. Ar honno bydd creigiau anferthol ar ffurf bwâu yn gorfodi cerbydau i wasgu heibio ar ochr arall y ffordd, os gellid ei ddisgrifio fel 'yr ochr arall'. Roedden ni'n falch o ganfod na châi cerbydau trymach na dwy dunnell fynd ar hyd-ddi. Esgus gwerth bachu ynddo.

Dydan ni ddim yn bobol sy'n mwynhau meysydd carafanau cymaint â hynny, gan ffafrio mwy o benrhyddid. Gwaed Abram Wood, debyg. Ond roedd bod yng nghwmni cannoedd o Wyddelod yn hamddena, nifer ohonyn nhw'n ymwelwyr cyson â'r lle, yn brofiad digon pleserus. Roedd pawb yn gyfeillgar a siaradus wrth danio eu barbeciws uwch poteli o win, yn aml yn deuluoedd cyfain o deidiau a neiniau, a'u plant, a'u hwyrion, a'u cŵn. Synnwn i ddim tasai ambell i fwji hyd yn oed wedi cael mynd ar ei wyliau.

Anodd oedd gallu ymateb i bob cyfarchiad ar brydiau wrth wneud ein ffordd drwy'r maes am ganol y dre. Anos fyth oedd anghofio mai'r Pasg oedd hi. Roedd y mwyafrif o'r carafanau a'r modur-gartrefi – a'r ambell babell oedd yno – wedi eu haddurno'n lliwgar efo wyau Pasg plastig, cwningod clwt, delweddau o'r croeshoeliad, a goleuadau Nadoligaidd.

Y ffordd gyflymaf at ganol y dre oedd drwy'r parc, lle'r oedd teuluoedd swnllyd yn ymgasglu bob dydd i fwynhau'r haul. Yr ochr arall roedd Slí Neil Armstrong, ffordd yn wir wedi ei henwi ar ôl y dyn cyntaf i gamu ar wyneb y lleuad, ynghyd â chofeb o'i ymweliad yn 1997.

Yn ddyn nad oedd yn or-hoff o sylw, rhywfodd cafodd ei berswadio i agor arddangosfa ar deithio yn y gofod yn yr amgueddfa sirol. Heidiodd miloedd i strydoedd Trá Lí i'w groesawu, nifer yn rhy

Cofio ymweliad y gofodwr Neil Armstrong i Trá Lí

123

ifanc i fod ag unrhyw syniad pwy oedd yr arwr yn eu mysg. Nid i hynny rwystro dathliad enfawr arall, un sy'n dal i gael ei gofio hyd heddiw fel yr adeg y daeth y gofodwr 'na i'r dre.

Gerllaw roedd Siamsa Tíre, y theatr werin genedlaethol, lle ceir pob math o berfformiadau o ddrama i gerddoriaeth, dawnsio a chomedi. Dwi'n cofio treulio rhai dyddiau yn Trá Lí tua chanol y 1990au, yn gweithio fel gohebydd papur newydd yn yr Ŵyl Ban-Geltaidd. Roedd hi'n cael ei chynnal yn y theatr, ac yng Ngwesty'r Brandon ar draws y ffordd.

Bu'n rhaid, wrth gwrs, talu gwrogaeth i'r stwff du rhwng y newyddiadura. Ond ble bynnag yr oedd criw bychan ohonon ni newyddiadurwyr yn mynd i lymeitian, byddai rhyw gôr neu'i gilydd o Gymru yn siŵr o droi i mewn a boddi'r lle'n llwyr efo'u canu.

Yn aml, doedd hyn ddim yn cael ei werthfawrogi gan bobol leol oedd yn gobeithio am sgwrs a pheint tawel. Yn nhafarn Seán Óg, bu'n rhaid inni godi a gadael wrth i griw o Gymry anghwrtais frefu emynau ar draws grŵp acwstig Gwyddelig oedd yn chwarae'n ddigon dymunol yn y gornel.

Ysgrifennais adolygiad yn y Daily Post yn datgan i'r Ŵyl fod yn llwyddiant ar y cyfan, ond y byddai wedi bod yn fwy pleserus heb bresenoldeb y Cymry. Gormodiaith newyddiadurol wrth reswm, yn y gobaith o ddenu ymateb, efo peth gwirionedd wrth ei galon. Ac mi ddenodd ymateb hynod o chwyrn.

Yn ddiweddarach ces alwad ffôn flin gan drefnydd y gangen Gymreig o'r ŵyl i'm hysbysu na fyddai croeso imi fynychu byth wedyn. Roedd ffatwa Gymreig wedi ei gyhoeddi yn f'erbyn i. Wn i ddim sut roedd o'n mynd i'm rhwystro, chwaith. Dawnswyr mewn clos pen-glin yn lluchio'u clocsiau gwadnau-pren tuag ata' i? Does wybod. Ond fues i erioed wedyn.

Llifodd yr atgofion yn ôl wrth fynd heibio'r dafarn honno'r pnawn hwnnw. Roedd hi'n ddydd Gwener y Groglith, a nifer sylweddol yn eu dillad parch yn gwneud eu ffordd am eglwys Sant Ioan. Roedd eraill yng nghanol y dre efo diddordebau mwy bydol ar eu meddyliau, y lle'n orlawn wrth i bobol dyrru i weld ras feiciau oedd yn gwasgu ei ffordd drwodd.

Rhuthrodd y timau cefnogol yn eu cerbydau 4x4 o amgylch y beicwyr yn bwysig i gyd, gan fygwth malu esgyrn traed unrhyw un na fyddai'n medru symud o'r ffordd mewn da bryd. Llwyddodd mam ifanc efo saith o blant anystywallt wrth ei chwt i'w cadw rhag anaf drwy ddynwared y *bean sí*. Y banshî oedd y fenyw fytholegol efo'r sgrech annaearol. Ac roedd yn rhyfeddol o effeithiol.

Roedd nifer yn bysgio yma ac acw, rhai'n sobor o wael yn chwilio am bres cwrw. Ond roedd eraill yn syfrdanol o alluog. Bûm yn gwrando'n hir ar ferch dlos efo gwallt hir, coch fel côt llwynog, na ellid byth mo'i chamgymryd am ddim byd ond Gwyddeles. Roedd hi'n llwyddo i dynnu pob math o nodau swynol o fol ei píobaí uilleann, pibau'r penelin. Math o fag-bibau Gwyddelig ydi'r rheiny, sy'n gallu swnio, yn y dwylo anghywir, fel cath yn cael ei thagu. Ond roedd dwylo medrus hon yn llwyddo i ddenu rhoddion lu i'r het wrth ei thraed, a lluchiais innau fy mhapur €5 atyn nhw.

Sylwais ar arwyddion at Páirc Aibhistín de Staic, stadiwm timau sirol Ciarraí yn y gemau Gwyddelig traddodiadol. Addewais i fi fy hun y byddwn yn mynd i weld gêm yno pe byddai un yn digwydd cael ei chynnal yn y dyddiau nesa'.

Sefydlwyd Cumann Lúthchleas Gael, y Gaelic Athletic Association, neu'r GAA, yn 1884 i hyrwyddo'r chwaraeon traddodiadol Gwyddelig, yn ogystal â'r iaith a'r bywyd diwylliannol, ledled y byd. Mae ganddi fwy na 500,000 o aelodau.

Caiff ei chysylltu'n bennaf efo pêl-droed Gwyddelig, i ferched a dynion, a hyrddio, neu hyrlio. Gellir disgrifio'r gamp honno orau fel croesiad rhwng hoci, lacrós a mygio. Ond yn ogystal â'r campau rheiny, trefnir cystadlaethau camogie, sef y fersiwn o hyrddio ar gyfer merched, pêl-law, a rownders, er bod gan y rheiny eu cyrff rheoli eu hunain sy'n gysylltiedig â'r GAA.

Mae'r gemau yn eithriadol o boblogaidd. Ac mae dyddiau rowndiau terfynol y pêl-droed a'r hyrddio yn Páirc an Chrócaigh, Croke Park, yn Nulyn, lle mae pencadlys y GAA, ymysg uchafbwyntiau cymdeithasol y flwyddyn. Mae'r Páirc yn dal 82,000 o gefnogwyr, y drydedd stadiwm fwyaf yn Ewrop, ac mae iddo le arbennig yn hanes a chalonnau'r Gwyddelod.

Yno yn ystod gem bêl-droed rhwng timau sirol Dulyn a Thiobraid Árann, neu Tipperary, yn Nhachwedd 1920 saethwyd 14 o bobol yn farw gan swyddogion Cwnstabliaeth Brenhinol Iwerddon, yr RIC. Roedd un o chwaraewyr Thiobraid Árann ymhlith y meirw. Dyna oedd ymateb yr RIC wedi i'r IRA, o dan gyfarwyddwyd Michael Collins, yn gynharach y diwrnod hwnnw ladd 15 o ddynion oedd yn cael eu hamau o weithio i awdurdodau cudd Prydain.

Gwelodd Trá Lí ei hun lawer o drais yn ystod y Rhyfel Annibyniaeth, a'r Rhyfel Cartref a ddilynodd. Yn yr un cyfnod â'r lladd yn Nulyn, bu'r dre o dan warchae am wythnos gyfan gan luoedd y Dúchrónaigh. Roedd y rheiny'n cael eu hadnabod fel y Black and Tans, cwnstabliaid oedd wedi eu recriwtio gan yr RIC, yn bennaf o blith cyn-filwyr Prydeinig oedd wedi bod yn ddi-waith ers dychwelyd o'r Rhyfel Mawr yn Ffrainc.

Am wythnos gyfan yn Nhachwedd 1920, yn sgil llofruddio dau aelod o'r RIC, bu'r Dúchrónaigh yn talu'r pwyth yn ôl. Saethwyd yn farw dri o bobol leol, llosgwyd tai a busnesau pobol oedd yn cael eu hamau o fod yn werineiaethwyr, ac ataliwyd unrhyw gyflenwadau bwyd rhag cyrraedd y dre. Dim ond wrth i'r gymuned ryngwladol godi llais yn erbyn y newynu gorfodol hyn y daeth y gwarchae i ben.

Bu'r Dúchrónaigh yn weithredol drwy lawer o'r wlad, heb eu hyfforddi mewn unrhyw ffordd mewn gwaith plismona cyffredin. Eu rôl oedd mynd â'r frwydr yn uniongyrchol at y gwrthryfelwyr; doedd hi o unrhyw bwys os oedd pobol gyffredin yn gorfod dioddef yn sgil hynny. Daeth y werin i'w casáu ag atgasedd perffaith, a phrofodd y Dúchrónaigh yn erfyn recriwtio penigamp i'r gweriniaethwyr.

Y bore canlynol, bore Sadwrn, sylwais ar nifer o ddynion ifanc, cryfion, yn crwydro'r strydoedd. Roedden nhw i gyd mewn crysau cochion, efo arfbais swyddogol yr olwg a'r enw An Dúin wedi ei frodio arnyn nhw. Deallais mai tîm hyrddio sirol An Dúin, Down, o'r gogledd oedden nhw, yn stwna rownd y lle cyn cychwyn am y stadiwm.

Byddai'n rhaid i minnau gadw f'addewid i fi fy hun. Er mai

Ciarraí ydi cewri'r byd pêl-droed, nid felly efo'r hyrddio o bell ffordd. Ond ta waeth, byddai'r cyfan yn brofiad. Mae Páirc Aibhistín de Staic wedi ei enwi ar ôl Austin Stack. Y fo oedd capten tîm buddugol y sir pan enillon nhw'r gystadleuaeth pêl-droed Gwyddelig yn 1904. Ond roedd iddo hanes llawer mwy arwyddocaol na hynny'n unig. Roedd hefyd yn wleidydd ac yn wrthryfelwr. Cafodd ei ddedfrydu i farwolaeth yn sgil ei rôl yng Ngwrthryfel y Pasg yn 1916. Ond rhyddhawyd o o dan amnest y flwyddyn ganlynol. Roedd yr awdurdodau Llundeinig yn dechrau deall mai corddi'r dyfroedd mwyfwy oedden nhw wrth ddienyddio arweinyddion y Gwrthryfel.

Cafodd ei ethol yn Aelod Seneddol dros Sinn Féin, ond gwrthododd gymryd ei sedd yn Nhŷ'r Cyffredin. Yn hytrach, ymaelododd â'r Dáil answyddogol, nad oedd yn cael ei chydnabod gan Lundain.

Y fo sefydlodd gyfundrefn o lysoedd barn answyddogol, Llysoedd y Dáil. Llwyddodd i ddarbwyllo canran uchel o'r boblogaeth i'w defnyddio a derbyn eu dedfrydau. Drwy ddulliau fel hyn llwyddodd y gweriniaethwyr i greu gwladwriaeth fewnol, yr oedd y ddinasyddiaeth yn cydymffurfio â'i gofynion. Hyd yn oed os oedd ei bodolaeth yn gwneud i'w meistri honedig yn Llundain dynnu'u gwallt o'u pennau.

Roedd y stadiwm wedi gweld dyddiau gwell, roedd yn rhaid cyfaddef. Mae lle i 12,000 ynddi, nifer fawr ohonyn nhw'n sefyll ar derasau concrit mwsoglyd. Ac roedd ambell i bolyn oedd yn dal strwythur y lle rhag syrthio yn dangos olion drwg o rydu.

Eglurodd y dyn a gymerodd fy €10 wrth y giât nad oedden nhw'n disgwyl torf fawr, gan mai pêl-droed oedd gwir grefydd Ciarraí. A ro'n i'n amcangyfrif mai rhyw fil oedd wedi ymgasglu.

Cymerais fy lle ar sedd blastig digon cyffyrddus yn uchel yn yr eisteddle. Wrth fy ymyl roedd criw swnllyd o fechgyn yn eu harddegau yn eistedd yn llawn cyffro, mewn crysau hyrddio yn lliwiau gwyrdd a melyn y sir.

Roedd nifer hefyd yn cario fersiynau llai o'r ffyn hyrddio nodweddiadol. Mae'r ffyn rhain wedi eu ffurfio o onnen ar siâp tebyg

Yr hyrddio yn Páirc Aibhistin de Staic

i ffon hoci, ond efo'r blaen wedi ei wasgu'n llydan fel cledr llaw. Mae'r chwaraewyr yn gallu rheoli'r bêl, maint pêl griced, yn rhyfeddol ar y ffon hon. Gallan nhw hyd yn oed redeg, efo'r bêl yn aros yn ei lle yng nghledr y ffon.

Bûm yn gwylio gemau ar Telefís Éireann yn y dyddiau a fu, ac felly roeddwn yn lled gyfarwydd â'r rheolau. Ond yn fras, ceir pyst tebyg i byst rygbi yn nau ben y cae, efo rhwyd bêl-droed yn hongian tu ôl i'r trawst ac am y ddaear. Ceir triphwynt am rwydo'r bêl, a phwynt am ei rhoi rhwng y pyst uwchben y trawst.

Mae saith swyddog yn dyfarnu'r gemau. Y dyfarnwr ei hun yn y canol, a llumanwr bob ochr i'r cae yn rhedeg ei hyd i gyd. Wedyn mae dau swyddog mewn cotiau gwynion tu ôl i bob gôl. Eu gwaith nhw ydi chwifio fflag wen pan fydd pwynt wedi ei sgorio, ac un werdd am driphwynt. Ac roedd hi'n amlwg bod y GAA yn ceisio rhoi cyfle i bawb gymryd rhan, efo un o'r cotiau gwynion wedi ei gwasgu'n beryglus o dynn am fol cwrw sylweddol. Roedd gobaith i ni i gyd.

Mae'n gêm hynod o galed, ac erbyn heddiw bydd y chwaraewyr yn gwisgo helmedau er mwyn amddiffyn y pen. Yn wir, dim ond dridiau'n ddiweddarach, lladdwyd merch 20 oed mewn gêm camogie rhwng Baile Átha an Rí ac Ard Raithin yn sir Gaillimh. Roedd y gêm yng ngwaed Kate Moran druan, efo'i thad, Cathal, yn gyn-chwaraewr hyrddio sirol o fri yn ei ddydd.

Roedd y Wyddeleg yn weledol amlwg drwy'r stadiwm, a'r toiledau yn gofyn am o leiaf ddealltwriaeth o beth ydi 'Dynion' a 'Merched' yn yr iaith os am osgoi damwain. Ond brawddeg yn unig o groeso a gafwyd mewn Gwyddeleg dros yr uchelseinydd. Dilynwyd hynny gan lith hirwyntog o deyrngedau i ddau o'r cewri fu farw.

Wedyn cleciodd yr anthem genedlaethol drwy'r awyr, yn amlwg oddi ar record 78rpm lychlyd yr oedd rhywun wedi cael bargen arni mewn siop elusen. Safodd pawb, ond ni chanodd neb yr un pill o Amhrán na bhFiann, Cân y Milwr.

Cafodd ei chyfansoddi yn 1909 neu 1910 gan Peader Kearney a Patrick Heeney, efo Kearney yn ysgrifennu geiriau Saesneg iddi. Cyfieithiad gan Liam Ó Rinn ydi'r geiriau Gwyddeleg a gysylltir efo hi bellach, a dim ond y gytgan caiff ei chanu ran amlaf. Gwerthwyd drafft ysgrifenedig gwreiddiol o'r geiriau Saesneg am €760,000 mewn arwerthiant yn Nulyn yn 2006.

Digon cyndyn fu'r awdurdodau i'w mabwysiadu'n ffurfiol ar y cychwyn, gan ofni pechu'r unoliaethwyr, sydd wedi glynu at Duw Gadwo'r Brenin hyd heddiw. Roedd gobeithion yn dal yn y gwynt am beth amser y gellid darbwyllo'r unoliaethwyr i ymuno efo'r Wladwriaeth Rydd, a doedd neb am droi'r drol.

Mae'n amhosib gosod dyddiad pendant i bryd y daeth i gael ei derbyn yn ffurfiol. Rhyw esblygiad naturiol fu'n gyfrifol, yn fwy na chyfarwyddyd gwleidyddol. Ond cafodd Amhrán na bhFiann ei chwarae bob nos wrth i'r darlledu ddŵad i ben ar Radio Éireann o pan gafodd yr orsaf ei sefydlu gyntaf.

Roedd rhyw gynnwrf yn mudferwi yn Páirc Aibhistín de Staic wrth i'r dyfarnwr ddechrau'r gêm. Rhyw obaith y gallai'r tîm cartref ddechrau troi'r gornel o ran canlyniadau ar ôl cyfnod digon llwm.

Ond o fewn 19 eiliad chwalwyd pob gobaith. Cododd y fflagiau gwyrddion tu cefn i'r gôl i'r dde ohono' i efo sêl amharchus o frwdfrydig. Clywyd ebychiadau o'r dorf fyddai wedi gweddu i'r Tad Jack Hackett rheglyd yn y gyfres gomedi *Father Ted*. Roedd yr ymwelwyr wedi rhoi'r bêl yng nghefn y rhwyd, â'r gôl-geidwad druan ar ei fol yn y mwd. Ac roedd Ciarraí 3-0 ar ei hôl hi, neu 0-0 i 0-1 yn null y GAA o ddynodi'r sgôr, cyn i'r bin hyd yn oed gael ei thynnu o'i rhych ar y record lychlyd.

Allwn i ddim honni mod i'n deall unrhyw beth am y tactegau. Ond roedd hi'n ymddangos yn gêm ddifyr. Llifodd y chwarae o un pen o'r cae i'r llall, a chafwyd hen ddigon o gyfle i'r dorf ddynwared Hackett ymhellach. Clywyd ambell sgrech yn dŵad oddi ar y cae, sŵn mud ffyn yn taro helmedau, a chlecian wrth i bren daro pren. Gwingais fwy nag unwaith, ond roedd y dorf i'w gweld yn annog y chwaraewyr i gynnig mwy o'r un ffisig i'w gwrthwynebwyr.

Ond y gogleddwyr a orfu, o bedwar pwynt. Mawr oedd y grwgnach wrth i bawb heidio allan o olwg y sgorfwrdd ddiawl, oedd yn datgan yn uniaith Wyddeleg: An Ciarraí 0-18; An Dúin 1-19.

Y diwrnod canlynol roedd hi'n ddydd Sul y Pasg; y diwrnod mawr ei hun. Roedd hi fel y bedd yng nghanol Trá Lí y bore hwnnw, er i'r tafarnau fod wedi agor eu drysau'n obeithiol. Ond prin roedd yna smic i'w glywed, efo'r adar hyd yn oed yn trydar mewn sibrydion.

Gallen ni glywed sbwriel nos Sadwrn yn cael ei ail-drefnu gan yr awel. Ac efo'r glaw yn smwcian ar ein corunau yn chwareus, penderfynon ni efallai y bysai hi'n ddiwrnod da i fynd ar daith ar y trên. Os byddai 'na drenau o gwbl.

Mae hi'n arferiad gynnon ni ar unrhyw daith hir i fynd ar y trên o leia' unwaith. Mae nid yn unig yn bleser ynddo'i hun, ond yn fodd o gael mewnwelediad pellach at y brodorion yn byw eu bywydau.

Roedd criw digonol yn sefyll yn yr orsaf yn disgwyl i'r giatiau i'r ddau blatfform agor i'n darbwyllo y byddai 'na drenau yn rhedeg. Aethon ni at y peiriant a llwyddo i godi tocynnau i Gill Airne, ar ôl astudio ble roedd hi'n rhesymol disgwyl inni allu cyrraedd a dychwelyd ohono'r un diwrnod.

Roedd cwpwl o'n blaenau ar eu ffordd yn ôl am Ddulyn ar ôl bod yn ymweld â'r mab yn Trá Lí am y Pasg. Roedden nhw'n drymlwythog, nid yn unig efo'u bagiau, ond hefyd â digon o fwyd a diod i gynnal te parti ar y ffordd.

'Dim ond 180 milltir ydi o i Ddulyn, ond mae'n cymryd am byth,' eglurodd y gŵr yn rwgnachlyd, gan ddefnyddio milltiroedd yr hen do fel ffon fesur, yn hytrach na chilomedrau'r to iau.

'Mae 'na rai trenau sydd ond yn cymryd tair awr a thri chwarter. Ond 'dan ni'n anlwcus. Fyddwn ni'n lwcus o gyrraedd mewn chwe awr, rhwng gorfod newid tair gwaith a phob dim.'

Ac efo hynny, cymrodd gip diamynedd arall at giât y platfform i weld a oedd unrhyw obaith iddi agor a'n rhyddhau at y trên, oedd yn eistedd yno'n tynnu 'stumiau arnon ni yn wawdlyd. Ond dylai'r cyfaill fod wedi ystyried ei hun yn lwcus nad oedd o'n teithio ar reilffyrdd Cymru. Dim ond 48 milltir sydd rhwng Aberystwyth ac Abergwaun, ond byddai gofyn ichi drefnu efo'r Groes Goch i gael bwyd ichi pe byddech am wneud y daith ar y trên.

O'r diwedd daeth merch mewn lifrai Iarnród Éireann, ffyrdd haearn Iwerddon, i agor y giât a'n rhyddhau fel defaid at y trên heb brin drafferthu edrych ar docyn unrhyw un.

Roedd y trên yn gyffyrddus a thaclus, a'r cyfarwyddiadau ac enwau'r gorsafoedd yn cael eu cyhoeddi'n ddwyieithog drwyddi draw. Roedd hynny ond yn pwysleisio cymaint o Seisnigeiddio a newid orgraff fu ar enwau cynhenid brodorol. Mae nifer yn cael eu sillafu'n dra gwahanol, ond eu hynganu yn union yr un fath â'i gilydd.

Roedd An Fearann Fuar/Farranafore yn enghraifft berffaith. Fel yr oedd Trá Lí/Tralee ei hun yn un pen i'n taith, a Cill Airne/Killarney y pen arall. Allwn ni ond bod yn ddiolchgar mai eithriadau prin ydi'r arwyddion gwirion rheiny fel hwnnw yng ngorsaf Flint/Fflint yng Nghymru. Cofiwch, mae'r un sy'n datgan Aberystwyth/Aberystwyth y tu allan i orsaf y dre honno yn haeddu medal aur am hurtrwydd.

O gyrraedd Cill Airne, ger yr allanfa roedd fflyd o geirt a cheffylau yn disgwyl i wagio'n waledi, eu perchnogion yn awyddus i ddangos gogoneddau'r lle i ni. Heb sôn am yr holl siopau yn gwerthu siwmperi Árann a choblynnod plastig. Aethon ni yn ein blaenau at ganol y dre, i flasu peth o awyrgylch lle sy'n ddigyfaddawd yn ei hawydd i odro'i thwristiaid. A pham lai? Be arall oedd pwrpas ein cael ni yno yn tagu eu strydoedd?

Roedd llawer mwy o fywyd yno nag yn Trá Lí yn gynharach, efo'r Pasg yn cael ei weld fel cyfle gwych i wneud pres rhwng y Nadolig a thymor yr haf. Hyd yn oed ar Ddiwrnod y Pasg ei hun.

Nid bod pawb wedi anghofio gwreiddiau ysbrydol yr ŵyl yn llwyr. Roedd nifer sylweddol wedi gosod torchau arbennig, efo wyau plastig yn gorwedd yn eu canol, ar ddrysau eu tai. Ond roedd y siopau wedi addurno'u ffenestri fel y bydd ein rhai ni yn ei wneud adeg y Nadolig. Roedd arwyddion 'Pasg Hapus' yn amlwg iawn. Mewn eraill ceid coed euraid, yn union fel ein coed Dolig tinselaidd ni, efo wyau yn hongian oddi ar ganghennau o weiar.

Roedd plantos bach ar y stryd yn chwarae efo'u teganau newydd. Neu'n sefyll yn anfoddog mewn ciwiau hirion i gael mynd i weld Bwni'r Pasg i gael rhagor o anrhegion. Roedd dyn ar ganol y stryd yn ennyn cymeradwyaeth ifanc drwy glymu balŵns pinc hirion yn siâp cwningod. Ac mewn canolfan siopa roedd haid wichlyd yn disgwyl i gael peintio eu hwynebau fel gwep yr anifail bach blewog efo chynffon bwt, efo'r clustiau wedi eu clampio'n barod i'w pennau.

Roedd fy niweddar fam-yng-nghyfraith yn anfon cardiau Pasg at ei theulu. Ac roedden ni'n arfer cael cinio twrci i ddathlu pan o'n i'n blentyn. Ond fydden ni byth yn gallu gobeithio cystadlu efo'r Gwyddelod o ran dathlu'r ŵyl yn null gorau Mamon. A diolch i'r drefn am hynny.

Pennod 14

An Fhianait, a chroesi afon An Sionainne

A NINNAU wedi gorffwys am bedwar diwrnod yn Trá Lí dros y Pasg, roedd hi'n braf bod yn ôl ar y lôn. Nid inni deithio'n bell, rhyw chwe milltir, cyn cael ein hudo i aros, ar ôl dilyn yr arfordir a chyrraedd pentre An Fhianait, Fenit.

Er mai prin 500 sy'n byw yno, mae i'r lle farina sylweddol a phorthladd o bwys o ran mewnforion ac allforion. Gwelwn graeniau tal yn hofran fel pryfed mantis uwch yr harbwr. Ac roedd lorïau anferthol, rhai efo deg echel o olwynion dwbl, yn gwingo eu ffordd yno'n gyson ar hyd ffyrdd hollol anaddas.

Cafodd yr harbwr, efo'i giatiau diogelwch a'i rhybuddion lu rhag

Goleudy An Fhianait
Llun: Fáilte Ireland

tresmasu, ei greu drwy adeiladu cob o goncrit – neu'r pier, fel y caiff ei alw'n lleol – rhwng y pentre ac ynys fechan An tOileán Mór. Craig sylweddol ydi hi mewn gwirionedd; caiff ei hadnabod fel 'yr ynys fawr' dim ond oherwydd bod iddi efaill llai fyth gerllaw, efo goleudy isel yn gorffwys arni fel morlo gwyn.

Honnir mai brodor o ynys leol arall fyth, ynys An Fhianait, y mae modd cerdded neu yrru ati ar drai, oedd Sant Breandán. Cafodd ei eni yno tua'r flwyddyn 489 OC. Y fo wrth gwrs, yn ôl yr hanes, oedd yr Ewropead cyntaf i gyrraedd gogledd America. Mil o flynyddoedd cyn Columbus, ac ymhell cyn Madog ab Owain Gwynedd hefyd, os ydi'r straeon i'w credu.

Ond mae'n rhaid cydnabod i'r cofnod cyntaf o daith Breandán ymddangos yn Navigatio Sancti Brendani Abbatis, cyfrol o'r nawfed ganrif. Yno mae'n adrodd am sut y bu i ffwrdd am saith mlynedd yn canfod tiroedd newydd cyn dychwelyd i Iwerddon.

Teimlai nifer ar un pryd mai amhosib fyddai gallu croesi'r Iwerydd wyllt mewn cwch hwylio o ledr a gwiail, fel ag yr oedd ganddyn nhw ar y pryd. Roedden nhw'n fersiynau hirfain a mwy eu maint o'r cyryglau Cymreig o ran strwythur y cwch.

Ond yn 1976 cychwynnodd yr anturiaethwr o Sais, Tim Severin, a'i griw mewn cwch felly o Trá Lí am ogledd America i brofi bod y daith wedi bod yn bosib. Gan deithio heibio Ynysoedd Heledd yr Alban, ynysoedd Faroe a Gwlad yr Iâ, 13 mis yn ddiweddarach cyrhaeddon nhw o fewn 60 milltir i Newfoundland, cyn dŵad i drybini a gorfod cael eu hachub.

Ni phrofwyd na dadbrofi unrhyw beth. Ond does dim dwywaith bod mwy o le i gredu hanes Breandán nag un Madog. 1-0 i'r Gwyddelod ar honna.

Croesais y pier yn hamddenol am yr ynys. Roedd nifer o enweirwyr pybyr o gwmpas, yn taflu llinellau pysgota drewllyd yn obeithiol i'r dyfroedd oddi tanom. Bu'n rhaid imi orfod bod yn ofalus rhag i ambell fachyn ychwanegu fy nghlust at yr abwyd.

Cyrhaeddais be oedd yn cael ei alw, braidd yn uchelgeisiol, yn barc treftadaeth. Be oedd o mewn ffaith oedd ambell fwrdd picnic, copïau plastig o gerrig Ogam hynafol, a dwy enghraifft gyfoes o'r clochán. Cwt cerrig ar ffurf cwch gwenyn, neu benwisg esgob, ydi hwnnw. Dyna'r math o beth y byddai'r Celtiaid yn byw ynddyn nhw fil a hanner a mwy o flynyddoedd yn ôl.

Mae'n rhaid codi het i'r Gwyddelod am ddeall gwerth marchnata a gor-ddweud. Mae pob clwt gwastraff o dir yn cael ei alw'n barc treftadaeth, a phob carreg gam y bu buwch Mr O'Riley yn rhwbio'i ystlys arni yn haeddu arwydd dwristiaeth frown.

Ar frig y cnwc sy'n ffurfio'r ynys roedd cerflun carreg enfawr o greadur dychrynllyd. Roedd yn edrych fel un o'r cymeriadau o Dr Who oedd yn gwneud imi guddio tu ôl i'r soffa yn fy mhlentyndod. Hwn oedd neb llai na Breandán ei hun yn ei holl ogoniant, yn edrych yn heriol allan dros y tonnau. Ac roedd y golygfeydd dros fae Trá Lí yn wir yn ysbrydoledig, efo'r haul yn disgleirio fel mil o sêr ar doeon y tonnau.

Allan yn fanno aeth ymgais Syr Roger Casement i smyglo arfau o'r Almaen i Iwerddon ar gyfer Chwyldro'r Pasg yn 1916 ar chwâl. Cafodd Casement ei lanio ar draeth Trá na Beannaí oddi ar long danfor Almaenig, i ddisgwyl llong yr Aud Norge, oedd wrth gwrs eisoes wedi ei suddo'n fwriadol yn Cobh efo'r arfau yn ei howld.

Cafodd Casement ei ddal, a'i gyhuddo o deyrnfradwriaeth. Defnyddiodd yr awdurdodau yn Llundain ddyfyniadau o'i ddyddiadur allai fod yn cyfeirio at weithredoedd hoyw, oedd yn anghyfreithlon ar y pryd, i geisio tanseilio unrhyw gydymdeimlad tuag ato. Cafodd ei grogi yng ngharchar Pentonville.

Ail-adroddwyd hanes yn 1984. Ataliwyd cwch lleol y Marita Ann rhag dŵad i'r lan yn An Fhianait, efo saith tunnell o arfau a ffrwydron ar gyfer yr IRA ar ei bwrdd. Roedd y rheiny wedi eu cludo ar draws yr Iwerydd o Boston gan long arall. Carcharwyd Martin Ferris, gafodd ei ethol yn ddiweddarach i'r Dáil, am ddeng mlynedd am ei ran yn yr ymgais.

Aethon yn ein blaenau drwy gyfres o bentrefi efo traethau amhosib' o hirfelyn i'r chwith ohonon ni. Baile Uí Thaidhg, Baile na Scríne, ac An Baile Dubh, y dre ddu. Penderfynon ni gymryd seibiant yn y Baile nesaf – mae Baile yn golygu tre, ac yn aml caiff ei

Seisnigeiddio fel Bally – ac yn fuan daethon i Baile an Bhuinneánaigh. Sy'n swnio'n enw llawer mwy dengar na'r cyff gwawd o enw Saesneg, Ballybunnion.

Ble nesa'? Ballybutton? 'The Irish navel base', fel y dywedodd rhyw ddigrifwr o gwsmer wrtha' i mewn bar un noson feddyliol niwlog.

Tre fach glan y môr sy'n dibynnu bron yn llwyr ar golffwyr ac ymwelwyr bwced-a-rhaw ydi Baile an Bhuinneánaigh. Mae cerflun o gyn-arlywydd America, Bill Clinton, yn taro pêl golff yn gofnod o'i ymweliad yn 1998.

Mae dau draeth braf yno, wedi eu henwi'n draeth y merched a thraeth y dynion, un o boptu i furddun hen gastell ar fryncyn uchel. Mae hwnnw'n dangos olion amlwg o pan gafodd ei ddifrodi gan fellten yn 1999. Bellach mae hudwr mellt metel yn nadreddu ei ffordd at ben y castell. Codi pais, ta be?

Mae'n debyg bod y lle yn ddigon atyniadol yn nhymor byr yr haf, i bobol sy'n mwynhau tre glan-y-môr draddodiadol. Ond ar ddydd Mercher o Ebrill fel hyn, mae'n ymdebygu fwy i Tombstone yn y ffilmiau cowbois. Ni theimlais erioed yn fwy fel Wyatt Earp.

Mae'r stryd fawr yn frith o dafarnau, clybiau nos, neuaddau bingo ac arcedau hapchwarae. Ond roedd bron bob un efo caeadau metel wedi eu tynnu fel cyrff consertinas dros eu drysau a'u ffenestri. A'r rheiny wedi eu haddurno'n garedig gan artistiaid graffiti lleol, oedd yn gwybod pob dim am dueddiadau rhywiol eu gelynion.

Ni fu'n seibiant ni yno yn un hir. Aethon ymlaen drwy Baile arall, Béal Átha Longfoirt, neu Ballylongford. Pentre digon disylw ydi o heddiw, ond cafodd dau filwr hollol wahanol eu hargyhoeddiadau eu geni yma.

Un oedd Michael O'Rahilly, gâi ei adnabod weithiau fel Mícheál Ó Rathaille. Fel aelod o'r Gwirfoddolwyr Gwyddelig, chwaraeodd ran amlwg yng Ngwrthryfel y Pasg, er iddo amau doethineb y fenter. Wrth i'r brwydro ddechrau dywedodd: 'Mae hyn yn hurtrwydd, ond yn hurtrwydd gogoneddus'. Cafodd ei ladd yn fuan yn y brwydro yn ystod cyflafan waedlyd yng nghanol Dulyn.

Roedd y milwr arall o anian a gwaed Prydeinig, er iddo – fel Dug Wellington – gael ei eni yn Iwerddon. Bu Horatio Kitchener yn flaenllaw yn y broses o ddatblygu'r gwersylloedd carchar ffiaidd yn ystod Rhyfeloedd y Böer yn Ne Affrica. Bu'n gyfrifol am drechu'r brodorion yn ddigyfaddawd yn Swdan. A bu'n Ysgrifennydd Rhyfel yn ystod y Rhyfel Mawr.

Y fo oedd yr wyneb cyfarwydd efo'r mwstásh morfarch ar y posteri oedd yn annog dynion ifanc i roi eu bywydau dros 'eu gwlad'. 'Mae'ch gwlad eich angen,' sgrechiai'r posteri, efo Kitchener yn pwyntio'i fys yr uwd yn gyhuddgar at y sawl oedd yn eu darllen.

Er yn arwynebol yn arwr milwrol o fri, roedd Lloyd George ymysg nifer yn y cabinet oedd yn amheus o'i alluoedd. A bu peth sibrwd i nifer yn dawel bach ddiolch i'r drefn pan foddwyd o yn 1916. Roedd yn teithio i Rwsia i drafod efo'r cynghreiriaid yno pan suddwyd y llong yr oedd arni ar ôl taro yn erbyn ffrwydryn Almaenig. Lladdwyd 600 i gyd yn y digwyddiad.

Cyn hir daeth afon hiraf Iwerddon i'r golwg, anaconda anferthol llwydaidd oedd yn ceisio ein hel yn flin am filltiroedd maith i'r dwyrain. Wel, aber hallt yr afon oedd hi â bod yn fanwl gywir.

Mae'r Abhainn na Sionainne, y Shannon yn Saesneg, wedi ei henwi ar ôl y dduwies Sionna. Yn 224 milltir o hyd, mae rhai'n credu mai hi ydi'r Afon Llinon y bu'n rhaid i Fendigeidfran ei chroesi yn ail gainc y Mabinogi. Dadleua eraill bod An Life, y Liffey, sy'n llifo i'r môr yn Nulyn, yn nes at y disgrifiad a geir o'r Llinon.

Ystyriwch y ddadl hon. Adroddir yn y Mabinogi sut y bu i glwydau gael eu gosod ar gefn Bendigeidfran er mwyn i'w fyddin allu croesi'r afon. Enw Gwyddeleg swyddogol Dulyn ydi Baile Átha Cliath, sef Tre Rhyd y Clwydau. Cofiwch, enw Gwyddeleg ydi Dublin yn y gwraidd hefyd. Mae'n tarddu o Duiblinn, sef y llyn du. Neu Ddulyn, fel y galwn ni'r lle yn Gymraeg.

Roedden ni yn Tairbeart, ac roedd hi'n 68 milltir at y bont ffordd agosaf yn ninas fawr ddrwg Luimneach, Limeric. Neu 'Stab City', dinas drywanu, chwedl rhai. Ac wedyn byddai hi'n 68 milltir arall yn ôl at Cill Íomaí, oedd yn amneidio arnon ni'n rhywiol ar yr ochr draw i'r aber yn sir An Chláir. Ymunon ni â rhes o gerbydau oedd yn disgwyl i bowlio ar fwrdd fferi fyddai'n ein cael ni yno mewn ychydig mwy na chwarter awr.

Cymerodd Richard Crosbie dair awr i groesi'r aber yn fan hyn yn 1786. Yn Nulyn y flwyddyn flaenorol, y fo oedd y Gwyddel cyntaf erioed i hedfan, pan esgynnodd i'r awyr mewn balŵn. Roedd hynny 14 mis yn unig ar ôl i'r brodyr Joseph-Michel a Jacques-Étienne Montgolfier gyflawni'r gamp yn Ffrainc, yr ehediad dynol gyntaf erioed.

Wrth deithio'n hamddenol ar draws yr aber, er mawr braw a syndod i'r bobol anghrediniol yn gwylio islaw, bu Crosbie yn mwynhau pryd o fwyd a photel o win yn ei fasged yn y cymylau. Rhywbeth na all y Gwyddelod eraill rheiny yn Ryanair ei gyflawni hyd yn oed heddiw, heb ichi orfod troi sawl braich, a chynnig cildwrn hael.

Mae hen hanes i Tairbeart fel porthladd. Oddi yno câi pob math o gynnyrch ei gludo i fyny'r afon i Luimneach i gael ei allforio ymlaen ymhellach. Yn 1837 cludwyd cymaint â 25,000 o foch rhwng

Yr awdur a'i wraig yn croesi afon Na Sionainne

y ddau le, a 50,000 casgen o rawn. Buon nhw'n cludo bwyd oddi yma yng nghanol y Newyn Mawr llawn cymaint â chynt, er gwaetha' pledio truenus rhieni ar ran eu plant.

Cyrhaeddodd y fferi â'i ramp yn agored, fel tafod ci ar ddiwrnod poeth, cyn iddi ddŵad i stop. Daeth dyn ifanc mewn tracwisg, oedd yn dangos mwy nag oedd yn weddus, i'n cyfarch. Un o fois y ddinas fawr ddrwg, heb os, efo'r agwedd nodweddiadol yna o blant dinasoedd caled sy'n ymylu rhywle rhwng direidi a drygioni.

Ond roedd yn ddigon cyfeillgar wrth gyfarwyddo Cath ynglŷn â chael 6 metr o anghenfil hir fel Alabeina i fyny'r ramp heb grafu ei chynffon yn y ddaear.

Llwyddon ni'n rhyfeddol o rwydd, a braf oedd cael gwynt yr heli yn ein hwynebau wrth gychwyn ar draws yr aber. Safai merch ifanc mewn anorac trwm yn ei syrffed tu ôl i gownter ei chwt lluniaeth metel, neb efo'r diddordeb lleiaf mewn gwastraffu amser yn archebu coffi neu siocled neu greision neu gnau.

Sgrialodd ein cyd-deithwyr i fyny pob gris ac i bob twll a chornel i fwynhau eu mordaith fer. A ninnau yn eu plith, yn edrych ymlaen yn eiddgar at gyrraedd y bumed sir o'n taith.

Pennod 15

Cill Ruis, a phen y llam

ROEDD teimlad hynod wahanol i sir An Chláir. Mae'n wyrddach yn un peth, a hyd yn oed yn wylltach, efo'r dirwedd ar brydiau bron yn arallfydol. Ac er y gwyrddni, mae iddi rannau sy'n lloerig greigiog, cerrig anferthol yn gwthio'u trwynau drwy'r tyfiant i gael cip ar yr awyr lydan uwchben.

Mae'r sir yn teimlo'n fwy diarffordd. Wedi cael ei hanghofio, ei gadael ar ôl i ddelio efo'r 21ain ganrif ar ei phen ei hun heb ormod o ymyrraeth gan y bobl mewn siwtiau drudfawr yn Nulyn. Nid ei bod hi'n fymryn gwaeth am hynny. Ond, wrth gwrs, dydi rhu'r Iwerydd byth yn bell o'r clyw, ac roedd cyfres o glogwyni syfrdanol yn ein disgwyl.

Cill Ruis
Llun: Fáilte Ireland

Ymddangosodd un pentref bach clyd ar ôl y llall i'n cyfarch, yn aml yn ddim ond casgliad bychan o dai lled newydd, wedi hel yn un cylch gorseddol o amgylch tafarn. Daethon ni i Cill Ruis, Kilrush, yr eglwys yn y coed. Gynt yn borthladd o bwys, bellach mae pob arwydd yn y dre fechan hon yn eich cyfeirio'n falch at y marina newydd. Manteision ni ar y cyfle i aros dros nos yn yr *aire* mae perchnogion y marina wedi ei ddatblygu ar gyfer modur-gartrefi. Nid bod y staff i'w gweld yn poeni'n ormodol am gasglu'r pres.

'Gewch chi dalu'r ddynes yn y swyddfa,' meddai dyn ddaeth aton ni i'n croesawu, a dangos sut roedd cysylltu Alabeina i'r cyflenwad trydan. Roedd hynny mor gymhleth â gosod plwg yr estyniad yn y soced hollol amlwg ar bolyn gerllaw. Wrth ein hymyl roedd arwydd yn ein rhybuddio i beidio â mynd ar y glaswellt, hwnnw wedi ei orddio i ddarn o dir mor ddi-flewyn foel â'r Sahara.

Aeth ymlaen: 'Os na fydd hi yna, a galla' i ddim meddwl pam na ddylai hi fod, mi fydd hi yna 'fory. Gewch chi dalu bryd hynny. Peidiwch â phoeni am bres; dan ni'n siŵr o'i gael o rywsut.'

Prin bum munud i ffwrdd oedd y dre, heibio cytiau glampio trawiadol oedd yn arnofio ar ddyfroedd y marina ei hun. Mae'r strydoedd mor llydan yn Cill Ruis nes bod gyrwyr yn gadael eu ceir yng nghanol y ffordd er mwyn picio i'r siop, yn aml heb drafferthu troi'r injan i ffwrdd.

Cafodd ei ddatblygu yn arddull yr Iseldiroedd gan deulu Van de Leur, fu'n dirfeddianwyr o bwys yn y parthau. Nid eu bod nhw fymryn yn uwch eu parch ymysg y werin oherwydd eu hachau Isalmaenig. Roedden nhw'r un mor ddigyfaddawd â'r tirfeddianwyr Seisnig a Gwyddelig-Seisnig mwy arferol; llawer gwaeth na rhai ohonyn nhw.

Mae'r cofnodion yn dangos iddyn nhw hel rhagor nag 20,000 o deuluoedd tlawd o'u bythynnod pitw yn ystod y 19eg ganrif, ar adegau pan nad oedd talu arian rhent yn bosib. Gwelodd y wyrcws lleol farwolaethau ar raddfa ddiwydiannol, wrth i'r teulu bonedd fwynhau bywyd bras tu ôl i furiau eu plasty. Roedd hi'n well ganddyn nhw chwalu'r bythynnod, gan ddefnyddio polion trymion yn siglo ar raffau, na gweld y tlodion yn cael llety di-dâl.

Mae modd ymweld â gerddi muriog y plasty hyd heddiw, lle braf i hamddena i sŵn pryfetach yn byw eu bywydau byrion i'r eithaf. Ond cafodd y plasty ei hun ei ddifrodi gan dân yn 1897, er mawr foddhad i'r bobol leol y tu allan i'w furiau. Nid 'mod i'n awgrymu i ryw anfadwaith ddigwydd. Am wn i...

Bu'r tŷ'n sefyll yno'n furddun du am ddegawdau; tystiolaeth o faint o gyfoeth y gall rhywun ei wasgu o chwys eraill, ond gan ddangos hefyd pa mor fregus y gall y cyfoeth hynny fod. All y cyfoethog ddim bod yn gyfoethog heb ymdrechion y tlawd.

Cafodd y lle ei chwalu a'i glirio yn y 1970au; ei sgubo ymaith yn ddiseremoni. Penderfynodd y cyngor lleol mai'r defnydd gorau o'r gofod er lles y trigolion lleol oedd fel maes parcio. Nid bod llawer o'i angen pan fo pawb yn parcio yng nghanol y stryd.

Dioddefodd Cill Ruis ergydion di-ri i'w statws fel prif ganolfan fasnachol yr ardal, fel unrhyw dre wledig o'i bath, yn Iwerddon fel yng Nghymru. Ond mae ambell siop yn dal ei thir yn ddygn.

Roedd ffenestri'r siopau dillad yn adlewyrchu'r chwaeth leol mewn ffasiwn, fyddai wedi gweddu'n well i'r strydoedd rhain sawl degawd yn ôl. Nid bod neb yn malio botwm corn. Mae'n arwydd o'r un agwedd ag y mae arolygon yn eu dangos am ordewdra; os ydi pawb arall yn sglaffio byrgyrs a sglodion, nid oes raid ichi boeni am eich pwysau. Bod yn wahanol sy'n anodd, nid bod yn dew. Nac edrych fel modelau o gatalogau ffasiwn melynog o'r 1950au.

Mae nifer o'r siopau eu hunain hefyd wedi eu cadw mewn asbig. Mae rhywbeth braf am siopau mewn sepia, efo lloriau gwichlyd, ac arogl oelcloth a pholish a llwch yn llenwi'r aer. Siopau lle mae'r perchennog yn estyn am nwyddau oddi ar silffoedd ceinciog, neu'n diflannu i rywle i chwilio amdanyn nhw, cyn eu gosod ar gownter derw sgleiniog i gael eu harchwilio.

Bu bron imi brynu hoelion neu gareiau 'sgidiau neu frwsh sgwrio mewn un siop, unrhyw beth, dim ond am y profiad o gael fy ngweini. Ond prin ydi'r lle yn ein cartref ar olwynion i gario dim byd ond yr hollol angenrheidiol.

Y diwrnod canlynol arweiniodd y Slí ni i lawr lonydd na fyddai hyd yn oed yn haeddu rhif arnyn nhw yng Nghymru. Ond yn

Iwerddon caiff hyd yn oed y lôn gulaf, fwya' tyllog a dibwrpas ei bedyddio'n barchus efo llythyren a rhif.

'M' rhywbeth ne'i gilydd fydd traffordd, 'N' yn ffordd genedlaethol dda, ac mi fydd ffordd 'R' yn un ranbarthol allai fod yn rhesymol neu'n hunllef. Roedden ni'n ceisio llywio Alabeina ar hyd un arall eto fyth o'r we o ffyrdd 'L' sy'n croesi Iwerddon fel gwythiennau mewn llygad chwannen. Mae'r 'L' yn golygu 'lleol', gyda llaw, er y byddai lympiog yn aml yn gweddu'n well.

Rhywle yng nghyffiniau Dún Átha bu'n rhaid inni ddisgwyl yn amyneddgar am rai munudau. Roedd lori drymlwythog wedi parcio ar ganol y lôn – a ble arall oedd 'na i barcio? – a dechrau dadlwytho'i llwyth. Dechreuodd y gyrrwr godi coedwig o bolion teliffon pren, yn sgleinio o greosot, efo craen bychan oedd ar gefn y lori, a'u symud dros y gwrych i'r cae. Trowyd injan Alabeina i ffwrdd yn rhadlon, ac estynnon ni am lyfrau i ymlacio'n hamddenol.

Ymhen dim gwasgodd fan wen heibio o'r tu ôl i ni, i sŵn y droed dde wedi ei gwasgu i'r llawr, a dim ond trwch papur tŷ bach rhad rhyngon ni. I be'? meddylion ni. I gael eistedd yn ddiamynedd tu ôl i'r lori 'na? Ond roedd gan mi-nabs yn y fan wen syniadau eraill.

Gyrrodd yn wyllt am rych y ffos ddofn oedd ar ochr dde'r ffordd, rhywle yng nghanol dryswig o fieri. Plymiodd y ddwy olwyn ar ochr y gyrrwr i'r ffos garegog. Neidiodd y fan heibio'r lori fel cangarŵ herciog, gan dasgu cerrig mân o'i ôl fel meddwyn yn chwydu moron. Tebyg mai dim ond gyrrwr y fan oedd o, gwas cyflog di-barch, yn hytrach na'i pherchennog.

Digon digyffro fu gweddill y daith at eich cyrchfan, ac eithrio osgoi ambell dwll oedd ar fenthyg gan berchnogion y lleuad. Roedden ni'n anelu at benmaen Ceann Léime, neu ben y llam.

Mae'r enw yn cyfeirio at ddwy graig wedi eu henwi ar ôl y cariadon chwedlonol Diarmuid a Gráinne. Dyna le bu'n rhaid iddyn nhw neidio o un i'r llall i ddianc rhag y cawr o ymladdwr Fionn mhac Cumhaill, Finn McCool. Mae ffurfiau o'r stori i'w cael drwy'r byd Celtaidd. Rhyw bryd yn y gorffennol cafodd yr enw ei gyfieithu i Leap Head, ac yn ddiweddarach fyth ei lurgunio i'r Loop Head y cyfeirir ato heddiw yn Saesneg.

Penrhyn a goleudy Ceann Léime
Llun: Fáilte Ireland

Dyma un o'r meinaf o benrhynau'r gorllewin cyfan, bys esgyrnog yn mentro pigo trwyn yr Iwerydd blin. Does fawr ddim yno o ran atyniadau twristaidd. Diolch i'r drefn. Wedi dweud hynny, roedd y goleudy yn y broses o gael ei weddnewid 'i gynnig gwell profiad i ymwelwyr', yn ôl yr arwydd wrth y giât.

Ond y gwir atyniad ydi'r Iwerydd mawr ei hun. Wrth gwrs bod clogwyni uwch i'w cael, a mannau efo cyfleusterau fel toiledau ar gyfer eu hymwelwyr. Ond fan hyn oedd uchafbwynt y daith gyfan hyd yn hyn i mi.

Powliai'r tonnau gwyrddlas anferthol yr holl ffordd o Wlad yr Iâ aton ni, gan adlewyrchu llewyrch yr haul mewn stribedi arian ar eu copaon. Roedd ymchwydd cyson y môr fel cefn rhyw sarff anniddig yn dŵad i'n bygwth. Roeddwn i mewn llesmair yn gwylio holl rym natur ar ei orau. Mwynheais flas yr heli ar fy ngwefus, y gwynt ar fy amrannau, a'r tonnau'n rhuo'n fyddarol wrth guro ar ddrws y clogwyni fel beilïaid dychrynllyd.

Reit ar drwyn y penrhyn roedd arwydd EIRE anferthol wedi ei greu o gerrig, arwydd o niwtraliaeth y wladwriaeth adeg yr Argyfwng ar gyfer unrhyw beilot ansicr ei ddaearyddiaeth. Yno hefyd roedd olion hen wylfa goncrit, lle bu gwirfoddolwyr yn treulio sawl noson ddiflas yn cadw llygad ar y môr a'r awyr.

Ond ar noson Rhagfyr 16eg, 1943, clywodd gwirfoddolwr unig sŵn awyren yn pasio uwchben. Cafwyd adroddiadau bod rhywun wedi parasiwtio i'r ddaear. Yn ddiweddarach clywodd y Garda yn Cill Chaoi bod dyn amheus yr olwg mewn côt laes, ac yn cario cês, wedi ei weld yn cerdded ar lôn gefn ar gyrion y dre.

Y dyn oedd John Francis O'Reilly, gŵr lleol, a mab i un o'r plismyn a arestiodd Syr Roger Casement adeg Gwrthryfel y Pasg. Bu'r mab yn fynach am gyfnod byr iawn, tair wythnos â bod yn fanwl gywir, cyn mynd i weithio mewn gwesty ar ynys Jersey. Gwrthododd gynnig i ddianc i Loegr wrth i'r Almaenwyr baratoi i feddiannu Ynysocdd Môr Udd, gan ofni y câi ei ddrafftio i ymladd yn lluoedd Prydain. Cafodd ei hun yn gweithio mewn gwaith dur yn Braunschweig yn yr Almaen, ac yn ddiweddarach bu'n darlledu propaganda ar y radio i'r Natsïaid.

Roedd William Joyce yn ddarlledwr propaganda Natsïaidd arall oedd o dras Wyddelig. Er iddo gael ei eni yn Efrog Newydd, cafodd ei fagu yn Iwerddon, â'i dad yn Wyddel. Roedd yn un o nifer o ddarlledwyr gafodd y llysenw Lord Haw Haw, ond y fo oedd yr enwocaf o bell ffordd. Cafodd ei ddal ar ddiwedd y rhyfel, a'i grogi am deyrnfradwriaeth, ar y sail iddo fod yn ddeilydd pasbort Prydeinig.

Bu Raymond David Hughes o'r Wyddgrug yn darlledu propaganda Cymraeg ar ran y Natsïaid am gyfnod yn 1944. Bu'n ffodus i gael ei garcharu yn hytrach na'i grogi ar ddiwedd y rhyfel. Bu farw yn Cheltenham yn 1999, yn ŵr busnes llwyddiannus. Bu dau Albanwr yn darlledu mewn Gaeleg yn ystod y rhyfel yn ogystal.

Roedd Joseph Goebbels, gweinidog propaganda'r Drydedd Reich, a'r Führer byrhoedlog yn sgil hunanladdiad Hitler, yn amlwg yn werthfawrogol o werth darlledu yn yr ieithoedd Celtaidd.

Yn 1943 anfonwyd O'Reilly yn ei ôl i Iwerddon fel ysbïwr, efo trosglwyddydd radio yn ei gês, i adrodd yn ôl ar symudiadau llongau

Dún Beag

Prydeinig o amgylch Iwerddon. Yn ysbïwr anobeithiol, cafodd ei ddal gan y Garda o fewn oriau i'w draed daro'r ddaear. Carcharwyd o am gyrraedd tir Iwerddon yn anghyfreithlon. Dihangodd o'r carchar, a gwneud ei ffordd yn ôl i gartref y teulu yn Cill Chaoi. Efo £500 o wobr yn cael ei gynnig am wybodaeth amdano, ni fu'n hir cyn iddo gael ei ddal eto. Hawliwyd y wobr gan neb llai na'i dad. Unwaith yn blismon...

Aethon yn ein blaenau tua'r gogledd, y Slí yn ein swyngyfareddu i sawl twll a chornel efallai na ddylid bod wedi mentro iddyn nhw mewn tŷ metel ar bedwar cylch o rwber. Ond roedden ni'n ffodus mai digon prin oedd cerbydau eraill yn y cyffiniau rheiny.

Cyrhaeddon ni Dún Beag, y ddinas neu'r gaer fechan, a throi oddi ar y briffordd heibio lle'r oedd y tarmac yn dŵad i ben at gei bychan yn cael ei warchod gan forglawdd byr. Roedd offer pysgota wedi ei adael blith draphlith ym mhob man, neb yn amlwg yn petruso dim am ladron.

Tu ôl i ffens ddiogelwch roedd tŵr cerrig sgwâr yn gwegian i aros ar ei draed. Roedd un ochr eisoes wedi rhoi'r ffidl yn y to, wedi cwympo fel gêm jenga i'r ddaear, ac yn agored i'r elfennau grafu ymhellach i wneud y dolur yn waeth. Roedd yn drist ei weld wedi ei adael i frwydro am ei enaid mor ddiserch, heb hyd yn oed pwt o lechen yn dynodi ei enw. Ai hon oedd y gaer fechan yn enw'r lle?

Roedd dyn ifanc a'i fab bach, tua dyflwydd oed, yn anadlu'r heli ar y morglawdd. Daethon nhw aton ni am sgwrs. Roedd o'n hanu o Awstralia, ond bellach yn byw yn Dún Beag.

'Dwi wrth fy modd yma, heblaw am y tywydd,' meddai, gan ysgwyd ei wallt o'i lygaid. 'A dwi'n caru'r bobol. Maen nhw mor gyfeillgar. Fues i'n byw yn Slofacia efo fy ngwraig. Mae hi'n dŵad o Košice. Ond ro'n i'n colli'r môr gormod yn fanno, felly daethon ni i fan hyn. Mae hi'n gweithio'n lleol, ond cha' i ddim gweithio am nad ydw i'n dŵad o'r Undeb Ewropeaidd. Felly dwi'n edrych ar ôl y mab tra ei bod hi'n ennill pres i'n cadw.'

Daeth nifer o bobol o bob cwr o'r Undeb Ewropeaidd i'r parthau hynny o Iwerddon i lenwi bylchau yn y gweithlu lleol. Ond bydd y bobol ifanc a fagwyd yno yn aml yn fwy â'u bryd ar fyw ym mwrlwm y dinasoedd.

Un o'r cyflogwyr pwysicaf yn lleol ydi'r clwb golff, sydd â gwesty pum seren ac adnoddau moethus eraill ynghlwm ag o. Ac mae'r faner serog a streipiog sy'n cyhwfan ochr yn ochr â'r trilliw Gwyddelig ger y fynedfa yn cynnig awgrym cryf o'i berchnogaeth. Mae'n un o fuddsoddiadau neb llai na Donald Trump. Mae hwnnw'n fab i Albanes o ynysoedd Heledd, oedd â'r Aeleg yn iaith gyntaf iddi. Hi hefyd yn anffodus oedd mam yr arlywydd peryclaf a welodd yr Unol Daleithiau erioed. Tipyn o gamp.

Ymhellach i fyny'r N67 daethom ni i An Leacht, Lahinch yn Saesneg. Dyma un arall o nifer o drefi glan môr ar yr arfordir hwn sydd wedi gweld dyddiau gwell, ac yn brwydro i ganfod pwrpas newydd i fywyd. Ydyn, mae'r siopau bwcedi a rhawiau, a

An Leacht

sglodion, a chŵn poeth, yn parhau i agor eu drysau'n llawn gobaith. Ond er bod rhyw gnewyllyn o'r ymwelwyr hen ffasiwn yn dal i ddŵad yma, yn hytrach na mynd efo'r heidiau am Fôr y Canoldir, syrffwyr sy'n rhoi'r mêl ar y frechdan yma bellach.

Roedd maes parcio yng nghysgod morglawdd hir, sy'n cadw'r dre rhag crafangau'r môr, yn orlawn o faniau amryliw efo byrddau hirion ar eu toeon. A matresi yn eu cefnau.

Roedd yr acenion yn awgrymu iddyn nhw dyrru yno o bob cwr o'r wlad, ac ambell un o ymhellach i ffwrdd. Ond y gwir amdani ydi mai'r unig gyfleusterau na ddôn nhw efo nhw ydi'r tonnau gwyllt tu hwnt i'r traeth. Ni ddaw gwaredigaeth economaidd oddi wrthyn nhw heb fuddsoddi yn y math o gyfleusterau y maen nhw eu hangen. Nid pobol i yfed cwrw yn y prynhawn, a stwffio'u boliau â bwyd saim, cyn setlo am noson o bingo, mohonyn nhw.

Ymlaen ymhellach eto, a'r ffordd yn dechrau dringo yn fyr ei hanadl at waelodion boliog y cymylau. Ar y chwith roedd rhai cannoedd o bobol, fel byddin o forgrug, i'w gweld yn brwydro yn erbyn y gwynt cryf oedd wedi codi i gyrraedd erchwyn y clogwyni diderfyn. Dyma glogwyni Aillte an Mhothair, gelltydd y murddun: yr enwog Cliffs of Moher, fel y cyfeirir atyn nhw yn Saesneg, efo'r Moher yn cael ei ynganu fel 'môr'.

O bell ymdebygai'r fyddin i'r rhesi o bobol a welir ar ŵyl y banc yn disgwyl i roi blaen troed ar gopa'r Wyddfa. Ac i blannu baner goch, glas a gwyn ar fan uchaf 'Lloegr a Chymru', chwedl nhw. Wedi hynny bydd gofyn tynnu'r hun-lun angenrheidiol o'u gorchest i ddangos i'w teulu a chyd-weithwyr adref. Cyn mentro i'r caffi am goffi a theisen, a hel eu traed yn arwrol yn ôl am Lanberis ar y trên olaf.

Byddwch yn deall o'r llith chwerw yna fy mod i'r math gwaethaf o dwrist; y math sy'n casáu twristiaid eraill. Mae bod yng nghanol twr o frodorion yn mynd o gwmpas eu pethau yn berffaith iawn gen i. Ond nid pobol fel fi fy hun, yn pasio drwodd.

Byddwn ni'n aml yn fwriadol anelu am bellafion gwyllt ein cyfandir yn y gobaith na welwn ni'r un ymwelydd arall. Alla' i ddim goddef ciwio i weld rhyw atyniad mor llawn fel na phrofwch chi, na

gweld, dim byd, ond cefnau a chorunau, ac arogl chwys ceseiliau.
Ym. Ond os ca' i wneud cyfaddefiad fan hyn? Er gwaetha' f'atgasedd at y syniad, do, fues i yng nghanol tyrrau o ymwelwyr i weld cadeirlan y Sagrada Familia yn Barcelona. Heb sôn am y Fatican, a'r cerflun o Grist yn Rio de Janeiro, bedd Ramses yr Ail yn Nyffryn y Brenhinoedd yn yr Aifft, a chorff stwffiedig Lenin ger y Cremlin. Rhagrith, ta be?

Ond mae egwyddorion wedi eu creu er mwyn eu plygu, tydyn nhw? Gofynnwch i unrhyw wleidydd. Fel y dywedodd Groucho Marx: 'Dyna fy egwyddorion, ac os nad ydach chi'n eu hoffi nhw, mae gen i rai eraill.'

A do, trodd Alabeina hithau ei thrwyn i mewn i faes parcio anferthol, oedd wedi ei gerfio'n ddideimlad i ochr y mynydd corsiog, ar gyfer ymwelwyr Aillte an Mhothair.

Mae'r clogwyni ymysg atyniadau mwyaf Iwerddon gyfan, yn denu rhagor na miliwn o bobol yn flynyddol. Aiff rhai mewn cychod o bentre Dúlainn, Doolin, bedair milltir i ffwrdd, i fwynhau eu hysblander o safbwynt y pysgod. Ond roedd hi'n llawer rhy dymhestlog i hynny fod yn destun pleser heddiw.

Cafodd y safle wrth fan ucha'r clogwyni ei ddatblygu ar gyfer twristiaid mor bell yn ôl â chanol y 19eg ganrif. Erbyn hyn mae llwybr da o gerrig gwastad, yn ymestyn am 11 milltir, y mae modd ei gerdded ar gopa'r clogwyni. Ac mae canolfan ddehongli anferthol wedi ei chladdu bron o'r golwg ym mol y mynydd, gyferbyn â'r maes parcio.

Roedd acenion ac ieithoedd o bedwar ban byd wedi eu harllwys o'r fflyd o fysiau moethus wrth y ganolfan ddehongli. Gwnaethon ein ffordd yn barchus ar hyd y llwybr at dŵr bychan oedd ar frig y bryncyn o'n blaenau, yng nghwmni rhes o bobol oedd yn swatio'n dynn mewn cotiau trwchus, call. Ceisiodd ambell aderyn y môr ddangos ei alluoedd hedfan uwch ein pennau, cyn rhoi'r ffidl yn y to ac anelu'n ôl am glydwch cymharol ei nyth.

Roedd grym rhyfeddol natur yn hudo rhywun i anghofio am yr oerfel oedd yn cydio ym mêr yr esgyrn. Rhwng y gwynt yn byseddu'ch bochau'n ddigywilydd, a'r tonnau'n drymio'n fygythiol gyson o'r dwnsiwn islaw, roedd rhyw deimlad bron iawn yn ysbrydol i'r lle. Fel crochan cenhadwr.

Ond daethon i'r casgliad i unigrwydd hyfryd clogwyni pen y llam, Ceann Léime, gael y gorau ar fan hyn. Roedd gormod o gyrff dynol yma i fod yn bleserus.

Aethon yn ein blaenau am Dúlainn. Efo sawl un wedi bod yn brolio'r lle am ei sin gerdd fywiog, byddwch yn synnu o ddeall iddi fod yn fwriad gynnon ni i fwynhau amser yn un o'r tafarnau yno.

Pennod 16

Cadw'r traddodiadau yn Dúlainn
a Lios Dúin Bhearna

MAE Dúlainn, y tir du yn ôl un dehongliad, yn un o'r pentrefi bron yn chwedlonol rheiny y bydd rhywun wastad wedi clywed amdanyn nhw ymhell cyn eu cyrraedd. Rhyw fath o Fetws Bledrws o le.

Roedd nifer ar hyd y daith wedi argymell y dylen ni ymweld â'r lle os oedden ni am foddi ein hunain mewn cerddoriaeth. A phwy na fysai am wneud hynny? Mae cerddoriaeth Wyddelig wedi dylanwadu ar y byd bron cymaint â'u tafarndai.

Yn sicr, gellir clywed dylanwadau Gwyddelig mewn canu gwlad Americanaidd. Ac mewn rhyw groesbeilliad, dylanwadodd hynny ar

Dros y bont o Dúlainn i Sráid na nIascaírí

un pryd ar y showbands Gwyddelig. Roedd hynny'n ffurf o adloniant fu'n boblogaidd yn Iwerddon am ryw chwarter canrif o'r 1950au ymlaen, gan lenwi neuaddau dawnsio fyddai'n dallu'r llygaid, efo'r dillad mor sgleiniog â'r llenni ar y llwyfan.

Un o'r bandiau mwya' eu bri yn y 1970au oedd y Miami Showband. Ymestynnodd eu poblogrwydd hyd yn oed ar draws y ffin i'r gogledd, nes i rai unoliaethwyr bryderu bod dylanwadau 'estron' o'r math am fygwth purdeb diwylliannol eu pobol.

Daeth y peth i benllanw hyll ym mis Gorffennaf 1975. Llofruddiwyd tri aelod o'r band gan grŵp parafilwrol yr UVF, wrth iddyn nhw ddychwelyd o sioe yn Droichead na Banna yn sir An Dúin. Prin fu'r ymweliadau gan y bandiau i'r gogledd wedi hynny, a phallodd eu poblogrwydd yn llwyr yn fuan wedyn.

Ond y canu gwerin traddodiadol, yn llawn synau'r bib geiniog a'r ffidl a'r bodhrán, ddaeth a'r traddodiadau cerddorol rhain i amlygrwydd. A does dim dwywaith i'r gorau o ganu Gwyddelig gael ei efelychu gan artistiaid gwerin Cymraeg.

Math o ddrwm llaw ydi'r bodhrán, yn y gorffennol wedi ei greu drwy dynnu croen anifail dros ffrâm gogr neu ridyll. Credir bod cysylltiad rhwng yr enw â'r gair bodhar, byddar yn Gymraeg. Yn ei hanfod mae'n cyfeirio at sŵn mud yr offeryn. Ond mi all offerynnwr medrus gael sawl sain wahanol ohono, drwy osod y bysedd tu cefn i'r croen, neu golbio'r ffrâm efo'r ffon daro fechan. Roedd y cyfansoddwr a'r darlithydd enwog Seán Ó Riada o'r farn i'r bodhrán fod yn offeryn traddodiadol Celtaidd, ac iddo gael ei ddefnyddio ymhell cyn dyfodiad Cristnogaeth.

Yn sicr roedd Dúlainn â rhan allweddol i'w chwarae yng nghadw a datblygu'r traddodiadau diwylliannol. Yno aeth yr arbenigwyr efo'u peiriannau recordio cynnar i gofnodi'r llewyrch cerddorol, cyn iddo farw o'r tir, yn eu tyb hwy.

Pentre pysgota oedd y lle yn wreiddiol, ac mae'n parhau i fod i ryw raddau. O hynny, ac o fyd amaeth, y deilliodd y traddodiadau cerddorol rhyfeddol. A bu'r Wyddeleg yn ganolog iddo tan y 1950au. Edwino wnaeth yr iaith yn y cyfamser, wrth i dwristiaeth wthio pob ystyriaeth arall o'r neilltu. Ond daliodd y gerddoriaeth ei thir.

Mae canol y pentre yn cynnig y casgliad disgwyliadwy o siopau cofroddion, ac ambell gyfle i brynu byrgyr neu grys-T. Ond gwir drysor y lle ydi'r tafarnau. Sawl gwaith clywais yr ymffrost y gallwch ysgwyd blaen eich troed i fiwsig traddodiadol yn un o'r tai potes yno bob un diwrnod o'r flwyddyn. Rhywbeth llesol i'r enaid, os nad i'r iau neu'r afu.

Roedd rhywun wedi argymell tafarn Gus O'Connor inni fel cyrchfan gwerth chweil. Ac mi ganfyddom ni'r lle ar draws pont fwa hynafol, yn Sráid na nIascairí, stryd y pysgotwyr. Pentre bach ar wahân ydi fanno mewn gwirionedd, aiff o dan yr enw Fisherstreet yn Saesneg. Mae modd dal cychod oddi yno at ynysoedd Oileáin Árann, oedd yn gorwedd allan yn y bae mewn côt ysgafn o niwl, neu at waelodion clogwyni Aillte an Mhothair.

Cynghorwyd ni gan un o'r staff i barcio Alabeina mewn cilfan hir ond rhychiog ar yr allt uwchben y dafarn, oedd yn arwain i bwy a ŵyr ble dros y gorwel. Yno roedd y bysiau lu oedd yn galw yn aros ar ôl dadlwytho eu cynnwys. Roedd yr olygfa oddi yno yn wirioneddol hudolus. Efo bwyd a chwrw yn llenwi'n boliau, a sŵn y ffidl a'r bodhrán yn atseinio yn ein clustiau, roedd noson braf o gwsg yn siŵr o fod yn ein disgwyl yn ddiweddarach.

Ond yn gyntaf roedd materion pwysicach na chysgu i feddwl amdanyn nhw. Y dafarn. Wrth gyrraedd, cawson ni gyfarwyddiadau na ofynnon ni amdanyn nhw, yn ein rhybuddio nad oedd signal ffôn symudol o gwbl yn Fisherstreet. Ond roedd modd defnyddio wi-fi'r dafarn, os oedd rhaid cysylltu efo'r byd mawr tu allan.

'Cofiwch,' aeth y ferch tu ôl i'r bar yn ei blaen. 'Dydi hwnnw ond yn gweithio'r ochr bella' i'r bar fan acw, ond nid bob tro, a ddim o gwbl os bydd gormod o bobol yn trio'i ddefnyddio ar yr un pryd. Ond mi fydd angen cod arnoch chi, a dydw i ddim yn cofio be ydi o.'

Wrth iddi gymryd ei gwynt ati, bachais ar y cyfle prin i gyfrannu at y sgwrs. Eglurais nad oedd bwys gynnon ni am nac wi-fi na signal ffôn. Byddai diod yn ein dwylo yn ddigon i'n bodloni wrth ddisgwyl am gerddoriaeth i'n swyno.

Prin iawn oedd yr acenion Gwyddelig yn y lle, ac eithrio o blith y staff. Swniai'r rhan fwyaf fel Americanwyr. Neu bobol o Ganada, o bosib. Er iddo achosi dicter i'r naill ochr a'r llall, fel y rhan fwyaf o Ewropeaid, alla' i yn fy myw ddweud y gwahaniaeth rhwng acenion Saesneg y ddwy wladwriaeth.

Fel arfer bydda' i'n gorfod canfod ryw ffordd o beidio â sathru ar eu traed. Efallai drwy ofyn a ba ddinas neu dalaith y dôn nhw. Fydd cael ateb fel 'Chestermere', wrth gwrs, ddim ond yn cymylu'r dyfroedd ymhellach. Ar adeg fel hynny, does dim all rhywun ei wneud ond gwenu'n ddwl a dweud: 'O, ia? Lle braf dwi'n siŵr.'

Beth bynnag, roedd hi'n ymddangos bod cwsmeriaid lleol Gus O'Connor wedi hel at ei gilydd fel geifr mewn terfysg. Dim ond rhyw bedwar neu bump ohonyn nhw, yn hawlio cornel swnllyd o'r cownter cwrw. Anelon ni am fanno, gan obeithio edrych yn llai fel twristiaid. Nid fod hynny'n anodd, â ninnau a'r Gwyddelod bron yr unig rai heb fod yn gwisgo capiau pêl-fas.

Tu ôl i'r bar roedd bathodynnau oddi ar ddillad amrywiol wasanaethau brys, bron y cyfan o'r Unol Daleithiau, wedi eu gosod ar y wal. A gerllaw roedd peiriant chwydu pres, esgus hawdd y banciau dros gau eu canghennau, yn tynnu sylw'n llachar.

Roedd arogleuon saim a chig a physgod yn chwythu drwy'r lle, a phlatiau llawnion neu weigion ar bron bob bwrdd. Rhusiodd y staff o gwmpas mewn ras ddiderfyn i glirio'r rhai gweigion cyn i'r rhai llawnion nesa ddianc o'r gegin. Sgwariodd criw o saith i mewn fel tyrcwn uchel eu cloch, ac aeth un o'r staff atyn nhw'n drymlwythog â bwydlenni.

Ond dim ond diod a cherdd roedden nhw eu hangen, meddai'r prif dorsythwr, mewn acen oedd wedi hedfan i mewn o America ar gefn eryr. Neu o Ganada, wrth gwrs. Cafodd wg am ei drafferth. Dyna fwrdd allai fod wedi bwydo saith yn gorfod cael ei osod i yfwyr llawer llai proffidiol, hyd yn oed ar brisiau Gwyddelig.

O'r diwedd, clywais synau ffidl ac acordion yn codi o ganol y cleber yn rhywle. Cefais gip ar dri cherddor hael eu blewiach yn eistedd o amgylch bwrdd bychan. Roedden nhw wedi eu hamgylchynu gan fôr o gapiau a boliau, fel ŵyn ar fin cael eu llarpio gan fleiddiaid glafoeriog. Cafwyd curo dwylo a stampio traed, a'r hwpio swnllyd 'na y mae Americanwyr yn ei wneud i ddangos eu

cymeradwyaeth. Aeth un peint yn ddau, a dau yn dri, a thri yn.......
Ac aeth y miwsig ymlaen ac ymlaen.

A ro'n i wedi bod yn llygad fy lle yn gynharach. Cawsom ni noson fendigedig o gwsg, i sŵn defaid a gwylanod, a'r Iwerydd bas ei lais. Ond a ninnau eisoes yn Iwerddon ers pedair wythnos, ac efo rhyw lun o amserlen i geisio cadw ato, y bore canlynol roedd hi'n bryd ffarwelio â'r arfordir. Dim ond dros ychydig oriau. Roedden ni am gyrraedd Conamara, rhywle oedd tua'r hanner ffordd o'n taith. Bu'r darn hwnnw o'r wlad ag atynfa arbennig imi ers sawl blwyddyn. Rhywbeth hudolus, na allai roi fy mys arno. Gwreiddiau Celtaidd? Peidiwch â chwerthin, da chi.

Roedden ni hefyd yn awyddus i wneud ein ffordd dros ran o'r ucheldir oedd ar y gorwel, i weld mwy o dirwedd ryfeddol y Boirinn, neu'r Burren. Yn 200 milltir sgwâr, mae wedi ei ffurfio o garreg galch a thywodfaen, wedi eu hollti'n glogwyni serth ar yr arfordir. Oddi wrth y môr, mae'r Boirinn yn sefyll o dan orchudd o fawndir, coed pinwydd, a pheth tir amaethyddol. Mae darn deheuol ohono wedi ei ddynodi gan UNESCO yn barc ecolegol o bwys byd-eang.

Mae teimlad cynhanesyddol i'r ardal. Ponciau creigiog anferthol yn sefyll fel plorod dychrynllyd, fel croen broga, yng nghanol tir sy'n edrych ar un olwg yn ddiffrwyth. Ond hwnnw mewn gwirionedd yn berwi â bywyd rhyfeddol o amrywiol.

Mae'r ffyrdd yn dringo â'u tafodau allan at frig bryncyn ar ôl bryncyn, cyn llithro i lawr yr ochr arall fel llyswennod yn gwingo am eu tarddle. Cawson ambell gip ar Gonamara yn gwenu arnom ni'n groesawgar ar draws y bae, yn ein hannog draw am swper efo hi.

Un o brif drefi'r ardal ydi Lios Dúin Bhearna, Lisdoonvarna, cartref i 800 o bobol. Cafodd ei sefydlu'n wreiddiol ar ddechrau'r 19eg ganrif fel tre sba, er mwyn denu'r cyfoethog i fanteisio ar ddŵr llesol y Boirinn oedd yn tarddu o nifer o ffynhonnau yn y cyffiniau.

Ond mae'n fwyaf enwog bellach am ei gŵyl ganfod cariadon. Bob mis Medi daw 40,000 o bobl ddi-briod i chwilio am gymar, ac ambell un priod, siŵr o fod. Dyma ddigwyddiad gaiff ei ddisgrifio orau fel croesiad rhwng ffair a mart.

Lios Dúin Bhearna
Llun: Fáilte Ireland

Dechreuodd y traddodiad yn y 19eg ganrif, pan ddeuai ffermwyr y Boirinn, â'u pyrsiau'n llawn ar ôl y cynhaeaf, i'r dre i chwilio am wraig. Ac ar frig eu rhestr fyddai'r merched braf eu byd rheiny fyddai wedi tyrru yno i fwynhau'r cyfleusterau sba.

Efallai i enw'r lle ddŵad yn gyfarwydd i nifer ohonon ni pan ganodd yr anfarwol Christy Moore ei chlodydd. Roedd mewn ffaith yn canu am ŵyl gerddorol enfawr fu ar un pryd yn cael ei chynnal yma, er i faes yr ŵyl ei hun fod yn nes at Dúlainn. Roedd hi'n enwog am ei rhialtwch, ond hefyd ei meddwdod a'i cham-ymddwyn.

Daeth y llenni i lawr yn derfynol yn 1983 pan fu'n rhaid i'r Garda ddelio efo terfysg difrifol ar y strydoedd. Roedd y trefnwyr wedi cyflogi clwb o foto-beicwyr i helpu efo rheoli'r torfeydd, gan eu talu'n rhannol mewn cratiau o gwrw. Beth yn y byd allai fynd o'i le? Yn ôl adroddiadau, bu'r beicwyr yn cyfrannu at ac yn annog yr anhrefn yn fwy na'i atal.

Yn waeth o lawer, bu farw wyth o bobol ifanc oedd yn mynychu'r ŵyl y flwyddyn honno pan foddwyd nhw'n ddamweiniol yn y môr ger Dúlainn. Gwrthododd yr awdurdodau bob cais am drwydded i gynnal y digwyddiad fyth wedyn.

Roedd hi'n dawel fel y bedd wrth inni gyrraedd Lios Dúin Bhearna, â hithau'n fore Sadwrn. Bron y gallwn glywed pennau'n curo'n boenus drwy'r lle yn sgil gorchestion y noson cynt. Ond doedd dim modd anwybyddu gwerth yr ŵyl gariadon i'r economi leol. Roedd y Matchmaker Inn ar y brif stryd â'i drysau wedi cau'n dynn, ond yn dangos olion llewyrch. Ac roedd cerflun o ddau gariad – un gwrywaidd ac un fenywaidd, yn ôl y drefn a fu – yn sefyll yn heddychlon yng nghanol y dre. Y ddau yn disgwyl yn ddiamynedd am fis Medi, pryd y câi'r tiliau eu llenwi i'r ymylon eto.

Arhoson ni i ail-stocio rhyw fymryn ar Alabeina yn un o'r siopau, ond roedd ganddon ni drefniant efo Conamara i gadw ato. Mwynhaom ni'r wefr o fod ar briffyrdd am unwaith, efo'r môr asur perffaith yno ar y chwith yn ein hannog ymlaen, a niwl ddoe wedi ei chwythu ymaith.

Plymiodd yr N67 o'r ucheldir drwy bentre glan môr atyniadol Baile Uí Bheacháin a thros y ffin sirol i Cinn Mhara, pen y môr, neu Kinvara. A ninnau wedi cyrraedd sir Gaillimh, Galway, doedd dim ffrwyno'n bosib ar yr hen Alabeina. Cymrodd yr N18 yr awenau yn Cill Cholgáin, gan ein gwibio ymlaen am ganol dinas Gaillimh.

Dyma un o fy hoff ddinasoedd yn Iwerddon. Lliwgar, cyfeillgar, angerddol, ac yn berwi o fwytai a thafarndai o'r radd flaenaf. Dinas ifanc ei hysbryd â thua 84,000 o bobol, ac yn tyfu. A dinas sy'n elwa'n sylweddol, o ran anian ac arian, o'r 17,000 o fyfyrwyr prifysgol sy'n dylifo yno'n flynyddol. Nid iddi fod heb ei thrafferthion efo digartrefedd a thorcyfraith, fel unrhyw ddinas. Ac ni lwyddwyd i glirio'i strydoedd yn llwyr o'r begera fu'n nodwedd drist ohoni bron iawn erioed.

Yn tra-arglwyddiaethu dros y lle, ac i'w gweld o bob cyfeiriad bron, mae meindwr uchel a chromen gopr. Mae'r ddwy nodwedd yn perthyn i efaill-eglwysi sydd wedi eu cysegru i Siôn Corn. Neu i fod yn gywirach, i Sant Nicolas.

Codwyd Eglwys Golegaidd Sant Nicolas, yr un efo'r meindwr, o fewn muriau'r dref, yn 1320. Bu Columbus yno'n gweddïo yn ystod ymweliad â'r ddinas yn 1477. Er iddi gael ei sefydlu fel eglwys Rufeinig, meddiannwyd hi a'i throi'n eglwys Anglicanaidd gan luoedd Cromwell tua chanol yr 17eg ganrif wrth i Loegr dynhau ei gafael. Hi bellach ydi'r eglwys Anglicanaidd hynaf yn Iwerddon.

Prin fu hawliau cyfreithiol y Pabyddion drwy'r wlad fyth ers dyddiau Cromwell. Nid oedd hawl ganddyn nhw i ddal swydd gyhoeddus, a chawson eu gwahardd rhag byw yn nhrefi eu gormeswyr. Cafodd eu hiaith a'u diwylliant eu sathru dan draed yn ddigyfaddawd. Swnio'n gyfarwydd i chi?

Câi eu hoffeiriad eu herlid, ac ar brydiau eu lladd, a gellid eich dirwyo am wrthod mynychu gwasanaeth Anglicanaidd. Roedden nhw'n ddinasyddion eilradd yn eu gwlad eu hunain ym mhob ystyr.

Dinas Gaillimh
Llun: Failte Ireland

Nid tan 1829 y cafodd y Deddfau Cosbi hyn eu dileu.

Ni fu gan y Pabyddion eu heglwys eu hunain yn Gaillimh tan yn gynnar yn y 19eg ganrif. Bryd hynny, codwyd Eglwys Sant Nicolas arall i gymryd lle'r un oedd wedi ei meddiannu gan yr Anglicaniaid. Ond yn y 1960au cafodd honno ei digysegru a'i haddasu'n fflatiau, wrth i eglwys gadeiriol newydd sbon gael ei chodi.

Ac yn 1965 agorwyd eglwys gadeiriol Ein Harglwyddes a Sant Nicolas ar safle'r hen garchar, prosiect fu ar y gweill ers 1949. Daeth ei chromen drawiadol yn rhan amlwg o'r nenlinell erbyn heddiw.

Dywed rhai yn goeglyd bod y safle wedi newid o fod yn lle i bechaduriaid at fod yn hafan i'r saint.

Roedd hi'n wyllt wallgo' wrth inni gyrraedd Gaillimh, yr heulwen wedi denu'r myfyrwyr o'u gwelyau yn gynnar, a'r traffig yn malwodi drwy ganol y ddinas. Penderfynon ni mai ofer fyddai chwilio am le i barcio er mwyn treulio peth amser yno.

A'r un oedd y stori ym maestref ffyniannus Bóthar na Trá, Salthill, ryw ddwy filltir allan o'r canol. Roedd y traeth fel nyth morgrug, a digonedd o gnawd claerwyn Celtaidd i'w weld, er gwaethaf rhyw ias yn yr aer oedd yn torri drwy'r heulwen fel cyllell. Segur oedd yr atyniadau cae ffair ar draws y ffordd, ac aethon yn ein blaenau am Conamara.

Roedden ni'n ôl ar y ffyrdd llai, efo'r R336 yn ein hyrddio'n braf ar ein ffordd ar hyd arfordir deheuol y penrhyn anferthol hwn. Mae'n ymddangos bod yn well gan bobol beintio eu tai'n wyn fan hyn, y smorgasbord o liwiau llachar roedden ni wedi ci brofi hyd yma wedi ildio'i le.

Dwi'n cofio ymweld â'r ardal yn gwisgo'm het newyddiadurol bron i 20 mlynedd yn ôl, yn ymchwilio i lwyddiant neu ddiffyg llwyddiant Údarás na Gaeltachta. Asiantaeth hyrwyddo datblygiad economaidd a diwylliannol yr ardaloedd mwy Gwyddeleg eu hiaith ydi honno, efo'i phencadlys yma yn Na Forbacha.

Roeddwn yn awyddus i weld a oedd yn cynnig rhyw batrwm y gellid ei efelychu yn y Fro Gymraeg. Treuliais beth amser yn cael fy nghludo hwnt ac yma gan swyddog brwdfrydig o'r Údarás, dyn bochgoch, siaradus a hapus ei fyd, na allaf yn fy myw gofio'i enw.

Ces fy nghyflwyno i weithwyr a phrif weithredwyr cwmnïau bach a chanolig ledled Conamara. A ches groeso fel 'tawn i'n un o gomisiynwyr yr Undeb Ewropeaidd efo llond sach o arian i'w dwmpathu o'u blaenau.

Clywais swp go lew o Wyddeleg yn cael ei siarad bryd hynny, a ches sicrwydd gan sawl un bod y Wyddeleg yn ganolog i'w busnes. Wn i ddim, chwaith, os oedd hynny'n cael ei ddweud oherwydd imi fod yng nghwmni dyn yr Údarás ai peidio.

Ond mae'n deg nodi mai dirywio mae sefyllfa'r iaith yn

ardaloedd y Gaeltacht, er yn gwella'n raddol yn y dinasoedd mawrion. Yn 2016 roedd 96,090 yn byw yn y Gaeltachtaí ledled y wlad, 66.3% ohonyn nhw'n dweud eu bod yn gallu'r Wyddeleg. Roedd hynny'n ostyngiad o'r 68.5% a gofnodwyd yn 2011. Dim ond 20,586 sy'n dweud eu bod yn ei siarad bob dydd.

Yn Gaeltacht Gallimh, sy'n cynnwys Conamara, dywed 29% eu bod yn defnyddio'r iaith yn ddyddiol. Ystyriwch mai yn y Gaeltacht honno y maen nhw'n credu i'r iaith fod ar ei chryfaf. Ystadegau i'n sobri.

Ond bu'r Wyddeleg yn gyff gwawd i nifer o Wyddelod ers cyn dyddiau'r Rhyfel Annibyniaeth. Roedd yn cael ei gweld fel rhwystr rhag cynnydd economaidd a phersonol.

Nid fod hynny'n synnu rhywun, efo'u hiaith wedi ei dilorni am ganrifoedd – fel y Gymraeg – gan eu gormeswyr. A hynny er i'r ystadegau brofi bod siaradwyr Gwyddeleg yn gwneud yn well yn academaidd na siaradwyr Saesneg uniaith.

Wedi dweud hynny, mae 1.7m o'r boblogaeth yn y Weriniaeth yn honni eu bod yn gallu'r iaith, rhyw 39% o'r boblogaeth. Y ffigur dros Iwerddon gyfan ydi 28%, er bod twf sylweddol wedi ei weld mewn rhannau o Belffast, wrth i'r iaith gael ei gweld mwyfwy yno fel dynodydd o hunaniaeth.

Mae hi'n orfodol dysgu peth Gwyddeleg yn ysgolion y wladwriaeth yn y Weriniaeth. Ar un pryd bu'n ofynnol gallu ei siarad cyn cael swydd efo'r gwasanaeth sifil neu'r Garda. Ei siarad yn yr ystyr o allu ymateb i gwestiynau fel: 'S'mai?' a 'Ble mae'r gath?'.

Hyd heddiw dyna'r iaith a floeddir yn y lluoedd arfog Gwyddelig wrth ymarfer ar y sgwâr. Ond defnyddir Saesneg pan fydd gynnau byw yn cael eu defnyddio.

Gŵyr caredigion yr iaith ym mêr eu hesgyrn mai siaradwyr damcaniaethol ydi swmp anferthol o'r 1.7m yna. Ydi, mae'n dangos gwell agwedd at yr iaith. Dydi'r agwedd ddim mor ddilornus ac atgas ag y bu. Ond mae ei sefyllfa'n hynod fregus.

Ac mae'n rhybudd clir i garedigion ein hiaith ni i beidio â rhoi gormod o bwys ar ystadegau. Gwell 500,000 o siaradwyr sy'n defnyddio'r iaith yn rheolaidd na 1m sy'n dweud eu bod yn ei gallu ar ffurflen gyfrifiad.

Pennod 17

An Spidéal ac Oileáin Árann:
argyfwng yn y cadarnleoedd

MAE'N anodd dweud yn union ble mae Conamara'n dechrau. Ond mae pentre lliwgar An Spidéal yn gystal lle ag unman i osod y ffin ddychmygol. Mae enw'r lle yn tarddu o'r gair ospidéal, sy'n golygu ysbyty, ac yn cael ei ddefnyddio yn yr un modd ag yn enwau nifer o bentrefi Cymru.

Caiff ei hystyried yn un o gadarnleoedd yr iaith. Yma bydd miloedd o bobol ifanc yn blasu rhyddid am y tro cyntaf, wrth gael eu hanfon o'r dinasoedd i loywi peth ar eu Gwyddeleg.

Ac os cewch ryw deimlad o deja vu wrth gyrraedd am y tro cyntaf, efallai eich bod yn wyliwr mwy cyson o Bobol y Cwm nag yr hoffech gyfaddef iddo. Sut felly? Dyma leoliad yr opera sebon *Ros na Rún* a ddarlledir ar y sianel deledu Gwyddeleg TG4, a lle caiff nifer o olygfeydd eu ffilmio.

Yn 2004, mae'n debyg am y tro cyntaf ym myd rhyfeddol yr operâu sebon, daeth dwy ohonyn nhw ynghyd i rannu'r un stori. Bu Dai Sgaffalde, Cai, Siôn White ac eraill o gymeriadau Cwmderi draw yn Ros na Rún yn creu anhrefn

Cadarnle'r Wyddeleg, meddan nhw

llwyr dros ychydig ddyddiau. Cafodd y stori ei darlledu yn Iwerddon a Chymru, mewn cymysgedd o Gymraeg, Gwyddeleg a Saesneg.

Am ryw reswm, ni chafodd yr arbrawf ei hail-adrodd. Ni fu Hywel Llywelyn erioed yn mercheta ar set Rownd a Rownd. Ac ni welwyd rhai o gymeriadau Emmerdale yn picio mewn i'r Rovers Return am beintyn ar ôl bod yn siopa ym Manceinion.

Bu hanes hir i'r frwydr am sianel Wyddeleg, efo siaradwyr Gwyddeleg a Saesneg fel ei gilydd wedi alaru â'r hen drefn o gael peth Gwyddeleg hwnt ac yma ar sianeli RTÉ. Sefydlwyd y corff pwyso Coiste ar son Teilifís Gaeltachta yn 1980 i alw am sianel benodol Wyddeleg. Fel rhan o'i ymgyrch, llwyddodd i ddarlledu sianel anghyfreithlon Teilifís na Gaeltachta am bedwar diwrnod yn 1987. Roedd hynny ar ôl cael cyfarwyddyd a chyngor gan orsaf deledu debyg yn Ynysoedd y Faroe.

Roedden nhw'n dilyn yr un trywydd a fraenarwyd gan fudiad hawliau sifil Gluaiseacht Cearta Sibhialta na Gaeltachta wrth alw am orsaf radio Wyddeleg. Wedi ei ysbrydoli gan ymgyrchoedd di-drais Cymdeithas yr Iaith Gymraeg, teimlai'r mudiad yn angerddol bod angen rhoi pwysau ar lywodraethau oedd yn addo llawer, ond yn gwneud dim.

Yn 1968 llwyddwyd i smyglo trosglwyddydd radio i Conamara o'r Iseldiroedd. Darlledwyd gwasanaeth anghyfreithlon Saor Raidió Chonamara drwy'r ardal, wrth i ŵyl ddiwylliannol yr Oireachtas gael ei chynnal yn Nulyn. Bu'n rhaid symud y trosglwyddydd o le i le rhag i'r awdurdodau ei ganfod. Roedd Honda 50, moto-beic tila o fath 'moped' efo injan o'r un pŵer â pheiriant torri glaswellt, yn hanfodol i'r ymdrech i'w gadw ynghudd.

Roedden nhw'n dilyn yn ôl troed ymgyrch debyg yng Nghymru yn y 1950au, gafodd ei lysenwi'n Radio'r Ceiliog. Bu Plaid Cymru yn darlledu'n anghyfreithlon yn Gymraeg a Saesneg ar donfeddi'r BBC, ar ddiwedd oriau darlledu, mewn protest am na chaen nhw gyfle i ledaenu eu neges fel y pleidiau eraill.

Cafwyd y meini i'r waliau yn y diwedd, yn achos y Gymraeg a'r Wyddeleg. Ac mae darlledu yn yr iaith yn rhan hollbwysig o economi

Conamara, ardal lle mae 64% o'r holl economi fel arall yn ddibynnol ar dwristiaeth.

Sefydlwyd Raidió na Gaeltachta yn 1972, yn darlledu fel gorsaf genedlaethol yn hytrach nag i ardaloedd y Gaeltachtaí yn unig, bum mlynedd cyn Radio Cymru. A dechreuodd sianel deledu Teilifís na Gaeilge (TnaG) ddarlledu o dan adain RTÉ yn 1996, cyn cael ei ffurfio'n gorff darlledu cyhoeddus annibynnol ar batrwm S4C yn 2007. Mae wedi cael ei adnabod fel TG4 ers 1999, efo'i bencadlys i lawr y ffordd yn Baile na hAbhann, tre'r afon.

Does dim dwywaith bod y Wyddeleg yn rhyfeddol o weledol yn y pentre, nifer fawr o'r arwyddion twristiaeth brownion yn uniaith. Ac mewn gwlad lle mae pob busnes twristiaeth – o westy gwely a brecwast i werthwyr mêl – yn cael hawlio'u lle ar yr arwyddion rheiny, mae hynny'n rhaeadr o eirfa Geltaidd goeth. Ond mater gwahanol oedd ei chlywed.

A hithau'n nos Sadwrn, dyma wneud beth y gwna pob Celt da. Anelon ni am dafarn, Nagle's ar y stryd fawr, yn y gobaith o glywed rhywfaint o glebran yn yr iaith, a mwynhau sgwrs efo'r brodorion am faterion dibwys y byd.

Bu'n rhaid inni ddal ein hanadl wrth wneud ein ffordd o amgylch dyn oedd yn sefyll oddi allan i'r drws yn tynnu'n ddwfn ar ei sigarét. Edrychai fel delw bren ar flaen llong yng nghanol niwl dulas. Taflais ryw 'go raibh maith agat' o ddiolch coeglyd i'w ffordd, i ddangos ein gwerthfawrogiad o'r ymdrech a wnaeth i symud hanner modfedd i wneud lle i ni. Ni ddaeth unrhyw sylw o'i ben. Dim hyd yn oed gydnabyddiaeth o'n bodolaeth.

Teimlais fel tyrchu ymhellach i 'nghof llychlyd o eirfa, a thaflu 'póg mo thóin' i'r crochan. Fel y gŵyr nifer fawr o Gymry, mae hynny'n gyfystyr â 'twll dy din', er nad dyna'r cyfieithiad llythrennol. Ond yn ysbryd cyd-ddeallltwriaeth Geltaidd, a'r ffaith iddo edrych yn labwst digon cry' ac abl, brathais fy nhafod.

Roedd hi'n dawel rhyfeddol oddi fewn, oedd mewn rhyw hanner gwyll fel y cewch chi mewn sinema pryd mae'r hysbysebion ymlaen. Wedi dweud hynny, roedd hi'n eitha' llawn, pawb yn geg-agored yn gwylio gêm hyrddio rhwng Limeric a Port Lairge ar y fersiwn Gwyddelig o Sky Sports.

Symudodd cwpl ifanc i wneud lle i ni wrth y bar, heb dynnu eu llygaid oddi wrth y sgrin. Ond roedd hi fel dec y Marie Celeste tu ôl i'r bar, neb i'w weld yn unman. Mewn hir a hwyr ymosododd arogl nicotin stêl ar fy ffroenau, ac o'n blaenau ymddangosodd y surbwch oedd fel cylchfan o flaen y drws. Roedd yn amlwg yn absennol pan gafodd y gwersi ar gwrteisi a chadw'r cwsmer yn hapus eu cynnal yn y coleg lletygarwch.

Codais ddiod yr un, ac eisteddon ni ar ddwy stôl wag. Prin y dywedodd neb air, y sgrin yn mynnu'r sylw, ac eithrio ambell ochenaid wrth i'r bêl daro pen un o'r dorf yn hytrach na chefn y rhwyd. Wn i ddim a oes tueddiad i siaradwyr Gwyddeleg regi yn Saesneg. Ond chlywon ni'r un gair o'r heniaith, yma yn un o'i chadarnleoedd olaf.

Llyncon ni waddod ewynnog ein cwrw, a gwneud ein ffordd allan drwy gwmwl carsinogenig arall wrth y drws. Roedd pedwar o ddynion ifanc yn rhannu dwy Carrolls wrth drafod y gêm. Yn Saesneg. Wedi ein digalonni, ac efo gweddill y tafarnau i'w gweld yn ddigon tawel, aethon ni'n ôl am y cei le'r oedd Alabeina'n disgwyl i'n tycio'n famol i'n gwely.

Y bore canlynol roedd antur fawr yn ein disgwyl. Roedden ni'n dychwelyd i Inis Mór, yr ynys fawr, y mwyaf o ynysoedd Oileáin Árann, heb fod yno ers pymtheng mlynedd neu fwy.

Gwirionais wrth glywed y sgwrs Wyddeleg naturiol gyntaf o'r holl daith. Roeddwn yn disgwyl i dalu am ddisel mewn garej ar y ffordd am y porthladd yn Ros an Mhíl, rhos y bwystfil. Gwyddeleg pur, i 'nghlustiau i, ac eithrio'r gair 'receipt' a lithrodd o enau'r ferch tu ôl i'r til.

Roedd y porthladd beth wmbredd yn fwy nag roeddwn i'n ei gofio, sawl cwmni yn brwydro am y cyfle i'ch cludo i'r ynysoedd. Ac roedd gorsaf bws yn rhan o'r isadeiledd nad oeddwn i'n cofio ei weld o'r blaen. Yno ceir bysiau gwennol rheolaidd i ac o ganol dinas Gaillimh.

Mae'r ynysoedd yn rhyfeddol o boblogaidd, a nifer yn mynd yno am y diwrnod, er bod digon o welyau ar gael arnyn nhw mewn popeth o westyau crand i gytiau glampio. Tyfodd y ciw am y llong fyddai'n ein cludo ar draws y bae am ryw saith milltir yn hirach a hirach. Ofnem efallai y dylen ni fod wedi mynd i un o'r ddwy ynys lai, Inis Meáin neu Inis Oírr. Ta waeth, roedd y tocynnau eisoes wedi eu talu amdanynt ar-lein. Ac mi fyddai wedi bod yn strach annioddefol ceisio eu newid yn y porthladd. Mae rhyw hud rhyfeddol ynglŷn ag ynysoedd bychain. Ynysoedd go iawn, nid rhai efo phontydd a thwneli yn eu huno efo'r tir mawr. Ynysoedd efo pobol yn byw arnyn nhw. Nid rhyw dalpiau o greigiau lle mae adar a morloi yn falch o allu eu galw'n gartref.

Dyma pam i daith mewn cwch o Ddinbych-y-pysgod i Ynys Bŷr fod yn llawer mwy cyffrous na chroesi'r bont mewn bws neu drên neu ar droed i Ynys y Barri. Mae rhyw ysbryd gwahanol yn perthyn iddyn nhw; lle i dawelu meddwl. Roedd Charlie Haughey yn gwybod hynny'n iawn wrth gilio i Inis Mhic Aoibhleáin.

Mae rhywbeth atyniadol am y syniad o ofalu am eich buddiannau cich hun a'ch cymdogion, heb ymyrraeth ormodol o'r tu allan. Ond mae'r ffaith mai gadael eu hynysoedd bychain fydd pobol ifanc yr eiliad cyntaf y cân' nhw yn adrodd cyfrolau.

Mae Ynys Enlli wastad wedi bod ag apêl a swyn i ni'r Cymry. Ond mynd oddi yno i chwilio am foethusrwydd cyfoes fu'n rhaid i'r brodorion 70 mlynedd a mwy yn ôl bellach.

Treuliais bedwar diwrnod ar Enlli unwaith, fel her newyddiadurol. Ac er i'r hanner dwsin oedd yn byw ar yr ynys ar y pryd fod yn gymwynasgar a chroesawgar, nid mêl i gyd oedd bod yn fy mwthyn unig unwaith i newydd-deb y profiad basio. Heb drydan, na dŵr o'r tap, na ffôn, na gwasanaeth teledu na wi-fi. Heb gawod na bath. A'r tŷ bach yn golygu bwced mewn cwt yn llawn corynnod blewog; bwced roedd yn rhaid ei gwagio'n ddyddiol. Er imi weld y profiad yn un addysgiadol, balch o'n i o weld y cwch yn angori yng Nghafn Enlli i 'nghludo am adra.

Ta waeth, nid Enlli mo Inis Mór. Caiff ei sillafu fel Inishmore yn Saesneg, sydd yn enw a grëwyd gan Arolwg Ordnans Lloegr ar gyfer map 1839, am nad oedden nhw'n gallu ymdopi efo enw uniaith Gwyddeleg. Sy'n agwedd na fu farw allan, fel y gwyddon ni siaradwyr Cymraeg ond yn rhy dda.

Mae'n gartref i ragor na 700 o drigolion, er i 2,500 fyw yma cyn y Newyn Mawr. Daeth y rhan fwyaf i ynysoedd y gorllewin tua chanol yr 17eg ganrif, yn sgil erledigaeth Cromwell, a fynnodd y câi'r Catholigion fynd 'i uffern neu i Gonnachta'. Dewison nhw Connachta, y dalaith orllewinol, efo'r ynysoedd yn cynnig diogelwch pellach rhag eu gelynion. Mi ddysgon nhw ymdopi efo'r elfennau creulon, gan greu pridd ar gyfer eu hynysoedd creigiog drwy gymysgu tywod a gwymon. Y pridd hwnnw o greadigaeth dyn ydi sail amaethyddiaeth yr ynysoedd hyd heddiw.

Mae ystadegau'r llywodraeth yn dangos bod 57.4% o'r 1,187 dros dair oed oedd yn byw ar y tair ynys yn 2016 yn honedig ddefnyddio'r Wyddeleg y tu allan i'r gyfundrefn addysg. Roedd hynny'n cymharu â 63.5% dim ond bum mlynedd ynghynt, er i'r boblogaeth fod yn hynod debyg (1,212). Mae hi'n argyfwng, heb unrhyw arwydd o oleuadau glas yn fflachio ar y gorwel.

Arferai'r diweddar Dr Harri Pritchard Jones, y seiciatrydd, awdur ac ymgyrchydd, dreulio cyfnodau yn llenwi mewn fel meddyg

Traeth Cill Rónáin

teulu ar Inis Mór. Ac yntau'n Babydd ac yn siaradwr Gwyddeleg, cafodd groeso tywysogaidd gan bobol yr ynysoedd.

Rhyw ddeugain munud mae'r fferi yn ei gymryd, a chawson ni daith hwylus yn llamu dros frigau gwynion y tonnau. Llifodd yr atgofion yn ôl am ein hymweliad cynharach, wrth gerdded ar hyd y morglawdd oddi ar y llong am bentre bychan Cill Rónáin.

Dacw'r fflat fechan uwchben siop lle treulion ni bedwar diwrnod gwefreiddiol o wyntog y tro hwnnw. Roedd hud arbennig i'r rhuo bwystfilaidd oedd yn dianc o fol yr Iwerydd, ac yn ein clatsio yn ein hwynebau bob tro y mentron ni allan i'w herio.

Roedd sôn bryd hynny efallai na fyddai'r fferi'n gallu mentro'n ôl am y tir mawr. Nid ein bod ni'n hidio'r un iot. Ond mae angen rhywbeth mwy na chefnfor blin i rwystro pobol sydd â'u gwreiddiau yn ei donnau hallt rhag mynd o gwmpas eu dyletswyddau. Wrth gwrs mi deithiodd y fferi'n ôl, efo cyflenwad digonol o fagiau chwydu ar ei bwrdd.

247 oedd yn byw yma yn y pentre yn 2016, ac yn drist roedd y mwyafrif (56.7%) wedi datgan nad oedden nhw'n gallu'r iaith frodorol. Mae sawl acen dramor i'w clywed ar wefusau'r rhai ddaeth yma i weithio yn y tafarnau a'r siopau, ac yn y busnesau nofio tanddwr a syrffio sydd mor boblogaidd.

Mae'n rhaid gadael yr ynys i dderbyn addysg uwch. Prin ydi'r rhai sy'n dewis troi cefn ar oleuadau llachar y dinasoedd ar ôl cael blas arnyn nhw. Does gan ffermio neu bysgota neu weini ar ymwelwyr ddim yr un apêl unwaith i bobol gael eu traed yn rhydd. Tramorwyr, ac ambell Wyddel dinesig, sy'n anorfod yn cymryd eu lle.

Ond mae'r ynyswyr wedi dal eu gafael yn dynn ar y busnes tywys ymwelwyr o amgylch Inis Mór. Roedd rhes o geirt a cheffylau yn gweryru i'n croesawu, a fflyd fechan o fysiau mini a thacsis. Daw nifer o'r ymwelwyr am y diwrnod yn unig, ac mae hi'n haws gweld swmp go lew o'r ynys – sydd tua 8 milltir o hyd a dwy filltir o led – efo help y tywyswyr hyn.

Dim ond cerbydau'r trigolion sy'n cael mynediad at y ffyrdd culion, garw, a dim ond ar droed y gallwch groesi ar y llongau fferi arferol. A does dim angen na threth na phrawf eu bod yn ddiogel i fod ar y ffordd ar y cerbydau lleol, cyn hired â'u bod yn aros ar yr ynysoedd.

Mae'r ynys yn frith o gaerau bychain a chylchoedd cerrig cynhanesyddol. Yn bendant mae caer Dún Aonghasa yn werth ei gweld, strwythur hynod gyflawn o'r Oes Efydd sydd yn sefyll yn llythrennol ar ddibyn clogwyn anferthol yn llygad stormydd yr

Traffyrdd Inis Mór

Iwerydd. Cred yr arbenigwyr na chafodd ei godi'n fwriadol ar ymyl clogwyn, ac iddo fod 1,000 metr o'r arfordir pan adeiladwyd o. Lefel y môr sydd wedi codi i gwrdd â'r gaer dros y canrifoedd.

Roedden ni wedi ymweld â'r lle o'r blaen, ac wedi diflasu ar y torfeydd oedd wedi heidio yno. Ac er y gallwch logi beic ger y morglawdd yn Cill Rónáin, llawer gwell gynnon ni oedd crwydro ar droed ar hyd y rhwydwaith o ffyrdd pridd a llwybrau sy'n plethu drwy'i gilydd ledled yr ynys. Mae milltiroedd ar filltiroedd ohonyn nhw, wedi eu gwasgu rhwng waliau cerrig hynafol. Nid oes raid poeni am fynd ar goll ynddyn nhw; dyna'r bwriad. Ewch ar goll yn hyderus; does dim arwyddion i'ch cyfeirio'n ôl at unrhyw le. Na'u hangen nhw. Fyddwch chi byth yn hir cyn cyrraedd yr arfordir yn ôl.

Mwynheuon ni sawl ysbaid yn syllu ar y môr. Yn gwirioni ar y traethau gwynion Caribïaidd, a'r arogl gwymon a garlleg gwyllt, a'r sŵn asyn yn nadu mewn cae yma ac acw. Roedd fel camu'n ôl i'r gorffennol.

Yn ôl yn y pentre roedd hi fel ffair farchnata fawr. O jin neu fêl neu sebon lleol, i gwpanau, trugareddau plastig, gwymon wedi ei sychu i'w daenu dros fwyd, a'r siwmperi gwlanog enwog. Roedd hi'n Inis Mór hyn neu'n Árann y llall. A phwy all eu beio?

A dydyn nhw'm yn swil o ddefnyddio hiwmor chwaith. Ceir pwyso trwm ar boblogrwydd hynod y gyfres deledu *Father Ted*, er i'r rhaglen olaf gael ei chynhyrchu mor bell yn ôl â 1998. I'r sawl yn eich plith fu'n byw mewn ogof, neu na fydd byth yn gadael corlan glyd S4C, rhaglen gomedi am dri offeiriad yn byw yn nhŷ'r plwyf efo'u gwraig cadw tŷ ar ynys anial oedd hi. Roedd yn ymgais i daflu goleuni ar orffwylltra'r drefn pryd yr oedd Eglwys Rhufain â grym gwirioneddol yn y Weriniaeth, gan blymio'n ddwfn i hurtrwydd gogoneddus i brofi'r pwynt. Craggy Island oedd eu cartref dychmygol, wedi ei seilio ar Inis Mór. Er i'r ffilmio ran amlaf ddigwydd mewn stiwdio yn Llundain, mae lluniau o'r ynys wedi'u tynnu o'r awyr yn llenwi golygfeydd agoriadol pob rhaglen.

Ni phoenodd pobol Inis Mór am y portread angharedig o ynyswyr, efo arian sychion yn y fantol. Llifodd ymwelwyr draw i weld 'Craggy Island' yn sgil ei llwyddiant. Ar un pryd arferid trefnu Gŵyl Craggy Island i ddenu hyd yn oed mwy. Ac wrth ymlwybro ar hyd y ffyrdd pridd, gwelais arwydd uwchben rhyw adeilad ar ochr bryn yn honni iddo fod yn Glwb Nos. Roedd y syniad mor annhebygol, wyddwn i ddim ai gwirionedd neu dynnu coes yn arddull Craggy Island oedd yr holl beth.

Gwneir defnydd o'r rhaglen hyd heddiw, chwarter canrif yn ddiweddarach. Mae digonedd o gofroddion a chrysau-T lu ar werth, yn cario lluniau o'r prif gymeriadau, neu'n adrodd rhai o'u dyfyniadau gosod enwog. 'Oh, go on!'.

Ceir lluniau o Father Ted ei hun tu ôl i fariau'r tafarnau, fel 'tai o'n sant. Wrth fwynhau llymaid yn yr haul yng ngardd gwrw tafarn Tí Joe Watty, ar draws y ffordd gwelwn garafán digon blêr yr olwg wedi ei pheintio â'r arwydd 'Canolfan Wybodaeth Craggy Island'. Roeddwn i, hyd yn oed, yn gwybod mai tynnu coes oedd hynny. Neu tybed....?

Ar y llong yn ôl am Ros an Mhíl, aethon allan ar y dec i fwynhau'r heulwen danbaid oedd yn adlewyrchu oddi ar y cefnfor.' Cafwyd sgwrs efo merch o Ffrainc oedd bellach yn byw yn Iwerddon, ac wedi mwynhau'n fawr ei hymweliad cyntaf â'r ynys. Ond roedd Sara o ddinas Gaillimh yn ymwelydd cyson, ac yn llogi beic i dreulio pob diwrnod braf a ddeuai yn crwydro ffyrdd culion Inis Mór.

Roedd twr o ddynion ifanc hawddgar a siaradus yn mwynhau eu Carlsberg a'u Carrolls ar y dec, aelodau o dîm hyrddio oedd wedi treulio'r diwrnod yn cymdeithasu yn y tafarnau. Ond wrth iddyn nhw gilio i ben arall y llong, dechreuodd dyn canol oed hwyr faldorddi am sut nad oedd yr ynys wedi cadw ei hud.

'Dydi pethau ddim fel ag yr oeddan nhw, efo'r petha' ifanc 'ma yn heidio drosodd i yfed eu hunain yn wirion drwy'r dydd,' meddai rhwng ei ddannedd, gan lwyddo i swnio'n hŷn nag oedd o.

Meddyliais innau'n ôl i'r gwibdeithiau byrfyfyr rheiny i Dún Laoghaire a Dulyn yn fy nyddiau ffôl innau. Atgofion melys, hynny ag oeddwn i'n medru eu cofio. Ond efallai nad tynnu coes oedd pwy bynnag osododd yr arwydd Clwb Nos 'na ar yr adeilad ar y bryn, yng nghanol nadu asynnod.

Pennod 18

Perfeddion Conamara

PRIN y gellid dychmygu unrhyw le mwy syfrdanol i ddeffro ynddo ar ddiwrnod eich pen-blwydd na chei Glinsé. Neu Gleann Uisce, glyn dŵr, i roi iddo ei deitl llawn. Uisce wrth gwrs ydi craidd y gair wisgi, sy'n tarddu o uisce beatha (ynganwch o fel ishgy by), dŵr bywyd.

Cawson ni noson hudolus yno ar ôl gwneud ein ffordd o Ros an Mhíl. Gwylion ni'r haul yn machlud fel oren anferth yn cael ei lyncu gan y mynydd ar draws y bae. Taflodd ei belydrau olaf i dycio'r wystrys yn ddedwydd i'w gwelyau allan yn y dŵr tawel, y tonnau isel yn llepian yn gysetlyd yn erbyn bôn y cei.

Ac wrth i'r nos berchnogi'r awyr melfed, daeth y Llwybr Llaethog i'n dallu efo perfformiad o fyd natur ar ei orau. Ymunodd yr unig olau stryd yn yr harbwr bach â ni i fwynhau'r sioe, ei lewyrch tila o'i

Cei Gleann Uisce

bolyn unig yn amharu dim ar ein pleser. Roedd goleuadau melyngoch tre fach Cloch na Rón, craig y moelrhon, neu graig y morlo, yn fflachio'n dyner fel canhwyllau yn yr awel yr ochr arall i'r bae.

Bu'r criw golygfeydd wrthi tu cefn i'r llwyfan wrth inni gysgu, yn paratoi cefnlen wahanol ar gyfer y bore. Ni fu eu hymdrechion yn ofer. Yr un patrymau a siapiau, ond y lliwiau disglair a'r cysgodion yn rhoi gwedd hollol wahanol i'r wledd oedd o'n blaenau.

Ni fu'r un enaid ar ein cyfyl gydol y nos. Chlywon ni mo sŵn yr un injan na'r un pâr o draed. Dim ond ambell aderyn yn canu grwndi pluog. Ond daeth pysgotwr i archwilio ei gewyll cimycha yn eitha' cynnar; cynnar i fi, ond nid iddo fo. Bu'n eu had-drefnu ac yn taflu golwg drostyn nhw yn hamddenol braf. Ac yna cododd ei law mewn cyfarchiad cyfeillgar, cyn neidio i'w fan a gyrru i ffwrdd. Roedd hi'n edrych yn ddiwrnod perffaith i bysgota, ond be' a wyddwn i am faterion felly? Ac roedd y cimychiaid druain yn haeddu cael byw am ddiwrnod arall.

Gwnaethon ein ffordd o amgylch y bae cul, oedd â choed gleision yn plymio i lawr y llethrau bron at ymylon cadwyn wefreiddiol o forlynnoedd gwyrddlas. Cymeron ni seibiant ger eglwys Sant Iago ar lan un o'r morlynnoedd i ymdrochi'n feddyliol yn y golygfeydd.

Mae rhywbeth atyniadol am hen addoldai. Mae rhyw hedd yn perthyn iddyn nhw, a'u hadeiladau yn sawru o hanes, ac yn aml yn bensaernïol ddengar. Byddaf yn canfod fy hun yn treulio amser mewn capel neu eglwys neu synagog neu fosg neu deml ar bron bob taith a wna' i. Amhosib ydi ymweld â dinas Caer heb bicio mewn i'r gadeirlan i stwna ac ymlacio, ac i fwynhau paned neu hyd yn oed lasiad o win coch.

Doedd dim byd syfrdanol am yr eglwys hon, ond roedd ei symlrwydd yn apelgar. Roedd delwedd o'r croeshoelio wrth y giât, a dŵr sanctaidd wedi ei adael wrth y porth. Roedd arwydd yn cyfeirio at ffynnon sanctaidd rhywle tu cefn iddi. Ond, er chwilio'n ddyfal, methon ni a dŵad o hyd iddi yng nghanol digon o frwgaets i dwyllo Dr Livingstone.

Ond mi wnaethon ni ganfod cwt sinc bychan, ei ddrws pren simsan yn cael ei ddal ynghau gan glamp o garreg drom. O'i symud yn fusneslyd, gwelon ni mai tŷ bach oedd y lle, corynnod anferthol wedi ei hawlio fel eu cartref bach clyd. Roedd yn rhyfeddol o daclus, efo driblad o ddŵr – oedd yn codi mae'n debyg o'r ffynnon y methon ei chanfod – yn dŵad o dap hynafol i olchi'r dwylo. Ac mi ddiolchon ni'n hael i garedigion yr eglwys, a'r corynnod, am adael inni gael rhyddhad.

Bu pentre Cloch na Rón, sydd hefyd wedi ei adnabod o dan yr enw Roundstone ers o leiaf 1684, yn boblogaidd efo'r to diwylliannol ers degawdau. Mae'r lle yn frith o orielau, siopau a gweithdai crefft. A does ryfedd yn y byd. Mae'r pentref mor dlws â chlawr cist bisgedi, efo'r mynyddoedd yn y cefndir yn taflu eu hadlewyrchion mawreddog yn nyfroedd llonydd yr harbwr.

Allan yng nghanol y bae, bron o fewn cyrraedd blaen bys, gorweddai ynys hir ac isel Inis Ní, wedi ei henwi ar ôl tylwyth Ó Niadh. Ar ei phen deheuol mae goleudy sylweddol yn sefyll, yn disgwyl ei gyfle i daflu ei lewyrch ymhell allan i'r Iwerydd.

Bu awduron, beirdd, cerddorion, crefftwyr ac arlunwyr yn heidio yma o bedwar ban byd ers cyn cof bron. Bu'r canwr Sting efo tŷ haf yma yn y 1980au. Mae nifer sylweddol o'r tai bellach yn ail gartrefi, er nad ydi tai haf yn cweit cymaint o bwnc llosg i'r Gwyddelod ag ydyn nhw i ni. Efallai bod hynny'n ymwneud â bod â mwy o hyder yng nghryfder eu hunaniaeth, sy'n deillio o reoli eu hadnoddau eu hunain.

Roedd nifer o'r busnesau ar glo, o bosib yn fusnesau tymhorol. Ond roedd y Shamrock Bar â'i ddrysau'n agored, ac roedden ni am fachu ar y cyfle i gael tamaid i ginio. Cawson groeso digon didwyll gan y perchnogion, mewn acen Lundeinig, gŵr a gwraig oedd yn rhedeg y gegin a'r bar rhyngddyn nhw.

Mewn gwirionedd, ni chlywais yr un acen Wyddelig oddi fewn i'w furiau nac allan wrth y byrddau ar y palmant. O sgwrsio efo nhw, roedd hi'n ymddangos i'r cwsmeriaid hanu o Ffrainc, yr Almaen a'r Unol Daleithiau, rhai yn byw yno, ac eraill ar eu gwyliau. Aethon ni allan i ddisgwyl ein cinio, fy mharti pen-blwydd bach i ar ymyl y ffordd, lle'r oedd yr haul yn gwenu ond y gwynt yn fain.

Trefnodd Cath imi gael Galway Hooker i helpu efo'r dathliadau. Nid merch hael ei ffafr sy'n digwydd chwarae rygbi, rhag ofn ichi feddwl, ond peint o gwrw IPA lleol. Mae wedi ei enwi ar ôl math o

Harbwr Cloch na Rón
Llun: Fáilte Ireland

gwch pysgota. Ac roedd ei flas yn dawnsio'n hyfryd o chwerw fel clocsiau corrach ar y tafod. Anrheg pen-blwydd gwerth chweil, rhwng y cwrw a'r cinio; llawer mwy derbyniol na phâr o sanau.

Aethon ni draw am y ganolfan grefftau, gan obeithio picio i weithdy sy'n cynhyrchu sawl math o bodhrán. Bu gen i un adra ers sawl blwyddyn, wedi fy nghyfareddu gan ei sŵn. Ond profodd yn rhy anodd o beth wmbredd imi ddysgu ei chwarae; mae fel trio canu'r piano mewn menig bocsio. Ymunodd yn yr atig efo offerynnau eraill fel clarinét ac ukelele y bûm i ag uchelgais i dynnu tiwn ohonyn nhw. Dwi'n siwr fod 'na organ geg yno'n rhywle hefyd, a chrib efo darn o bapur o'i gwmpas. Mae'n lwcus nad oes 'na le i delyn deires yno.

Yn anffodus roedd y gweithdy ynghau, fel roedd y rhan fwyaf o'r unedau eraill. Ond ni chollodd y gwneuthurwr bodhrániaid sentan, gan mai dibwrpas hollol fyddai prynu un arall wedi bod. Profodd ei reddf fasnachol yn gywir.

174

Yn ein blaenau â ni, efo'r bwriad o dreulio'r noson mewn maes parcio tafarn ar y ffordd y gwyddon ni iddi groesawu modur-gartrefi.

Roedd blys arnom ni i dreulio amser yng nghwmni criw lleol mewn pentre nad oedd mewn gwirionedd yn fagned i dwristiaid. Twristiaid fel ni. Ac roedd Baile Conaola, neu Ballyconneely, yn swnio fel yr union le roedden ni'n chwilio amdano.

Pentre bach ym mhellafion y gorllewin, lle caiff merlod enwog Conamara eu bridio, a lle cynhelir ffair ferlod boblogaidd pob mis Gorffennaf. Y gred ymysg rhai ydi i'r brid ddatblygu wrth i geffylau Arabaidd ddŵad i'r lan pan darodd llong Sbaenaidd greigiau gerllaw, a pharu efo merlod cynhenid.

Dwy filltir i'r gogledd mae cors Deirgimleach, lle daeth yr ehediad cyntaf ar draws yr Iwerydd i ben yn hollol ddiseremoni ym Mehefin 1919. Saeson o Fanceinion oedd y Capten John Alcock a'r Lefftenant Arthur Whitten Brown, â'u bryd ar ennill y wobr o £10,000 oedd yn cael ei gynnig gan bapur y *Daily Mail* i'r cyntaf i hedfan ar draws y cefnfor.

Roedd y ddau wedi bod yn rhynnu yn yr awyr am 16 awr yn eu hawyren agored Vickers Vimy adain-ddwbl ar ôl gadael Newfoundland. Y bwriad oedd glanio ar y tir gwag a gwastad cyntaf iddyn nhw ei weld wrth gyrraedd Iwerddon. Yn anffodus iddyn nhw, eu dewis le oedd cors Deirgimleach. Achoswyd difrod mawr i'r awyren, ond dihangodd y ddau yn groeniach, efo dim ond eu hunan-barch wedi ei anafu.

Yn y gors honno hefyd y sefydlodd Marconi orsaf radio yn 1905 i gysylltu'n uniongyrchol efo gorsaf arall yn Nova Scotia yng Ngogledd America. Roedd wedi sefydlu gorsaf debyg yn Poldhu, y pwll du, yng Nghernyw bedair blynedd yn gynharach. Ond roedd am gael un oedd yn nes at Nova Scotia, fyddai'n cynnig cysylltiad di-rwystr a mwy dibynadwy. Oddi yno yn 1907 yr anfonwyd y neges radio masnachol cyntaf ar draws y cefnfor.

Daeth tafarn fawr felen Keogh's i'r golwg, horwth o beth oedd yn cyflenwi popeth y gallai cymuned wledig o'r fath fyth fod ei angen. Roedd hi nid yn unig yn dafarn a bwyty, ond siop fwyd a diod, storfa nwyddau haearn ac anghenion tŷ a fferm, a gorsaf betrol.

Roedd arwydd yn y maes parcio garw ar draws y ffordd yn gwahodd modur-gartrefi i fanteisio arno i aros dros nos, ac i fwynhau peth o'u lletygarwch. Ac wrth y drws roedd arwydd anferth yn bloeddio: 'Bwyd ar gael, drwy'r dydd, bob dydd'. Yr union beth roedden ni'n chwilio amdano.

Es i draw i'r dafarn i holi a oedd angen cadw bwrdd at yn ddiweddarach y diwrnod hwnnw. Roedd criw bychan ifanc y tu mewn yn sgwrsio'n swnllyd, a dyn ifanc barfog tu ôl i'r bar wedi ymgolli'n llwyr yng ngwirioneddau hudol ei ffôn symudol.

Bu'n rhaid i un o'r cwsmeriaid dynnu ei sylw at y ffaith fy mod i'n sefyll yno, cwsmer â'i fryd ar roi pres yn y til. Oedd rhaid cadw bwrdd? holais.

'Nac oes,' atebodd yn ffwr-bwt. 'Does dim pwynt. 'Dan ni ddim yn gweini bwyd ar ddydd Llun. Na dydd Mawrth chwaith.'

Ond beth am yr addewid wrth y drws? Trwy'r dydd, bob dydd? Thrafferthais i ddim gofyn, dim ond ebychu'r un mor ddiamynedd â'r un barfog a throi ar fy sawdl. Roedd yn f'atgoffa o westy roedden ni'n arfer ei ddefnyddio yn Nulyn oedd yn hysbysebu ar arwydd tu allan: 'All-day Breakfast. 7am-1pm'. Roedd yr un lle yn gwerthu crysau-T, €5 yr un, neu €10 am ddau!

Mae'r gors yn sicr yn werth treulio peth amser ynddi, nid yn llythrennol at eich ceseiliau wrth reswm. Mae cylchdaith tair milltir, hawdd ei cherdded, yn eich tywys drwy ddarnau ohoni. Cewch ryfeddu at y mawndir a'r rhywogaethau amrywiol sy'n ymgartrefu yno. Mae gweddillion gorsaf Marconi i'w gweld yn amlwg, y lle wedi ei ddinistrio gan dân yn ystod y Rhyfel Annibyniaeth. Gellir hefyd ymweld â chofeb ar ffurf adain awyren i ddynodi lle glaniodd Alcock a Brown.

Ystyrir An Clochán, neu Clifden, yn brifddinas answyddogol Conamara. Mae gwedd liwgar Eidalaidd i gefnau'r adeiladau uchel sy'n wynebu rhywun wrth gyrraedd y dre o'r de. Yn y prif sgwâr mae gwesty Alcock & Brown. Ac mae cerflun o'r ddau awyrennwr yn eu capiau lledr yn ein croesawu ar draws y ffordd. Maen nhw'n sicr yn uchel eu parch, o ystyried nad Gwyddelod mohonyn nhw.

Mae'r strydoedd yn rhyfeddol o lydan, a'r awyrgylch yn gyfeillgar, ac eithrio pan fo'r brodorion y tu ôl i'w llyw ac efo botwm y corn o dan gledr eu llaw. Ond buan iawn mae'r tymer drwg yn gostegu unwaith y bydd lle parcio wedi ei sicrhau.

Mae teimlad mwy estron i'r lle nag unman arall inni ymweld ag o hyd yma. Ni threiddiodd crafangau'r teigr Celtaidd economaidd yn ddwfn iawn i gnawd An Clochán.

Mae bron cymaint o Ffrangeg ag o Saesneg i'w glywed ar y strydoedd. Ond ni chlywais air o'r iaith frodorol. Mae'r ardal wedi datblygu yn un o hoff gyrchfannau'r Ffrancwyr o ran man gwyliau a lle i gael ail gartref. Ac mae sipian coffi o gwpanau bychain ar fyrdd o fyrddau wedi eu gosod allan ar y palmentydd, llieiniau del fel yn nhŷ nain ers talwm wedi eu taenu drostyn nhw, yn ddefod hynod boblogaidd. Roedd cleber bywiog, mewn Saesneg a Ffrangeg, yn codi o'r byrddau fel swigod mewn gwydraid o siampên.

Sylwais ar lyfrgell y dre. Nid oedd modd ei fethu. Roedd arwydd uwch ei ddrws yn datgan yn dairieithog mai yno roedd y 'Public Library/Leabharlann/Bibliothèque Municipale'. O leiaf daeth y Wyddeleg o flaen y Ffrangeg. Ond am ba hyd?

Ond os oedden ni wedi ein dadrithio rhyw gymaint, codwyd ein calonnau yn ddiweddarach wrth gyfarfod â dau ddyn ifanc ar gopa'r penrhyn uchel uwchben y dre. Mae'r enwog Sky Road yn rhan o gylchdaith 12 milltir sy'n eich arwain i un o fannau mwya' gorllewinol yr holl wlad, yn cychwyn o An Clochán ac yn eich arwain yn ôl yno.

Mae'r enw yn egluro'i hun yn ddigon amlwg. Yn sicr dydi hi ddim yn daith i rywun sy'n simsanu ar ben ysgol fentro arni. Ar brydiau bydd y ffordd yn ymddangos iddi fod yn arwain at y cymylau, dim byd i'w weld ond clwtyn bychan o darmac o'ch blaen ac

Cofeb Alcock a Brown
yn An Clochán
Llun: Fáilte Ireland

ehangder anferthol o awyr o amgylch hwnnw. Nid ar chwarae bach y cafodd ei henw hollol haeddiannol.

Ond mae'r holl lyncu'n galed yn wirioneddol werth chweil. Mewn gwirionedd, mae'r ffordd at y copa yn sylweddol llai dychrynllyd pe byddech yn mynd ato o'r gogledd, yn groes i gyfeiriad y cloc o An Clochán.

Ar y copa mae maes parcio sylweddol. O fanno mae'r golygfeydd ymysg y mwya' gogoneddus ar ein cyfandir cyfan. Ceir clytwaith o gaeau hirion, gafodd eu llunio ganrifoedd maith yn ôl, yn cripian yn ofalus at gefnfor allai'n hawdd eu brathu mewn tymer ddrwg. Mae'n ymdebygu i dirwedd Penrhyn Llŷn yn Uwchmynydd, os ydych yn gyfarwydd â fanno, ond ar raddfa hyd yn oed mwy ysblennydd.

Yn gorweddian yn fodlon yn y môr hwnnw, fel hwyaid hapus mewn bath cynnes, roedd ynysfor o ynysoedd bychain, a'r creigiau oedd o dan eu gofal. Dacw Inis Toirc, ynys y twrch, ac Inis Tairbeart. A tybed pa hanesion fyddai enwau'r dwsinau eraill o ynysoedd bychain yn eu datgelu? O'u hamgylch roedd sawl penrhyn main i'w gweld yn ymestyn bysedd hirion i fesur tymheredd y dŵr.

Disgwyl am y machlud ar y Sky Road

Doedd ryfedd yn y byd i'r arlunydd o Gymro, Augustus John, fopio'n lân pan welodd yr olygfa wedi ei thaenu o'i flaen am y tro cyntaf yn 1917. 'Y dirwedd harddaf yn y byd i gyd,' oedd ei ddisgrifiad ar ôl taflu ei lygad craff drosti.

Efo'r haul yn dechrau pendroni ynghylch a ddylai fachludo ai peidio, roedd criw sylweddol wedi ymgasglu yno i'w annog i fynd i'w wely hallt. Cwpl o Ffrainc, â'u tafodau allan wedi ymlafnio i fyny ar eu beiciau. Llond car o'r Iseldiroedd yn ceisio cael eu hunain a'r belen fflamgoch tu cefn iddyn nhw yn yr un llun ar eu

178

ffonau. Rhywun arall fan acw yn syllu i lygad y belen. A dau ddyn ifanc yn eistedd yn dawel yn eu car yn amsugno'r cyfan.

Aeth yr haul i'w wely efo hisian didrafferth, ac aeth y dyrfa i barhau â'u noson ym mariau bywiog An Clochán. Ond arhosodd y ddau ddyn ifanc, bellach wedi dringo allan o'u car. Roedden nhw'n cyd-sgwrsio'n dawel wrth wylio cysgodion y nos yn brwydro efo gwaddod yr haul allan yn yr Iwerydd.

Daethon yn nes aton ni, yn awyddus i gael gwybod pwy oeddan ni, fel Celtiaid busneslyd gwerth eu halen. Roedd hi'n bleser bod yn eu cwmni. Dau frawd oedden nhw, yn byw yn y cyffiniau, er nid yn orawyddus i ymhelaethu ymhle, fel y byddwn ni'r Cymry yn mynnu cael gwybod.

'Dim ond i fyny'r ffordd, yr ochr arall i'r mynydd,' meddai un. 'Dan ni wedi dŵad adra'n ôl ar ôl bod yn gweithio yn America. Wel, cawson ni ein geni yno, a dweud y gwir, ond ein magu yma. O fan hyn mae'n rhieni ni'n dŵad. Does dim llawer yma o ran gwaith, ond fan hyn ydi adre wedi'r cwbl.'

'O Gymru dach chi'n dŵad, ie?,' cymrodd y llall yr awenau, yr ieuengaf yn ôl pob golwg. ''Dach chi'n siarad Cymraeg? Da iawn. 'Dan ni'n siarad Gwyddeleg hefyd. Dyna'n iaith gynta' ni, a 'dan ni mor falch o hynny. Dydi pawb ddim yn teimlo cyn gryfed am y peth, ond mae'r iaith yn bwysig i ni. Dyna pam ddaethon ni'n ôl.'

Oedd, roedd prisiau tai yn gallu bod yn broblem, cytunodd yr hynaf.

'Mae hi wedi mynd yn fwy a mwy anodd mewn rhannau o'r sir, ond dydi'r broblem heb gyrraedd cyn belled â fan hyn,' ychwanegodd. 'Ddim eto, beth bynnag'.

Neidiodd y ddau yn ôl i'w car ac, ar ôl tanio'r injan, rhoddodd yr hynaf ei ben drwy'r ffenest agored a holi: ''Dach chi'n mynd i aros fan hyn heno? Faswn i'n gwneud. Alla' i ddim meddwl am unlle gwell.'

Ac wrth iddyn nhw ddiflannu dros ael y ffordd i'r pydew oedd yn plymio at y dre, allen ni ddim llai na chytuno efo nhw. Ac mi fyswn i'n gallu taeru imi glywed Alabeina yn grwnan ei chytundeb.

Pennod 19

Mynydd sanctaidd Cruach Phádraig

Mae traeth An Seancheann, yr hen ben(rhyn), Old Head, yn un o'r rhai mwya' poblogaidd yn sir Maigh Eo ymysg syrffwyr a hwylfyrddwyr. Cân nhw eu denu gan rym cyfareddol y gwanegau o donnau sy'n hyrddio ato, tonnau sydd wedi eu hepilio ym mol yr Iwerydd rhywle rhwng Iwerddon ac erchwyn y byd.

Gall rhywun ddychmygu'r wefr o fod yn eu mysg dim ond o wrando arnyn nhw'n curo'n ddidrugaredd yn erbyn yr arfordir. Ac mi fydd y dychymyg yn hen ddigon o brofiad i mi, diolch am ofyn.

Ond o leia' mae syrffwyr a hwylfyrddwyr ran amlaf yn gwisgo dillad call i'w hamddiffyn rhag oerfel y dŵr. Oni bai eu bod yn heulwen Hawaii yn hytrach na mwrllwch Maigh Eo. Nid felly'r criw o ferched gwichlyd mewn bicinis a dillad nofio un darn, tua dau ddwsin ohonyn nhw, oedd wedi ymgasglu ger dau gwt pren yn un gornel o'r maes parcio reit ar ymyl y traeth.

Digon teg, roedd hi'n swyddogol yn wanwyn. Ond mae diwrnod o wanwyn yn y gwledydd Celtaidd yn gallu bod cyfystyr â diwrnod o aeaf efo mwy o olau dydd. Ac yn sicr doedd y niwl oedd yn sgubo i mewn o fae Cuan Mó ddim yn gwneud imi feddwl am yfed Mai Tai o dan goed palmwydd. Mwy fel Horlicks o flaen tanllwyth o dân.

Mae rhywbeth am nofio mewn dŵr oer sy'n apelio at ryw fath o bobol. Sy'n swnio'r un mor wallgo' â nodi rhifau trenau. Mae'n debyg bod rhywbeth ymegnïol yn y syniad, chwarae teg. Plymio i ddŵr oer, dwi'n ei feddwl, nid nodi rhifau trenau.

A ellid meddwl am unrhyw beth gwell i chwalu'r we ymenyddol na theimlo eigion maleisus yr Iwerydd yn ceisio rhwygo'r croen oddi ar eich cefn? Hmm? Wel, mi alla' i feddwl am sawl peth, llai masocistaidd, â bod yn onest. Ond pawb at y peth y bo.

Prin oedd gan lawer o'r merched hyn, o bob oed, siâp a llun, unrhyw amddiffynfa rhag yr elfennau. Ond roedd ambell un wedi bod yn ddigon hirben i lapio lliain ymdrochi am ei 'sgwyddau, ac eraill yn ffodus i fod â digon o floneg i helpu'r achos. Roedd rhai'n sefyllian oddi allan i un o'r cytiau yn llymeitian diodydd poeth oedd yn ymddangos drwy dwll gweini. Un neu ddwy ohonyn nhw yn tynnu ar sigarét efo'r llaw rydd. Roedd eraill i'w gweld drwy ffenestri stemllyd y cwt arall yn mwynhau – os mai dyna'r ferf dwi'n chwilio amdano – sawna chwyslyd.

Mwya' sydyn cododd bloedd fenywaidd benderfynol wrth i hanner y criw fyrstio allan o'r cwt stêm. Yr agergwt. Dychrynwyd bilidowcar, broigheall yn y Wyddeleg, oedd yn sefyll yn ddiog ar garreg fawr yn chwilio am ginio cynnar bron allan o'i blu.

Anelodd y merched yn syth am y môr, gan redeg, siglo, simsanu a hercian yn wynegog ar draws y tywod rhychiog am eu targed. Cododd lefel y sŵn wrth i'r tonnau oeri'u fferau yn sbeitlyd, efo gweddill y criw eisoes yn dechrau gwasgu'n gnawdol i mewn i'r cwt stêm. Erbyn i'r heli gosi'r cluniau roedd nifer wedi ildio, ac ar eu ffordd yn ôl. Dim ond ambell un fu'n ddigon dewr i blymio dros eu pen a'u clustiau i afael digyfaddawd y dŵr.

Allwn i ddim llai na thosturio drostyn nhw, a'u hedmygu yn yr un gwynt. Beth bynnag oedd hynt y chwilen oedd wedi eu gyrru i gyflawni'r fath ffwlbri.

Mae'r enw Saesneg ar y pentre wedi ei ddefnyddio ers canrifoedd, ac ymddangosodd fel Olde-Head ar fap gan John Browne yn 1584. Mae coedwig fechan o goed derw hynafol, sydd wedi ei dynodi'n ardal gadwraeth arbennig, yn rhedeg i lawr y llethrau bron at y traeth ei hun.

Mae'n fath o goedwig fu yn y gorffennol pell yn gyffredin drwy lawer o Ewrop, ond sydd bellach wedi goroesi dim ond ar y cyrion Celtaidd gorllewinol, gwlyb. Ar un pryd byddai llawer o Iwerddon a Chymru wedi eu gorchuddio bron yn llwyr â'r coedwigoedd hyn. Mae'n cynnig cartref i bob math o bryfetach a mwsog' prin, ac mae adar fel y gwybedog yn gyffredin iawn ynddi.

Mae siâp llawer o'r coed yn dyst i'w brwydr ddewr yn erbyn

Ffermydd acwafeithrin yn An Caoláire Rua
Llun: Fáilte Ireland

gwyntoedd didostur gydol eu hoes, yn crymu eu pennau am y mynydd wrth chwilio am gysgod.

Ar ein ffordd yma o An Clochán cawson ni ein gwefreiddio gan ffiord An Caoláire Rua, gaiff ei alw hefyd yn Killary Harbour. Yn bron i ddeng milltir o hyd, dyffryn wedi ei gipio gan y môr ydi o mewn gwirionedd. Bydd cychod yn cludo ymwelwyr ar ei hyd yn yr haf.

Caiff ei ystyried yn un o'r tri ffiord rhewlifol yn unig a geir yn Iwerddon, efo nifer o afonydd yn llifo i mewn iddo. Mae'n ffurfio'r ffin rhwng siroedd Gallimh a Maigh Eo. Mae'n ardal hynod bwysig i ddiwydiant acwafeithrin y gorllewin, efo'i ddyfroedd disglair yn gartref i ffermydd eog a chregyn gleision.

I fyny'r ffordd o'r traeth, cafodd tre fach daclus Cluain Cearbán, neu Louisburgh, ei chodi ar ffurf gynlluniedig gyson yn 1795 gan Ardalydd Sligeach. Roedd am gynnig lloches i Babyddion, wrth i'r drwgdeimlad yn eu herbyn yng ngogledd y wlad waethygu ymysg y Protestaniaid oedd wedi eu plannu yno gan Goron Lloegr. Bu'n rhaid i nifer ffoi o'u cartrefi, ac ymsefydlu yma. Mae disgynyddion nifer yn dal yn yr ardal.

Cafodd y lle ei galw'n Louisburgh er cof am ewythr yr Ardalydd, oedd yn swyddog yn y fyddin Seisnig a drechodd luoedd Ffrainc ym mrwydr Louisburg yng ngogledd America yn 1758.

Yn cadw llygad ffroenuchel dros yr holl ardal, fel offeiriad yn sicrhau bod ei blwyfolion yn ymddwyn yn barchus, mae mynydd sanctaidd Iwerddon. Mae Cruach Phádraig i'w weld yn amlwg o ba bynnag gyfeiriad yr edrychwch yn y parthau hyn, mynydd ar ffurf pyramid â chopa main iddo. Ond â ninnau ag awydd cael cip bach seciwlar arno, roedd ei gopa heddiw yn cuddio'n swil yn y cymylau.

Mae yn sicr ryw hud wedi perthyn i'r mynydd ym meddwl y Gwyddel erioed, er nad ydi o'r mynydd uchaf yn Iwerddon o bell ffordd. Mae 28 mynydd arall ar yr ynys sy'n uwch nag o.

Mae sawl chwedl neu ffaith, yn ôl eich safbwynt, yn cysylltu'r mynydd 764m hwn efo Sant Padrig. Roedd hwnnw, yn ôl yr hanes, efo mwy o waed Brythonaidd y Cymro ynddo na genynnau'r Gwyddel.

Cafodd Padrig ei eni tua'r flwyddyn 386 OC, ym Manwen yng Nghwm Dulais yn ôl un haeriad. Mae un arall yn sôn iddo gael ei eni yn Cumbria yn yr Hen Ogledd.

Mae iddo hefyd gysylltiadau honedig efo gogledd Ynys Môn. Caiff straeon eu hadrodd yn lleol amdano'n dringo ar ynys fechan Ynys Badrig ar ôl i'w long gael ei dryllio oddi ar yr arfordir ger Cemaes. Sefydlodd Eglwys Sant Padrig dafliad carreg go egr i ffwrdd yn 440 OC mewn diolchgarwch am ei achubiaeth. Mae hi'n dal yno hyd heddiw yn Llanbadrig, heb fod ymhell o gildraeth unig Porth Padrig.

Does dim dwywaith mai'r Frythoneg, yr iaith y deilliodd y Gymraeg ohoni, fyddai ei famiaith wedi bod. Dysgodd y Wyddeleg wrth ei waith bob dydd pan oedd yn gaethwas yn Iwerddon. Maen nhw'n credu iddo yn ogystal ddŵad yn hyddysg mewn Lladin yn ddiweddarach.

Cafodd ei fagu'n anffyddiwr, yn hytrach na chredwr yn nerwyddiaeth y cyfnod. Yn wahanol i Ddewi, ni chafodd Padrig erioed ei ganoneiddio gan Rufain, er i'r ddau weinidogaethu o dan fantell yr Eglwys Geltaidd. Roedd hynny'n ffodus mewn ffordd, gan iddo gael ei dderbyn fel nawddsant Iwerddon gan Babyddion a Phrotestaniaid fel ei gilydd. Yn wir, mae prif gadeirlan yr Anglicaniaid yn Nulyn wedi ei chysegru iddo.

Mae rhai'n credu mai Maewyn Succat oedd ei enw 'bedydd', os ocdd modd i anffyddiwr gael ei fedyddio. Enw llwyfan oedd Pádraig, meddan nhw. Un rhyfeddol o lwyddiannus. Yn yr un modd ag y daeth Marion Morrison yn fwy adnabyddus fel John Wayne, a'r reslwr boldew Shirley Crabtree fel Big Daddy.

Yn 16 oed cafodd ei gymryd yn gaethwas gan forladron Gwyddelig, a'i gludo i Iwerddon i weithio fel meichiad, neu fugail moch. Dihangodd ar ôl chwe blynedd, ond dychwelodd i'r wlad yn ddiweddarach fel cenhadwr i geisio troi'r bobol oddi wrth eu ffydd dderwyddol.

Dywedir bod yr hanes amdano yn anfon y nadroedd allan o Iwerddon yn fetaffor am waredu Iwerddon o'r hen gredoau paganaidd. Ni fu'r hinsawdd yn y wlad erioed yn addas iawn ar gyfer nadroedd. Yr unig seirff fu'n byw yna erioed ydi'r rhai sy'n sw Dulyn.

Mae rhai'n credu i'r siamrog ddatblygu'n symbol o bwys i'r Gwyddelod wrth i Badrig ei defnyddio i egluro'r Drindod Sanctaidd (y Tad, y Mab a'r Ysbryd Glan) i baganiaid. Câi ei gwisgo hefyd fel arwydd o'r groes. Daw'r gair 'siamrog' o seamróg, sy'n golygu meillionen ifanc. Mae'n un o ychydig eiriau Gwyddeleg i dreiddio i'r Saesneg. Ambell un arall ydi bróg (esgid), triús (trowsus) a coinncín (trwyn mawr, neu 'conk').

Credai rhai i'r defnydd o'r lliw gwyrdd i ddynodi Gwyddeldod fod yn ymwneud â'r feillionen, a natur dirf-wyrdd gwlad sydd yn dal yn hynod wledig ei naws dros dalpiau helaeth ohoni. Efallai'n wir.

Ond y lliw a gysylltwyd efo Padrig yn draddodiadol oedd glas. Dyna pam mai dyna liw'r cefndir ar yr arfbais Wyddelig, efo telyn aur yn sefyll arno. Crëwyd yr arfbais ar gyfer brenhiniaeth newydd Iwerddon gan Harri VIII yn 1542, a chaiff ei defnyddio hyd heddiw.

Erbyn 1789 roedd nifer o wrthryfeloedd wedi codi yn erbyn y frenhiniaeth, a theimlai llawer bod glas yn rhy gysylltiedig â'r Alban. Dechreuwyd defnyddio gwyrdd fel arwydd o arwahanrwydd Iwerddon, a symbol o'u cenedlaetholdeb.

Mae gwyrdd, wrth gwrs, yn un o'r tri lliw ar faner y Weriniaeth, ynghyd â gwyn ac oren. Cafodd Bratach na hÉireann, yn llythrennol 'brat Iwerddon', ei godi am y tro cyntaf yn ninas Port Láirge, Waterford, yn ystod gwrthryfel 1848. Roedd hwn yn un o nifer o wrthryfeloedd oedd yn digwydd ledled Ewrop ar y pryd. Bu'n cyhwfan uwchben Clwb Cydffederal Wolfe Tone yn y ddinas am wyth diwrnod, hyd nes i luoedd Prydain ei lusgo i lawr.

Wedi ei ysbrydoli gan faner drilliw Ffrainc o adeg eu chwyldro nhw, crëwyd y Bratach na hÉireann gan Thomas Francis Meagher, un o arweinyddion mudiad Éire Óg, Iwerddon Ifanc. Roedd y gwyrdd yn cynrychioli'r Pabyddion, yr oren yn cynrychioli'r Protestaniaid, a'r gwyn yn sefyll am yr heddwch yr oedd yn gweddïo amdano rhyngddyn nhw. Ond ni chafodd y faner ddefnydd helaeth hyd nes yr ugeinfed ganrif, ar ôl i'r wlad gael ei hollti'n ddwy.

Bu farw Padrig ar Fawrth 17eg yn y flwyddyn 461, yn Dún Pádraig yn sir An Dúin, rhyw 20 milltir i'r de o Felffast. Credir iddo gael ei gladdu yn y gadeirlan yno. Fyth ers hynny cafodd dydd ei farwolaeth ei nodi fel gŵyl grefyddol syber drwy Iwerddon. Ond nid syniad a ddeilliodd o Iwerddon ydi'r dathliadau anferthol a gynhelir ledled y byd bellach, un parti anferthol, gwyllt, sy'n cadw ambell fragwr mewn elw gydol y flwyddyn.

Milwyr Gwyddelig oedd yn brwydro ar ran y Saeson yng Ngogledd America benderfynodd orymdeithio drwy Efrog Newydd ar Fawrth 17eg, 1762, i ddathlu eu hunaniaeth genedlaethol. Aeth y syniad o nerth i nerth, a chael ei fabwysiadu yn ôl yn y famwlad maes o law.

Ond gorymdaith Efrog Newydd ydi'r fwyaf yn y byd o bell ffordd hyd heddiw. Bydd hyd at 150,000 yn cymryd rhan, a daw dwy filiwn i wylio, wrth iddyn nhw basio Cadeirlan Sant Padrig ym Manhattan ar eu ffordd o amgylch y ddinas.

Roedd glaw mân yn smwcio oddi ar Cruach Phádraig wrth inni gyrraedd pentre Muraisc, y morfa. Serch hynny, roedd y maes parcio yn llawn i'r ymylon, a bu'n rhaid inni barcio mewn cilfan ar ochr yr R335.

Ro'n i'n gwybod mai'r mynydd hwn oedd cyrchfan bererindota amlycaf y wlad, a'i fod wedi bod o bwys ysbrydol ymhell cyn

Cychwyn am Croagh Phádraig

dyfodiad Cristnogaeth. Fel efo'r Nadolig, bachu ar syniadau a defodau Celtaidd paganaidd wnaeth y Cristnogion, a'u siapio i siwtio eu hamcanion hwy. Gwyddwn fod miloedd yn llusgo'u hunain, nifer yn droednoeth, i'w gopa ar ddydd Sul olaf pob mis Gorffennaf. Ond feddyliais i erioed y byddai hi fel hyn ar adegau eraill o'r flwyddyn.

Yn ôl dogfen hynafol Bethu Phátraic o'r 12fed ganrif, penderfynodd Padrig efelychu'r Iesu a Moses drwy dreulio deugain dydd a deugain nos yn ymprydio ar y mynydd. Roedd hynny i nodi'r Grawys, yn y flwyddyn 441 OC. Bryd hynny y gwnaeth o alltudio'r nadroedd o Iwerddon am byth, ar ôl i sarff Satanaidd alw heibio i'w demtio. Ymosododd adar duon cythreulig arno, ond cafodd wared arnyn nhw drwy ganu cloch sanctaidd. Rhoddodd y gorau i'w ympryd pan addawodd Duw mai Padrig, a neb arall, gâi farnu pobol Iwerddon ar Ddydd y Farn.

Mae gweddillion bryngaer Geltaidd i'w gweld ar y copa, a bu

capel neu fetws yno ers y bumed ganrif, er mai yn 1905 y codwyd yr un presennol. Ac o feddwl inni fodloni ar roi caffi, bar a gorsaf drên ar gopa ein mynydd amlycaf ni.

Setlodd Cath yn Alabeina i ymochel rhag yr hin, ac es i am ryw bwt o chwarter pererindod, heb fwriad o gyrraedd y copa gwlyb. Roedd arwyddfwrdd browngoch anferthol yn y maes parcio yn rhestru cant a mil o reolau roedd yn rhaid eu dilyn os am gael y gorau o ddilyn yn ôl troed Padrig. Gwell ydi dyfynnu'r sylwadau agoriadol yn y Saesneg gwreiddiol ichi gael gwell blas arnyn nhw:

'Every pilgrim who ascends the mountain on St Patrick's Day or within the octave, or any time during the months of June, July, August & September, & prays IN OR NEAR THE CHAPEL for the intentions of our Holy Father may gain a plenary indulgence on condition of going to Confession and Holy Communion on the summit or within the week.'

Ceir cyfarwyddiadau pellach er mwyn i'r pererin allu gwaredu'n well ei bechodau neu ei phechodau. Ar y copa awgrymir iddo neu iddi benlinio ac adrodd saith Ein Tad, saith Henffych Fair, ac un Credo. Yn ddiweddarach awgrymir cerdded bymtheg gwaith o amgylch y capel, i gyfeiriad y cloc, gan adrodd pymtheg Ein Tad, pymtheg Henffych Fair, ac un Credo.

Does ryfedd imi feddwl erioed bod crefydd yn rhy gymhleth imi ei ddilyn. Cofiwch, dwi ddim yn cofio cyfarwyddiadau mor fanwl â hynny yng nghapel Horeb ers talwm. Dim byd mwy cymhleth na: 'Cofiwch, bydd bws y trip Ysgol Sul i'r Rhyl yn cychwyn am saith o'r gloch fore Sadwrn nesa.' Ynte' wnes i fethu rhywbeth, 'dwch?

Yng nghornel bella'r maes parcio, wrth yr arwydd yn byseddu'r ffordd at y copa, a'r ddelw o'r Forwyn Mair, roedd canolfan groeso. Roedd yn cynnwys tŷ bach, siop goffi a hufen iâ, a siop gofroddion yn gwerthu delweddau rhad o Badrig a ffyn cerdded pererindota wedi eu tocio'n amrwd o goed cyll.

Mae'r llwybr wedi erydu'n ddrwg mewn mannau, ac o'r herwydd yn hawdd i'w ddilyn. Roedd hi'n ymddangos rywsut bod mwy yn dŵad i lawr nag oedd yn mentro am i fyny. Roedd rhai ohonyn nhw wedi gwisgo'n gall ar gyfer yr elfennau, ond eraill yn mentro eu bywydau mewn 'sgidiau dal adar a chotiau dwy a dima'.

Rhyw chwarter ffordd i fyny roedd gŵr a gwraig ganol oed yn mwynhau'r olygfa o'r bae oddi tanom, a'i ynysfor o greigiau ac ynysoedd bychain. Roedden nhw'n dŵad i'r golwg yn ysbeidiol, cyn cilio'n ôl i'r niwl yr un mor gyflym, fel sioe Llusern Hudol.

'Fyddwn ni'n trïo dŵad yr holl ffordd yma o Gorc rhyw unwaith y flwyddyn, os gallwn ni,' eglurodd y wraig. 'Mae'n gallu bod yn hyfryd yma, os gewch chi dywydd call, a dim gormod o bobol. Fuon ni ddim at y copa heddiw; mae'r glaw yn mynd yn drymach wrth ichi ddringo. Ond mae'n gwneud rhyw les i'r enaid, am wn i. Yn sicr mae'n gwneud inni deimlo'n llai euog am na fyddwn ni'n mynd i'r offeren y dyddiau hyn.'

Efo diferion glaw yn rhedeg oddi ar blaen ei drwyn, daeth sŵn grwgnachlyd o enau ei gŵr, na ellid ei ddisgrifio fel siarad na llefaru. Ond deallodd ei wraig fyrdwn ei neges.

'Wel, mae'n gwneud i mi deimlo'n llai euog, o leia',' ychwanegodd. Efo hynny rhoddodd bwniad ysgafn yn ei ysgwydd, i'w ddwrdio am godi cywilydd arni, llawn cymaint ag i'w anfon ar ei ffordd yn ôl am y maes parcio.

A phenderfynais y baswn i'n rhoi munud neu ddau iddyn nhw fagu bach o bellter oddi wrtha' i, cyn i minnau hefyd droi ar fy sawdl yn ôl am glydwch sych Alabeina. Welwn ni chi eto, Padrig, ar ddiwrnod brafiach.

Pennod 20

Tre'r Cofis yng ngorllewin Iwerddon

PRIN fod unrhyw un o Iwerddon a lwyddodd i godi mwy o ofn ar y Gwyddelod eu hunain na Gráinne Ní Mháille. Morleidr oedd hi, ymysg pethau eraill, fu'n teyrnasu efo dwrn o ddur yn sir Maigh Eo. Taran o ddynes, oedd yn cael ei hadnabod yn Saesneg fel Grace O'Malley, na dderbyniai 'na' fel ateb i unrhyw gwestiwn. Heb sôn am orchymyn.

Ac er iddi farw mor bell yn ôl â 1603, mae ei dylanwad hi a'i thylwyth i'w deimlo'n gryf hyd heddiw yn nhre Cathair na Mart, Westport. Mae hi'n dre brydferth o ryw 6,000 o drigolion bodlon. Cafodd ei chynllunio'n fwriadol i sefyll o boptu afon An Cheathrú Bheag, y chwarter bychan, efo phontydd cerrig taclus yn ei chroesi.

Mae'n lle digon dedwydd heddiw, ond nid felly roedd pethau yn 1752. Datgelodd y tirfeddiannwr John Browne, oedd â'i wraig, Maude, yn or-or-wyres i Gráinne Ní Mháille, ei fod am chwalu cartrefi 700 o'i denantiaid ym mhentre gwreiddiol Cathair na Mart. Roedd am ehangu'r gerddi o amgylch ei blasty, Westport House, fel y byddai unrhyw ŵr bonheddig efo gormod o bres

Y cerflun o Gráinne Ní Mháille ar dir Westport House

ar ei ddwylo am ei wneud. Ac roedd cartrefi syml y tlodion yn digwydd bod yn y ffordd.

Cafwyd addewid am godi tre newydd yn ei lle, un wedi ei chynllunio yn ôl dyluniad Sioraidd trawiadol, efo maes marchnad wyth-ochrog deniadol yn ganolbwynt iddi. Ond cymrodd hi bymtheg mlynedd arall cyn i'r gwaith adeiladu hyd yn oed ddechrau. A dyna sail canol y dre hyd heddiw.

Y teulu hwnnw ddatblygodd yr harbwr sydd gerllaw yn ogystal. Erbyn hyn mae hwnnw wedi ei foneddigio, yn hafan i gychod pleser sy'n werth mwy na thai y rhan fwyaf o'r trigolion lleol. Ac mae'r warysau fu'n rhan hanfodol o lewyrch masnachol y lle ar un pryd bellach wedi eu haddasu'n fflatiau crand. Agorwyd nifer o westyau braf wrth y cei, lle bydd ymwelwyr yn ymgasglu dros Pimms a Phrosecco i wylio silwét Cruach Phádraig yn cael ei lusgo i'w wely coch bob machlud braf.

Lleiafrif, o bell ffordd, oedd yr acenion Gwyddelig oedd i'w clywed ar y strydoedd yn ardal y cei. Ond apeliodd y dre ei hun ddigon nes inni benderfynu y byddai'n lle addas i aros am ychydig ddyddiau. Wedi'r cyfan, roedd Alabeina a'i gyrrwr yn haeddu bach o seibiant ar ôl bod yn adlamu'n herciog hyd lonydd cefn Iwerddon ers mis.

Trefnon ni le ar faes carafanau, a chael ein hunain yn cysgu ar dir y plasty lle yr anfonwyd y trueiniaid o'u cartrefi yn y 18fed ganrif. Digon anghyffyrddus oeddwn felly, fel ym mhlastai'r crachach yng Nghymru, o feddwl am chwys a gwaed y werin bobol aeth tuag at greu'r cyfoeth a arweiniodd at y fath grandrwydd. Ond roedd yn rhaid inni aros yn rhywle. Ac roedd Westport House yn gyfleus ac yn agos at ganol y dre, ac ardal y cei i'r cyfeiriad arall.

Ydi, mae Westport House wedi gorfod troi at ddenu ymwelwyr erbyn hyn er mwyn cadw dau ben llinyn ynghyd. Ond nid yn unig drwy wahodd carafanau, modur-gartrefi a phobol efo pebyll ar eu cefnau drwy'r giatiau. Maen nhw hefyd yn croesawu'r cyhoedd i weld y tu mewn i'r plasty, mae yno westy pedair seren, bwytai, pedalos ar ffurf elyrch ar lynnoedd braf, a pharc antur ar thema morladron – be' arall? – i'r plantos.

Cruach Phádraig i'w weld o gei Cathair na Mart

Mae 400 erw o erddi ysblennydd, yn llwybrau, llynnoedd, coedlannau a dolydd gleision, yn amgylchynu'r plasty 400 oed. Mae'r tŷ a'r stad yn un o ychydig iawn o'u math yn Iwerddon sydd yn parhau mewn dwylo preifat, a hyd 2017 roedd yn dal ym mherchnogaeth llinach Gráinne Ní Mháille.

Mae cerflun o'r ddynes ei hun gan y cerflunydd cyfoes Michael Cooper y tu mewn i'r plasty, a chopi ohono wedi ei gastio mewn efydd yn sefyll yn y gerddi. Hefyd yn y tŷ mae 'na arddangosfa ddadlennol am ei thylwyth a'i bywyd.

Cafodd ei geni a'i magu i deulu breintiedig ar ynys Cliara, allan yn y bae oddi ar arfordir Maigh Eo. Ers yn blentyn, roedd hi wastad â'i bryd ar fynd ar deithiau masnachu ar y môr efo'i thad. Gwrthodai hwnnw, gan gredu nad oedd llong fasnach yn lle addas i ferch ifanc dreulio misoedd ar y tro yng nghwmni llongwyr digon cwrs. Dywedodd unwaith, cyn taith i Sbaen, na châi hi fynd rhag ofn i'w gwallt hir ddal yn rhaffau'r llong. Gyda hynny, tociodd ei gwallt oddi ar ei phen, gan ennill i'w hun y llysenw Gráinne Mhaol, Gráinne Foel.

Ond bu'n olynydd teilwng i'w thad, Eóghan Dubhdara Ó Máille. Roedd yn rhedeg eu teyrnas yn eofn, ac yn trethu'r brodorion ac unrhyw bysgotwyr a feiddiai fentro i'w moroedd yn drwm. Wrth i'r Goron yn Lloegr geisio gwasgu mwyfwy ar annibyniaeth yr hen uchelwyr Gwyddelig, mynnodd Gráinne gyfarfod â'r Frenhines Elisabeth yn Llundain. Gwrthododd foesymgrymu o'i blaen, gan fynnu na allai ei chydnabod yn deyrn ar Iwerddon. A chadwodd gyllell wrth ei chorff gydol yr amser y bu'r ddwy yng nghwmni'i gilydd.

Hawdd fuasai i Elisabeth ei charcharu yn Nhŵr Llundain, neu drefnu apwyntiad iddi efo min bwyell un o'i dienyddwyr. Ond aeth Gráinne adra efo addewid y câi ei hannibyniaeth ei barchu. Ac mi gafodd, i raddau o leia'.

Gwyddeles arall a ddilynodd yn ôl ei throed oedd Anne Bonny. Yn enedigol o Cionn tSáile, bu hi'n cyd-weithio yn y Caribî yn y 18fed ganrif efo morleidr arall, y Saesnes Mary Read. Roedd enwau'r ddwy yn ddigon i beri ofn ar unrhyw long fasnach fyddai'n ddigon anffodus i gael ei thargedu ganddyn nhw.

Roedd cred bod y ddwy yn gariadon. Ond pan gawson nhw eu dal a'u dedfrydu i farwolaeth yn 1720, ynghyd â'u capten Calico Jack Rackham, hawliodd y ddwy eu bod yn feichiog. Gohiriwyd y ddedfryd, ond bu farw Read yn y carchar o dwymyn. Does dim cofnod o be' ddigwyddodd i Anne Bonny.

Mae Cathair na Mart yn dre braf i fynd ar goll ynddi, nifer o strydoedd bach culion yn arwain i does wybod ble o'r prif strydoedd. Weithiau des i ar draws siop neu gaffi bach yn cuddio'n swil ynddyn nhw. Dro arall byddai'n rhaid troi'n ôl am nad oedd y stryd yn arwain i unrhyw le.

Gwelais arwydd yn cyfeirio at siop farbwr McKenna, yr hynaf o'i bath yn y dre, meddan nhw. Doedd fy ngwallt i heb brofi blas siswrn ers rhai wythnosau ac, er iddo fod efo to haul ar y corun, roedd yn dechrau cripian dros fy nghlustiau. Cyfle perffaith, felly, i dacluso fy hun ar gyfer gweddill ein taith ar hyd y Slí.

Dychmygais mai rhyw hen gono wedi bod yn rhedeg y siop ers dyddiau de Valera fyddai Mr McKenna. Gallwn weld ei law crynedig prin yn medru cydio mewn siswrn, ac olion sigaréts Sweet Afton wedi staenio'r nenfwd. Ond pa mor anghywir allai rhywun fod? Ar ôl rhoi fy nhrwyn heibio sawl cornel yn y ddrysfa o lonydd cefn culion, des i o'r diwedd ar draws y siop. Dwy ferch ifanc oedd yno yn fy nisgwyl. Ces wahoddiad i eistedd ar fainc wrth iddyn nhw ddelio'n barablus efo dau o ddynion yn eu hoed a'u hamser oedd yn eistedd yn y cadeiriau'n barod.

Roedd hi'n amlwg mai'r hen do oedd eu cwsmeriaid. Doedd dim rhaid imi boeni felly bod perygl iddyn nhw dorri siâp Z i ymyl fy mhen, na dim byd cyfoes felly.

Cyflwynodd un ei hun fel Siobhan, a'i chyd-weithwraig fel Sinéad, wrth sgubo tas o wallt gwyn oddi wrth droed ei gorsedd. Cyfarwyddodd fi i eistedd ar yr orsedd drwy daro cledr ei llaw ar ei sêt yn awdurdodol. A dyna'r unig adeg gydol fy ychydig funudau yn y siop na fu'r felin bupur o dan ei thrwyn yn tywallt geiriau i bob cyfeiriad.

Gwyddwn wrth gwrs am allu'r Gwyddelod i siarad. A hynny'n ddi-baid. Dywed rhai mai drwy gusanu carreg enwog Cloch na Blarnan, yng nghastell An Bhlarna ger Corc, y câi rhywun y gallu hynny. Wn i ddim am hynny. Fues i at y garreg ar frig y castell unwaith. Roedd pobol yn cael eu dal ben-i-waered gerfydd eu coesau gan un o staff y castell er mwyn cyrraedd y garreg hud. Rhoddodd fy stumog dro.

Cofiais am ddarllediad radio *The Adventure of the Blarney Stone* o 1946, pryd y syrthiodd dyn i'w farwolaeth wrth geisio cusanu'r garreg. Galwyd y ditectif enwog Sherlock Holmes i ymchwilio. Canfu mai wedi ei lofruddio roedd y dyn, gan i rywun fod wedi rhoi saim dros ei 'sgidiau fel nad oedd modd dal gafael ynddo yn iawn.

Ffuglen ai peidio, bu'n rhaid imi gerdded i ffwrdd.

Does wybod be ydi gwir hanes y garreg. Un chwedl boblogaidd ydi mai hi oedd y garreg a ddefnyddiodd Jacob fel clustog – diawledig o anghyffyrddus – pan freuddwydiodd am yr ysgol yn dringo am y nefoedd. Dywed un arall iddi gael ei chludo i Iwerddon yn sgil y croesgadau.

Gofynnais i Siobhan yn gellweirus os bu hi erioed yn An Bhlarna, wrth iddi glymu gŵn barbwr yn dynn o gwmpas fy ngwddf fel 'tasai hi'n paratoi cyw iâr ar gyfer y popty. Na, fuodd hi erioed yno, atebodd yn llon. Ac yna ymosododd ar fy nghlustiau efo llifeiriant o gwestiynau.

'Dwi'n meddwl ei fod o yn y de, yn rhywle,' aeth ymlaen. Ac ymlaen. Ac ymlaen. Ac... ''Dach chi'n meddwl mynd yno? Fues i erioed ym mhen yna'r byd. O ble 'dach chi dŵad, felly? Achos does gynnoch chi ddim acen Maigh Eo, nac oes? O Ciarrí 'dach chi'n dŵad, ia? Be ti'n feddwl, Sinéad?

'Na? Dewch o 'na? O Gymru? 'Dach chi'n swnio dim byd fel y dyn 'na sy'n canu. Be ydi 'i enw fo? Tom rywbeth?

'Be? Mae gynnoch chi acenion gwahanol yng Nghymru, oes? Pwy fasa'n meddwl? Mae'n bell i Gymru, tydi? Be? 'Dach chi'n gallu gweld Iwerddon o Gymru ar ddiwrnod clir? Ti'n clywed hynna, Sinéad? Mynyddoedd Wiclo, 'dach chi'n deud? Na, fues i 'rioed yn Wiclo. Ond dwi 'di clywed am y lle. A'r mynyddoedd.'

Dihangais efo llai o wallt a llai o bres, ond efo 'mhen yn dawnsio i diwn miloedd ar filoedd o eiriau Siobhan.

Does dim dwywaith bod pobol y dre yn fwy na pharod i sgwrsio, a phob tro yn yngan rhyw gyfarchiad, codi ael, neu amneidio'r pen wrth basio ar y stryd. Does ryfedd iddyn nhw gael eu galw'n Cofis, fel pobol Caernarfon, sydd o'r un anian gyfeillgar. Yn ddifyr, arferai trigolion Cathair na Mart siarad Saesneg mewn tafodiaith unigryw nad oedd prin yn ddealladwy i weddill y wlad. Fel Cofis Caernarfon a'r Gymraeg.

Enw'r clwb beicio lleol ydi'r Covey Wheelers, ac mae gwesty crand y Plaza wedi enwi un o'u bwytai yn Covey's Gastrobar. Yn ystod gwyliau'r ysgol dros yr haf, aiff y plant i'r Covey Club. Doedd ryfedd yn y byd inni deimlo mor gartrefol, â ninnau'n byw'n arferol – pan nad oeddan ni'n trolio o gwmpas Iwerddon – yng Nghaernarfon.

Cafodd y gair Cofi ei fenthyca o'r 'covey' Saesneg, sy'n golygu grŵp bychan o bobol neu adar, petris ran amlaf. Tebyg iddo gyrraedd Caernarfon a Cathair na Mart, fel ei gilydd, o enau llongwyr o Loegr. Cafodd 'covey' yn ei dro ei fenthyca o'r Hen Ffrangeg, o 'covee', sy'n golygu gori. Os ystyriwch i 'brood' yn Saesneg olygu gori neu deulu, gallwch yn hawdd olrhain datblygiad y gair tafodieithol lliwgar. Ac os am dyrchu reit i'w darddiad, byddwch yn cyrraedd y gair Lladin 'cubare', sef gorwedd. Defnyddiodd Dickens o yn ei nofel Oliver Twist, pan gyfeiriodd rhywun at Oliver fel 'my covey' fel term o anwyldeb.

Cofiwch, ni fu'r croeso wastad mor dwymgalon yma tuag at bawb. Ger yr afon wrth un o'r pontydd yng nghanol y dre mae tŷ bwyta'r Everest Restaurant. Mae'n lle hynod boblogaidd, sy'n gweini bwyd bendigedig o Nepal. Ond hen gapel Methodistaidd Wesleaidd ydi'r adeilad, wedi ei godi yn 1876 ar safle capel hŷn a adeiladwyd yn sgil ymweliad gan John Wesley yn 1791. Caewyd o fel addoldy tua 1960.

Bu'r anghydffurfwyr Protestannaidd yn cenhadu llawn cymaint â'r Anglicaniaid i geisio troi'r Gwyddelod oddi wrth Rufain. Efo chymaint o lwyddiant â rhywun yn ceisio gwerthu porc peis yn Nhel Aviv.

Yn 1812 bu'r pregethwr mawr ei fri Gideon Ouseley, oedd yn enwog am bregethu oddi ar gefn ceffyl gwyn, ar ymweliad â'r dre yn ceisio gwthio'i neges. Er yn Wyddel o Dún Mór yn sir Gaillimh, ac yn rhugl yn y Wyddeleg a'r Saesneg, roedd talcen caled iawn yn ei wynebu.

Dim ond fel oedolyn y trodd at grefydd, ac yntau tan hynny wedi byw bywyd digon afrad a gwyllt. Roedd golwg ddychrynllyd arno, ac roedd wedi colli un llygad pan gafodd ei saethu mewn cwffas mewn tafarn.

Wrth iddo ddechrau pregethu, ymgasglodd criw o'i amgylch, ac yntau yn sefyll ar ganol yr Wythongl ar gadair y tro hwn yn hytrach nag ar ei eistedd mewn cyfrwy. Roedd yn siaradwr ysbrydoledig, a mwynhaodd nifer ymysg y dorf ei lith.

Gwylltiodd hyn yr offeiriad Pabyddol lleol, y Tad Judge, gymaint nes iddo gipio pastwn o law rhywun a dechrau colbio pawb oedd wedi sefyll i wrando. Torrodd terfysg allan, ac anafwyd Ouseley pan gafodd ei daro yn ei wyneb efo tywarchen oedd wedi rhewi'n gorcyn. Yn ffodus, does dim sôn yn y Deg Gorchymyn am beidio â thaflu tywyrch caled at Gristnogion eraill.

Mae'r Wythongl yn llawer mwy heddychlon heddiw, ac yn lle delfrydol i eistedd yn gwylio pobol yn mynd o gwmpas eu dyletswyddau. Ac maen nhw'n dda iawn am wneud hynny, cymaint nes ar adegau bydd mwy yn eistedd yn gwylio nag y bydd 'na o bobol yn mynd o gwmpas.

Yno mae theatr a sinema'r dre. Yno hefyd ceir nifer o dafarnau bach difyr, pob un yn brolio bod eu 'chowder' nhw – cawl bwyd môr hufennog, wedi ei weini efo talp o fara digon mawr i alw 'chi' arno – yn well na'r 'chowder' drws nesa. Cred rhai i'r gair ddeillio o'r un gwraidd â'r gair crochan. Roedd hi'n anodd penderfynu rhyngddyn nhw, cymaint felly nes roedd yn rhaid blasu sawl un ohonyn nhw. Dros gyfnod o ddyddiau, deallwch.

Ond efo'r haul wedi penderfynu dal i fyny efo'r gwanwyn, roedd eistedd wrth fwrdd yn yr Wythongl efo llwy yn un llaw a pheint o seidr oer yn y llall yn uchafbwynt dyddiol. Cyn mentro am y parlwr hufen iâ gogoneddus yr ochr draw, i fwynhau'r ail gwrs wrth fwrdd arall.

Cynhelir marchnad fechan yn yr Wythongl yn ôl y mympwy, pobol leol yn gwerthu eu nwyddau o gefn faniau yn hytrach na'r ffair fasnachol arferol. Byddan nhw'n ymgasglu o amgylch cerflun o Sant Padrig sydd yn sefyll yn falch yn y canol. Â'i wyneb wedi'i droi'n ddisgwylgar at Cruach Phádraig ar y gorwel, yn awchu am Ddydd y Farn.

Pennod 21

O'r Newyn i dai ha',
ynys sy'n dal i frwydro am ei heinioes

LLAI nag awr o waith gyrru ydi hi o Cathair na Mart at ynys Acaill, ond roedd hi'n teimlo fel degawdau o daith i'r gorffennol mewn peiriant amser. Ac er bod pont ffordd wedi croesi'r swnt cul at y lle fyth ers 1887, does dim dwywaith y cewch deimlad ichi fod wedi camu ar ynys o'r iawn ryw.

Ar un pryd roedd rheilffordd Acaill yn ymestyn o Cathair na Mart, ar draws penrhyn An Corrán, at derfynfa ar ochr y tir mawr o'r ynys. Agorwyd y lein tua diwedd y 19eg ganrif, ond bu'n agored am ddim ond prin 40 mlynedd. Bellach mae llwybr cerdded a beicio Bealach Mór an Iarthair, y Great Western Greenway, yn defnyddio'r gwely.

Amcangyfrifir bod y llwybr 26 milltir o hyd yn ychwanegu mwy na €1m y flwyddyn at yr economi lleol. Ac mae'r ynys wirioneddol angen pob sentan y gall hi eu cael.

Er bod digon o dai haf drudfawr arni, maen nhw'n rhan o gylch dieflig. Maen nhw'n bwysig i'r economi, tra ar yr un pryd yn ei wanio. Fel mewn rhannau o Gymru, maen nhw'n graddol ladd y

*Ceisio dal dau ben llinyn ynghyd
ar Ynys Acaill*

197

gymuned am na fedr y brodorion fforddio tŷ, ond heb wneud iawn am y golled honno drwy fyw yno'n llawn amser. Brodorion yn gadael, yn weithwyr gofal a seiri a thrydanwyr, a thai gweigion drud yn cymryd eu lle. Nid fod gadael Acaill i chwilio am waith yn ffenomen newydd o bell ffordd. Am bump neu chwe degawd tan yr Argyfwng, bu nifer o bobol ifanc yr ynys, rhwng tua 13 a 23 oed, yn teithio i'r Alban ar gyfer y tymor codi tatws. Byddai'r pres yn eu pocedi wrth ddychwelyd ar ddiwedd y tymor yn help at gynnal eu teuluoedd drwy'r gaeafau caled.

Ac er nad oedd codi tatws yn swnio'n waith peryglus ynddo'i hun, arweiniodd yr allfudiadau hyn o weithwyr at ddau drychineb erchyll sy'n dal wedi eu serio ar gof y brodorion. Ac roedd gan reilffordd Acaill ran amlwg i'w chwarae yn y straeon trist, ar y trenau cyntaf un ac olaf un i deithio ar hyd-ddi.

Yn 1894 boddwyd mwy na 30 o bobol ifanc ger Cathair na Mart wrth iddyn nhw groesi ar draws bae Cuan Mó mewn cwch pysgota. Roedden nhw ar eu ffordd i gwrdd efo agerlong yno, oedd yn mynd i'w cludo i'r Alban. Daeth eu cyrff yn ôl adref ar y rheilffordd mewn trên arbennig, i'w claddu ar eu mam ynys, er nad oedd y lein wedi ei chwblhau'n iawn nac wedi ei hagor yn swyddogol.

Ac ym mis Medi 1937, â'r lein erbyn hynny ar fin cau, cludwyd cyrff deg o ddynion ifanc ar hyd-ddi yn y trên olaf un i redeg. Cawson nhw eu llosgi i farwolaeth mewn damwain erchyll ger Kirkintilloch yn yr Alban, wrth i'r beudy roedden nhw'n cysgu ynddo fynd ar dân. Roedd 14 merch a 12 dyn wedi mynd yn un garfan i godi tatws, nifer ohonyn nhw'n wŷr a gwragedd. Roedd y merched yn cysgu ar wahân mewn bwthyn gerllaw, a dywed adroddiadau ar y pryd i nifer fod yn sgrechian yn hysterig wrth sylweddoli be' oedd yn digwydd i'w dynion.

Yn rhyfeddol, yn ôl y sôn roedd y trychinebau hyn wedi eu rhagweld yn yr 17eg ganrif. Roedd Brian Rua Ó Cearbháin o bentre An tInbhear, ychydig i'r gogledd o Acaill, yn cael ei adnabod fel rhywun oedd â'r gallu i weld i'r dyfodol. Rhagwelodd droliau efo olwynion haearn yn cael eu gyrru gan fwg a thân, a rhybuddiodd y byddai'r rhai cyntaf ac olaf yn cludo cyrff y meirw. Oes 'na ias yn rhedeg i lawr eich cefn eto? Y bont bresennol drosodd i Acaill ydi Droichead Mhícheál Mhic Dháibhéid, wedi ei henwi ar ôl yr ymgyrchydd perchnogaeth tir Michael Davitt. Fo sefydlodd Conradh na Talún, urdd y tir, i frwydro am hawl tenantiaid tlawd i berchnogi eu tir yn hytrach na chyfoethogi'r tirfeddianwyr.

Cafodd ei ysbrydoli i weithredu ar ôl i'w deulu gael eu hel o'u cartref pan oedd yn bedair oed. Bu hefyd yn un o drefnwyr y Frawdoliaeth Weriniaethol, yr IRB, oedd yn credu'n gryf mewn codi arfau i sicrhau rhyddid. Yn ddraenen barhaol yn ystlys yr awdurdodau, treuliodd sawl cyfnod mewn carchardai yn Lloegr.

Yn 1886 gwahoddwyd o i Gymru gan David Lloyd George, T E Ellis a'r Parchedig Michael D Jones, un o sylfaenwyr Y Wladfa ym Mhatagonia. Roedd Davitt yn gefnogol o'r Blaid Ryddfrydol, ohcrwydd eu safiad o blaid hunanlywodraeth Gwyddelig yn fwy na dim. Neidiodd y Rhyddfrydwyr Cymreig Lloyd George ac Ellis ar y cyfle i hybu eu gyrfaoedd eu hunain drwy gael eu gweld yng nghwmni dyn oedd erbyn hynny yn gawr gwleidyddol.

Roedd trafferthion perchnogaeth tir o dan law tirfeddianwyr grymus yn broblem yng Nghymru, fel yn Iwerddon ac yn Yr Alban, er nid i'r un graddau. Ac roedd Davitt, oedd yn sosialydd pybyr ac yn ymddiddori mewn gwleidyddiaeth ryngwladol, yn frwd dros ddefnyddio'r un tactegau ag yn Iwerddon.

Cyrhaeddodd ogledd Cymru ym mis Chwefror, a chael croeso tywysogaidd mewn cyfarfod tanbaid yn Fflint. Teithiodd ymlaen ar y trên i gyfarfod pellach ym Mlaenau Ffestiniog, efo tyrfaoedd mawrion wedi ymgasglu yn y gorsafoedd ar hyd y ffordd i'w groesawu.

Ymunodd Lloyd George ag o ar y llwyfan ym Mlaenau o flaen cynulleidfa o chwarelwyr, mewn cyfarfod lle y dywedir i'r Cymro lansio ei yrfa wleidyddol o ddifri'. Datganodd ei gredoau cenedlaetholgar yn groch, a chafodd ei sbarduno i fod yn un o sylfaenwyr y mudiad Cymru Fydd yn ddiweddarach y flwyddyn honno.

Ond codwyd ofn ar rai o'r ymgyrchwyr Cymreig gan radicaliaeth y Gwyddel. Roedden nhw'n credu hefyd mai Cymry ddylai fod yn gyfrifol am unrhyw ymgyrchu. Methwyd a thanio dychymyg y Cymry'n ddigonol, gan Davitt na Chymru Fydd.

Trodd Davitt ei sylw mwyfwy at wleidyddiaeth ryngwladol, yn Rwsia ac yn Ne'r Affrig, ac at ei ddaliadau sosialaidd. Chwaraeodd ran flaenllaw yn sefydlu'r Blaid Lafur Brydeinig, er i ddrwgdeimlad rhyngddo a'r arweinydd Llafur, Keir Hardie, brofi'n faen tramgwydd. Ond ychydig cyn ei farwolaeth yn 1906 cafodd ddychwelyd i Gymru. Penderfynodd gymodi efo Hardie, ac annerch cyfarfod ym Merthyr Tudful i gefnogi ei ymgeisyddiaeth lwyddiannus i gynrychioli'r etholaeth yn Nhŷ'r Cyffredin.

Y bont hon ydi'r drydedd un i groesi yn yr un safle, pont siglen sy'n caniatáu i gychod basio heibio. Agorwyd hi yn 2008.

Yn 57 milltir sgwâr, Acaill ydi'r ynys fwyaf oddi ar arfordir Iwerddon. Mae teimlad o fyd arall iddi, rhyw hagrwch rhyfeddol o brydferth, yn llawn creigiau a chlogwyni a chorsydd. Cafodd llawer o'r ffilm fawr ei chlod a'i gwobrau, *The Banshees of Inisherin*, ei ffilmio yma ac ar Inis Mór.

Er iddi fod yn swyddogol o fewn y Gaeltacht, prin 5% o'i phoblogaeth barhaol o 2,500 sy'n defnyddio'r Wyddeleg bellach.

Mae'n debyg na fyddai rhywun wedi ei dewis fel y cartref delfrydol nôl yn y dyddiau pan oedd yr Iwerddon wledig yn ddibynnol ar amaeth a physgota am ei chynhaliaeth. Nid tir amaethyddol da mohono, o bell ffordd. Ond mae nifer o'r brodorion heddiw yn ddisgynyddion i gyndeidiau a ffodd yno o rannau eraill o Iwerddon er mwyn sicrhau diogelwch eu teuluoedd.

Bu ei thirwedd drawiadol yn denu arlunwyr, llenorion ac artistiaid eraill ar hyd y blynyddoedd. Ac mae'n parhau i wneud.

Un a fopiodd ar y lle a'i gwneud yn gartref gydol oes oedd y weriniaethwraig bybyr Eva O'Flaherty. Roedd hi'n fodel o fri yn y byd ffasiwn, ac yn wneuthurwr hetiau enwog. Sefydlodd fusnes gwau rhyngwladol ar yr ynys, un rhyfeddol o lwyddiannus, a fu'n cyflogi nifer sylweddol am hanner canrif. Ymysg y cyfeillion fyddai'n ymweld â hi'n gyson roedd yr arlunydd Paul Henry a'r awdur Graham Greene. Bu hi farw yn 1963.

Cawsom ein denu i'r Golden Strand Bar, yn Dumha Goirt, tywyn y cae, yng ngogledd pellaf yr ynys. Roedd llu o arwyddion hysbysebu wedi eu gosod ar ochr y ffyrdd am filltiroedd, yn addo 'Bwyd, diod a cherddoriaeth'. A hithau'n benwythnos, be' arall oedd rhywun eu hangen i sicrhau nos Sadwrn gwerth chweil? Guinness, cawl pysgod, a bach o ffidl-di-didl-di.

Cawsom ein hysgytian a'n hysgwyd ar draws corsydd llwm am hydoedd, glaw yn sgubo i mewn o'r Iwerydd, a defaid ym mhobman yn syllu'n syn arnon ni wrth ddal i gnoi.

Gallen ni weld troed An Sliabh Mór, y mynydd mawr, tir uchaf yr ynys, er i'r glaw oedd yn hyrddio'n llorweddol o'r dde i'r chwith geisio ei guddio. Gwnaeth y niwl lawer gwell job ohoni efo'i gopa. Ac yna o'r diwedd daeth traeth melyn gogoneddus i'r golwg, yn ymestyn ymhell, bell i'r niwl a'r glaw. Hwn oedd Trá Bhearna na gCapall, traeth bwlch y ceffyl, y Golden Strand fel y câi ei lysenwi yn y llyfrynnau twristiaeth.

Hawdd oedd dychmygu'r lle dan ei sang efo plantos bach gwichlyd a bwcedi a rhawiau ar ddiwrnod braf, er i'r cyfleusterau parcio fod yn ddigon tila. Heddiw, dim ond defaid oedd yn ddigon gwirion i grwydro'i dywod a'i dwyni, yn chwilio am ryw flewyn sych yn rhywle i gnoi arno. Roedd eu cardiau galw ym mhob man. Ni

Trá Bhearna na gCapall

allwn lai na meddwl sut fyddai Blaenau Ffestiniog a'i mamogiaid yn edrych pe byddai modd eu symud at yr arfordir.

Rhoddon ni Alabeina i orffwys mewn gofod gyferbyn â'r dafarn wnaeth ein hudo yma, darn garw o dir yn llawn cerrig mân yn hytrach na maes parcio go iawn. Rhwng cawodydd, mentrodd Cath am y dafarn i holi am eu horiau a'u bwydlen. Heb sôn am y gerddoriaeth hollbwysig.

Cafodd ei hannog yn gellweirus gan ddau o ddynion ifanc lleol, oedd yn smygu wrth fynydd o faw defaid ger y drws, i 'fynd â rhai o'r ****** anifeiliaid 'ma efo ni i rywle.' Ond mynnodd un wrth y llall fod gynnon ni hen ddigon o ddefaid yng Nghymru'n barod. Sy'n profi'r gwerth o'i gwneud hi'n amlwg o ble y dewch chi a'ch modur-gartra.

Dychwelodd Cath efo gwên. Popeth yn iawn. Tafarn gyfeillgar efo tanllwyth o dân. Bwyd a diod ar gael drwy'r dydd. A cherddoriaeth efo cerddorion lleol bob un noson yn ddi-ffael. Ac oedd, wrth gwrs roedd croeso inni aros dros nos yn y 'maes parcio'. Nid imi gredu mai eu tir nhw oedd o, beth bynnag.

Treulion ni weddill y pnawn yn gwylio'r tonnau'n torri'n wyllt ar y traeth. Picion ni allan yn achlysurol am awyr iach ymysg y defaid, wrth i Forys y Gwynt ddechrau cael y gorau ar ei gydymaith. Ond o'r diwedd daeth hi'n bryd mynd am y dafarn.

Cawsom groeso tywysogaidd, ac addewid pellach y byddai 'na ganu cyn diwedd y noson. Roedd y lle yn ymdebygu i neuadd, efo'r llawr ar ddau lefel, a thân coed braf yn clecian yn un pen. Ac roedd Victor y tafarnwr, mewn siwmper gall a throwsus tebyg i'r pethau Crimplene fu mor boblogaidd unwaith, yn brysur yn diddanu'r cwsmeriaid yn hytrach na'u gweini.

Cawsom bryd anferthol am bris rhesymol. Bûm i'n brysur am hydoedd yn rhawio i lawr y platiad mwyaf o galamari – ia, dyna chi, sgwid – a welais i erioed. Cyfogodd Cath unwaith neu ddwy wrth fy ngwylio. Tydi pawb ddim yn gwirioni'r un fath.

Yn ddiweddarach cawsom ein gwahodd i eistedd wrth y bar efo'r selogion. Tynnodd un ohonyn nhw, Patrick, bentwr o bapurau €50 o'i waled a mynnu prynu diod i ni. A phwy oedden ni i wrthod cynnig mor hael?

Roedd hwn eto yn barablwr o fri, yn frodor o'r ynys, ac yn rhedeg busnes adeiladu, medda' fo. Roedd hon yn dafarn dda, sicrhaodd o ni, ac yn enwog am ei bwyd a'i cherddoriaeth. Cystal yn wir nes y byddai'n pasio un yn llawer nes at adra i gyrraedd yma.

Daeth cyfaill ato, pysgotwr. Bu'r ddau yn ein diddanu efo straeon am Acaill, heddiw ac yn nyddiau eu plentyndod. Clywsom am sut roedd siarcod a morfilod yn aml i'w gweld wrth yr ynys. Estynnodd y pysgotwr am ei ffôn symudol, a dangos fideo roedd wedi ei dynnu o'i gwch o asgell anferthol siarc yn symud yn fygythiol drwy'r heli. Gallwn glywed cerddoriaeth fygythiol y ffilm Jaws yng nghefn fy meddwl.

Eglurodd sut y bu diwydiant dal siarcod llewyrchus ar yr ynys yn y gorffennol. Un defnydd penodol i olew'r siarc, meddai, oedd iro darnau o fesuryddion awyrennau, am ei fod wastad yn cadw'r un trwch waeth bynnag be' fo'i dymheredd.

'Daeth hela siarcod i ben yn 1984, yn anffodus,' ychwanegodd, gan droi at Patrick am borthiant, efo'r lager bellach yn dechrau cyrraedd y mannau na all unrhyw gwrw arall ei gyrraedd. 'Pan o'n i'n blentyn roedd sgotwyr yn dal rhai dwywaith maint y cwch roedden nhw ynddo. A hynny efo dim ond harpŵn llaw, fawr talach na nhw'u hunain. A dwi'n cofio llond harbwr o siarcod pan oeddan ni'n fach.'

'Roedden ni'n arfer neidio ar eu cefnau a'u marchogaeth nhw fel ceffylau,' cadarnhaodd Patrick. Doedd unrhyw fath o wên ar wynebau'r un o'r ddau. Penderfynon nhw ei bod hi'n bryd mynd am dafarn arall, a rhoi eu cotiau amdanynt.

'Braf eich cyfarfod,' meddai Patrick, gan wthio'i waled yn llawn papurau €50 i'w boced. 'Mwynhewch y canu.'

Daeth criw anferthol i mewn, o bob oedran, o'r rhy ifanc i yfed i'r rhy hen. A'r rhan fwyaf wedi eu gwisgo fel modelau o'r catalog JD Williams yr arferai fy niweddar fam brynu ei dillad isa' a'i sgertiau ohono yn y 1960au. Prysuron nhw i ad-drefnu dodrefn y lle, efo sŵn crafu coesau'r cadeiriau yn erbyn y llawr pren. Cafwyd trefn ar bethau ymhen hir a hwyr, nes eu bod yn eistedd mewn cylch cytûn ar ganol beth oedd yn ymddangos fel llawr dawnsio.

Fflachiodd dynes oedrannus, efo mwy o grychau ar ei hwyneb nag o ddannedd yn ei phen, gystal gwên ag y gallai hi aton ni.

'Wedi bod mewn gwasanaeth derbyn yn yr eglwys maen nhw,' eglurodd, gan ein cyfarch efo'i gwydriad o wisgi wedi ei gymysgu efo dŵr poeth o'r tap. 'Ond mi fydd raid iddyn nhw symud yn nes ymlaen, achos fanna bydd y cerddorion yn chwarae.' Roedd cwpwl arall wrth ein hymyl yn dŵad o Baile Átha Luain, Athlone, yn y canolbarth.

'Mae gynnon ni garafán i lawr y lôn, ac mi fyddwn ni yma bron iawn bob penwythnos,' eglurodd y wraig, efo'i gŵr yn rhy brysur yn mynd i'r afael â'i beint i dalu sylw. 'Ond fyddwn ni ddim yn dŵad yn yr haf. Mae hi'n rhy brysur yma bryd hynny.'

Efo'r ddiod yn dechrau ein llonni ninnau, daeth ein tro ni i gael ein diddanu gan Victor. Oedd, roedd hi'n dafarn brysur, cytunodd. Ac mi fyddai 'na fwy yn galw'n hwyrach ymlaen wrth i'r gerddoriaeth ddechrau.

Yn sicr ni fyddai raid i unrhyw hwyrddyfodiaid boeni am orfod gyrru adref. Roedd dau gwmni tacsis ar yr ynys. Ac roedd hysbyseb un ohonyn nhw tu ôl i'r bar yn cynnig gwasanaeth 24/7, ar yr amod iddo gael ei drefnu cyn pedwar o'r gloch. Ia, dyna chi, pedwar yn y bore. Roedd telerau arbennig ar gynnig i bobol oedd am fynd i'r eglwys. Yn syth o'r dafarn, am wn i.

Roedd rhai erbyn hyn yn dechrau hel eu traed am dafarn arall, a hithau tua 11 y nos. Er i'r cwrw fod wedi golchi i ffwrdd unrhyw synnwyr o be' oedd yn rhesymol, dyma ofyn i Victor pa bryd y gallen ni ddisgwyl gweld y cerddorion yn cyrraedd.

'Nefoedd, mae hi'n rhy hwyr bellach,' meddai. 'Mi fasen nhw wedi cyrraedd erbyn hyn tasan nhw am ddŵad. Bydd raid ichi fodloni ar gwrw.'

Y pnawn canlynol, pan oeddan ni'n ddigon sicr bod yr alcohol wedi gadael ein cyrff, daeth hi'n bryd gweld gweddill yr ynys.

Ar lethrau An Sliabh Mór, yr ochr arall i Dumha Goirt, mae pentre anghyfannedd Bun Abhna. Mae hwn yn gasgliad o tua 80 o dai bach cerrig un stafell gafodd eu gadael gan y trigolion wrth i'r Newyn Mawr wneud bywyd yno'n amhosib. Maen nhw wedi ymestyn dros filltir o lôn greigiog, arw, â'u ffenestri gweigion yn syllu'n drist dros y corsydd rhyngddyn nhw a'r môr.

Roedd yma gymuned fywiog gyfan, wedi ei lladd dros nos, y gwynt bellach yn chwibanu drwy'r cerrig i gadw cwmni iddyn nhw. Gallai rhywun bron iawn glywed y sgyrsiau a'r canu rhwng y muriau, efo nifer o'r tai yn dal mewn cyflwr rhyfeddol o gadarn.

Ni fu neb yn byw yn y pentre coll hwn fyth ers y Newyn. Allfudodd rhai, ac aeth eraill i fyw ger arfordir yr ynys, fel bod bwyd môr ar gael i'w cynnal. Ond câi'r tai beth defnydd yn yr hafau hyd y 1940au, fel hafotai. Byddai rhai o'r to ifanc yn cael eu hanfon

Pentre anghyfannedd Bun Abhna

yno i ofalu am y gwartheg a fyddai'n cael eu rhyddhau ar y ffridd i bori.

Mae i'r ynys nifer o draethau syfrdanol a chlogwyni dychrynllyd, sy'n denu pobol yn eu heidiau yn yr haf. Un o'r enwocaf o'r traethau ydi Trá na Coime, Keem, yng ngorllewin eithaf Acaill. Dywedir iddo gael ei fendithio gan Sant Padrig ei hun, pan edrychodd draw ato o gopa ei fynydd sanctaidd, gan addo na fyddai neb byth yn boddi yn ei ddyfroedd.

Yn un o bum traeth Baner Las yn Acaill, mae wedi ei ddisgrifio fel paradwys ymhell o brysurdeb byd. Does yr un siop nac unrhyw adeilad arall ar ei gyfyl, ac eithrio hen gwt pysgotwyr. Yno hefyd ceir un o'r arwyddion WAW rhydlyd a osodir ar rannau o'r Slí na ddylid byth eu hepgor o'ch taith.

Ond mae pris i'w dalu am ei ynysigrwydd; y ffordd ato. Mae 'na lwybrau troed yn arwain ato gaiff eu rhannu efo'r defaid, wrth reswm. Ond mae'r teithiwr cyfoes yn mynnu gyrru i bob man, ac mae'r awdurdodau wedi cyfaddawdu efo natur drwy darmacio un o'r llwybrau sy'n arwain yno.

Mae hi'n ffordd eitha' da, heb fod yn wirion o gul. Ond os oedd y Sky Road yn llawn haeddu ei theitl, roedd hi'n anodd meddwl am lysenw teilwng i hon. Penrhyn pendro? Heb unrhyw wal na hyd yn oed ddarn o weiran gwt ieir rhwng y tarmac a'r dibyn, mae'r ffordd yn dringo am y nefoedd fel yr ysgolion a welodd Jacob. Ac efo niwl ddoe wedi hen glirio, roedd yr erchwyn ar y chwith fel ymyl y pydew at uffern.

Penderfynodd Cath na allai hi barhau. Fel dringwr na allai ddringo ymhellach ar wyneb clogwyn. Neu gwningen wedi rhewi o flaen golau car. Ni fyddai neb call wedi gallu ei beio.

Nid fod y syniad o gael horwth fel Alabeina i wynebu i'r cyfeiriad arall, ar ffordd gul yn glynu fel gelen ar ochr clogwyn, yn rhywbeth i'w awchu. Ond, ys dywedon nhw, roedd yn well na'r dewis arall.

Es i i sefyll reit uwch y môr, efo'r gwynt main yn fforio i fyny coes chwith fy nhrowsus, i sicrhau nad oedd yr olwynion yn mynd yn rhy agos at y dibyn. Ond, a ninnau ynghanol troi, bu'n rhaid aros am eiliadau hirion i adael i ddyn wynepbiws ar gefn beic wneud ei ffordd am i fyny. Yn ffodus ddigon, ni ddaeth yr un cerbyd arall o'r un o'r ddau gyfeiriad wrth i gyfres o symudiadau nôl a blaen, fesul modfeddi ar y tro, ein rhyddhau o'n magl.

Ond wrth groesi'r bont yn ôl am y tir mawr, addawon ni y bydden ni'n ceisio gwneud mwy o ymchwil weddill ein taith cyn mentro i fannau mwy anghysbell. Hyd yn oed os oedd llwybr swyddogol y Slí yn ceisio ein harwain yno.

Pennod 22

Synge, plant Llŷr a D-Day

MAE gan Iwerddon, wrth gwrs, fwy na'i siâr o ynysoedd. Ac mae penrhyn An Muirthead, Mullet, fel 'tai o'n ysu i ymuno efo nhw. Mae'n gafael gerfydd blaen ei fysedd i'r tir mawr rhwng dau fae garw, Cuan an Fód Dubh i'r de, a Cnocán na Líne i'r gogledd. Yno wrth y llinyn bogail hwnnw mae ei unig dre', Béal an Mhuirthead, ceg y culdir, Belmullet, yn sefyll.

A gellid dadlau i'r penrhyn mewn ffordd fod yn rhyw fath o ynys ffug. Un wedi ei chreu gan ddyn, efo camlas yn ei hollti oddi wrth y tir mawr.

Bu'r ardal yn un o'r rhai mwya' gwyllt ac anial yn y wlad ar hyd y canrifoedd. Doedd yr un ffordd y gellid gyrru trol a cheffyl ar hyd-ddi yn bodoli tan 1824, pryd yr agorwyd ffordd rhwng y penrhyn unig a Caisleán an Bharraigh, Castlebar.

Ni fu unrhyw fath o ddatblygiad ar y penrhyn, ac eithrio ambell fwthyn yma ac acw, tan 1715. Dyna pryd y dechreuodd Syr Arthur Shaen godi tre fechan lle mae Béal an Mhuirthead heddiw.

Dyna pryd hefyd y torrwyd y gamlas ar draws gwddf main y penrhyn, er mwyn cysylltu'r ddau fae o boptu iddo. Gynt, byddai smyglwyr a physgotwyr

Camlas Béal an Mhuirthead

207

didrwydded fyddai'n cael eu herlid gan yr awdurdodau yn gallu dianc drwy gario eu cychod ysgafn ar draws y gwddf o un bae i'r llall. Yn y cyfamser byddai'n rhaid i'w herlidwyr hwylio eu llongau mawrion, heglog yr holl ffordd rownd drwyn y penrhyn.

Bu natur fawnog yr ardal yn gyfrifol am gau'r gamlas efo amser. Ond penderfynwyd ei hail-agor a'i hail-gyfeirio yn 1845. Ni chwblhawyd y gwaith tan 1851, wrth i'r Newyn Mawr gael effaith trychinebus ar y penrhyn.

Roedd Llundain wedi datgan mai dim ond y trueiniaid fyddai mewn wyrcws gâi help o ran bwydo'u hunain a'u teuluoedd. Canlyniad hyn oedd fod gan wyrcws y dre 3,000 i ofalu amdanynt, o dan amgylchiadau erchyll, pan oedd y Gorta Mór ar ei anterth. Ond ar yr un pryd, byddai milwyr yn gwarchod tunelli o rawn yn yr harbwr, yn disgwyl i gael ei allforio.

Taith ddigon disylw gawson ni at y penrhyn, milltiroedd ar filltiroedd o fawndir llwyd. Gorgors ydi llawer ohono, mawn yn tyfu fel blanced laith dros wlypdir eang. Ond er bod y tir yn rhyfeddol o asidig, mae nifer o rywogaethau yn ffynnu arno.

Yn y pellter wrth deithio roedden ni'n gweld peiriannau cloddio yn rhwygo'r aur gwlyb o'r tir, cyn i'r Dáil wahardd y gwaith am byth. Dyma ydi barwniaeth Iorras, neu Erris, y mae Baingear, neu Bangor, a Béal an Mhuirthead yn ganolbwyntiau cymdeithasol iddi.

Roedd hi'n nos Sul ac yn Bealtaine, dathliad Celtaidd traddodiadol o ddechrau'r haf yn ôl y calendr Gwyddelig. A'r diwrnod canlynol roedd hi'n wyliau cyhoeddus, er mwyn nodi Gŵyl Lafur. Efo hynny mewn golwg, roedden ni am fod mewn tref er mwyn blasu peth o'r craic enwog.

Mae'r gair craic gyfystyr â'n 'hwyl' ni, ond yn rhyfeddol gair benthyg o'r Saesneg a'i chwaer-iaith y Sgoteg ydi o. Cyrhaeddodd Iwerddon drwy siaradwyr Sgoteg yn y gogledd. Daw yn wreiddiol o'r Saesneg Canol, efo crak yn cyfeirio at frolio neu sgwrsio swnllyd. Defnyddiai'r bardd mawr Sgoteg Robert Burns y gair yn y 18fed ganrif, a hyd heddiw ceir gwefan newyddion yng ngogledd Lloegr o'r enw Cumbria Crack. Ni chafodd y sillafiad Gwyddeleg ei fabwysiadu tan ganol yr 20fed ganrif.

Cofiaf gyfaill o Gymro Cymraeg, nad oedd yn gyfarwydd â'r gair, yn ymateb yn chwyrn pan ofynnwyd iddo mewn bar yng Nghorc a oedd o yn Iwerddon 'ar gyfer y craic'. Camgymerodd y gair am un o'r llysenwau ar ffurf wedi ei drin o'r cyffur cocên. Ffromodd, a gorymatebodd: 'Dwi ddim ei angen o i gael hwyl, yli. Mae 'nghorff i'n bur.' Heblaw am yr alcohol, wrth gwrs.

Felly cyrhaeddon ni Béal an Mhuirthead yn llawn cynnwrf. Cawsom le digon hwylus i Alabeina wrth y cei, yng nghysgod cychod pysgota mawrion nad oedd fawr o olwg iddyn nhw fyth fentro i'r môr. A mawr oedd y gobaith y bydden ni'n gallu bachu ar noson o gwsg yno maes o law, heb i neb sylwi.

Gyferbyn â ni roedd cefnau adeiladau'r stryd fawr, un ohonyn nhw'n filfeddygfa. Ac yno mewn golwg clir drwy'r ffenest roedd penôl dafad, hanner braich milfeddyges eisoes o'r golwg yn ymbalfalu am oen oedd yn brwydro am ei einioes.

Ymhen dim cafodd y ddafad ei chludo arall yn gariadus, golwg syfrdan ar ei hwyneb, a'i gosod mewn trelar. Heb oen. Tynnodd ffermwr wynepgoch ei waled o'i boced tin a stompio'i ffordd yn ôl i'r filfeddygfa i dalu ei ddyledion, dim elwach yn sgil ei fuddsoddiad.

Roedd hi'n ymddangos bod pobol ifanc y farwniaeth i gyd wedi hel eu traed am y dre'. Atseiniai cerddoriaeth gyfoes Eingl-Americanaidd yn uchel o ddrysau agored pob un tafarn. Ac roedd nifer yn eistedd o gwmpas y stryd ar amrywiol ddarnau o goncrit yn ceisio cael eu gwynt atyn nhw, y diwrnod yn amlwg yn profi i fod yn un hir.

Yn y cyfamser, roedd sawl un yn prysur stwffio'u hwynebau efo bwyd saim o'r amryw siopau cario allan, efo potel o rywbeth wrth law i'w olchi i lawr. Ond roedd ambell stumog wedi gwrthod cydweithredu, cebáb neu fyrgyr amryliw heb chwarter eu treulio wedi eu chwydu'n glep ar y palmant hwnt ac yma.

Yn ôl cyfrifiad 2016 roedd hanner pobol yr ardal yn medru'r Wyddeleg, ond dim ond pitw 4% yn ei defnyddio. Galla' i dystio na chlywais i unrhyw ddefnydd o gwbl ar y strydoedd y noson honno. Nid hyd yn oed i ddathlu Bealtaine. Clywais ddigon o regfeydd lliwgar, a llu o ffug fygythiadau cegog. Câi ambell un ei hanner gario gan gyd-yfwyr, nifer o ferched cryfion, cluniog, gwalltgoch yn gwisgo'r nesa peth i ddim yn eu plith.

Profiad digon tebyg gafodd y dramodydd John Millington Synge, awdur *The Playboy of the Western World*, pan fuodd ar ymweliad ym mis Mehefin 1904. 'Mae Béal an Mhuirthead gyda'r nos yn swnllyd ac yn aflan, yn unig ac yn llawn tyrfa ar yr un pryd, heb unrhyw apêl at y dychymyg,' adroddodd yn ddiweddarach. 'Bydd gofyn i rywun o leiaf aros am ennyd. Ond ar ôl tramwyo i fyny ac i lawr chwe gwaith gan glywed gramoffon mewn un tŷ, ffidl yn y nesaf, ac yna acordion a darn o hwiangerdd draddodiadol, efo llu o fabanod yn llefain, moch ac asynnod a merched swnllyd a dynion ifanc yn ymrafael yn y tywyllwch, mae'r effaith yn aneglur.'

Ni fu neb yn fygythiol tuag aton ni mewn unrhyw fodd. Yn wir, llwyddodd y Gwyddelod ifanc i'n hanwybyddu bron yn llwyr. Syllon ni drwy ffenest sawl tafarn i weld a oedd unrhyw un yn llai fel bedlam na'i gilydd, ond yn ofer. Penderfynon ni adael y bobol ifanc i'w dathliadau, ac anelu am bellafion anial y penrhyn cyn iddi dywyllu'n llwyr.

Mae'r lôn at Ceann an Eanaigh, pen y waun, yn gul a thyllog. Dim ond yn araf y gallwch chi deithio ar ei hyd. Yn ffodus ni ddaethon ni ar draws yr un enaid byw, ac eithrio ambell ddafad neu dderyn, wrth ymlwybro at ein hafan o heddwch.

Dyna'r lle mwya' ynysig o ddigon inni gysgu ynddo gydol ein taith, hyd hynny. Clwt o dir efo lle i ryw dri cherbyd ar y mwya', milltiroedd o'r tŷ agosaf, ac yn herio'r Iwerydd yn herfeiddiol reit yn ei wyneb. Allen ni ddim meddwl am unrhyw le mwy dedwydd, yn sŵn y tonnau, a'r cefnfor mawr i dri chyfeiriad oddi wrthon ni.

Maen nhw'n dweud bod modd gweld morfilod yn pasio heibio o'r lan yn fan hyn. Maen nhw'n dweud hefyd y clywch chi sŵn nodweddiadol rhegen yr ŷd yma, neu'r rygarug fel yr oeddan ni'n arfer cyfeirio ato, llysenw a roddid i unrhyw un gor-barablus. Ond chlywon ni ddim ond canu hudolus y môr.

Allan yn y cefnfor hwnnw roedd goleudy ynys Oileán sa Tuaidh yn ceisio taflu rhyw lewyrch gwantan i gadw cwmni inni. Ond doedd dim mo'i angen arnom. Cerddom drwy'r gwyll i gael cip ar waith celfyddydol trawiadol, copi o un o'r cytiau cwch gwenyn traddodiadol, oedd yn sefyll bron ar drwyn y penrhyn.

I'r de ohonon ni roedd Inis Gluaire. Ysgrifennodd Gerallt Gymro amdani yn y 12fed ganrif, yn sgil dwy ymweliad ag Iwerddon. Mynnodd nad oedd cyrff y meirw yn pydru ar yr ynys, a bod cenedlaethau o bobol mewn cyflwr rhyfeddol yn cyd-fodoli yno.

Roedd Gerallt yn hanner Norman a hanner Cymro, mab i Angharad a gor-wyr i Rhys ap Tewdwr, brenin Deheubarth. Roedd yn enedigol o Faenorbŷr yn sir Benfro. Ond doedd ei ddirmyg at y Gwyddelod ddim mymryn llai nac atom ni'r Cymry. Byrdwn ei neges yn ei gyfrolau Topographia Hiberniae ac Expugnatio Hibernica oedd cyfiawnhau concwest Lloegr dros y Celtiaid gwyllt ac anwaraidd, fel oedd ei gyfrol Y Daith Drwy Gymru.

Yn Topographia Hiberniae, mae'n disgrifio'r Gwyddelod fel hyn: "Mae'r bobl hyn yn wirioneddol farbaraidd, nid yn unig o ran eu dillad, ond yn dioddef i'w gwallt a'u barfau dyfu'n anferthol mewn modd anwaraidd.... Yn wir, mae eu harferion i gyd yn farbareiddiwch. Ond caiff arferion eu creu drwy gyfathrach gilyddol; a chan i'r bobl hyn drigo mewn gwlad mor anghysbell oddi wrth weddill y byd ac yn gorwedd ar ei ymylon pellaf, gan greu byd arall fel petai, ac felly wedi eu hepgor oddi wrth genhedloedd gwaraidd, nid ydynt yn dysgu dim nac yn ymarfer dim, ac mae'r barbareiddiwch iddynt gael eu geni a'u magu iddo yn glynu atynt yn ail natur."

A serch iddo rannu barn digon tebyg am y Cymry, yn Expugnatio Hibernica mae'n dadlau mai milwyr Cymreig y dylid eu defnyddio i gwblhau'r goncwest dros Iwerddon a Chymru fel ei gilydd.

Ysgrifennodd: "Ym mhob alltaith, felly, un ai yn Iwerddon neu yng Nghymru, y Cymry sydd wedi eu magu yn y Mers, sydd wedi ymgyfarwyddo gyda'r rhyfeloedd parhaol yn y parthau hynny, sy'n gwneud y milwyr gorau. Maen nhw'n ddewr iawn ac, o'u harferion blaenorol, yn feiddgar a bywiog; maen nhw'n farchogion da ac yn ysgafndroed.... Maen nhw'n goddef newyn a syched yn dda pan nad oes bwydydd i'w cael. Y dynion a'r milwyr hyn fu'n arwain y gad yng nghoncwest Iwerddon, a thrwy ddynion felly y dylid ei gwblhau'n derfynol ac yn llwyr."

Yn ôl yr hen chwedlau, yno ar Inis Gluaire y cafodd plant Llŷr eu claddu. Roedd pedwar ohonyn nhw wedi eu troi'n elyrch gan lysfam gas, a'u melltithio i dreulio 900 mlynedd yn crwydro'r llynnoedd a'r moroedd. A'r tair canrif olaf o hynny yno ar yr ynys honno. Roedden nhw'n dal i feddu ar y gallu i gyfathrebu, a threulion nhw lawer o'u canrifoedd melltigedig yn canu caneuon wylofus. Pan ddaeth y felltith i ben, cawson eu galw'n ôl i'r tir mawr gan y mynach Caomhog, a'u troi'n ôl yn fodau dynol. Rhai rhyfeddol o hen, debyg. Buon nhw farw'n fuan wedyn, a'u claddu'n ôl ar yr ynys gan y mynach.

Câi Llŷr – sy'n hen air Cymraeg am fôr – ei adnabod mewn chwedloniaeth Wyddeleg fel Lir, tad Manannán mhac Lir, mab arall iddo a oroesodd heb gael ei felltithio. Roedd hwnnw'n dduw'r moroedd, rhyw fath o Neifion Celtaidd.

Hwn oedd yr un cymeriad â Manawydan fab Llŷr yn nhrydedd gainc y Mabinogi. A dywed chwedloniaeth Fanaweg mai Manannán mhac Lir oedd brenin cyntaf yr ynys honno, ac i'r enw Mannin neu Mann ar y wlad, Manaw yn Gymraeg, ddeillio o'i enw. Credai rhai iddo fod yn gawr efo tair coes, oedd yn powlio'n gyflym o un lle i'r llall arnyn nhw, ac i faner genedlaethol Manaw heddiw adlewyrchu'r stori honno.

Yn chwedloniaeth yr Alban cyfeirir ato fel Manannán mhac y Leir. Credir y gallai Clach Mhanainn (Clackmannan) a Sliabh Mhanainn (Slamannan) fod wedi eu henwi er cof amdano.

Allwn ni wrth reswm ddim derbyn hen, hen lên gwerin fel hyn fel prawf gwyddonol o unrhyw gysylltiad gwaed rhyngon ni'r Celtiaid cyfoes. Mae'n ddigon posib nad disgynyddion i'r Celtiaid mohonon ni o gwbl. Yn wir mae gwaith ymchwil genetig yn awgrymu'n glir bod ein cyndeidiau'n byw ar yr ynysoedd hyn ymhell cyn dyfodiad y Celtiaid. Ond does dim amheuaeth gen i ein bod yn perthyn i'n gilydd. Ac mae Celtiaid, yn y cyd-destun cyfoes, yn gystal disgrifiad â dim inni ei fabwysiadu i'n hunain.

A minnau wedi fy magu mewn ardal sy'n gyforiog o gyfeiriadau at y Mabinogi, teimlais unwaith eto'n agos at fy ngwreiddiau wrth dynnu'r cwrlid yn glyd amdanaf y noson honno. Wn i ddim a glywais i ganeuon trist plant Llŷr yn cael eu cario uwch y tonnau, fel y bydd rhai yn y parthau hynny'n honni iddyn nhw ei wneud. Ond mi godais yn llawn awch yn y bore.

Aethom am dde'r penrhyn, ac aros i fwynhau mymryn o awyr iach wrth gilgant cul o draeth claerwyn, oedd fel lleuad sidan. Hwn oedd Trá na Oilígh. Oddi yma y cychwynnodd miloedd o bobol leol am fywyd newydd yn yr Unol Daleithiau dros gyfnod o fisoedd yn 1883/4, tlodi enbyd y penrhyn wedi eu llethu.

Allan yn y bae yna, Cuan Oilí neu Elly Bay, angorai llongau oedd wedi eu llogi gan y dyngarwr o Grynwr James Hack Tuke i'w cludo am Gaillimh, ac ymlaen oddi yno i'w bywyd newydd. Manteisiodd 3,300 ar y cyfle, talp sylweddol o'r holl boblogaeth, y rhan fwyaf byth i ddychwelyd.

Ym mhen deheuol y penrhyn cyrhaeddon ni An Fód Dubh, y dywarchen ddu. Yno i'ch croesawu mae golygfeydd syfrdanol, pier hardd o gerrig, a goleudy sgwâr anarferol ei ddyluniad – y mae modd ymweld ag o – sydd wedi ei godi o garreg goch leol.

Chwaraeodd y goleudy ran annisgwyl yn ymdrechion lluoedd y cynghreiriaid i gael y gorau ar yr Almaenwyr yn ystod yr Argyfwng. Roedd iddo rôl hollbwysig yng nghynllunio'r glaniad ar draethau

Y goleudy yn An Fód Dubh
Llun: Fáilte Ireland

Normandie ar y diwrnod hanesyddol yn 1944 ddaeth i gael ei adnabod fel D-Day.

Roedd Maureen Sweeney yn dathlu ei phen-blwydd yn 21 ar Fehefin y 3ydd. Roedd hi'n edrych ymlaen at ryw lun o ddathliad, er gwaetha' cyni'r cyfnod. Hi a'i gŵr Ted oedd ceidwaid y goleudy, ac yn rhedeg y swyddfa bost oedd ynghlwm ag o.

Am ddau o'r gloch y bore hwnnw cymerodd hi fesuriadau'r tywydd fel arfer, rhan o'i dyletswyddau fel ceidwad. Roedd gwynt cryf wedi codi, a bys y baromedr wedi plymio'n gyflym. Cafodd y mesurau eu hanfon ganddi i Ddulyn, ac yn ddiarwybod iddi hi ymlaen i Portsmouth.

Er iddi fod wedi datgan niwtraliaeth, roedd Iwerddon yn dal i gyflenwi Prydain efo mesuriadau'r tywydd. Roedd yn rhan o'r cyfamod y cytunodd Michael Collins a Lloyd George arno wrth i'r wlad sicrhau annibyniaeth rannol. Ac roedd mesuriadau'r orsaf honno'n hollbwysig gan mai hi oedd y gyntaf ledled Ewrop allai fesur y tywydd gâi ei chwythu tua'r gorllewin ar draws yr Iwerydd.

Am 11 y bore cafodd Maureen alwad ffôn gan ddynes ag acen Seisnig yn gofyn a allai hi ail-adrodd y mesuriadau. Awr yn ddiweddarach cafodd alwad pellach, yn holi am y mesuriadau diweddaraf. Roedd rhywbeth yn amlwg yn cyniwair, er na wyddai Maureen na'i gŵr beth oedd yn mynd ymlaen.

Roedd ymosodiad D-Day i fod i ddechrau drennydd. Roedd hi'n hanfodol cael tywydd clir, a môr cymharol dawel, ar gyfer y cyrch. Ond efo tywydd gwael yn cael ei ddarogan, gohiriwyd y cynlluniau cyfrinachol am ddiwrnod, tan y 6ed.

Er i 4,000 neu fwy o filwyr y cynghreiriaid golli eu bywydau ar draethau Normandie y diwrnod hwnnw, profodd y cyrch yn ergyd drom i obeithion yr Almaenwyr o ddal eu gafael ar diroedd Ffrainc. Llwyddodd y cynghreiriaid i lanio llu o 156,000. Roedd gafael y gelyn ar ogledd Ffrainc wedi ei lacio am byth. Ac roedd diwedd rhyfel erchyll ar y gorwel, er y cymerai ragor na blwyddyn arall i gael y maen i'r wal.

Roedd cornel anial o wlad niwtral wedi bod â rhan allweddol i'w chwarae. Ac mi gafodd merch ifanc o ben draw Iwerddon ben-blwydd na allai hi byth mo'i anghofio.

Pennod 23

Caeau Céide, a'r Hwch Ddu Gwta

YMLAEN ac ymlaen ac ymlaen. Diddiwedd oedd y corsydd mawn sy'n gwasgu reit at y môr gwyllt ar arfordir gogleddol Maigh Eo. Heb goeden na llwyn i dorri ar yn undonedd. Byddai Williams Pantycelyn yn wironeddol wedi profi'r 'anial dir' y gwelodd ei bererin pe byddai o erioed wedi mentro yma.

Tir diffrwyth, heb werth amaethyddol o fath yn y byd. Dim byd ond y mawn ei hun. Ond tybed?

Arferai Patrick Caulfield ddŵad yma yn y 1930au i dorri mawn er mwyn cynhesu ei gartref. Tyllai i'r gors efo erfyn arbennig, math o lafn mawr sgwâr ar ben polyn pren, gan adael twmpathau o'r mawn i sychu cyn eu cludo adra maes o law.

O bryd i'w gilydd byddai'n canfod strwythurau cerrig yn ddwfn yn y mawn; strwythurau mewn patrymau penodol, nid rhai oedd yno ar hap. Erbyn y chwedegau bu ei fab yn ymddiddori ymhellach.

Caeau Céide
Llun: Fáilte Ireland

Daeth ar draws mwy a mwy o'r strwythurau hyn, a'u cofnodi, gan ddefnyddio ffyn metel hirion i chwilio amdanyn nhw.

Roedd hyn oll yn brawf i bobol fod yn amaethu yno chwe mil o flynyddoedd ynghynt, cyn i'r mawn hyd yn oed ffurfio. Daeth tystiolaeth i'r golwg o'r cytiau crwn oedd yn gartrefi i'r hynafiaid hyn, a chladdfeydd. Hefyd waliau cerrig yr oedden nhw wedi creu rhwydwaith o gaeau oddi mewn iddyn nhw.

Bellach mae'r safle hwn, Achaidh Chéide neu gaeau Céide, yn cael ei gydnabod fel yr un pwysicaf a'r hynaf o'i fath yn yr holl fyd. Mae'r strwythurau hyn o'r Oes Neolithig yn hŷn hyd yn oed na'r pyramidiau yn yr Aifft. Ac wedi eu codi cyn dyfodiad y Celtiaid. Mae arfau fel erydr pren efo llafnau o gerrig sydd wedi eu codi o'r mawn, ac enghreifftiau o gartrefi clyd wedi eu hamgylchynu gan erddi, yn awgrymu bod y bobol a'u creodd yn llawer mwy datblygedig nag a feddyliodd neb.

Er i deulu Patrick Caulfield gael cryn drafferth i ddarbwyllo'r awdurdodau a'r archeolegwyr i gymryd diddordeb, erbyn heddiw bydd arbenigwyr o bedwar ban byd yn heidio yno. A'r gwir amdani ydi ei bod yn debygol mai canran fechan iawn o gyfrinachau'r lle sydd wedi dŵad i'r golwg hyd yma. Does wybod pa rai pellach sy'n llechu yno o dan hyd at bedair llath o fawn.

Dún Briste
Llun: Fáilte Ireland

Mae'r safle bellach yn cael ei warchod yn ofalus, efo gobaith o gael ei osod ar restr UNESCO o Safleoedd Treftadaeth y Byd. Ro'n i'n awchu am gyfle i ymweld â'r Ganolfan Ddehongli yno, ond siom ges i. Roedd y lle ar gau ar gyfer ei ail-ddatblygu ymhellach, ac allwn i wneud dim ond syllu arno drwy giât gloëdig.

O leiaf roedd y golygfeydd ar draws bae tymhestlog Cuan Shligigh, Sligo Bay, o'r wylfa ar ymyl y clogwyni ar draws yr R314 yn gwneud peth iawn am y siom.

Ymhen dim roedd olwynion Alabeina yn powlio ar faes parcio eang ym mhen mwya' gogleddol pentir bychan Ceann Dhún Pádraig, St Patrick's Head. Ond os ces fy siomi'n gynharach, gwnaeth hyn iawn am y peth.

Taith fer ydi hi drwy giât fochyn ym mhen pella'r maes parcio at fys y pentir. Rhyw 50 llath yn unig o'r lan, mae colofn anferthol o graig yn codi'n unionsyth o afael y tonnau sy'n chwyrlio'n farus o amgylch ei bôn. Mae'n anodd ei gweld yn ei chyfanrwydd heb fentro'n beryglus o agos at y dibyn, gan iddi esgyn yn osgeiddig 40 llath i fyny o'r dyfroedd. Ond rhyfeddais at yr haenau amryliw o gerrig oedd wedi eu ffurfio dros filiynau o flynyddoedd, pob un haen wedi ei gosod yn ei lle yn ei chyfnod ei hun.

Dyma Dún Briste, y gaer doredig. Ac nid chwedloniaeth ydi cyfeirio ati fel caer; mae tystiolaeth lu ar gael i gopa'r golofn yn wir fod wedi cynnig cartref ar un pryd. Ond os ydach chi'n chwilio am chwedloniaeth, rhowch gynnig ar hon.

Credai rhai i'r golofn gael ei gwahanu oddi wrth y pentir pan wrthododd Crom Dubh, y pennaeth paganaidd oedd yn rheoli ei deyrnas o'r gaer, â throi at Gristnogaeth ar orchymyn Padrig. Gwylltiodd hwnnw mewn modd nad oedd yn gweddu i ddarparsant. Tarodd ei ffon esgobol ar y ddaear efo cymaint o nerth nes i'r darn tir rhwng y pentir a'r gaer ddiflannu i'r dyfroedd. A sgubo Crom Dubh i ffwrdd yng ngrym y tonnau.

Stori dda. Ond llawer mwy tebygol ydi i'r bwa garreg oedd yno gael ei chwalu yn ystod tymestl fawr yn 1393, y mae sawl cofnod dibynadwy ohoni. Bu'n rhaid defnyddio rhaffau i achub y trigolion oedd yn gaeth ar y copa wedi'r chwalfa.

Yn 1980 llwyddwyd i gael tîm o wyddonwyr ac archeolegwyr ar y copa oddi ar hofrennydd. Canfyddon nhw ddigon o dystiolaeth i adeilad fod yno unwaith, ynghyd â waliau cerrig, a charreg malu ŷd. Ond dim byd o gwbl o olion Crom Dubh a'i giang o anghredinwyr. Erbyn heddiw caiff adar fel palod, gwylanod duon, a mulfrain rwydd hynt i fwynhau bywyd ar Dún Briste heb ymyrraeth ddynol.

Ar y penrhyn gerllaw roedd cwt lled gyfoes o frics, y waliau wedi eu gorchuddio â haen denau o goncrit. Roedd yn llawn sbwriel archfarchnadoedd ac arogl piso. Roedd yn un arall o'r gwylfannau a godwyd adeg yr Argyfwng i sicrhau nad oedd niwtraliaeth y wladwriaeth yn cael ei beryglu.

Y tu allan i'r cwt roedd dyn ifanc efo drôn bychan, oedd yn grwnan fel gwenynen uwch ein pennau, ac yn herio'r gwynt yn sigledig wrth fentro o ddiogelwch y tir allan o amgylch Dún Briste. Roedd yn dŵad o Wlad Pwyl yn wreiddiol, meddai, er iddo fod yn byw a gweithio yn Iwerddon ers peth amser. Yn ei amser rhydd roedd yn mwynhau tynnu lluniau fideo o'r arfordir efo'r drôn.

Cyfeiriodd o at gasgliad arall o gerrig gwastad wedi eu gosod yn y glaswellt oedd yn ffurfio'r gair EIRE mewn llythrennau enfawr. Mae'n egluro eu pwysigrwydd hanesyddol inni. Ac er inni eisoes fod yn ymwybodol o hynny, dim ond cwrteisi oedd hi i wrando arno, a gwerthfawrogi ei frwdfrydedd am ei wlad fabwysiedig.

Yn y pellter, ym mhen pella'r waun fechan, roedden ni'n gallu gweld criw bychan o bobol yng nghanol pentwr o gerrig, â'u pennau wedi eu gwyro. Ar ôl iddyn nhw adael aethon ni draw yno. Dyma furddun hen eglwys, ond un a godwyd ar weddillion un hŷn byth oedd – meddai rhai – wedi ei sefydlu gan Badrig ei hun. Mae cerflun cyfoes o'r dyn ei hun yn ei ddillad esgobol wedi ei osod ymysg y cerrig.

Roedd y bobol fu o 'n blaenau yn amlwg yn cynnal gwasanaeth o fath. Roedd olion ymdrechion aflwyddiannus i danio canhwyllau addunedol bychain yng nghornel mwya' cysgodol y murddun. Ac roedd tusw o flodau wedi ei adael wrth draed y sant, efo carreg nobl yn pwyso ar eu bonion i rwystro hwyl y gwynt.

Mae i'r lle ei arwyddocâd ysbrydol o hyd, a daw pobol yma'n

rheolaidd i weddïo neu i synfyfyrio. Cynhelir offeren yma ar ddydd Sul olaf pob mis Gorffennaf, Dydd Sul Garlant, ar gyfer y sawl na fedr fynd ar bererindod droednoeth y diwrnod hwnnw i gopa Cruach Phádraig.

Yn cystadlu efo'r Iwerydd swnllyd ar un ochr inni, daeth beichio ac ocheneidio goruwchnaturiol o berfedd bryncyn isel rhyngon ni a'r maes parcio. O ddringo i'w ben, roedd un o ryfeddodau naturiol mwya' trawiadol Iwerddon i'w weld mewn pydew isel.

Hwn ydi Pul Na Sean Tinne, twll yr hen dân. Mae'n un o dri, efo dau dwll llai gerllaw. Rhywbeth wedi ei greu gan ddyn ydi'r bryncyn, llwyfan wedi ei godi i allu gweld y rhyfeddod hwn mewn diogelwch, ar ffurf crator efo cylch o bolion dur sgleiniog o'i amgylch. Mae'n rhan o Lwybr Cerfluniau Maigh Eo.

Oddi tanom roedd agen hirsgwar, wedi ei naddu o'r graig gan yr elfennau, oedd mewn gwirionedd yn ogof a fu â'i tho wedi dymchwel. Hyrddiai'r môr i mewn ac allan yn llesmeiriol efo llanw a thrai'r tonnau, gan ruo a 'sgyrnygu'n ddychrynllyd wrth i'r dŵr ganfod nad oedd modd mynd ymhellach. Rhwygai fwy fyth o ronynnau mân i ffwrdd o'r graig yn ei gynddaredd.

Ymdebygai twrw'r môr yn cyrraedd pen ei daith i ddwndwr trên yn dynesu at orsaf danddaearol. Roedd fel rhoi cragen anferthol wrth eich clust. Gallwn deimlo'r gwlybaniaeth yn yr aer yn gwlychu fy ngwefusau'n hyfryd o hallt.

Yn ystod gwrthryfel yn 1798 penderfynodd 25 o'r ymladdwyr guddio rhag yr awdurdodau ar silffoedd naturiol oddi fewn i'r agen hon. Boddwyd y cyfan pan ddaeth y môr ar lanw, a hwythau'n methu dianc rhag iddyn nhw ddatgelu eu presenoldeb. Dewison nhw foddi yn nwylo Manannán mhac Lir yn hytrach na marw ar grocbren y gelyn.

Weithiau cyfeirir at y math yma o nodwedd ddaearyddol fel twll chwythu. Ar ei fwyaf gwyllt caiff dŵr heli a'i anwedd ei chwistrellu i fyny i'r awyr drwyddo, gan edrych fel mwg o safn hen ddraig flin. Roedd yn brofiad y bu'n anodd troi cefn arno, a bu'n rhaid imi ddychwelyd yr eildro i'w brofi eto cyn gadael y maes parcio.

Mae afon Maigh yn rhedeg yn gyfochrog â'r ffordd fawr drwy

Cadeirlan Sant Muiredach yn Béal an Átha
Llun: Fáilte Ireland

ganol tre fach fyrlymus Béal an Átha, Ballina. Ac yno, gyferbyn â chadeirlan osgeiddig Sant Muiredach, mae'r tŷ mawr Sioraidd lle cafodd y gwleidydd mawr ei bri Mary Robinson ei geni a'i magu. Hi oedd y ferch gyntaf i gael ei phenodi i swydd An Uachtaráin, yr arlywydd, pan gafodd ei hethol yn 1990.

Er mai rôl symbolaidd sydd i'r swydd, defnyddiodd hi ei chyfle i weddnewid lle'r ferch mewn cymdeithas, a statws Iwerddon ar lwyfan y byd. Fel Cearbhall Ó Dálaigh o'i blaen, ni fodlonodd hi ar rôl seremonïol y swydd. Nid iddi hi ryw duchan dros raw i blannu ambell goeden. Roedd hi am gyflawni mwy. Yn ei theyrnasiad hi y dechreuodd Iwerddon edrych yn fwy tua'r dyfodol na'r gorffennol.

Cartref ei phlentyndod oedd Victoria House, reit wrth lan yr afon. Mae cynlluniau uchelgeisiol ar y gweill i'w ddatblygu'n archifdy arlywyddol, y cyntaf o'i fath yn Iwerddon. Ond bwriedir iddo fod yn llawer mwy nag amgueddfa. Y bwriad ydi y bydd yn datblygu i fod yn ganolbwynt i waith ar hawliau dynol, cyfartaledd rhwng dynion a merched, a'r amgylchedd, y cyfan wedi bod yn bynciau canolog i yrfa Mary Robinson.

A'r gobaith yn Béal an Átha ydi y bydd Canolfan Mary Robinson yn rhoi'r dre ar y map yn rhyngwladol. Doedd y prosiect heb ei gwblhau yn ystod ein hymweliad, ond roedd y cyffro ynglŷn â'r holl gynllun yn heintus.

Dilynon ni arwyddion y Slí yn ddefodol ar hyd glannau bae Cuan Chill Ala a chroesi'r ffin i sir Sligeach, Sligo. Roedd yr haul yn tywynnu'n llachar oddi ar ewyn gwyn y tonnau, ac yn fuan cyrhaeddon ni Inis Crabhann, Inishcrone.

Tre glan môr fymryn bach yn hen ffasiwn ydi Inis Crabhann. Ond croesawyd ni iddi gan ddelwedd ddigon ysgytwol ar y cyrion.

Yno ar ochr y ffordd roedd cerflun o dwrch enfawr digon milain yr olwg, llygaid fflamgoch y diafol ganddo, â'i groen yn ddu fel glo. Atgoffodd fi'n syth am fwgan yr arferai fy niweddar fam adrodd amdano o'i hanes pan oedd hi'n blentyn yn Nyffryn Nantlle yn y 1930au.

Roedd hi'n arferiad bygwth plant direidus, a'r sawl fyddai'n hwyr yn dychwelyd adra, am y perygl o gael eu cipio gan yr Hwch Ddu Gwta. Roedd yr Hwch yn ymgorffori'r diafol yn chwilio am eneidiau coll i'w dwyn, ac roedd yn rhan amlwg o lên gwerin Calan Gaeaf yn arbennig.

Yn y rhan honno o Sligeach maen nhw'n adrodd am sut y cafodd yr Hwch ei herlid o dde sir Dún na nGall am ymosod ar a gwledda ar bobol. Erlidiwyd hi hyd at Léana Dúna, lle dihangodd drwy neidio i'r môr a nofio tua'r de nes cyrraedd Inis Crabhann. Yno cafodd ei dal a'i lladd, a'i chladdu o dan domen sy'n dal i fodoli heddiw. Ac enw'r pentre lle canfyddwch chi'r domen ydi Muc Dhubh, mochyn du, neu Muckduff.

Mae gan y dre gilgant

Yr Hwch Ddu Gwta yn estyn croeso i Inis Crabhann

anferthol o draeth melyn. Yno roedd ambell blentyn bach mewn dillad nofio lliwgar yn cael ei annog i fentro'n amheus i'r dŵr gan rieni gorawyddus. Ger y llwybr at y traeth roedd hen adeiladau newid dillad, ar ffurf cestyll bychain, wedi eu peintio'n las a gwyn llachar.

O bwll heli naturiol yn y graig ar y traeth roedd pibell rwber yn arwain ar draws y ffordd at Kilcullen's Bath House. Yno cewch 'molchi mewn baddon o wymon a dŵr poeth o'r môr, cyn cael eich puro yn y stafell stêm, a gorffen y cwbl efo cawod iasol adfywiol. A'r cyfan yn fargen am €50!

Byddai'n rhaid ichi dalu llawer mwy na hynny imi cyn y byddwn yn mentro i mewn i'r lle. Mae'r math hyn o faddondai yn dal yn frith yn y rhan hon o Iwerddon, yn ôl pob golwg, er na welais i neb yn ciwio i gael mynediad. Roedd yn swnio'n fwy fel y math o driniaeth fyddai'n disgwyl rhywun yng ngharchar Guantanamo nag mewn tre fach yn Sligeach.

'Tynnwch eich dillad oren a neidiwch i'r bath berwedig amheus

Deunydd darllen yn y tŷ bach ger castell Ó Dubhda

yna efo does w'bod be yn llechu yn y gwymon.' 'Na, peidiwch, wna i gyfadda'r cyfan wrthych chi.'

Heb gael ein temtio i fuddsoddi ein €50, aethon ni ymlaen am Iascaigh. Pentre bach glan môr arall ydi hwn, efo murddun hen gastell Ó Dubhda o'r 13eg ganrif, y gallai rhywun yn hawdd dreulio tri munud yn ymweld ag o.

Manteisiais ar gyfle i ddefnyddio'r tŷ bach cyhoeddus yn ei gysgod, a dotio at gasgliad o ddeunydd darllen wedi ei adael ar gwpwrdd isel ger y drws i'r unig guddygl. Yn eu mysg roedd copi o'r Beibl, a llyfr offeren The Sunday Missal, ynghyd â chopi o flwyddlyfr y GAA o 1995. Yn anffodus, efo'r gwynt yn chwyrlïo'n chwareus o dan y drws ac i mewn i'r cuddygl, nid oedd y syniad mor apelgar ag eistedd yng nghlydwch eich llyfrgell leol.

Ar y traeth hwn ar Orffennaf 2il, 1940, daeth corff Matteo Fossaluzza i'r lan. Roedd y dyn 42 oed o Lundain ymysg 734 o ddynion hollol ddiniwed o dras Eidalaidd oedd yn cael eu cludo o Brydain i gael eu carcharu yng Nghanada.

Efo'r Ail Ryfel Byd yn ei anterth, roedd rhyw baranoia wedi sgubo drwy Brydain am y 'gelyn oddi fewn'. Be' sy'n newydd? Amheuwyd perchnogion caffis a gwneuthurwyr hufen iâ a gyrwyr trenau, fu'n aml yn byw ym Mhrydain ers blynyddoedd maith, o fod ag asgwrn rhyfelgar i'w grafu. Carcharwyd cannoedd ar Ynys Manaw, ond anfonwyd llawer mwy i wersylloedd truenus digon pell i ffwrdd yng Nghanada.

75 milltir allan o fan hyn yn gynnar y bore hwnnw suddwyd llong yr Arandora Star gan long danfor Almaenig yr U-47. Hefyd ar ei bwrdd, yn ogystal â'r cannoedd o Eidalwyr, roedd 479 o ddynion o dras Almaenig oedd wedi hen ymgartrefu ym Mhrydain, 86 o garcharorion rhyfel Almaenig, 200 o swyddogion i gadw llygad ar y carcharorion, a chriw o 174.

Roedd arni 14 yn unig o fadau achub, a 90 o rafftiau, hollol annigonol ar gyfer y 1,673 oedd ar ei bwrdd. Hwyliodd heb long amddiffynnol i'w hebrwng, a heb unrhyw arwydd arni i nodi nad llong rhyfel mohoni. Collodd 805 o bobol eu bywydau, 49 ohonyn nhw yn hanu o deuluoedd Eidalaidd-Gymreig fu'n cadw caffis oedd wrth galon eu cymunedau. Mae 'na gofeb iddyn nhw yng Nghadeirlan Babyddol Dewi Sant yng nghanol Caerdydd, yn ogystal â chapel coffa a godwyd yn Bardi yn yr Eidal, lle'r oedd eu gwreiddiau. Golchwyd cyrff dirifedi ar hyd glannau Iwerddon ac Ynysoedd Heledd am wythnosau wedyn. A Matteo Fossaluzza druan, y mae cofeb iddo wrth y traeth yn Iascaigh, yn eu plith.

Pennod 24

Gwlad W B Yeats, a Mountbatten

MAE'N debyg bod gynnon ni i gyd gyndeidiau a chyn-neiniau oedd yn baganiaid pybyr. Hyd yn oed y gweinidogion a'r esgobion parchus yn ein plith.

Yn sicr mi fysai hynny'n egluro'r atyniad at henebion o'r gorffennol pell imi ei deimlo wrth ymweld â nhw. Llefydd fel Pentre Ifan, Tre'r Ceiri, Barclodiad y Gawres, Maen Madog, Bryn Celli Ddu, Côr y Cewri, ac ambell i goeden ywen oedd yn hen fel pechod pan fu'r Rhufeiniaid yn ceisio'n gwareiddio.

Felly mawr oedd y cynnwrf wrth ddynesu ar hyd drysfa o ffyrdd cefn at fynwent gynhanesyddol Ceathrú Mór, Carrowmore, y chwarter mawr.

Dyma'r casgliad mwyaf o feddrodau a chladdfeydd o'r cyfnod, hyd at chwe mil o flynyddoedd yn ôl, drwy Ewrop gyfan. Mae

Claddfa Ceathrú Mór, gyda charnedd Miosgán Meadhbha ar y gorwel
Llun: Fáilte Ireland

gweddillion mwy na 30 o feddrodau i'w gweld yma, er i fwy na chant fod yma'n wreiddiol. Cafodd nifer ohonyn nhw eu colli yn y 18fed a'r 19eg ganrif drwy waith clirio tir ar gyfer amaeth, chwarelu, ac archeolegwyr nad oedden nhw'n gwybod yn iawn be oeddan nhw'n ei wneud yn busnesan.

Ond maen nhw'n brawf, fel efo caeau Céide, i'r arfordir yma fod yn ganolbwynt i fywyd prysur a chyflawn ymhell, bell yn niwl y gorffennol. Mae bwthyn ger y fynedfa wedi ei adfer a'i ddatblygu'n ganolfan ddehongli. Yno mae Lynda yn egluro'n gryno ond yn frwd beth i'w ddisgwyl, gan fancio ein pres yn y til cyn inni newid ein meddyliau.

Ydi, mae'r hanesion yn ddigon erchyll. Dysgon ni am y drefn o amlosgi, a'r arfer o dignodio, sef tynnu'r cnawd a'r organau oddi ar gorff cyn ei gladdu. Clywon ni am yr offer oedd yn cael ei gladdu efo'r ymadawedig er mwyn gwneud y daith i'r byd nesa yn haws. Doedd dim tocyn dwyffordd i fanno.

I'r gorllewin roedd mynydd Cnoc na Riabh yn mynnu'r sylw i gyd, efo Miosgán Meadhbha ar ei gopa yn un o garneddi mwyaf Iwerddon. Credir i hwnnw gelu claddfa un o bwysigion yr oes, brenhines yn ôl yr enw sydd arni.

Does dim dwywaith i'r ardal gyfan fod yn rhywle o bwys anferthol yn ei dydd. Ond prin oedd y cyffro ro'n i'n ei deimlo wrth grwydro'r llwybrau. Roedd amlinelliad y rheiny wedi eu bras dorri yn y glaswellt y bore hwnnw â pheiriant torri gwair, ar draws safle sydd tua hanner milltir wrth 600 llath o faint.

Efallai ei bod hi'n rhy braf a heulog i deimlo unrhyw beth. A fyddai mymryn o niwl, neu belydrau'r haul ar fachlud neu wawr, wedi ychwanegu at yr awyrgylch? Neu efallai fod yr holl wlith o dan draed yn tynnu sylw rhywun oddi wrth yr hanes oedd o'n hamgylch. Pwy a ŵyr?

Ond yr oll ro'n i'n ei weld oedd pentyrrau o gerrig hwnt ac yma, gwifrau yn cadw rhai rhag syrthio o'u lle. Efallai bod y lle wedi ei guradu'n ormodol. Yn rhy daclus a threfnus, fel y casgliad o stampiau fu gen i'n blentyn. Roedd pob dim wedi ei rifo, a phopeth wedi ei osod fel darnau jig-so mewn amgueddfa awyr agored.

Efallai mai fi oedd wedi codi ar yr ochr anghywir i 'ngwely, ac wedi gwisgo het y ffilistiad heb feddwl. Ond sori, Lynda, alla' i ddim rhannu'r brwdfrydedd. Does 'na ddim siawns am ein pres yn ôl, nac oes? Felly o'n i'n amau.

Aethon ni ymlaen ar hyd y Slí am dre Sligeach, gan aros am damaid ger yr afon ym maestre' fach ddel An Leathros, Strandhill. Sligeach wrth reswm ydi prif dref y sir, un bwrlwm swnllyd a llychlyd o 20,000 o bobol. Tre go iawn, heb unrhyw rodres o'i chwmpas. Mae'r brif stryd wedi ei henwi ar ôl y gweriniaethwr chwyldroadol O'Connell, ac yn bictiwr o brysurdeb: byrgyrs, bysgars, a begera.

Mae peth ymdrech wedi ei wneud i brydferthu'r canol. Ac mae ambell gaffi a bwyty ar lan afon Gharbhóg, sy'n rhedeg reit drwy'r canol, yn rhoi mymryn o awyrgylch gyfandirol al ffresco-aidd i'r lle. Ar dywydd sych, o leia'.

Tu allan i Fanc Ulster roedd cerflun o ddyn main a merchetaidd

Y cerflun o Yeats yng nghanol Sligeach
Llun: Fáilte Ireland

ei osgo, efo monocl yn gorwedd yn ansicr o flaen un llygad. Teyrnged ydi hon i'r bardd, dramodydd ac awdur WB Yeats, a enillodd Wobr Nobel am Lenyddiaeth yn 1923.

Mae'n un o bedwar Gwyddel i dderbyn y wobr: y lleill oedd George Bernard Shaw (1925), Samuel Beckett (1969) a Seamus Heaney (1995). Yr athronydd Bertrand Russell ydi'r unig Gymro hyd yma, wedi iddo ennill yn 1950.

Gerllaw roedd Adeilad Coffa Yeats, hen fanc sy' bellach yn bencadlys i Gymdeithas Yeats. Er nad yn fawr iawn, roedd yn llwyddo i

226

wasgu sawl arteffact difyr ac arddangosfa amdano, a'r celfyddydau'n gyffredinol, dros ei ddau lawr. Doedd yr un enaid byw arall ynddo, ac eithrio'r ferch swynol oedd yn gofalu am y lle. Yn falch o'i chynulleidfa o un, ces i ddarlith fyrlymus am ddyn oedd yn amlwg yn arwr mawr iddi. Ond bu'n rhaid iddi gyfadde' yn y pen draw bod iddo ei ffaeleddau hefyd. Fel ni oll. Eglurodd am sut roedd y cyngor sir yn ceisio marchnata'r holl ardal fel 'Gwlad Yeats'. A pham lai? Cafodd William Butler Yeats ei eni yn Nulyn i deulu o uchelwyr Protestannaidd, a'i fagu'n rhannol yn Llundain, ac yn rhannol ym mhlasty teulu cyfoethog ei fam ger Sligeach. Ystyriai mai'r ardal hon oedd ei gartref ysbrydol.

Roedd y teulu cyfan yn hynod artistig, efo'i chwiorydd Lollie a Lily yn amlwg yn y mudiad celf a chrefft, a'i frawd Jack yn arlunydd o fri. Yn 1890 sefydlodd Yeats a'r Cymro Ernest Rhys, oedd yn frodor o Gaerfyrddin, y Rhymers Club yn Llundain. Byddai'r clwb yn cyfarfod mewn tafarn yn Stryd y Fflyd i drafod barddoniaeth, ac adrodd eu gwaith eu hunain i'w gilydd.

Chwaraeodd ran allweddol yn yr Adfywiad Llenyddol yn Iwerddon, ar y cyd â phobol fel y Fonesig Isabella Gregory, Padraic Colum, Seán O'Casey, a JM Synge. Roedd yn un o sylfaenwyr theatr enwog yr Abbey yn Nulyn.

Bu'n hen yn priodi, ond nid oherwydd diffyg ymdrech. Cariad mawr ei fywyd oedd yr actores Maud Gonne, gweriniaethwraig ac ymgyrchydd dros hawliau merched. Bedair gwaith y gofynnodd iddi ei briodi, rhwng 1891 a 1901. Bedair gwaith cafodd ei wrthod.

I rwbio halen i'r briw, yn 1903 priododd hi â'r Uwchgapten John McBride. Pan gafodd hwnnw ei ddienyddio gan Loegr yn 1916 yn sgil ei rôl yng Ngwrthryfel y Pasg, ni wastraffodd Yeats eiliad yn gofyn iddi eto. Unwaith eto cafodd ei wrthod. Trodd ei sylw at ei merch Iseult Gonne, oedd yn 21 oed, ac yntau'n 51. Nid yn annisgwyl, gwrthododd hithau ei gynnig o lân briodas.

Fel y dywedodd Yeats ei hun: 'Mae bywyd yn baratoad hir ar gyfer rhywbeth na fydd byth yn digwydd'. Ond yn 1917 cytunodd Georgia Hyde-Lees, oedd yn 25 oed, i'w briodi, er i'w chyfeillion ei rhybuddio bod gormod o wahaniaeth oedran rhyngddyn nhw. A chyflawnodd Yeats ei ddyhead mawr i gael plant, efo genedigaeth Anne a Michael.

Bu Yeats hefyd â diddordeb mewn gwleidyddiaeth, a threuliodd dau dymor fel Seneddwr yn y Dáil gyda sefydlu'r Wladwriaeth Rydd. Yn ddiweddarach daeth o dan ddylanwad tywyllach, wrth i Ffasgiaeth ysgubo drwy lawer o Ewrop. Gwrthwynebai ddemocratiaeth, a chredai mewn gwladwriaeth gref fyddai'n cadw hawliau'r unigolyn o dan y bawd.

Yn y 1930au cyfansoddodd nifer o ganeuon gorymdeithio ar gyfer Na Léinte Gorma, y crysau gleision, grŵp parafilwrol asgelldde eithafol. Cafodd ei ffurfio o blith cyn-aelodau byddin y Wladwriaeth Rydd, a'i arweinydd oedd Eoin O'Duffy. Bu hwnnw'n gomisiynydd y Garda Síochána, yr heddlu cenedlaethol, o'i sefydlu yn 1922 hyd nes iddo gael ei ddiswyddo gan de Valera yn 1933. Roedd O'Duffy yn edmygwr mawr o'r unben Eidalaidd Benito Mussolini, un o gynghreiriad Hitler. Mabwysiadodd nifer o elfennau Natsïaidd i'w fudiad. Roedd yr aelodau yn gwisgo lifrai, câi ralïau enfawr eu trefnu, a chai'r saliwt Rhufeinig fraichsyth ffasgaidd ei ddefnyddio'n reddfol. Bu miloedd yn rhengoedd Na Léinte Gorma ar ei anterth, a dim ond Gwyddelod a 'phlant i Gristnogion' gâi ymuno. Aeth rhai ohonyn nhw i frwydro ar ochr lluoedd yr unben, y Cadfridog Franco, yn ystod Rhyfel Cartref Sbaen.

Cafodd y mudiad ei wahardd maes o law. Cytunodd yr aelodaeth i ddŵad ynghyd efo mudiadau eraill i ffurfio plaid newydd Fine Gael. Er yn blaid asgell dde ymddangosiadol barchus heddiw, mae'n hawdd codi gwrychyn rhai o fewn iddi drwy grybwyll y gwreiddiau mwy anghynnes fu'n rhan o'i sefydlu.

Ymlaen o Sligeach, ar dro yn y ffordd ym mhentre Ráth Chormaic, mae cerflun hynod drawiadol. Cerflun o ferch efo baner rhyddid yn ei llaw, ac wrth ei chwt, criw o'i dilynwyr. Mae'r plinth sy'n sylfaen iddo wedi ei nodi'n syml efo'r enw Markievicz.

Efallai nad ydi hwnnw'n enw sy'n taro rhywun fel un arbennig o Wyddelig. Ond roedd i'r Iarlles Markievicz a'i theulu rôl allweddol a hollbwysig yn hanes brwydr Iwerddon am annibyniaeth.

Cafodd Constance Gore Booth a'i chwaer Eva eu geni yn

Llundain i deulu bonedd Gwyddelig, ond eu magu yn Lissadell House ger Ráth Chormaic, cartref hynafiadol y teulu. Roedd Constance yn arlunydd addawol, a phriododd â'r arlunydd Pwylaidd aristocrataidd, yr Iarll Casimir Markievicz. Roedd Maud Gonne a Yeats ymysg eu cyfeillion pennaf.

Ymunodd Constance â mudiad Inghinidhe na hÉireann, sy'n cyfieithu'n syml fel merched Iwerddon, oedd â Maud Gonne yn arweinydd iddo. Roedd yn ymgyrchu dros annibyniaeth, hawliau merched, a'r iaith Wyddeleg. Yn ddiweddarach ymunodd Constance â Sinn Féin, plaid Arthur Griffith, ynghyd â Byddin Dinasyddion Iwerddon, oedd yn brwydro dros hawliau'r gweithwyr.

Pan ddaeth yr alwad i ymuno â Gwrthryfel y Pasg yn 1916, roedd hi yno yn ei chanol hi. Hi oedd yr ail uchaf ei rheng yng nghanol y brwydro yng Ngholeg Brenhinol y Llawfeddygon yn Nulyn pan feddiannwyd y lle. Llwyddwyd i ddal gafael arno am rai dyddiau.

Yn wreiddiol, cafodd ei dedfrydu i farwolaeth am ei rhan. Ond cafodd y ddedfryd ei newid i garchar am oes oherwydd mai merch oedd hi. Roedd hi'n anfodlon iawn am hynny, a ddim am gael ei thrin yn wahanol. Ceisiodd fynnu ei bod yn cael ei saethu, fel y dynion oedd yn yr un sefyllfa â hi, ond yn ofer. Cafodd ei rhyddhau yn 1917, o dan amnest cyffredinol.

Y flwyddyn ganlynol penderfynodd yr awdurdodau yn Llundain garcharu arweinwyr Sinn Féin unwaith eto, gan gredu eu bod yn trefnu gwrthryfel arall. Ym mis Mai 1918 rhoddwyd hi ar un o longau'r Llynges Frenhinol i deithio i Gaergybi, ynghyd â 45 o garcharorion gwrywaidd, oedd yn cael eu cludo i Lundain i'w rhoi dan glo. Gwahanwyd hi oddi wrth y dynion yng Nghaergybi, ac aed â hi i ofal y Prif Gwnstabl Lewis Prothero – brodor o Landeilo, oedd yn 76 oed ar y pryd – yng ngorsaf heddlu'r dre.

Cafodd yr heddlu eu swyno gan y ffaith iddi fod yn Iarlles. Doedd dim syniad ganddyn nhw sut i ymdrin ag un o'r uchelwyr.

Yn rhyfeddol, roedd hi wedi cael mynd â'i chi anwes efo hi. Cafodd y sbaniel a hithau aros yn ystafelloedd y Prif Gwnstabl ei hun, ar lawr uchaf gorsaf yr heddlu, yn hytrach nag mewn cell lom.

Roedd Prothero wedi derbyn ei gair fel boneddiges na fyddai hi'n ceisio dianc.

Y bore canlynol, bore Sul, cerddodd hi a'i chi am yr orsaf yng nghwmni Mr Prothero, i ddal y trên am Lundain. Aeth si o amgylch y dre bod rhywun pwysig o gwmpas, ac ymgasglodd torf enfawr yn yr orsaf i gael cip prin ar Iarlles go iawn. Yn y cnawd, dim llai. Cafodd deithio mewn cerbyd Dosbarth Cyntaf yng nghwmni Miss Annie Thomas, metron Cartref y Cyn-Filwyr yng Nghaergybi, efo pedwar o filwyr arfog yn cadw llygad o'r adran nesaf o'r trên.

Yn ddiweddarach y flwyddyn honno cynhaliwyd etholiad cyffredinol ledled Ynysoedd Prydain, ac enillodd hi sedd ar ran Sinn Féin. Hi oedd yr Aelod Seneddol benywaidd gyntaf erioed i gael ei hethol i San Steffan, er iddi fel gweddill ei phlaid wrthod mynychu Tŷ'r Cyffredin.

Yn 1919 hi oedd y ferch gyntaf yn Ewrop i gael ei phenodi i rôl weinidogol, pan roddwyd swydd Gweinidog Llafur iddi yn y Dáil. Bu farw o lid y pendics yn 1927. Ymgasglodd miloedd ar strydoedd Dulyn ar gyfer ei hangladd ym mynwent Reilig Ghlas Naíon, Glasnevin, lle bu de Valera yn traddodi uwch ei bedd.

Mae'r tir i'r gogledd o Sligeach tuag at An Mullach Mór, moel fawr, neu Mullaghmore, yn ymddangos yn rhyfeddol ddinodwedd. Tir uchel ond gwastad. Ond wrth i'r synhwyrau fygwth troi'i hunain i ffwrdd mewn diflastod, daw adeilad trawiadol i lenwi'r llwyfan. Dacw blasty na fyddai wedi edrych allan o'i le mewn ffilm arswyd, yn sefyll prin 100 llath o'r môr.

Hwn ydi Castell Classiebawn, yn llawn tyrau tal a ffenestri dall. Cafodd ei adeiladu mor ddiweddar â'r 19eg ganrif, ar gais yr Arglwydd Palmerston. Roedd o'n brif weinidog pan oedd Iwerddon gyfan o dan reolaeth Llundain, ei gyndeidiau wedi cael y tir yn rhodd gan y Goron, eiddo oedd wedi ei ddwyn oddi wrth yr uchelwyr Gwyddelig.

Yn 1939 cafodd y castell a'r 3,000 erw sy'n ei amgylchynu ei etifeddu gan Edwina Mountbatten, gwraig Louis Mountbatten. Roedd o yn hen ewythr ac yn fentor i'r brenin Charles III, ac yn Llyngesydd y Fflyd. Y fo hefyd oedd rhaglaw olaf Prydain dros India. Roedd o dras Almaenig, a newidiodd ei gyfenw o Battenburg yn ystod yr Ail Ryfel Byd rhag esgor ar deimladau gwrth-Almaenig. Yn sgil marwolaeth ei wraig yn 1960, arferai Mountbatten dreulio llawer o'i hafau ar y stad.

Roedd yn ffigwr cyfarwydd ar strydoedd y pentre, ac yn mwynhau hwylio'i gwch Shadow V o'r harbwr bach clyd. Ond roedd hefyd yn darged amlwg, a hawdd, i weriniaethwyr. Gwrthodai dderbyn mesurau diogelwch cryfach, gan ofyn be' fyddai i'w ennill gan neb o ladd hen ddyn fel 'fo? Onid oedd o'n ddigon poblogaidd yn lleol? Ond pa well targed i'r gweriniaethwyr nag aelod o deulu brenhinol Lloegr?

Roedd hi'n fore heulog braf ar Awst 27ain, 1979, wrth i Mountbatten, oedd yn 79 oed, ac aelodau o'i deulu hwylio allan i bysgota ac i godi cewyll cimycha. Yn ddiarwybod iddyn nhw, roedd aelod o'r IRA wedi gosod 50 pwys o ffrwydron ar fwrdd y cwch y noson flaenorol. Chwarter awr ar ôl gadael yr harbwr, â hwythau ddim ond ychydig o'r lan, cafodd y ffrwydron eu tanio drwy gysylltiad radio. Chwalwyd y cwch yn yfflon. Disgrifiwyd y sefyllfa'n ddiweddarach fel 'bod matsis ar wyneb y dŵr ym mhobman'.

Efo'i goesau bron wedi eu chwythu i ffwrdd, cafodd Mountbatten ei lusgo'n fyw ar fwrdd cwch pysgota lleol. Ond bu farw cyn cyrraedd y lan. Bu farw tri arall yn sgil yr ymosodiad; ei nai 14 oed ac aelod 15 oed o'r criw, a mam-yng-nghyfraith 83 oed ei ferch.

Yn ddiweddarach y diwrnod hwnnw lladdwyd 18 o filwyr Prydeinig mewn ffrwydrad anferthol ychydig dros y ffin efo'r gogledd yn

Y gofeb syml i Louis Mountbatten a'r gweddill a laddwyd

231

Warrenpoint. Roedd yr IRA am brofi eu bod yn gallu taro yn unrhyw le, ar unrhyw bryd.

Er mwyn talu'r pwyth, dileodd llywodraeth Margaret Thatcher hawl aelodau'r IRA oedd o dan glo i'w statws fel carcharorion rhyfel. Arweiniodd hynny at nifer ohonyn nhw'n ymprydio i farwolaeth. Roedd yn gychwyn ar gyfnod tywyll iawn yn hanes Iwerddon gyfan, wrth i'r terfysg fu'n digwydd ers naw mlynedd fynd o ddrwg i waeth.

Nid oes modd cael mynediad cyhoeddus at y castell, ond mae'n nodwedd amlwg iawn o sawl cyfeiriad. Digon tawel oedd hi ym mhentre An Mullach Mór wrth inni gyrraedd. Heibio gwesty'r Pier Head roedd ffordd fach gul yn arwain i fyny'r allt at drwyn y pentir.

Parcion ni yng nghanol y pentre, a mynd am dro bach i fyny'r allt. Yno, yn ochr y ffordd, uwchben y bae lle digwyddodd y ffrwydrad, roedd croes bren werdd syml. Ar lechen oddi tani roedd enwau'r pedwar bu farw'r diwrnod hwnnw yn 1979, ynghyd â neges fer mewn Gwyddeleg.

Mae'n darllen: 'Go ndéana Dia trócaire ar a nanamacha agus go bhfaighimíd go leir síocháin in ár gcroithe.' 'Boed i Dduw fod yn drugarog â'u heneidiau, a boed i ninnau oll ganfod heddwch yn ein calonnau.'

Aethon ni i mewn yn syber ddigon i'r Pier Head, a mwynhau pryd a diod mewn bar oedd yn dawel fel y bedd. Ond, â'r lle hefyd yn cynnig gwasanaethau sba, roedd hi'n gyfle gwych inni fanteisio ar y cyfle am gawod boeth a sgrwbiad go dda.

Roedd hi mor heddychlon pan gerddais ar hyd y cei yn ddiweddarach at geg yr harbwr. Dim ond sŵn y môr yn clebran efo'r cerrig ar waelod y bae, a'r gwylanod yn canu eu galargan drist. Anodd oedd dychmygu'r olygfa'r diwrnod hwnnw yn 1979. Diwrnod oedd i brofi mor dyngedfennol yn hanes gwaedlyd diweddar Iwerddon.

Pennod 25

Dún na nGall, a chysgodion y trafferthion

ROEDD hi fel deffro yn ogof Siôn Corn ar fore Nadolig. Ben bore, a sŵn plant wedi llwyr gyffroi yn ein hysgwyd o'n trwmgwsg. Debyg mai ein bai ni oedd hi. Wedi'r cyfan, ni ddewisodd dreulio'r noson ger traeth hyfryd Trá na dTulán, traeth y tyle, Tullan Strand, a ninnau'n dathlu'r ffaith inni gyrraedd sir Dhún na nGall.

Do, buon ni drwy dafell denau o sir Liatroma, Leitrim, ar ein ffordd, heb gael ein denu i aros. Caiff honno ddisgwyl tan ymweliad arall. Ond roedd rhywbeth wedi fy hudo at Dún na nGall ers cyn cof bron, er mai dyma oedd y tro cyntaf inni fod yma.

Efallai ei fod o i'w wneud â chydnabod imi nôl yn Nyffryn Nantlle oedd yn hanu o'r sir. Roedd acen mor gref ganddo fel nad oedd modd deall yn aml os taw Gwyddeleg neu Saesneg roedd o'n

Trá na dTulán
Llun: Fáilte Ireland

ei siarad. Yn enwedig efo'r pinsiad o Gymraeg roedd o'n dueddol o'i luchio i'r cawdel yn ogystal.

Neu o bosib roedd i'w wneud â sut mae pobol yn Nulyn, Corc, a hyd yn oed An Daingean, yn siarad amdano fel lle pell, anghysbell, dieithr. Mae pobol Dún na nGall wastad yn cael eu hystyried i fod yn frid ar wahân gan Wyddelod eraill. Pa well rheswm i dreulio amser yn eu plith?

Beth bynnag, roedden ni wedi cyrraedd, ac wedi ein deffro gan y cloc larwm mwya' byrlymus y gellid ei ddychmygu. Roedden ni wedi ein hamgylchynu gan ugeiniau o blant yn eu harddegau cynnar. I gyd wrthi'n gwasgu eu hunain i'r siwtiau nofio tanddwr 'na y bydd helwyr siarcod, a phobol ddrwg mewn ffilmiau ysbïo, yn eu gwisgo.

Roedden nhw'n llawn cyffro, ac yn mynd i gael gwersi syrffio yn y tonnau disgleirwyn oedd yn powlio i mewn yn hamddenol o'r Iwerydd. Gwylion ni nhw'n cael eu harwain am y dŵr gan eu hyfforddwyr, fel haid o hwyaid bach duon. Byddai Martha Plu Chwithig wedi bod mor falch ohonyn nhw.

Tre flinedig Bun Dobhráin

Anelon ni am dre Bun Dobhráin, Bundoran, dim ond hanner milltir i ffwrdd. Roedd hi braidd yn gynnar i fawr neb fod o gwmpas, heblaw am ambell un efo'r huwcyn cwsg yn dal yn eu llygaid oedd yn anelu am eu gwaith. Penderfynon ni wrando ar y radio wrth fwynhau panad.

Roedd gorsaf Ocean FM yn wenfflam wyllt o gynghorwyr yn rhefru am bobol ifanc fu'n rasio'u ceir drwy'r dre hyd at oriau mân y bore. Nid i ni eu clywed. Hyd at 150 o geir, meddai un, rafins ifanc yn hongian drwy ffenestri rhai ohonyn nhw wrth yfed cwrw a rhegi ar bawb a phopeth. Byddai stori fel hon wedi ei godro'n hesb ar Stondin Sulwyn ar Radio Cymru ers talwm.

'Weeel bendigeeedig, Blodwen fach. Dio'ch am ffon'o. A be'n gwmws 'naethon nhw'ch galw chi drw' ffenest y car? D'ofe wir? A be o'ch chi'n neud mas yr adeg 'nny o'r nos, ta p'un 'nny?'

Tre glan môr flinedig arall mewn cyfres ohonyn nhw ydi Bun Dobhráin, tre galed yr olwg. A hithau ddim ond chwe milltir o'r ffin efo'r gogledd, ar un pryd roedd hi'n hafan naturiol i weriniaethwyr oedd ar ffo rhag yr awdurdodau. Ac ar ffo oddi wrth ei gilydd, wrth i ddrwgdeimlad ynglŷn â'u gweithredoedd treisgar ffrwydro i'r wyneb.

Er mai mis Mai oedd hi, roedd golwg wedi ei hen esgeuluso ar y cae ffair ar y prom. Roedd y chwyn penfelyn yn dawnsio'n llon yn yr awel wrth droed yr olwyn fawr. A thebyg mai drychiolaethau go iawn fyddai cwsmeriaid y trên ysbrydion, yn sgrechian wrth weld bodau dynol annisgwyl.

Wrth chwilio am frecwast yn rhywle, bu'n rhaid bodloni ar ddeisen a diod oer, mewn caffi oedd hefyd yn gwerthu offer syrffio. Roedd yr acenion o'n cwmpas wedi caledu yn rhai gogleddol, ac eglurodd y perchnogion ifanc bod eu tymor hwy drosodd i bob pwrpas.

'Camp y gaea' ydi syrffio yn Bundoran mewn gwirionedd,' meddai un, mewn acen allai wneud i chi feddwl ei fod ar fin saethu'ch penliniau i ffwrdd. On'd ydi ystrydebau'n bethau peryglus?

Gwddf main o dir sy'n cysylltu'r sir fan hyn â gweddill y Weriniaeth, yn sgil creu cor-wladwriaeth Gogledd Iwerddon yn 1921, a chadw chwe sir o dan adain Llundain. Yn wreiddiol bu hi'n fwriad cynnwys pob un o naw sir talaith Ulaidh, neu Ulster. Ond gan mai sicrhau cor-wladwriaeth efo mwyafrif parhaol o unoliaethwyr oedd y bwriad, yn y diwedd penderfynwyd hepgor tair sir oedd yn rhy Babyddol eu poblogaeth: An Cabháin, Muineacháin a Dún na nGall.

Dyna sut y mae rhannau mwya' gogleddol Iwerddon yn gorwedd yn y Weriniaeth yn hytrach nag yng 'Ngogledd Iwerddon'.

Gwaedlyd fu hanes y gor-wladwriaeth o'r cychwyn cyntaf, efo'r ddwy ochr yn y ddadl ag asgwrn anferthol o giaidd i'w grafu. Lladdwyd 636 o bobl yno mewn dwy flynedd yn unig o fis Gorffennaf 1920. Gwelwyd Pabyddion yn ffoi dros y ffin, a Phrotestaniaid yn y Wladwriaeth Rydd yn dianc am y gogledd. Cafodd yr hollt crefyddol ei osod mewn concrit. Datblygodd y llywodraeth unoliaethol a grëwyd ym Melffast yn un arbennig o enwadol gul. Sathrai'n ddigyfaddawd a chreulon ar hawliau'r Pabyddion ym mron iawn bob un agwedd o fywyd. Nid bod y llywodraeth yn Nulyn wedi bod heb ei beiau o bell ffordd, yn enwedig yn y modd y caniataodd i Eglwys Rufain wthio'i thrwyn i bob polisi a phob twll a chornel moesol. Sef un o bryderon mwyaf yr unoliaethwyr ar y cychwyn cyntaf.

Erbyn 1969 roedd y sefyllfa gynddrwg nes i'r llywodraeth yn Nulyn gael ei hannog i ymyrryd yn filwrol er mwyn gwarchod y Pabyddion. I'r gogledd o Bun Dobhráin daethom ar draws baneri trilliw'r Weriniaeth yn cyhwfan wrth giatiau sy'n arwain at wersyll milwrol. Hwn ydi gwersyll Fionnabhair, neu Finner. Hen safle'r fyddin Brydeinig ydi o, a roddwyd yng ngofal Óglaigh na hÉireann, y lluoedd amddiffynnol, ar Chwefror 17eg, 1922.

Cafodd y lluoedd eu ffurfio o blith y cyrff fu'n brwydro am annibyniaeth, fel y Gwirfoddolwyr Gwyddelig a'r IRA, a'u swyddogion. Erbyn heddiw mae Óglaigh na hÉireann yn cwmpasu'r fyddin, y llynges, a'r corfflu awyr. Mae oddeutu 7,000 o filwyr llawn-amser yn y fyddin, efo 1,000 yn y corfflu awyr, a thua mil arall yn y llynges yn gweithredu naw o longau patrôl.

Yno yn Fionnabhair ym mis Awst 1969 cododd pryderon y byddai disgwyl iddyn nhw ymosod yn filwrol ar y gogledd, ymosodiad a fyddai'n sicr wedi gweld lluoedd llawer cryfach Prydain yn ymyrryd. Roedd y Taoiseach Jack Lynch wedi datgan mewn cyfweliad teledu na allai 'llywodraeth Iwerddon sefyll i'r un ochr mwyach a gadael i bobl ddiniwed gan eu hanafu, neu waeth.'

Datgelwyd yn ddiweddarach mai ymosodiadau herwfilwra oedd o dan ystyriaeth, yn hytrach na cheisio goresgyniad milwrol llawn. Roedd hi'n fwriad ymosod ar sefydliadau fel y BBC, a'r maes awyr rhyngwladol, er mwyn plannu anhrefn. Ar Awst 30ain cyfarwyddwyd pennaeth y fyddin, Sean Mac Eoin, i baratoi cynllun o'r math. Yn y cyfamser, datganodd llywodraeth y gogledd fod ganddyn nhw 8,000 o heddweision-wrth-gefn yn barod i frwydro'n ôl.

Roedd rhyfel gwaedlyd ar y gorwel, a gorfodwyd Llundain i anfon milwyr i'r gogledd i warchod y boblogaeth Babyddol. Rhoddodd hynny stop ar gynlluniau Lynch, er mawr ryddhad i rengoedd Óglaigh na hÉireann.

Cafodd byddin Prydain groeso gan y Pabyddion ar y dechrau, ond buan iawn y dirywiodd pethau. Llofruddiwyd 14 o brotestwyr heb erfyn rhyngddyn nhw gan y fyddin mewn gwrthdystiad yn ninas Doire ar Ionawr 30ain, 1972, mewn digwyddiad ddaeth i gael ei adnabod fel 'Sul y Gwaed'. Roedd caseg eira o atgasedd a thrais fu ar y dibyn gyhyd wedi ei gwthio i ryw gyfeiriad na wyddai neb ble y byddai'n diweddu.

Yn fuan ar ôl pasio Fionnabhair daethon ni i bentre Ros Neamhlach, Rossnowlagh. Traeth llydan arall, ac ambell dafarn a siop yn gobeithio am fusnes o du'r bobol oedd yn cerdded eu cŵn fan draw, neu'n plymio'n eofn i'r tonnau. A dacw eglwys Anglicanaidd fechan Sant Ioan, yn edrych yn fwy fel capel Methodistaidd nag eglwys. Lle digyffro, tawel. Lle i enaid yn wirioneddol gael llonydd. Ac eithrio, wrth gwrs, y dydd Sadwrn cyn Gorffennaf 12fed bob blwyddyn.

Mae'r 12fed yn ŵyl gyhoeddus yn y gogledd, yn wahanol i'r Weriniaeth, ac yn ddathliad (i'r gymuned Brotestannaidd o leiaf) o'r diwrnod yn 1691 pryd y ffodd y brenin Pabyddol olaf i eistedd ar orseddi Iwerddon, Lloegr a'r Alban.

Ceir gorymdeithio drwy'r strydoedd, a chaiff coelcerthi anferthol eu tanio. Yn aml caiff delweddau dirmygus o bobol fel y Pab neu wleidyddion gweriniaethol eu taflu arnyn nhw.

Un o fudiadau amlycaf y Protestaniaid ers ymhell cyn creu'r corwladwriaeth, yn y dathliadau hyn ac mewn bywyd yn gyffredinol, fu'r Urdd Oren. Cafodd ei sefydlu yn 1796 i ddathlu rhoi'r Isalmaenwr Willem Hendrik III ar y tair gorsedd.

Un o deitlau Willem oedd Tywysog Orange, ar ôl y dywysogaeth fechan honno sy'n gorwedd bellach yn ne Ffrainc. Roedd wedi ei henwi'n wreiddiol gan y Rhufeiniaid, ar ôl y duw Celtaidd Arausio, heb unrhyw gysylltiad â'r lliw na'r ffrwyth. Cafodd yr Orange Free State yn Ne Affrica hefyd ei sefydlu gan ei linach. Yn ddiweddarach defnyddiwyd y lliw ymhob ffordd bosib er mwyn clodfori ei thywysogion, Willem yn eu plith. Cred rhai i'r foronen oren ei lliw gael ei bridio'n arbennig yn yr Iseldiroedd i'r pwrpas hynny, gan ddisodli'r rhai gwyn, porffor a melyn mwy naturiol. Mae'r Urdd Oren yn fudiad digyfaddawd enwadol. Ni chaiff unrhyw Babydd, gŵr neu wraig i Babydd, na phlentyn i Babydd, fod yn aelod. Gall aelodau gael eu diarddel am fynychu bedydd, priodas neu gynhebrwng mewn eglwys Babyddol. Nid oes croeso i unrhyw un nad ydyn nhw'n Brotestaniaid pybyr.

Dywed yr Urdd mai ei phriod waith ydi hybu a dathlu'r ffydd Brotestannaidd, gwarchod yr undeb Prydeinig, ac addysgu pobol am Willem, neu 'King Billy' fel y caiff ei lysenwi'n aml.

Ymysg ei gweithgareddau pwysicaf mae cynnal rhwydwaith o Neuaddau Oren fel adnoddau cymdeithasol ac addysgiadol, a threfnu'r gorymdeithiau i ddathlu buddugoliaeth Willem. Bryd hynny daw pobol ynghyd mewn lifrai, yn gwisgo hetiau duon caled a gwregysau oren dros eu hysgwyddau, i gerdded tu ôl i fandiau gorymdeithio caiff eu ffurfio'n benodol ar gyfer y rôl honno.

I bobol ar yr ochr arall i'r ffens Gristnogol, mae'r Urdd yn gallu ymddangos yn fudiad bygythiol a ffroenuchel. Corff sy'n mynnu cynnal gorymdeithiau ymfflamychol mewn cymunedau lle nad oes croeso iddyn nhw. Mudiad sy'n tynnu blew yn fwriadol o drwynau'r Pabyddion. Bu sawl honiad dros y blynyddoedd bod rhai yn eu plith yn ymwneud â grwpiau terfysgol.

Mae gan yr Urdd ragor na 1,000 o ganghennau, neu gyfrinfeydd, y rhan fwyaf o ddigon yn y gogledd. Ond mae ganddyn nhw hefyd gyfrinfeydd yn yr Alban, Lloegr a Chymru, yn ogystal ag yn y Weriniaeth. Cafodd Cyfrinfa Goffa Rawlins White ei sefydlu yng Nghaerdydd yn 2012, wedi ei henwi ar ôl pysgotwr tlawd o Brotestant a losgwyd i farwolaeth am ei gred yn 1555.

Ceir cyfrinfeydd ar hyd a lled y Weriniaeth hyd heddiw, er mai digon segur ydyn nhw bellach. A dim ond mewn un lle yn unig yr ochr honno i'r ffin y cynhelir un o'r gorymdeithiau enwog. A fanno ydi pentre bach di-nod Ros Neamhlach yr oedden ni ynddi, lle dôn nhw yn eu miloedd i gerdded tu ôl i'r bandiau o'r eglwys fechan at y traeth llydan.

Daw hyd at 10,000 yno'n flynyddol, o hyd at 50 o gyfrinfeydd, o'r gogledd ac o fannau eraill yn y Weriniaeth. Ac mae'n braf adrodd na fu sôn am unrhyw wrthdaro fyth ers atgyfodi'r arferiad yn 1978. Aiff y Protestaniaid o gwmpas eu dathliadau gwrth-Babyddol heb ymyrraeth, gan adael llonydd i'r Pabyddion i'w hanwybyddu'n llon.

Ond cyn y gall neb ohonon ni fentro cyhuddo'r Urdd Oren o fyw yn y gorffennol, ac o annog anoddefgarwch crefyddol, dylid edrych yn nes at adra. Wedi'r cyfan, aiff miloedd allan bob Tachwedd 5ed i ddathlu dienyddiad y Pabydd Guto Ffowc yn 1606. Ac i losgi delweddau ohono ar goelcerthi. Roedd ei gyd-Babydd a'i gyd-gynllwyniwr o Gymro, Hugh Owen o Eifionydd, yn ffodus na chafodd yntau erioed ei ddal a dioddef yr un ffawd.

Aethom yn ein blaenau am dre brysur Dún na nGall, sydd â chryn enw o ran ei thafarnau cerddorol. Yn sicr roedd hi'n ofynnol inni flasu peth o'r awyrgylch heintus hwnnw. Mae'r lle yn ganolbwynt cymdeithasol a gweinyddol i ardal eang, ac yn berwi o ddraffig gwallgo', llawer ohono'n amaethyddol.

Yng nghanol y gwallgofrwydd mae plasty trawiadol yn sefyll yn fodlon ei fyd. Hwn ydi Castell Dún na nGall, cartref llinach Ó Dónaill pan oedden nhw'n rhedeg pethau yn y parthau hyn, cyn dyfodiad y gwladychwyr. Roedden nhw'n deulu brenhinol i bob pwrpas, a'r ardal yn cael ei chydnabod fel teyrnas annibynnol yn yr Oesoedd Canol.

Mae'n gyfenw cyffredin iawn yn y sir hyd heddiw, o dan ffurfiau fel O'Donnell, Ó Domhnaill, Ó Domnaill neu Ua Domaill. Yr enwocaf ohonyn nhw bellach mae'n debyg ydi'r canwr Daniel O'Donnell, siaradwr Gwyddeleg iaith gyntaf sy'n frodor o bentre Cionn Caslach. Difrodwyd y castell yn fwriadol gan y teulu rhag ofn iddo gael ei ddefnyddio yn eu herbyn, wrth iddyn nhw ffoi am eu bywydau yn yr 17eg ganrif efo dyfodiad y gwladychwyr.

Castell Dún na nGall
Llun: Fáilte Ireland

Dim ond yn y 1990au cafodd y lle ei adfer i'w hen ogoniant gan y llywodraeth. Bellach dylai pawb dreulio dwy awr o leiaf oddi mewn iddo yn edmygu'r gwaith sydd wedi ail-greu moethusrwydd rhywle fu wastad yn fwy o gartref nag o gastell.

Ar ochr arall y prif sgwâr mae tafarn McCafferty's yn enfawr, bellach wedi cymryd y dafarn drws nesa o dan ei hadain yn ogystal. Mae to wedi ei osod dros y lôn fach fu'n eu gwahanu, nes bod y lle yn un uned fawr, liwgar.

Roedd criw o gerddorion wrthi'n paratoi ar gyfer noson arall o ganu mewn un o nifer dirifedi o gorneli. Yn y cyfamser, roedd sylw pawb wedi ei lynu i'r teledu, a'r rasys ceffylau yn Tiobraid Árann, Tipperary.

Cawsom ni wersi gan rai o'r selogion ar sut i adnabod ceffyl da. Cawsom gliwiau am ffurf eu cyhyrau. Am esmwythdod neu anesmwythdod y ceffylau cyn i'r ras ddechrau. Ac am ba mor da-i-ddim oedd y joci hwn neu'r hyfforddwr acw.

Dechreuon nhw watwar un joci yn arbennig, oedd efallai yn or-hoff o basteiod, ac yn cael cryn drafferth i reoli ei geffyl.

'Weli di hwnna?' meddai'r mwya' cegog o'r arbenigwyr tŷ potes wrtha' i. ''Drycha tew ydi o. Ac mae o'n 64 oed. Fydda fo byth yn cael cymryd rhan oni bai mai fo bia'r ceffyl, ac yn ei hyfforddi. Fydda' neb arall yn rhoi cyfle iddo fo. Faswn i byth yn rhoi sentan arno.'

Daeth i'r amlwg gan y lleill mai bod bach yn grintachlyd efo'r gwirionedd oedd ein harbenigwr hoff.

'Ond mi wnest di,' meddai un wrtho. Ffrwydrodd gweddill y criw mewn ton o chwerthin.

'Wel, do, mi wnes i,' cyfaddefodd yn gysetlyd. 'Ac mi oedd y diawl yn hapus dim ond i orffen. Roedd o'n chweched. Allan o chwech. Ond dwi'n deud wrthoch chi, ro'i ddim sentan arall ar y bwbach fyth eto.'

Digon dadlennol, dwi'n siŵr. I rai pobol. Nid fod gen i unrhyw wrthwynebiad i bobol fod yn gwylio rasys ceffylau. Rargian, on'd oes 'na rai yn ein plith aiff i wylio cŵn yn corlannu defaid? A mwynhau.

Ond roedd y rasys hyn wedi hen ddigwydd, wedi eu cynnal yn gynharach y diwrnod hwnnw. Ac roedden nhw'n cael eu dangos drosodd a throsodd, ar sgriniau teledu oedd yn amrantu arnon ni o bob cyfeiriad. Efo pawb, gan gynnwys yr arbenigwr tŷ potes, yn hen gyfarwydd efo'r canlyniadau.

Pan ymunodd y cerddorion efo'r gweddill i wylio ac i fwynhau'r trafod, roedd hi'n amlwg na fydden ni'n clywed pill allan ohonyn nhw am beth amser eto. Aethon ar draws y sgwâr i'r Reel Inn, tafarn fach ddifyr yr olwg roedden ni wedi sylwi arni'n gynharach.

Roedd criw da wedi ymgasglu yno, y rhan fwyaf yn lleol, efo 'sgeintiad bach o ymwelwyr fel ni yn y brywes. Roedd y lle yn amlwg yn denu pobol o filltiroedd maith. Roedd nifer mewn dilladach digon amaethyddol eu naws, llodrau eu trowsusau yn aml wedi ffraeo efo'u hesgidiau. Ac o ran y lleill, daeth catalog JD Williams i'r meddwl unwaith eto.

Codon ni ddiodydd yn y bar cyn gwthio drwodd i ystafell gefn lle'r oedd canu hwyliog eisoes wedi codi. Roedd yr unawdydd a'i gitâr yn amlwg yn boblogaidd. Clywsom ni'r hen faledi i gyd, fel yn y dafarn honno yn An Daingean. Ond rywfodd roedd mwy o angerdd ar y rhain, mwy o flas y pridd. Perfformiad ar gyfer y Gwyddelod oedd hon, nid ar ein cyfer ni'r ymwelwyr. Ac mi ymunodd y Gwyddelod yn y canu nes bod y lle'n crynu.

Bob hyn a hyn deuai Seán y tafarnwr o'r tu ôl i'w far i ymuno efo'r canwr ar ei acordion. Caeai ei lygaid yn dynn mewn llesmair wrth chwarae, ei fysedd tewion yn gwibio'n feistrolgar ar draws ei offeryn.

Daeth dyn oedrannus i mewn, ei ddillad sawl maint yn rhy fawr iddo, a gwregys yn dal ei drowsus i fyny rhywle rhwng ei wast a'i ên. Cododd ei ffon gerdded i bob cyfeiriad mewn cyfarchiad. Gwnaed lle iddo wrth fwrdd ger y llwyfan bychan, ac ymddangosodd peint o lager o'i flaen heb iddo orfod gofyn. Roedd yn cael ei drin cystal ag y byddai llinach Ó Dónaill slawer dydd. Efallai ei fod o'n un ohonyn nhw.

Diflannodd Seán, gan adael i'r canwr fwrw ati efo 'Back Home In Derry', cyn ail-ymddangos funud yn ddiweddarach efo cas ffidl yn ei ddwylo. Tynnwyd y ffidl allan yn ofalus a'i rhoi yn nwylo'r hen ddyn, Danny, fel y daethon ni i ddeall oedd ei enw wrth i bawb ei sibrwd yn llawn cyffro.

Syrthiodd tawelwch anghyffredin dros y lle. Ail-osododd Danny ei gap stabl yn ddestlus ar ganol ei ben. Yna rhoddodd ei fysedd geirwon, oedd yn dangos olion degawdau o waith corfforol caled, yn dyner ar y tannau. A llifodd ei ieuenctid yn ôl i'w osgo wrth i'r gerddoriaeth fwya' hudolus raeadru o'r bwa.

Cripiodd drewdod mwg sigaréts mewn cwmwl afiach drostom, y smygwyr wrth y drws cefn wedi ei adael yn agored er mwyn iddyn hwythau gael gwrando. Tair cân yn unig chwaraeodd o, cyn mynd i'r afael a'i lager ymhellach. Ond roedden ni wedi cael gwledd.

Daeth Seán aton ni a dweud mewn sibrydiad llwyfan: ''Dach chi wedi bod yn ffodus iawn i glywed Danny heno. Nid yn aml y bydd o'n galw i mewn y dyddiau hyn.'

Ffodus? Breintiedig fyswn i'n galw'r profiad. Ac oeddwn, roeddwn i'n gwirioneddol deimlo fy mod i wedi cyrraedd adra.

Pennod 26

Dihangfa hunllefus Dylan Thomas

BORE Gwener glawog, ac roedd y cwch yn Dún na nGall sy'n cludo ymwelwyr i fwynhau rhyfeddodau'r bae yn segur wrth y cei. Dim cwsmeriaid, mae'n debyg. A fawr i'w weld, chwaith, efo llen denau o niwl yn tynnu ei hun am y dre'.

Wrth gwrs mi allen ni fod wedi mynd yn ôl am McCafferty's am ragor o wersi betio o flaen yr holl sgriniau 'na. Ond o ystyried i un o'u prif arbenigwyr fod wedi rhoi ei bres ar geffyl ddaeth yn chweched allan o chwech, gallai hynny fod yn brofiad drud. Roedd sawl mul allan yna yn chwilio am asyn dwl i luchio'i bres arno.

Felly llenwon ni Alabeina efo popeth y gellid fod ei angen o ran bwyd a diod, a chychwyn am Na Cealla Beaga, y celloedd (mynachaidd) bychain. Killybegs yn ei ffurf Saesneg. Roedd angen nwy

Harbwr Na Cealla Beaga
Llun: Fáilte Ireland

LPG arnon ni, neu mi fyddai ei angen yn fuan, i redeg y stôf, yr oergell, y dŵr poeth a'r gwres canolog. Ac roedd un o'r busnesau prin yn Iwerddon efo'r adnoddau i'w bwmpio'n uniongyrchol i fol Alabeina, yn hytrach na gorfod cyfnewid poteli nwy, yn Na Cealla Beaga.

Prin 18 milltir o deithio oedd 'na ar hyd yr N56 at ein cyrchfan, ond roedden ni'n gallu gweld y tywydd yn gwella o dan ein trwynau. Bu hynny'n nodwedd o'r daith gydol y chwe wythnos inni fod yn y wlad; haul tanbaid yn ildio ei le i law mân, oedd yn cael ei chwythu i ffwrdd er mwyn cyflwyno cenlli' trwm, cyn i'r haul ddychwelyd i chwerthin ar ein pennau. Doedd hi ddim yn anarferol i weld pobol mewn dillad glan-y-môr a fflip-fflops yn 'mochel yn flin mewn drws siop.

Daeth llond harbwr enfawr o gychod a llongau yn lliwiau'r enfys – yn goch a glas a gwyrdd a melyn – yn hercian ar wyneb y dŵr i lenwi ffenest flaen Alabeina. Chwarddodd yr haul yn ein hwynebau unwaith eto.

Roedden ni wedi cyrraedd Na Cealla Beaga, porthladd pysgota mwyaf Iwerddon. Mae'n arbenigo mewn dal a thrin pennog, mecryll, a gwyniad y môr, llawer ohono'n cael ei rewi a'i allforio ledled yr Undeb Ewropeaidd. Cymaint ydi pwysigrwydd y diwydiant nes y cynhelir gŵyl Bendithio'r Cychod yma bob mis Awst.

Mae'r dre yn enwog yn ogystal am gynhyrchu carpedi, yn enwedig rhai sy'n gyforiog o ddyluniadau Celtaidd cain. Mae'r wŷdd glymu-â-llaw fwyaf yn y byd i'w chanfod yn Ffatri Garpedi Dún na nGall ger y cei. A bu carpedi enwog Dún na nGall yn esmwytho traed y pwysigion mewn llefydd mor amrywiol â Chastell Dulyn, y Tŷ Gwyn yn Washington, y Fatican, Notre Dame a 10 Stryd Downing. Nid eu bod nhw'n cael eu cynhyrchu ar raddfa fawr mwyach, ond maen nhw'n dal i gael eu creu i archebion penodol.

Mae ymweliad â'r Ffatri, caiff ei galw bellach yn Ganolfan Forwrol a Threftadaeth, yn gyfle gwych i wylio'r broses o greu carped. Ac yn fodd i ddeall mwy am gefndir diwylliannol a diwydiannol y rhan hon o'r sir.

Ym mhen pella'r penrhyn mae pentre gwerin Gleann Cholm Cille, An Cláchán neu'r Glencolmcille Folk Village. Menter gymunedol ydi hon, amgueddfa awyr agored sy'n cwmpasu chwe bwthyn to gwellt, wedi eu gwarchod a'u dodrefnu yn null traddodiadol yr ardal. Ond gan fod gynnon ni le arall tebyg yng ngogledd y sir ar ein rhestr o fannau i ymweld â nhw, penderfynon ni beidio â thagu'r ci y tro hwn.

Gerllaw yn Ceann Ghlinne, pen y glyn, Glen Head, y mae dechrau neu ddiwedd taith ysbrydoledig drwy harddwch anial a syfrdanol. Disgrifiwyd hi yn gelfydd gan yr awdur Adrian N Gallagher yn ei lyfr Wild Mountain Way. Cymrodd hi 23 diwrnod iddo gerdded 250 milltir ar draws y sir, o'r gogledd i'r de-orllewin. Crwydrodd rhwng man mwya' gogleddol Iwerddon, Cionn Mhálanna, Malin Head, at Ceann Ghlinne, gan lwyddo i gadw ymhell oddi wrth bawb a phopeth. Gan gynnwys, ran amlaf, y rhwydwaith ffyrdd.

Mae'n rhaid cyfaddef nad oes unman yn unigeddau Cymru sy'n agos at fod mor anial, mor wyllt, mor agos at natur â fan hyn. Taith sy'n sicr yn apelio, ond bydd yn rhaid i honno fod yn her at ddiwrnod arall. Os byth.

Yma y daeth Dylan Thomas i chwilio am ysbrydoliaeth ac achubiaeth yn 1935. Er mai prin 20 oed oedd o, roedd yr athrylith o fardd a dramodydd o Abertawe eisoes yn dioddef o ran ei iechyd yn sgil ei or-yfed. Penderfynodd ei asiant Geoffrey Grigson ei hel yn bell o bob temtasiwn, gan deithio efo fo i'r lle mwya' anial y gallai o ei ddychmygu.

Cyrhaeddon nhw Na Cealla Beaga ar y trên, a gwneud eu ffordd yn raddol am fwthyn unig uwch yr Iwerydd ym mhen pella' un y penrhyn yn Gleann Lach. Nid oes hyd heddiw ffordd yn arwain yno. Teimlai Grigson y gallai bod mor bell o bopeth lusgo creadigrwydd o groen y bardd ifanc, heb y ddiod i'w hudo ar gyfeiliorn. Ac wedi bodloni ei hun y byddai'r cynllun yn gweithio, maes o law dychwelodd i'w waith yn Llundain, gan adael Dylan i greu.

Ond roedd yr holl brofiad yn hunllef iddo. Gwelai ddrychiolaethau yn y bwthyn fin nos, ac unwaith disgrifiodd mewn llythyr i gyfaill sut iddo weld 'gŵr bonheddig rhyfedd o Hwngari yn dŵad i lawr y tyle mewn clogyn wedi ei leinio â chorynnod'.

Roedd yn colli cwmni pobol. A chwmni'r botel. Arferai gerdded drwy'r corsydd a thros y bryniau di-ffyrdd i dafarn O'Donnelly yn Mín an Aoire, Meenaneary, ddeg milltir i ffwrdd. Mae'r dafarn yn dal yno hyd heddiw, wedi ei moderneiddio'n sylweddol ers dyddiau Dylan, ac yn cynnwys siop, swyddfa bost a garej. Mae'n lolfa boblogaidd lle daw pobol o filltiroedd o gwmpas i fwynhau rhyw fath o dwmpath dawns ar nos Sadyrnau.

Yn anffodus doedd y bar heb agor am y diwrnod wrth inni fynd heibio. Mi faswn i wedi bod wrth fy modd yn ychwanegu un arall at y rhestr o hoff dafarnau Dylan imi ymweld â nhw, ochr yn ochr â'r Llew Du yng Nghei Newydd, y No Sign Bar yn Abertawe, a Brown's yn Nhalacharn.

Aeth pethau o ddrwg i waeth i Dylan. Canfu fod perchnogion y bwthyn yn cynhyrchu poitín. Gwirod anghyfreithlon oedd hwnnw, gâi ei gynhyrchu o beth bynnag oedd ar gael. Weithiau ceid un safonol o farlys, dro arall cymysgedd o datws, triog du a chorn.

Poitín cyfreithlon cyfoes

Roedd yn gallu amrywio'n sylweddol o ran ei safon, a chredai rhai y gallai un gwael wneud rhywun yn ddall am fod yna ormod o ethanol ynddo.

Oherwydd ei fod yn anghyfreithlon, ran amlaf câi ei gynhyrchu ymhell o bob man. Ac roedd y gornel sneclyd honno o'r wlad yn un o brif ganolfannau cynhyrchu poitín Iwerddon. Byddai'r heddlu neu ddynion y tollau yn chwilio am fwg mawn cyson yn codi fel arwydd bod distyllu yn digwydd. Oherwydd hynny, câi tywydd gwyntog ei ffafrio ar gyfer ei gynhyrchu.

Bu cynhyrchu gwirod yn

digwydd yng Nghymru hefyd, ond llwyddodd Methodistiaeth lwyrymwrthodol i gael gwared ar y diwydiant. Bu'n rhaid i nifer ohonyn nhw allfudo a dilyn eu crefft dramor.

Bu straeon o gwmpas ers peth amser mai Cymry oedd cyndadau Jack Daniel, y mae ei enw ar frand o wirod Americanaidd. Does dim prawf penodol. Ond yn sicr mae cwmni Evan Williams, un o gynhyrchwyr bourbon mwyaf Tennessee, yn cydnabod mai un o dde Sir Benfro oedd Evan. Dechreuodd gynhyrchu ei wirod yn 1783, fel modd o gael mwy o werth am y grawn roedd yn ei dyfu.

Daw'r enw poitín o'r gair pota, Gwyddeleg am bot, oedd yn cyfeirio at y llestr gâi ei ddefnyddio i'w ddistyllu. Mae modd prynu poitín cyfreithlon erbyn heddiw, ond byddai'r puryddion yn troi'u trwynau, gan fynnu mai rhyw fath o schnapps ydi hwnnw mewn gwirionedd. A synnwn i daten bod rhywun yn dal i gynhyrchu'r un 'go iawn' rywle yn unigeddau meithion Dún na nGall.

Tebyg i Dylan ganfod cynnyrch oedd yn ddigon cryf i bylu ei deimladau'n ddigonol. Treuliodd rai wythnosau yn y bwthyn, yn yfed mwy nag ysgrifennu. Diflannodd yn ddirybudd ym mis Awst, gan adael Grigson i dalu ei ddyledion.

Ac yntau'n ôl yn Abertawe erbyn hynny, ym mis Medi ysgrifennodd at yr awdur Desmond Hawkins i gyfaddef: 'Rwy wedi bod ar y meddwad mwya' meddw yn y byd, heb wybod pa ddiwrnod na pha wythnos oedd hi, na dim byd arall.'

Aethon ni yn ein blaenau am Ard an Rátha, Ardara, wedi ein hudo gan wahoddiad gan y cyngor tre ar i berchnogion modurgartrefi gymryd mantais o'i faes parcio i aros am noson neu ddwy. Roedd yn ymgais i hybu'r economi lleol, un oedd yn cael ei fawr werthfawrogi gan y perchnogion busnes i ni siarad efo nhw.

Buon ni'n rhan o gymuned fechan wedi ei gwasgaru ar hyd y maes parcio; ni'n Gymry, un cwpl o Ffrainc, un arall o'r Iseldiroedd, a dwy garafanét Wyddelig. Gweai y brodorion cyfeillgar o'n cwmpas, gan godi llaw neu wenu wrth bicio i'r siopau neu'r Ganolfan Gymunedol gerllaw.

Aeth rhai o'n plith am ddistyllfa wisgi newydd sbon Sliabh Liag ar gyrion y dre'. Eraill i grwydro'r siopau, neu'r llwybrau di-ri. A rhoddon ni oll gyfraniadau hael yn nhiliau'r tafarnau. Gwelon ni ambell wyneb cyfarwydd o'n cymuned yn y maes parcio yn gwenu o gornel glyd neu dros fwrdd ceinciog o bryd i'w gilydd.

Ymysg y tafarnau hynaf mae Nancy's Bar, cwningar o ystafelloedd bychain yn orlawn o drugareddau hynafol. Bu'r lle o dan reolaeth yr un teulu ers saith cenhedlaeth bellach, fyth ers cael ei sefydlu gan Charles McHugh, dyn y mae ei enw yn dal uwch y drws. Bu farw'n ifanc, gan adael ei weddw Nancy i barhau efo'r busnes.

Mae arogleuon hyfryd yn treiddio trwy'r lle bob tro y caiff y drws i'r gegin ei agor, efo enw rhyfeddol o dda i'r dafarn am ei bwyd môr. Eisteddon ni wrth y bar, lle'r oedd y dyn ifanc oedd yn ein gweini yn galaru am y tafarnau lleol oedd wedi eu colli hyd yn oed yn ei fywyd cymharol fyr o. Ar ôl cyfrif ar flaenau ei fysedd, daeth i'r casgliad bod saith ar ôl yn Ard an Rátha bellach, o'r 14 y gallai o eu cofio.

Cymrodd dyn arall awenau'r sgwrs wrth i'r barmon gael ei alw i gludo platiau trymlwythog o'r gegin i un o'r corneli. Aidan oedd hwn, dyn cydnerth, barfog, yn ei bumdegau fysai rhywun yn ei dybio. Taflodd lygaid craff dros bowlenaid o gregyn gleision tewion yn gwneud eu ffordd yn bersawrus heibio ei drwyn at rywun.

'Sgotwr ydw i wrth fy ngwaith, felly dwi'n lecio gwneud yn siŵr eu bod nhw'n cadw'r safon i fyny,' cellweiriodd. 'Thâl hi ddim inni gael safonau llac.'

Cymrodd lwnc go hael o'i gwrw a gofyn, gan ei bod yn amlwg mai Cymry oedden ni, os oedden ni'n siarad Cymraeg. Wrth gwrs, medden ni.

'Dim ond mynd â phobol allan ar dripiau sgota dwi'n ei wneud y dyddia' hyn,' aeth ymlaen. 'Ond o'n i'n arfer docio yng Nghaergybi pan o'n i'n sgota ym Môr Iwerddon. Ro'n i'n clywed dipyn o Gymraeg yn fanno, ac yn meddwl ei fod o'n wych o beth. A dwi'n cofio un barmêd yn arbennig oedd yn siarad Cymraeg. Ddysgodd honno sawl peth imi.'

Es i ddim i holi ymhellach. Ond wrth i'w lygaid ddechrau pylu ac yntau ar fin boddi mewn pwll dwfn o atgofion melys, gofynnais a oedd o'n siarad Gwyddeleg.

'Dwi'n cofio llawer ohoni, ond heb ei hymarfer ers amser maith,' meddai. 'Wyddoch chi ei bod hi mwy neu lai'r un iaith â Gaeleg yr Alban? Dim ond efo acen wahanol, ac ambell air gwahanol. Does dim llawer ohoni i'w chlywed fan hyn. Mae gofyn ichi fynd yn fwy i'r gorllewin os am ei chlywed hi go iawn.'

Mwy i'r gorllewin? O ddifri'? Pe bydden ni'n mynd llawer mwy i'r gorllewin, bydden ni'n ymdrochi yn y morlyn twym enwog yn Reykjavík. Mae'n adrodd cyfrolau trist am sut y llwyddodd gwladwriaeth annibynnol i adael i un o'i thrysorau pennaf lithro o'i dwylo.

Daethon ni ar draws Aidan eto'n ddiweddarach, ac yntau yn amlwg fel ni yn mynd o dafarn i dafarn. Roedden ni wedi cyrraedd y Beehive, wedi ein denu gan arwydd wrth y drws yn ein hysbysu y byddai 'na ganu gwerin yno, a bod croeso i unrhyw gerddor ymuno.

Roedd twr o gerddorion yn eu hoed a'u hamser wedi meddiannu un gornel mewn cylch amddiffynnol, yn troi eu cefnau ar eu cynulleidfa. Teimlwn fel un o'r Americaniaid brodorol mewn ffilm gowboi, yn edrych ar wagenni'r dyn gwyn wedi ffurfio'u hunain yn olwyn gaerog.

Gwelwn goedwig o wallt brith, yn ddynion a merched, a chynffonau ceffyl hirion wedi eu clymu dros sawl gwar gwrywaidd. Ces fy atgoffa o'r ffraetheb gan Billy Connolly pan ofynnodd: 'Be ydach chi o ddifri' yn disgwyl ei weld pan godwch gynffon ceffyl?'

Ffidlwyr oedd bron y cyfan ohonyn nhw, efo un wedi dŵad â banjo, a gitâr gan un arall. Tebyg mai dyma oedd y bobol fwya' diserch imi eu gweld ers inni gyrraedd y wlad. Perfformwyr honedig mewn tŷ cyhoeddus yn llwyddo i anwybyddu eu cynulleidfa'n llwyr.

Syrffedus ryfeddol oedd eu cerddoriaeth, mwy fel canu galar na chanu mewn tafarn Wyddelig ar nos Wener. Daeth Aidan drosodd i rannu barn, gan ysgwyd ei ben.

'Be' 'dach chi'n ei feddwl o'nyn nhw? Na. Peidiwch ag ateb. Mae 'na ormod o ffidlwyr, a phob un isio mynd ei ffordd ei hun. Diolch byth am y banjo. Ac mi fysa cael rhywun yn chwarae pib yn helpu hefyd. Ond dydyn nhw ddim isio neb yn amharu ar eu grŵp bach nhw.'

Roedd yn llygad ei le. Llowciodd ei beint, a ffarwelio. Profwyd ei bwynt yn llwyr yn ddiweddarach. Cerddodd dyn i mewn wedi gwisgo'r un ffunud â Roy Rogers, ffrondiau fel rhedyn ar goesau'i drowsus, het iî-ha ar ei ben, a ches gitâr yn ei law. Un ai roedd o'n gerddor canu gwlad o ryw fath, neu ar ei ffordd i barti gwisg ffansi. Agorodd ges y gitâr, a disgwyl am wahoddiad i ymuno yn y gymanfa dorcalonnus. Closiodd y wagenni'n agosach at ei gilydd. Roedd estron yn y salŵn, ac nid oedd croeso iddo. Deallodd y neges, ac aeth allan i chwilio am griw mwy croesawgar i ymuno efo nhw. Byddai'r fynwent leol wedi bod cystal lle ag unman.

Trodd ein penwythnos bwriedig yn Ard an Rátha yn un noson yn unig. Y bore canlynol aethon yn fwy am y gogledd. A hithau'n fore heulog braf, daeth rhyw awydd dros Cath am draeth braf a chyfle i nofio. Dydi traethau ddim yn gymaint o atyniad i mi, er imi fopio ar yr arfordir yn gyffredinol. Ond pawb at y peth y bo, a gallaf bob tro lenwi diwrnod yn stwna o gwmpas y fro tra bod Cath yn mwynhau'r haul.

Mae'r traeth ym mhentre An Fhearthainn, Naran, yn cael ei gydnabod fel un o'r rhai brafiaf yn Iwerddon gyfan. Strimyn o dai gwasgaredig ydi'r lle yn fwy na phentre mewn gwirionedd. Ond roedd y traeth yn fendigedig, hyd yn oed i lygad ffilistiad traethau fel fi, ar ffurf tro pedol hir ac yn glaerwyn hyfryd.

Ac allan yn nyfroedd perffaith bae Gaoth Beara, prin 250 llath o'r lan, safai ynys fechan Inis Caoil. Roedd ambell furddun yn gwthio'i drwyn allan o'r brwgaets yn fusneslyd, fel twrch daear neu wahadden yn arogleuo'r awyr. A phan ddes i ddeall bod modd cerdded at yr ynys pan ddeuai'r trai, roedd gen i amserlen barod ar gyfer talp mawr o'r diwrnod.

Dechreuodd teuluoedd lleol heidio i'r traeth dros y bore. Trawsnewidiodd y lle yn gae ffair o gestyll tywod a sgriniau gwynt a gwelyau haul a cherddwyr cŵn. Ond thalodd neb yr un iot o sylw i Inis Caoil. Roedden nhw'n rhy gyfarwydd â'r lle, mae'n debyg. Ond roedd fy niddordeb i wedi ei danio, ac ni fyddai pla o holl nadroedd Iwerddon wedi gallu fy nghadw draw.

O amseru'r croesi'n iawn ar draws y traeth rhychiog, prin fod

Inis Caoil allan ym mae Gaoth Beara

angen gwlychu gwadnau'r esgidiau. Ond gwae chi os byddwch yn tindroi'n ormodol ar ôl cyrraedd, oherwydd mi allech chi orfod aros yna tan y trai nesaf.

Ni fu neb yn byw arni ers y 19eg ganrif, ond mae murddunnod dwy hen eglwys yn dal yno, ynghyd â gweddillion mwy sylweddol hen fynachlog a ffermdy. Mewn hen fynwent gerllaw mae pedwar llechfaen hynafol efo patrymau Celtaidd trawiadol wedi eu naddu'n gelfydd iddyn nhw.

Ymsefydlodd cymuned o fynaich ar yr ynys gyntaf yn y 6ed ganrif, o dan arweinyddiaeth Sant Conall Caol. Roedd hwnnw wedi ymneilltuo yno i chwilio am edifeirwch ar ôl llofruddio ei dad. Sy'n gychwyn digon anarferol i yrfa sant. Datblygodd y lle yn gyrchfan pererindota o bwys. Roedd cloch Bearnán Chonaill o'r 6ed ganrif, a chreirfa fechan o efydd, aur ac arian o'r 12fed ganrif lle câi'r gloch ei chadw, yn ganolbwynt i'w hapêl. Roedd y gloch a'i chreirfa ill dwy yn rhyfeddol o addurnedig. A dyna arweiniodd at eu tranc.

Ni feiddiodd yr un morleidr na milwr na lleidr cyffredin roi eu dwylo blewog arnyn nhw ar hyd canrifoedd meithion. Fuon nhw'n ddiogel drwy wrthryfeloedd a gwladychu, a stormydd anferthol fel yr un a greodd Dún Briste yn 1393.

Ond rywfodd, erbyn y 19eg ganrif roedden nhw wedi cyrraedd meddiant teulu lleol O'Breslin. Yn 1889 daeth swyddogion o'r Amgueddfa Brydeinig heibio a phenderfynu mai nhw wyddai orau, ac y byddai'r creiriau Gwyddelig rhain yn ddiogelach yn eu gofal hwy. Gwerthwyd nhw gan y teulu, ac aethpwyd â nhw i ffwrdd i Lundain. A fanno maen nhw hyd heddiw.

Maen nhw'n dweud yn lleol bod y defaid a'r gwartheg a brynodd y teulu efo phres y gloch a'r greirfa i gyd wedi marw'n anesboniadwy. Boed chi'n credu ynddo ai peidio, dyna be' ydi carma.

Pennod 27

Gwylnos ar Árainn Mhór

NA, doedd hi'n poeni dim am weld yr e-bost gawsom ni'n gadarnhad ein bod wedi talu.

'Os ydach chi'n deud eich bod wedi talu, mae hynny'n ddigon da i fi. Ewch i sefyll ar y cei, a phan ddaw cwch glas, ewch arno.'

Ac efo hynny o eiriau gan y ferch yn y cwt metel oedd yn gweithredu fel derbynfa dros dro, roedden ni wedi'n clirio i fynd ar y fferi.

Roedd hi'n fore heulog â ninnau yn Ailt an Chorráin, allt y cilgant, neu Burtonport, ar ein ffordd i dreulio'r diwrnod ar ynys Árainn Mhór. Mae'r enw'n cyfieithu fel yr aren fawr, sef siâp y lle yn fras.

Bu hi'n dipyn o wasgfa canfod lle i Alabeina yn y maes parcio

Ailt an Chorráin
Llun: Fáilte Ireland

cyfyng, rhwng y trwmbeli rwbel, offer cloddio a'r faniau gwaith oedd yno'n barod. Ar y bryn serth uwchben roedd Jac Codi Baw swnllyd wrthi'n crafu'r pridd oddi ar ei sylfaen o graig, yn beryglus o agos at wifrau trydan oedd yn siglo'n gysglyd rhwng eu polion.

Porthladd pysgota ydi'r lle yn ei hanfod, rhywle fu gynt yn cael ei redeg gan gymdeithas gydweithredol. Bu ffatri rhewi pysgod yma hefyd ar un pryd, ond mae honno a'i chyflogaeth hollbwysig wedi hen fynd. Bellach mae'r ffatri wedi ei dymchwel, ac ardal y porthladd yn cael ei uwchraddio i'w wneud yn fwy atyniadol i ymwelwyr. Dyna'r diwydiant y mae bron bob gobaith wedi ei glymu o amgylch ei wddf. Ac mae cludo twristiaid nôl a blaen i'r ynys yn chwarae rhan bwysig yn hyn, efo dau gwmni yn cystadlu am eich arian.

Rhuodd cwch glas mawr o dan gwmwl o fwg ar draws yr harbwr, ramp o ddur yn agored yn ei flaen. Cododd y gwylanod mewn dychryn wrth i'r ramp grafu'n swnllyd yn erbyn y llithrfa goncrit cyn dŵad i stop. Cawsom ein hannog i frysio i fyny'r ramp ac ar y cwch,

Dod a'r hers ar fwrdd y fferi

fel defaid o flaen ci. Roedd nifer o gerbydau yn disgwyl ar y cei i ymuno efo ni, efo lle i ryw naw ar y mwya' ar ei bwrdd, o'u parcio o fewn trwch eu paent oddi wrth ei gilydd.

Roedd rhai gyrwyr yn hen lawiau arni. Roedden nhw'n parablu'n llawen efo'i gilydd drwy ffenestri agored, wrth fagio'r cerbydau'n gelfydd i'w lle efo dim ond un llaw ar y llyw. Roedd eraill yn fwy na bodlon i adael i ddynion ifanc swnllyd y criw wneud y gwaith drostyn nhw.

Bu'n rhaid disgwyl am sbel cyn gadael y cei, wrth i'r criw wneud lle i hwyrddyfodiad.

Ymunodd hers hir sgleiniog efo ni, y gyrrwr a'i gynorthwyydd mewn siwtiau duon smart, ond cefn y cerbyd yn wag. Eglurodd un o'r teithwyr eraill bod rhywun wedi ei heglu hi ar yr ynys o 600 o drigolion, 'snuffed it' oedd yr union eiriad, a bod yn rhaid anfon hers o'r tir mawr ar adegau felly.

Taith ugain munud ar draws y môr disglair oedd hi i An Leadhb Gharbh, prif bentre'r ynys, gan wau ein ffordd rhwng myrdd o fân ynysoedd. Ac er mai ploryn o le ydi o yn hytrach na phentre go iawn, mae iddo dafarnau, swyddfa bost a siop, a hyd yn oed ysgol uwchradd.

Yn wahanol i Inis Mór, bydden ni wedi gallu dŵad ag Alabeina efo ni i fan hyn. Yn wir, mae safle ar gyfer modur-gartrefi wedi ei agor hanner milltir i ffwrdd yn Fál an Ghabhann, gwrych y gof. Mae'n sefyll ger pentre gwyliau o tua dwsin o dai newydd sbon sydd wedi eu codi i'w gosod i ymwelwyr, datblygiad sydd hefyd yn cynnig cae chwarae, maes pytio golff, a chanolfan ddiwylliannol.

Byddai rhai'n dadlau bod hyn oll yn or-ddatblygiad. Ond yn y blynyddoedd diweddar bu'r ynyswyr yn crefu ar bobol i ymuno â nhw, efo'r boblogaeth yn prysur edwino. Pwy ydw i i farnu symudiadau at achub y gymuned, er y gall rhywun ddychmygu'r effaith andwyol y gallai hynny ei chael ar yr iaith frodorol? Mae'n gylch dieflig; gallai mewnlifiad beryglu'r iaith, yn yr un modd ag y gallai methu denu gwaed newydd hefyd ei pheryglu.

Y gobaith ydi y bydd creu'r posibilrwydd o ennill incwm call, a datblygu adnoddau cyfoes fel sicrhau gwell gwasanaeth rhyngrwyd, yn darbwyllo rhai o'r to ifanc Gwyddeleg eu hiaith i aros ar yr ynys. Neu i fudo yno o ardaloedd cyfagos y Gaeltacht ar draws y swnt. Allwn ni ond croesi ein bysedd.

Gan mai llai na naw milltir o daith gerdded ydi hi reit o amgylch yr ynys, roedden ni'n teimlo nad oedd angen olwynion arnon ni am unwaith yn ein bywydau. Nid hyd yn oed y beiciau trydanol y mae'n bosib eu llogi. Onid oedd gynnon ni bedair coes? Rhyngon ni.

Roedd hi'n fore Sul a'r siop fach oedd ynghlwm â thafarn fawr wen Teach (Tŷ) Phil Bán, oedd yn sefyll ar gwr traeth o'r tywod puraf posib, yn agor am ddwy awr yn unig. Manteision ni ar y cyfle i hel picnic at ei gilydd ar gyfer y crwydro roedden ni'n bwriadu ei wneud.

Nid rhywbeth newydd, wrth reswm, ydi trafferthion diboblogi i'r ynys. Yn ystod y Newyn Mawr collodd swm sylweddol o'i phoblogaeth, nifer yn allfudo ledled y byd. Ac aeth cynifer ohonyn nhw i ail-sefydlu eu cymuned ar ynys arall yr ochr arall i'r Iwerydd nes iddi hyd heddiw gael ei llysenwi 'America's Emerald Isle'. Beaver Island ydi honno, ynys yr afanc. 55 milltir sgwâr o nefoedd sy'n sefyll yng nghanol Llyn Michigan, un o lynnoedd mawrion enwog yr Unol Daleithiau. Erbyn diwedd y 19eg ganrif roedd 280 o deuluoedd efo'u gwreiddiau yn Árainn Mhór yn byw yno. Yn ôl cyfrifiad 1880, o'r 881 oedd yn byw ar yr ynys, roedd 141 ohonyn nhw o linach Gallagher, 123 yn Boyle, a 90 yn O'Donnell. Ia, llinach frenhinol Dún na nGall eto. Roedd hi'n gymuned Babyddol glòs, efo'r Wyddeleg yn iaith pob dydd, a'r ynyswyr wedi canfod ynys newydd i'w galw'n gartref.

Erbyn i'r Gwyddelod gyrraedd roedd y rhan fwyaf o lwyth brodorol yr Odawa, oedd wedi ymsefydlu yno ers canol y 18fed ganrif, wedi cael eu herlid oddi yno. Roedd rhai o'r gweddill a ddaliodd eu tir wedi troi at Babyddiaeth Jeswit, ar ôl i'r Tad Frederic Baraga gyrraedd yn 1832 o Waganagisi ar y tir mawr i genhadu yn eu plith. O'r 15,000 o dras yr Odawa sy'n byw bellach yng Ngogledd America, prin 500 ohonyn nhw sy'n medru'r iaith frodorol.

Edwino wnaeth y Wyddeleg hefyd yn y parthau hynny, a chredir ei bod wedi marw'n llwyr ar Beaver Island bellach. Ond mae'r gwreiddiau yn dal yn gadarn, efo cyfenwau Gwyddelig yn gyffredin o hyd. Ac mae un o'r ddau gwch fferi sy'n ymgymryd â'r daith ddwy awr a mwy at yr ynys wedi ei enwi'n 'Emerald Isle'.

Ar ddechrau'r ganrif hon aeth 30 o bobol Árainn Mhór allan i Beaver Island i ddathlu'r cysylltiad rhwng yr ynysoedd. Dyna pryd y sefydlwyd trefniant gefeillio unigryw rhwng dwy ynys, y ddwy efo poblogaethau digon tebyg o ran niferoedd. Mae'r trefniant yn mynd o nerth i nerth. Bob haf daw nifer sylweddol o'r ynys Americanaidd, a mannau gerllaw ar lannau Llyn Michigan, i ymweld â chartref eu cyndeidiau.

Ar ochr y ffordd at y goleudy daethon ni ar draws cofadail trawiadol sy'n nodi'r cysylltiad. Mae ar ffurf pwll concrit wedi ei osod yng nghanol Lough Thoir, lle mae dau afanc yn llygadu eog tew sy'n neidio o'r dŵr. Uwchben mae baneri Iwerddon a'r Unol Daleithiau yn fflapio yn y gwynt. Maen nhw'n swnio fel cynulleidfa yn curo dwylo mewn cymeradwyaeth o fenter a lwyddodd. Nid y byddai'r Odawa yn cytuno.

Dargyfeirion ni ryw fymryn oddi ar y lôn gul at gei cysgodol o goncrit i fwynhau'n picnic, heb yr un enaid byw arall ar ein cyfyl. Eisteddon ni ar y concrit a theimlo'r haul yn pigo'n hwynebau yn chwareus. Roedd y môr fel crisial glaswyrdd, a gallem ni weld y cerrig gwynion bychain ar ei wely yn symud yn ysgafn wrth i'r dŵr chwarae gwyddbwyll efo nhw. Roedd sibrwd y tonnau oedd yn crychu'n araf tuag aton ni o gysgod y swnt yn hudolus, a hawdd oedd credu sut y gallai rhywun feddwl ei fod wedi cyrraedd paradwys.

Wrth ddisgyn i lawr yr allt serth yn ôl am An Leadhb Gharbh, heibio i dafarn Early's, daethon ni ar draws dau adeiladwr ifanc yn cymryd seibiant dros eu cymysgydd sment. Roedden nhw'n sgwrsio'n braf mewn Gwyddeleg, ac yn swnio fel 'taen nhw'n tynnu coesau'i gilydd. Cododd un ei law mewn cyfarchiad, ac roedden ni'n falch o'r esgus i gael ein gwynt aton.

Egluron nhw eu bod nhw'n adfer y tŷ oedd tu ôl iddyn nhw. Roedd hwnnw'n honglad o adeilad mawr gwyn wrth ben lôn gul bonciog. Byddai'r golygfeydd o'i ffenestri llydan yn ddigon i dynnu dŵr i'r dannedd, yn edrych allan dros y swnt at fynyddoedd Dún na nGall oedd yn chwysu yn y tes ar y tir mawr.

'Rhywun o Beaver Island sydd wedi ei brynu o,' meddai un, gan daflu ei fawd dros ei ysgwydd. Daethon i ddeall mai Joe oedd ei enw, ac mai Carl oedd ei gyd-weithiwr mwy tawedog.

Aeth Joe yn ei flaen: 'Mae o'n gwario ffortiwn ar y lle. Aeth ei deulu o yno o fan hyn sawl cenhedlaeth yn ôl. Mae 'na lot o bobol yn gwirioni ar yr ynys os dôn nhw yma yn yr ha'. Ond mae hi'n stori wahanol byw yma yn y gaea', tydi? Mae 'na lot wedi gadael, yn enwedig dros y deng mlynedd d'wetha, efo'r dirwasgiad fu 'na drwy Iwerddon.

'Dwi a Carl wedi gorfod gadael, ond dim ond i'r tir mawr draw yn fan'cw. Ddown ni drosodd ar y fferi bob tro fydd 'na joban angen ei gwneud. Dydi o ddim yn drafferth o gwbl, nac 'di Carl?'

Mwmblodd Carl ei gytundeb yn swil, a gadael i Joe wneud y siarad. Gofynnon ni a oedden nhw'n siarad Gwyddeleg yn gyson wrth eu bywyd bob dydd.

'Dyna fyddwn ni'n siarad efo'n gilydd drwy'r amser,' meddai Joe. 'A dyna fydda' i'n ei siarad y rhan fwya' o'r amser ar y tir mawr. Ac mi fydda' i'n siarad Gwyddeleg efo 'mhlant hefyd. Sgen ti ddim plant, nac oes, Carl?

'Dwi'n meddwl ei fod o'n hollbwysig ei chadw'n fyw. Mae'n rhan o bwy ydan ni. Ond mae'n colli tir yma ar yr ynys. Does dim llawer yn ei siarad yr ochr yma, ond mae'n gryfach ar yr ochr orllewinol.'

Yn gryfach ar yr ochr orllewinol? Yr un hen neges eto, yn fwy mewn gobaith nag mewn ffydd. Ewch yn fwy at y gorllewin i'w chlywed, cynghorodd Aidan ni yn Ard an Rátha. Ond faint mwy i'r gorllewin all rhywun fynd heb i'w drwyn gael ei wasgu yn erbyn ffenest anobaith? Oedd o o ddifri' yn golygu ymyl gorllewinol ynys fwya' orllewinol un o gadarnleoedd gorllewinol olaf yr iaith? Os mai cadarn ydi'r ansoddair cywir.

Nôl yn y pentre roedd criw niferus yn eistedd ar y wal rhwng Teach Phil Bán a'r traeth, yn mwynhau clonc a pheint yn yr haul. Roedd eraill yn gorffwys ar hynny o greigiau oedd yn gwthio'u trwynau drwy'r tywod purwyn. Ac roedd clebran swnllyd a llon yn dylifo drwy'r drysau a'r ffenestri agored.

Y tu mewn roedd pobol yn eu dillad dydd Sul gorau yn bwrw ati'n frwd i wasgu hynny o hwyl ag oedd yn bosib o bob eiliad. Prin y gwelais i alarwyr

Dynesu at An Leadhb Gharbh – paradwys yn yr haf

mor hapus eu byd. Daeth arwyddocâd yr hers ar y fferi yn amlwg. Roedd pwy bynnag oedd wedi ein gadael eisoes o dan y dywarchen. Am ryw reswm rhyfeddais i'r angladd ddigwydd ar y Sul. Ond wedi meddwl, os oedd yr ymadawedig yn Babydd pybyr, pa well diwrnod i ffarwelio ag o? A pha le gwell i gynnal gwylnos golau dydd? Gwasgais fy ffordd at y bar drwy dorf oedd yn amlwg efo un bwriad yn unig ar eu meddyliau. Ac nid dweud eu pader yn syber oedd hynny. Roedd gêm bêl-droed Gwyddelig rhwng siroedd Dún na nGall ac An Cabhán, y cafn, yn cael ei dangos ar setiau teledu drwy'r lle. O leia' roedd bytheirio a bloeddio ar sgrin yn rhoi rhywbeth i'r cegau sychedig wneud ar wahân i lyncu.

Gwasgodd criw oedd wedi hawlio sedd hir, gyferbyn â ffenest lydan efo golygfa i'w rhyfeddu ati, at ei gilydd a mynnu ein bod yn ymuno efo nhw. Roedd pob tei nad oedd wedi ei thynnu wedi ei llacio fel rhaff grogi, a hetiau crand y merched wedi eu plannu'n ddiseremoni yng nghanol gwydrau gweigion a diferion cwrw ar y bwrdd.

'Sut oeddech chi'n perthyn i "Smiler"?' gofynnodd rhywun, rhwng llyncu o'i bot Guinness, diferion bach duon eisoes wedi llewpardio ei grys gwynnach na gwyn. 'O, doeddech chi ddim? Na lot o'r rhai sydd yma chwaith, fyswn i'n meddwl. Mae angladd dda yn gyfle rhy brin i'w golli i'r bobol sy'n byw yma ar yr ynys.'

Eglurodd nad oedd o na gweddill y teulu oedd wrth y bwrdd wedi byw ar yr ynys ers amser maith, rhai ohonyn nhw erioed wedi gwneud. Ond roedd claddu hyd yn oed perthynas pell wastad yn esgus i dreulio peth amser yno.

'Dwi ddim yn cofio'n iawn sut oedd o'n perthyn, ond mi oedd o,' aeth y crys llewpard ymlaen. 'Roedd o'n 94 wy'st ti. Oed da 'n'doedd? A wy'st chi pam eu bod nhw'n ei alw fo'n "Smiler"? Am nad oedd y ***** byth yn gwenu.'

A chwarddodd pawb ar y math o sylw digon bachog sy'n swnio fel y peth doniolaf a glywyd erioed o'i hidlo drwy ddogn go dda o ddiod. Drwy'r ffenest lydan gwelais long las yn cyrraedd y cei, ac edrychais ar fy oriawr.

'Dewadd, paid â phoeni am honna,' meddai dyn arall, ei fwstásh briallu yn ewyn cwrw i gyd. 'Mi fydd hi'n ôl mhen rhyw ddwy neu dair awr. Ac os methwch chi honno, dwi'n siŵr y cewch chi le i gysgu ar lawr yn rhywle. Fuest ti mewn wêc o'r blaen?'

Es i ddim ati i egluro am y dathliad hwnnw yn y dafarn yn Dún Garbhán, bum wythnos ynghynt. Roedd hynny'n ymddangos fel te parti parchus o fara brith a phaned yn y festri efo'r blaenoriaid mewn cymhariaeth. Ymddangosodd plateidiau o frechdanau o bob lliw a llun, wedi eu cludo o ble bynnag roedd y te cynhebrwng mwy swyddogol wedi cael ei gynnal. Anogwyd ni, efo sawl pwniad penelin, i ymuno yn y gloddesta.

'Ond cym'ra ofal o dy fysedd os ti'n mentro eu rhoi nhw yng nghanol y bleiddiaid barus 'na,' ces fy rhybuddio gan y mwstásh briallu, oedd erbyn hyn yn erfyn am ragor o ewyn gwyn arno.

Cafodd cist bren ei gosod o flaen y ffenest, ac eisteddodd dyn cydnerth arno a dechrau taro curiad cyson allan ohono efo blaenau ei fysedd. Ymddangosodd dau offerynnwr arall, un efo banjo a'r llall efo acordion. Ac wrth i'r platiau gweigion ddiflannu, lle bu mynyddoedd o frechdanau yn gwenu'n swil ryw bum munud ynghynt, cododd y dathliad o fywyd 'Smiler' i lefel arall eto.

Brwydrodd y band i gael eu clywed uwch glebran oedd wedi ei iro gan alwyni o Guinness a jin a thonic, a'r bloeddio oedd yn boddi'r sylwebaeth ar y gêm bêl-droed. Dros y sŵn ceisiodd y mwstásh briallu egluro mai gêm rownd gynderfynol pencampwriaeth y dalaith oedd yn mynd ymlaen, a bod disgwyl i Dún na nGall fynd â hi. A chodai bloedd angerddol o bryd i'w gilydd i gadarnhau bod y gêm yn dilyn y patrwm ordeiniedig.

Soniais am y gêm hyrddio wnes i ei mynychu yn Trá Lí, ond gwelais flewiach tila'r mwstásh yn cael eu sugno dros y wefus ucha' yn ddilornus. Ces fy sicrhau mai dau dîm 'Mickey Mouse' ro'n i wedi bod yn dyst iddyn nhw.

Ac aeth y trafod ymlaen ac ymlaen. A llifodd y jin a'r Guinness. Bu dathlu o flaen y sgriniau wrth i'w sir ddynesu at y nod. Dechreuodd ambell un ddawnsio'n simsan. Canodd y band yn raslon, ac ymunodd rhai yn aflafar yn y canu. Oedd yn wir, roedd bywyd 'Smiler' yn cael ei ddathlu'n deilwng iawn.

Yn sydyn ymddangosodd fflach glas o flaen y ffenest, a rhusiodd rhai allan efo'u diodydd yn eu dwylo. Gwaeddodd rhywun bod fferi olaf y dydd wedi cyrraedd. Ac ar fin gadael. A chan nad oedd yr addewid o lawr caled i gysgu arno'n apelio rhyw lawer, dilynon ninnau a mynd am y llong.

Roedden ni'n diawlio o glywed y canu a'r dathlu yn newid gêr eto fyth, wrth baratoi i ymestyn ymhell i'r nos. Trueni na fasen ni wedi dŵad ag Alabeina a'i gwely cyffyrddus efo ni. Ond y tro nesa' mi fyddwn ni'n gwybod yn well. Nos da, 'Smiler'. A diolch am yr hwyl.

Pennod 28

Dros y mynydd i Ráth Mealtain

TEBYG eich bod wedi clywed am Bant Glas. Casgliad bychan o dai yn hytrach na phentre, yn gorwedd yng nghysgod trosglwyddydd teledu enfawr Nebo yng Ngwynedd. Rhyw ddwsin o dai, ambell fferm, capel, a busnes beiciau modur. Ond mae pawb yn gwybod am y lle oherwydd mai dyna le magwyd y canwr opera Bryn Terfel. Syr Bryn, i roi iddo ei deitl ffurfiol.

Felly hefyd efo Mín na Leice, ffridd y llech, neu Meenaleck. Nid imi honni i Syr Bryn fod a chysylltiad â fanno. Ardal yn hytrach na phentre ydi Mín na Leice hefyd. Ond bydd pobol yn heidio yno oherwydd ei chysylltiadau hithau efo enwogion byd-eang ym myd cerddoriaeth. A ninnau ymysg yr heidwyr, wedi gwyro'r mymryn lleiaf oddi ar y Slí i gyrraedd yma.

Yma magwyd y band arloesol Clannad, a wnaeth gymaint i lusgo canu gwerin Celtaidd i gyfeiriad cyfoes, ac at gynulleidfaoedd newydd. Ac o'r band teuluol rhyfeddol hwnnw y deilliodd y gantores Enya, sydd wedi gwerthu miliynau o gopïau o'i halbymau ym mhob cwr o'r byd.

Cawson nhw eu magu yn nhafarn y teulu i lawr y ffordd o le dreulion ni'r noson gynt, ar ôl cyrraedd y tir mawr o Árainn Mhór. Ac roedd hi'n bob bwriad gynnon ni ymweld â Tábhairne Leo yn nes ymlaen, ni fyddwch chi'n synnu dim o ddeall.

Roedd hi'n anodd credu mai llai na diwrnod oedd hi ers pan oedden ni'n rhostio yn yr haul, ar ein ffordd i Teach Phil Bán. Bellach dyma ni ar faes carafanau pitw bach, yn swatio mewn coedlan fechan, yn syllu drwy ffenestri Alabeina ar y glaw yn lapio amdanom ni fel sws wleb hen fodryb.

Roedden ni wedi profi digonedd o law yn ystod ein taith, ond fel arfer byddai'n cael ei sgubo i ffwrdd bron mor gyflym ag y cyrhaeddodd. Nid heddiw. Oedd, roedd dillad glaw cystal â rhai pobol y badau achub gynnon ni, fel sy'n gweddu i aelodau o genedl sy'n cynnal ei phrif ŵyl gelfyddydol yng nghanol cae mwdlyd ym mis Awst. Ond roedd isio calon i fentro i'r hin hwn.

Beth bynnag, ar ôl wythnosau o grwydro di-baid, wnâi hi ddim drwg i roi'r padls i fyny efo'r gliniadur neu lyfr da am ryw ychydig. Roedden ni mewn rhan o'r sir gaiff ei hadnabod fel Gaoth Dobhair, aber dŵr, Gweedore. Dywed 78% yma eu bod yn gallu'r Wyddeleg, a chaiff yr ardal ei hystyried i fod yn grud i'r iaith a'r diwylliant. Caiff pobol ifanc o weddill y wlad eu hanfon yma yn yr haf, fel i nifer o'r Gaeltachtaí eraill, i un o bum coleg ieithyddol i roi sglein ar eu defnydd o'r Wyddeleg.

Yn sicr, naddwyd Enya o dalp cadarn o Wyddelod y fro. Cafodd ei bedyddio efo'r enw bendigedig Eithne Pádraigín Ní Bhraonáin. Mabwysiadodd ei henw llwyfan oherwydd mai dyna sut y mae ynganu ei henw cyntaf o'i sillafu yn Saesneg. Magwyd hi a'r teulu yn llwyr drwy'r Wyddeleg, a doedd dim Saesneg ganddi pan ddechreuodd yn yr ysgol gynradd. Roedd naw o blant, i gyd wedi eu trwytho yng ngherddoriaeth a diwylliant eu gwlad.

Roedd eu tad Leo yn arwain band o'r enw'r Slieve Foy Showband, a'u mam Máire hefyd yn aelod, ac yn athrawes gerdd. Tad Máire, Aodh, sefydlodd gwmni drama hirhoedlog ac uniaith Wyddeleg Aisteoirí Ghaoth Dobhair yn 1932.

Mae'r cwmni'n dal i fynd o nerth i nerth, a bu'n ysbrydoliaeth tu ôl i sefydlu theatr 200-sedd Amharclann Ghaoth Dobhair yn Doire Beag. Arferai Enya, a'i brodyr Pól a Ciarán, gymryd rhan mewn pantomeimiau Gwyddeleg poblogaidd yno. Felly hefyd Mairéad Ní Mhaonaigh, aeth ymlaen i sefydlu Altan, grŵp gwerin lleol arall a flasodd lwyddiant rhyngwladol.

Am ddwy flynedd y bu Enya yn aelod o Clannad. Roedd y band wedi ei sefydlu yn 1970 gan ddau o'i brodyr, chwaer, a dau ewythr, ddegawd cyn iddi hi ymuno. Ond teimlod bod ei haelodaeth o'r band yn ei chaethiwo'n gerddorol, ac aeth ar ei llwybr gyrfaol ei hun. Llwyddodd Clannad ac Enya fel ei gilydd i ddŵad a sylw rhyngwladol enfawr i gerddoriaeth werin Wyddelig gyfoes, fel y gwnaethon nhw i'r iaith.

Gwerthodd albymau Clannad bron i 2.5 miliwn o gopïau dros y byd. Ond Enya ydi'r artist Gwyddelig unigol sydd wedi gwerthu'r mwya' o albymau erioed, mwy na 75 miliwn. Mae hynny cymaint â Bob Marley, Barry Manilow ac Aretha Franklin. Mae hi wedi ennill pedair gwobr Grammy, ac wedi recordio caneuon mewn nifer o ieithoedd, gan gynnwys y Gymraeg. Cafodd Dan y Dŵr, galargan i Gapel Celyn a Chwm Tryweryn, ei chynnwys yn ei halbwm cyntaf – oedd wedi ei enwi'n syml *Enya* – yn 1987.

Mi bicion ni allan yn ystod saib yn y glaw i grwydro rhai o'r lonydd culion o'n cwmpas, efo'r bwriad pendant o fynd i 'dafarn Clannad' doed a ddelo yn nes ymlaen. Ond siomwyd ni gan berchnogion y maes gwersylla, oedd yn credu nad oedd y lle yn agor ar nosweithiau Llun yr adeg honno o'r flwyddyn.

'Ond mi gewch chi groeso yn Tessie's ar draws y ffordd,' meddai gwraig y lle. 'Dwi'n siŵr bod fanno'n agored.'

Â phob parch i Tessie's, roedd hynny fel clywed y cewch wylio Cwmsgwt yn chwarae pêl-droed a chithau wedi gobeithio gweld Barcelona. Efo ymddiheuriadau lu i Gwmsgwt. A Tessie's.

Beth bynnag, a ninnau wedi bod yn gwisgo'n hetiau llymeitian ers clywed y dafn cynta' o law yn dawnsio ar do Alabeina rywbryd yng nghanol nos, Tessie's amdani. Ac yn wir roedd rhyw frycheuyn o olau tila yn dianc o un o ffenestri'r lle wrth inni ddynesu. Ond cyn inni droi'n trwynau i mewn, dyma glywed sŵn hwyliog yn croesi'r ffordd.

Ac er nad oedd unrhyw arwydd amlwg bod y lle'n agored, dim golau allanol ymlaen na chil drws yn ein gwahodd i mewn, gwthiais ddrws ffrynt Tabhairne Leo efo cledr fy llaw. Agorodd o 'mlaen, a chamon ni i mewn i weld criw niferus o bobol yn cael modd i fyw.

Edrychodd y dyn tu ôl i'r bar yn syn, ac egluro nad oedden nhw'n gweini bwyd y noson honno. Hynny er bod rhai o'r criw i'r dde ohonon ni yn gwledda fel gwesteion yn un o bartïon ysgaru Harri VIII, o flaen tân mawn braf oedd a'i fflamau yn ceisio byseddu eu ffordd at y pentan.

'Ym, dydan ni ddim yn arfer agor ar ddydd Llun,' aeth ymlaen yn ansicr, fel 'taen ni'n arolygwyr o ryw gylchgrawn bwyd yn ceisio eu dal allan. ''Dan ni wedi agor yn arbennig. Gwylnos sy'n mynd ymlaen, ac mae'r bobol 'ma wedi archebu eu bwyd o flaen llaw. Ond mae croeso ichi aros am ddiod.'

Wêc arall, myn diain i. Yr ail un mewn deuddydd. Wyddwn i ddim os gallai'r iau ddelio â chymaint â hyn o farwolaethau. Bûm i mewn sawl te cynhebrwng Cymreig. Digwyddiadau digon sidêt ar y cyfan. Brechdanau caws neu ham, neu gaws a ham i'r rhai mwy mentrus. Sgonsan neu fara brith, a phei neu sosej rôl. A phaned o Glengettie wedi mwydo'n dda i olchi'r cyfan i lawr y lôn goch. Ac adra â chi.

Ond nid yma ym Mín na Leice. O naci. Câi pob math o fwydydd eu sglaffio'n llon, o gyri a tsili i fyrgyrs a does wybod be' oedd yn cael ei gario o'r gegin fel gwasanaeth pryd-ar-glyd ar wib. A digonedd o Guinness a lager a chwerthin i iro'r gyddfau.

Dydi'r Gwyddelod ddim yn rhai am wylofain mewn angladd pryd mae'r ymadawedig wedi cael oes dda. A chawsom wybod bod y creadur wedi cyrraedd 79. Dim cystal â 'Smiler'. Ond naw mlynedd yn fwy nag a addawyd i Babydd da.

Roedd un gŵr barfog, digon trist ei wedd, yn eistedd wrth y bar ar ei ben ei hun yn nyrsio gwydriad o wisgi. Bob hyn a hyn âi rhywun ato i gydymdeimlo, taro sgwrs fer, ysgwyd llaw, a rhoi gwydriad arall o wisgi o'i flaen.

Roedd un hanner o'r dafarn yn allor i'r teulu cerddorol fu'n byw yma. Yn lluniau a phosteri a gwobrau, a disgiau aur a phlatinwm, yn gysylltiedig efo Clannad ac Enya. Ac er i'r lle fod mewn dwylo gwahanol erbyn hyn, bydd byseidiau o bobol yn dal i gyrraedd yma ar gyfer y nosweithiau enwog o ganu a dawnsio.

Yn llenwi un cornel roedd llwyfan parhaol, rhes o oleuadau cryfion wedi'u hanelu tuag ato yn barod i'w cynnau ar gyfer y sioe nesa'. Roedd nifer o offerynnau wedi eu gosod o'i gwmpas, yn biano, bodhrán, telyn, gitâr, consertina. Dyna lwyfan sydd wedi gweld enwogion fel Bono, Christy Moore, Mary Black a Mairéad Ní Mhaonaigh yn perfformio arno, yn ogystal â Leo ei hun a'i deulu.

Cafodd y platiau bwyd eu clirio bron mor gyflym ag yr ymddangoson nhw. Ac yna dechreuodd y canu, nifer yn cael eu hannog i fwrw ati'n swil i ganu caneuon galar trist. Ond wrth i'r diodydd lifo, bywiogodd y cyfan, efo pawb yn ymuno fel un côr mawr. Caneuon Saesneg gâi eu canu gan y 78%, Saesneg efo'r desgant a'r goleddf nodweddiadol Gwyddelig iddo.

Ces fy llusgo'n ôl i fy ieuenctid wrth i glasuron fel Summer In Dublin atseinio o bared i bared. Roedd pawb yn ysu i gael clywed eu hoff gân hwythau.... o'r Beatles i Mary Hopkin ac ymlaen i'r Dubliners. Roedd hi'n mynd i fod yn noson hir arall. Ond roedd synnwyr cyffredin yn mynnu swnian yn fy nghlust na allen ni aros ddim hirach. Y gwalch iddo.

Erbyn y bore roedd y glaw wedi llacio, ond y tywydd yr un mor fygythiol â dyn efo mwgwd dros ei ben a phastwn yn ei law. Ond roedd yn bryd hel ein traed am y Slí unwaith eto, ac anelu am ysgwydd ogledd-orllewinol y wlad.

Roedd y golygfeydd ar y chwith i ni yn syrffedus o syfrdanol, efo gwynt cryf yn chwipio'r tonnau yn deisen Nadolig o ewyn. Roedden ni am gyrraedd y mwya' Gwyddelig a Gwyddeleg o holl ynysoedd Iwerddon, ynys Toraigh. Ond efo'r lle wyth milltir allan yn y cefnfor, y mwya' pellennig o'r ynysoedd Gwyddelig efo phoblogaeth barhaol, allen ni ddim honni ein bod yn edrych ymlaen at groesi yno. Nid efo'r môr mor dymhestlog.

Roedd y tywydd yn un caleidosgop o amrywiaeth unwaith eto; un munud yn awyr las pefriog, ond y munud nesaf efo cysgodion cymylau yn rhedeg ar ôl enfysau. Daeth Toraigh i'r golwg ar y gorwel. Roedd ei chlogwyni serth yn ein herio draw, a thai gwynion ei hychydig dros gant o bobol i'w gweld yn glir, er mor bell i ffwrdd oedden nhw.

Mae'r trigolion yn dibynnu ar y fferi i'w cadw mewn cysylltiad â'r tir mawr. Ond daw cyfnodau bob blwyddyn pryd y byddan nhw'n ynysig yng ngwir ystyr y gair. Yn y gaeaf bydd gwasanaeth hofrennydd yn gweithredu, ddwywaith y mis yn unig, i gludo hanfodion bywyd a hyd at bedwar teithiwr ar y tro.

Roedd y fferi yn siglo fel dyn chwil wrth y cei concrit ym Mín Lárach, maes y march. O bryd i'w gilydd rhoddai naid yn uwch na'r cei wrth i'r Iwerydd boeri ei falais. Roedd yn anodd sefyll yn stond yno yng ngwyneb cryfder y gwynt, a doedd neb yn y golwg yn unman. Nag 'chwaith arwydd yn dweud yr hollol amlwg wrth benbyliaid estron: ni fydd y fferi yn hwylio am Toraigh, nac unrhyw le arall, heddiw.

Efo rhyddhad aethom yn ein blaenau, yn dilyn arwyddion brownion y WAW yn hytrach nag unrhyw gynllun teithio. Yn Dún Fionnachaidh roedd yr haul wedi picio heibio yn ddigon hir i ddenu pobol i gerdded ar y traeth helaeth a gwastad. Ond gallem ni weld cymylau tywyll yn cyniwair unwaith eto allan yn y môr. Cawsom hwyl yn gwylio pobol yn sgrechian yn ôl am eu ceir, yn rasio'n erbyn yr hen wragedd oedd yn colbio'r tywod tu cefn iddyn nhw'n ddidrugaredd efo'u ffyn. Yr hen wragedd enillodd. A bu'n rhaid i sawl car ddioddef swp o ddillad gwlybion ar ei seddi drud.

Aeth y Slí â ni am y chwith, a draw am benrhyn Fánaid. Ardal brin ei phoblogaeth ydi hon, a golwg llwm iddi o dan amgylchiadau'r

Traeth Port an tSalainn
Llun: Fáilte Ireland

tywydd. Ond bu pobol yn crafu bywoliaeth yma ers yr Oes Efydd, a cheir digon o dystiolaeth o'u presenoldeb, fel beddrodau a chylchoedd cerrig.

Cyrhaeddon ni bentre Port an tSalainn, a chanfod ei fod yn hollol ddifywyd a dienaid. Roedd y rhan fwyaf ohono wedi ei fygu gan stad gyfan o garafanau parhaol, heb yr arwydd lleiaf bod unrhyw un ar eu cyfyl.

Cychwynnodd y ffordd ddringo'n rhyfeddol o igam-ogam, gan ymlafnio i fyny ochr y mynydd. Clywais fy nghlustiau'n popian sawl gwaith, a gwelais ddwylo Cath yn cydio'n dynnach ac yn dynnach yn y llyw wrth i'r dibyn ar y chwith fynd yn serthach ac yn serthach.

Efo'r awyr unwaith eto yn llenwi deg gwaith mwy o'r ffenest flaen na'r tarmac, gwelon ni arwydd ffordd yn datgan bod cilfan wylio yn nesáu. Ran amlaf ceir y rheiny ar frig unrhyw ddringfa, arwydd gobeithiol bod rhywun o leia' hanner ffordd drwy'r hunllef. A chyfle i aros a chael eich gwynt atoch.

Roedd lwc yn ein herbyn, neu o'n plaid. Mae'n dibynnu sut ydach chi'n edrych ar bethau. Roedd lori a threlar anferthol iddi wedi hawlio'r gilfan, ei holwynion blaen wedi eu troi tuag at ganol y ffordd gul. Chawsom ni ddim mo'n hegwyl. Ar y llaw arall, ni fu'n rhaid inni ddelio â dŵad wyneb yn wyneb â'r anghenfil o lori ar ffordd mor gul. Efo dibyn dychrynllyd i un ochr.

Gwirionon ni o weld dyfroedd hallt Loch Súilí yn ymddangos i'r chwith; arwydd ein bod o leia' heibio'r gwaethaf. Ac efo rhyddhad y cyrhaeddon ni borthladd bach dymunol Ráth Mealtain. Mae'n cael ei galw'n Saesneg yn Rathmelton neu Ramelton, yn ôl y ffansi, ond ei ynganu efo'r pwyslais ar y '-mel-' yn y canol.

Bu'r ardal hon unwaith ymysg y mwya' triw i'w gwreiddiau Gwyddelig. Dyma le trigai'r tirfeddianwyr brodorol mwya' grymus, tan y gwladychu. Glynodd at ei thraddodiadau a'i hiaith llawer hirach nag y gwnaeth y de a'r de-ddwyrain. Fel y gwnaeth y rhan fwyaf o barthau gogleddol Iwerddon. Dyma pam iddi gael ei thargedu'n arbennig ar gyfer ei choloneiddio. Roedd angen gwanio Gwyddeldod Iwerddon, ac roedd yn rhaid gwneud hynny lle'r oedd y galon Wyddelig yn curo'n gryfaf.

Yr awdur yn ymlacio yn Conway's Bar

Cafodd tiroedd yr uchelwyr eu cipio oddi arnyn nhw, a ffodd nifer ohonyn nhw i dir mawr cyfandir Ewrop. Bwriwyd ati i geisio lladd yr iaith frodorol, efo llwyddiant amlwg, ac i droi'r bobol oddi wrth eu ffydd Babyddol. Yn Ráth Mealtain y mae'r eglwys Bresbyteraidd hynaf drwy Iwerddon gyfan. Ond methiant fu'r ymgais i'w cael i droi at ffydd estron ar y cyfan. Dyna arweiniodd at benderfyniad Lloyd George i hepgor y rhan hon o'r wlad o'i gor-wladwriaeth Brotestannaidd. Ond ymhell cyn hynny heuwyd had o ddiffyg ymddiriedaeth, a chasineb llwyr yn aml, sy'n dal i gael ei fedi hyd heddiw.

Cawsom le bach digon taclus i angori Alabeina, reit ar ymyl cei fu unwaith yn brysur. Roedden ni yng nghanol warysau brics coch, na ŵyr neb beth i'w wneud â nhw mwyach.

269

Tu cefn i'r warysau, canfyddom ni berl o dafarn fach to gwellt. Ac onid oedden ni'n haeddu rhywbeth cryfach na choffi at y nerfau ar ôl hunllef Fánaid? Roedd llawr cerrig noeth i Conway's Bar, a thanllwyth hyfryd yn clecian yn y gornel. Yn y darn cefn, lle nad oedd ffenestri, roedd eu siapiau wedi eu peintio'n gelfydd ar y waliau, a 'golygfeydd' amrywiol i'w gweld yn eu fframiau.

Prin ddau neu dri oedd yno, â hithau'n dynesu at amser te, ond roedd y dyn tu ôl i'r bar yn hynod siaradus. Gwasgodd addewid allan ohonon ni y bydden ni'n dychwelyd yn hwyrach ar gyfer noson o gerddoriaeth 'bluegrass', ymdrech yr Unol Daleithiau ar ganu gwerin.

Cawsom groeso tywysogaidd wrth gadw'n haddewid yn ddiweddarach. Roedd dyn mawr tal wrth y drws yn barod i ysgwyd llaw â ni, a gweddill y cwsmeriaid, yn ein tro. Cyflwynodd ei hun fel George. Neu dwi'n meddwl mai dyna ddwedodd o. Cofiais am rybudd Baz y barman capiog yn An Scoil, wythnosau maith yn ôl. Roedd yn llygad ei le.

Ddeallon ni ddim ond digon i wybod mai Saesneg roedd o'n ei siarad efo ni. Neu'r Sgoteg, efallai. Doedd dim modd gwybod, a doedd hi ddim o unrhyw bwys.

Wrth iddo gario diodydd di-dâl o'r bar i'r chwe offerynnwr oedd wrthi'n ymgasglu mewn un cornel, daethon i'r casgliad mai George oedd y tafarnwr. Nid inni wybod hynny i sicrwydd. Nac am feiddio gofyn, rhag ofn na fydden ni'n deall yr ateb.

Roedd mwy o Wyddelod nag o estroniaid yno, o drwch blewyn. Roedd cwpl o'r Almaen yn cael modd i fyw wrth ein hymyl, a byrddaid o Sbaenwyr fan acw yn bwrw ati o ddifri' ar y Guinness. Ond bu dynes Americanaidd flonegog, beret gwlân gwyn ar osgo rhyfedd ar ei phen, yn dal pethau'n ôl drwy fynnu sgwrsio'n hir efo'r cerddorion cyn iddyn nhw danio pethau. Efallai ei bod hi'n eu rhoi nhw ar y trywydd iawn, o'i phrofiad helaeth o fod yn Americanes.

Pwy a ŵyr? Ond yn sicr roedd acen y canu, tro pwy bynnag un o'r chwech oedd hi i gael y meicroffon o dan ei drwyn, yn rhyfeddol o Americanaidd. Ac, â bod yn onest, mae'n debyg i hynny ychwanegu at hwyl yr achlysur. Roedden nhw'n gerddorion medrus, yn mwynhau eu hunain llawn cymaint â'r gynulleidfa, er yn aros ar eu heistedd wrth chwarae.

Roedd George yn dal i gario diodydd atyn nhw yn ôl yr angen. Roedd hefyd yn ceisio hudo rhai o'r merched i ddawnsio, yng nghanol llawr yr oedd hi'n anodd gwthio'ch ffordd drosto i hyd yn oed gyrraedd y tŷ bach heb sôn am siglo'ch tin.

Cafodd pawb noson werth chweil. Ac wrth inni wneud ein ffordd yn ôl am Alabeina, roedd George yn cychwyn ar ei ffordd simsan i fyny'r stryd. Roedd yn mynd i'r siop sglodion i chwilio am swper hwyr, eglurodd. Neu felly roedden ni'n credu iddo ei ddweud.

Ond efallai ei fod ar ei ffordd i roi pres sylweddol y til yn nror-bancio-dros-nos banc yr Allied Irish.

Pennod 29

Inis Eóghain

MAE i benrhyn enfawr Inis Eóghain, Inishowen, le amlwg yn hanes a daearyddiaeth Iwerddon gyfan. Dyma'i phenrhyn mwyaf o dipyn, yn 884 milltir sgwâr o greigiau, mynyddoedd a chorsydd. A dyma ran fwya' ogleddol y wlad yn ei chyfanrwydd, gan gynnwys mannau yn y gor-wladwriaeth drws nesa' sy'n cario'r gair 'Gogledd' yn ei henw.

Mae'n gorwedd yn bennaf yn sir Dún na nGall, ond â pheth o'i diroedd deheuol dros y ffin yn sir Doire. Cawson nhw eu gosod yno am resymau gweinyddol ar gais y gwladychwyr bedwar canrif yn ôl.

Fel mae'r enw yn awgrymu, bu'r lle unwaith yn ynys, ymhell bell yn ôl. Cafodd ei henwi ar ôl Eóghain mhac Néill, mab i Niall Naoigeallach, fu yn ôl y gred yn teyrnasu dros Iwerddon gyfan yn y

Caer An Grianán
Llun: Fáilte Ireland

bumed ganrif. Mae ei enw hefyd wedi goroesi yn Tír Eóghain, nad oes angen ei gyfieithu, siawns; Tyrone yn ôl ei sillafiad Saesneg. Roedd y llinach yn defnyddio arwydd y Llaw Goch fel symbol o gryfder, symbol a oroesodd mae'n debyg o'r oesoedd derwyddol. Dywed un chwedl i un o'r llinach fod yn rasio mewn cwch i gyrraedd a chyffwrdd ynys o flaen un o'i elynion, er mwyn ei hawlio. Gan sylweddoli nad oedd am gyrraedd yn gyntaf, torrodd ei law chwith i ffwrdd a'i thaflu i'r lan. Penderfynol, ta be'?

Llawer mwy tebygol ydi i'r Llaw Goch ddynodi rhyfelwr glew nad oedd ofn gwlychu ei ddwylo yng ngwaed y gelyn. Yn wir cafodd yr ymladdwr enwog Owain ap Thomas ap Rhodri, un o ddisgynyddion Llywelyn, fu'n brwydro dros Ffrainc yn erbyn Lloegr yn y 14eg ganrif, ei lysenwi'n Owain Lawgoch.

Mewn llenyddiaeth ganoloesol cafodd sawl pennaeth Gwyddelig ei glodfori â'r disgrifiad 'Llaw Goch', a bu cryn ddadlau ynglŷn â'i berchnogaeth. Ond caiff ei gysylltu'n bennaf erbyn hyn efo llinach mhac Néill, neu O'Neill.

Mae tueddiad i feddwl am y symbol fel arwydd o hunaniaeth yr unoliaethwyr a'r Protestaniaid erbyn heddiw. Ac yn wir mae i'w weld ar faner swyddogol Gogledd Iwerddon, y llaw goch o dan goron y frenhiniaeth, wedi ei gosod ar gefndir croes San Siôr. Ond mae'r Llaw Goch yn dal i gael ei hawlio a'i defnyddio, o dan rhai amgylchiadau, gan weriniaethwyr a Phabyddion fel symbol o dalaith hynafol Ulaidh, Ulster

Datblygodd y penrhyn i fod yn gadarnle i ddisgynyddion Eóghain. Cymaint felly nes i luoedd teyrnas Luimneach wneud eu ffordd yr holl ffordd o'r canolbarth i chwalu eu pencadlys yng nghaer An Grianán yn Aileach. Gorfodwyd pob milwr i fynd â charreg efo fo o gaer y gelyn i sicrhau na châi hi byth mo'i hail-godi.

Yn ôl stori arall, Muirchertach Ua Briain, brenin Cúige Mumhan, teyrnas Munster, fu'n gyfrifol am ei dinistrio yn 1101.

Ofer fu eu hymdrechion, pwy bynnag fu'n gyfrifol. Ail-godwyd y gaer o dri theras consentrig i'w hen ogoniant yn y 19eg ganrif, yn ei safle ar fryncyn wrth wddf y penrhyn ger An Cheathrú Riabhach, Carrowreagh. Mae gwreiddiau An Grianán yn ymestyn ymhell yn ôl i lwyth y Tuatha de Danann, oedd yn byw yn Iwerddon cyn dyfodiad y Celtiaid. Cafodd y gaer ei chodi tua 1700CC, ac maen nhw'n dweud i Eóghain ei hun gael ei fedyddio ynddi yn y bumed ganrif gan neb llai na Sant Padrig.

Yn sicr mae hi'n haeddu ymweliad. Neu felly y cawsom ein cynghori, gan ddynes hynod frwd ei disgrifiad o'r holl hanes. Daethon ni ar ei thraws ar ynys fechan An Inse, yn sefyll wrth ei beic yn mwynhau'r golygfeydd a'r bywyd gwyllt, ac yn llymeitian dŵr Ballygowan o botel.

A ninnau wedi'n hamgylchynu gan bla Beiblaidd o wybed, cafodd ei hatal yng nghanol ei llith pan lyncodd un ohonyn nhw. Trodd ei hwyneb yn goch wrth iddi geisio ei garthu o'i gwddf, ond yn aflwyddiannus. Bu'n rhaid iddi ei lyncu, efo golwg hynod ddiflas ar ei hwyneb. Holais a oedd hi'n iawn.

'Ydw, ydw,' atebodd. 'Yr hyn sy'n fy mhoeni ydi fy mod i'n llysieuydd. Ta waeth, mae'n debyg 'mod i angen bach o brotin.'

Roedden ni'n mwynhau saib byr ar yr ynys, ar ôl croesi pwt o gob tuag ati. Mae'n gorwedd yng nghanol Loch Uachtair, is-lyn ar lan ddwyreiniol Loch Súilí. Mae talp mawr ohoni'n warchodfa natur, sy'n boblogaidd ymysg cerddwyr a beicwyr am ei llwybrau lu. Ac yr un mor boblogaidd ymysg y gymuned wybedog i dreulio eu bywydau byrion arni.

Efo'r tywydd bellach yn nes at sut y byddai rhywun yn ei ddisgwyl yng nghanol Mai, roedd nifer o bobl wedi bachu ar y cyfle am rywfaint o awyr iach. A bron bob un ohonyn nhw nid yn unig efo'r amser i aros am sgwrs, ond â phob bwriad o wneud. Nid ar frys roedd cwblhau ein cylchdaith o'r ynys. A diolch am hynny.

Cefais sgwrs efo un dyn o ddinas Doire, Derry, oedd â diddordeb mawr yn y ffaith mai Cymry oedden ni. Ac mewn pêl-droed.

'Dwi'n hoff iawn o Gymru,' eglurodd yn frwd. 'Cofiwch, dim ond unwaith erioed fues i yno. Es i draw i Gaerdydd efo Derry City yn 1988, mewn gêm yng Nghwpan Enillwyr Cwpanau Ewrop. Cawsom ni gweir go iawn, 4-0 dwi'n meddwl, ond wna i byth anghofio'r croeso gawsom ni.'

Tebyg i bron eu hanner nhw ddweud mai o Doire, yr oedden

nhw'n hanu, efo nifer sylweddol o Felffast hefyd. A dim un wan jac hyd yn oed yn ystyried eu bod wedi croesi 'ffin' i awdurdodaeth wleidyddol arall. Picio i lawr y ffordd i fwynhau rhyfeddodau naturiol eu gwlad oedd y cyfan yn ei olygu iddyn nhw. A chyfle i addysgu cyd-Geltiaid am hen, hen hanes eu cyndadau.

Ond er inni gael ein hannog mor daer i ymweld ag An Grianán, erbyn hyn roedd yn rhaid dewis a dethol yr hyn roedden ni'n mynd i'w flasu. Aethom yn ein blaenau tua'r gogledd am Bun Cranncha, Buncrana, yr arwyddion am filltiroedd cyn cyrraedd yn cyhoeddi ein bod ar dir 'Amazing Grace Country'.

Mae i'r dre hanes digon gwaedlyd, a bu'n cynnig lloches i nifer o aelodau blaenllaw o'r IRA yn y 1970au wrth i'r ymladd yn ninas Doire ddwysau. I roi dim ond un enghraiff ichi, yma yn 1991 llofruddiwyd Eddie Fullerton, un o gynghorwyr sir Sinn Féin, gan derfysgwyr unoliaethol. Torrwyd drws ei dŷ i lawr efo gordd er mwyn cael gafael arno, a'i saethu'n gorff o flaen ei deulu.

Anodd ydi dirnad y fath sefyllfa erchyll wrth grwydro parc bychan a heddychlon yng nghanol y dre sy'n nodi cysylltiad y lle â'r emyn Grásta Iontach, Amazing Grace.

Tebyg ei bod yn un o'r emynau enwocaf yn yr iaith Saesneg, a chaiff ei chanu i fwy nag ugain o donau. Yr enwocaf ohonyn nhw o ddigon ydi New Britain, a gyfansoddwyd gan yr Americanwr William Walker yn 1835. Yn Gymraeg, mae hi'n arferiad i ganu Pererin Wyf o waith Williams Pantycelyn i'r dôn honno.

Ysgrifennwyd y geiriau Saesneg gwreiddiol gan John

Y Pentre Newyn yn Na Dumhcha

Newton, capten llong digrefydd o Sais, ffiaidd ei dafod, a wnaeth ei ffortiwn yn y fasnach gaethweision. Yn rhyfeddol, credir iddo yntau fod yn gaethwas am gyfnod, ar ôl cael ei gipio gan lwyth y Sherbro yng ngorllewin Affrica, cyn llwyddo i ddianc. Cafodd dröedigaeth wyrthiol yn 1748 wrth weddïo am achubiaeth yng nghanol storm enbyd oddi ar arfordir Dún na nGall. Daeth i'r lan yn Bun Cranncha, ac addo troi at Dduw. Ond parhaodd i weithio yn ei fasnach frwnt am chwe neu saith mlynedd pellach, cyn ymuno ag Eglwys Loegr fel offeiriad a dechrau ymgyrchu dros wahardd caethwasiaeth. Ysgrifennwyd Amazing Grace ganddo yn 1772, a chafodd yr emyn ei chyhoeddi yn 1779.

Roedden ni wedi gobeithio treulio'r noson mewn *aire*, lathenni'n unig o'r parc. Ond o gyrraedd yno, roedd y lle'n orlawn, cerbydau wedi eu parcio'n glòs at ei gilydd fel sardîns mewn tun. Bachon ni ar y cyfle i wagio'r tŷ bach yno, ac ail-lenwi'r cyflenwad dŵr, a threulio noson ddedwydd yng nghwmni un modur-gartra arall ar y cei rownd y gornel.

Diflannodd y gwanwyn dros nos, a daeth gwynt hydrefol yn ei le. A ninnau wedi ymwrthod â'r demtasiwn i ymweld â'r Pentre Gwerin yn Gleann Cholm Cille rai dyddiau'n ôl, roedd hi'n ddiwrnod perffaith i dreulio amser mewn atyniad tebyg tua gogledd y penrhyn.

Bu perchnogion y Pentre Newyn yn Oileán na Dumhcha yn byw yn un o'r bythynnod to gwellt sy'n ffurfio canolbwynt yr amgueddfa tan 1983. Cawsom ein croesawu i un o'r tai gan Patrick, a eglurodd iddo gael ei fagu yno tan bryd hynny, neb na dŵr na thrydan i'r lle. Y fo oedd yn mynd i'n harwain drwy ryw wyth bwthyn, i gyd yn canolbwyntio ar wahanol agweddau o hanes lleol o gyfnod y Newyn ymlaen, cyn ein gadael i grwydro'n hunain.

Bu pethau'n ddrwg iawn yn ardal Na Dumhcha pan fethodd y cnwd tatws adeg y Gorta Mór, ond roedd y tirfeddianwyr yn ddi-hid. Ym mis Mai 1848 aeth yr heddlu a beilïaid ar gyrch yno a hel hyd at 30 o deuluoedd o'u cartrefi. Y mis canlynol bu farw 53 o bobol Dumhcha, yn wŷr a gwragedd a phlant bychain, o newyn.

Mae teimlad iasol i'r pentre hyd heddiw, a'r amgueddfa yn dangos olion llafur cariad yn hytrach na'i fod wedi ei guradu'n broffesiynol. Roedd y rhan helaethaf o'r arddangosfeydd o dan do yn y bythynnod, neu mewn casgliad o siediau, efo llwybrau â chysgod drostyn nhw yn eu cysylltu â'i gilydd. Doedd tywydd anwadal Iwerddon ddim am gael amddifadu'r amgueddfa hon o'i chwsmeriaid.

Oedd, roedd angen llyfiad o baent yma ac acw. A gallai rhai o'r manecwiniaid fod wedi gwneud â dillad heb gymaint o ôl traul arnyn nhw. Ond roedd y cyfan, er gwaetha' hynny, yn brofiad gwefreiddiol, os un hynod drist. Gwelon ni ddelweddau o deuluoedd yn cael eu dadfeddiannu, ac o gyrff celain ar droliau. Nid lle i ymweld ag o mewn iselder, yn saff i chi.

Bu Patrick yn traethu am arferion claddu, a'r wylnos, mewn un adeilad. Mewn un arall oedd wedi ei gosod allan fel síbín, neu dafarn fach anghyfreithlon, soniodd am yr arfer lleol o ddistyllu poitín. Ac roedd Pabydd pybyr fel yntau wedi codi copi o gapel Presbyteraidd, a hyd yn oed Neuadd Urdd Oren, er mwyn ceisio pontio'r gagendor crefyddol fu mor ddinistriol i'w wlad.

Eglurodd sut y cafodd ei fygwth gan bobol hynod beryglus pan agorwyd y Neuadd Oren. Aeth ati i geisio cadw'r ddysgl yn wastad drwy gynnig gosod nodwedd amlwg weriniaethol yn yr amgueddfa. Daethpwyd i gytundeb, a chododd gopi o dŷ diogel y byddai pobol ar ffo yn ei ddefnyddio.

Tebyg bod hwnnw'r profiad rhyfeddaf imi ei gael erioed mewn amgueddfa. Saith ystafell wedi eu dodrefnu'n foel, yr oedd rhaid canfod ffyrdd cudd allan ohonyn nhw fel 'tai'r awdurdodau ar ein holau. Wrth symud cwpwrdd fan hyn, neu wthio silff fan arall, roedd rhywun yn canfod mynediad i'r 'stafell nesa'.

Roedd hanes y 'trafferthion' rhwng Pabydd a Phrotestant yn arddangosfa ddi-flewyn-ar-dafod, a diduedd, ar waliau'r 'stafelloedd. Yn un ohonyn nhw daethom wyneb yn wyneb â'r arch-elynion gwleidyddol Gerry Adams o Sinn Féin ac Ian Paisley o'r DUP, ar ffurfiau cardbord maint llawn, yn gwenu arnom ni o'r tu ôl i ddesg.

Roedd yr holl brofiad yn destun trafod difyr wrth inni wneud ein ffordd am fan mwya' gogleddol yr holl wlad, Cionn Mhálanna, Malin Head. Bydd Malin yn enw fydd yn gyfarwydd i unrhyw un a

Ffurfiau cardbord o Ian Paisley a Gerry Adams yn y tŷ diogel

glywodd ragolygon y tywydd ar gyfer morwyr ar y radio. Dyna'r ardal o'r Iwerydd sy'n cael ei rhestru rhwng Rockall a Hebrides.

Cyrhaeddon ni'r Seaview Tavern yn Baile Uí Ghormáin, Ballygorman. Roedd hi mor anysbrydoledig oddi mewn ag yr oedd hi o ran enw. Hyd at 1973 roedd hi'n dafarn do gwellt hen ffasiwn, dan yr enw Barney Grant's. Ond mae'n cynnig gwasanaeth anfarwol i'r ardal bellennig hon, efo gorsaf betrol, archfarchnad sylweddol, llety, bwyty a bar.

Dim ond un dafarn sy'n fwy gogleddol na hon, sef Farren's Bar, rhyw dair milltir i ffwrdd. Ond efo'r gwynt yn cryfhau a ninnau'n uchel uwch y môr, roedd y cynnig o barcio am ddim dros nos ar yr amod ein bod yn cyfrannu i'r til yn y Seaview yn rhy dda i'w wrthod. Cawsom ein cyfeirio am giât sigledig yn arwain at gae ponciog yn llawn tyfiant, ac olion tyrchod daear, a'n gwahodd i barcio 'lle bynnag y mynnwch chi'.

Digon tawel oedd hi yn y bar y noson honno. Dim ond tri chwsmer yn eistedd yn swrth o flaen sgrin deledu yn dangos gêm bêl-droed o Lundain rhwng Spurs ac Arsenal, heb brin yngan gair.

Dihangodd ambell chwerthiniad o'r bwyty, ond roedd yn well gynnon ni aros yn y bar am ein swper.

Roedd merch wrth y bwrdd nesa' yn mwynhau ei chawl bwyd môr. Eglurodd ei bod hi'n aros yn y gwesty, ac yn yr ardal i dynnu lluniau.

'Dwi'n dŵad o Ddulyn yn wreiddiol, ond wedi byw yn Perth yn Awstralia ers deng mlynedd,' meddai. 'Dyma'r tro cyntaf imi fod yn f'ôl adra ers tua tair blynedd, ac mi ydw i'n mwynhau'n fawr iawn, er gwaetha' hwnna.'

Cyfeiriodd at y ffenest fawr o'n blaenau, lle'r oedd y gwynt yn hyrddio graean a brigau eithin a sypiau o laswellt oedd wedi eu rhwygo o'r cae yn erbyn y gwydr.

'Ond na, faswn i byth yn dŵad nôl i Iwerddon i fyw. Allwn i ddim diodde'r tywydd. Ac mae Dulyn yn rhy brysur o lawer.'

Y noson honno cododd y gwynt hyd yn oed i lefel arall, yn rhuo o rywle ymhell ym mol y cefnfor mawr blin. Nid cael ein siglo mewn crud oeddan ni, ond ein hysgytian fel ar atyniad cae ffair. Bu'n rhaid tanio'r injan ym mherfeddion nos a symud trwyn Alabeina i wynebu'r gwynt.

Roedd y tonnau i'w clywed yn glir yn ceisio malu'r pier oddi tanom yn chwilfriw. Pwy all wadu grym natur o'i brofi yn y cnawd fel hyn? Ei brofi efo dim ond croen metel tenau ein modur-gartra ffyddlon yn fur rhyngon ni. Tebyg mai ar noson fel hon y cafodd John Newton ei dröedigaeth. Ond roedd hi'n rhy hwyr o lawer mewn bywyd imi droi at weddïo. Croesais fy mysedd a syrthio i gysgu.

Erbyn y bore, roedd y cyfan wedi cilio, a blas y gwanwyn yn ôl yn yr awyr. Gwnaethon ein ffordd ar hyd yr R238 i stwna yn yr haul yn Bun an Phobail, Moville, ac An Caisleán Nua, Greencastle.

Cawsom ein golwg gyntaf ar fryniau'r gor-wladwriaeth yn gwenu arnom o'r ochr arall i Loch Feabhail, Lough Foyle. Yn wahanol i'r Alban, yn Iwerddon caiff y gair 'loch' ei sillafu fel 'lough' yn ei ffurf Saesneg.

Yn yr haf mae gwasanaeth fferi yn cludo teithwyr, ceir a lorïau ar draws y loch o harbwr An Caisleán Nua at Ard Mhic Giollagáin, Magilligan, yn sir Doire.

Yn ystod y Rhyfel Mawr bu'r Unol Daleithiau yn lansio cyrchoedd môr-awyrennau oddi yma. Ac ar ddiwedd yr Ail Ryfel Byd cafodd holl longau tanfor yr Almaen oedd wedi eu cipio yn yr Iwerydd gan y cynghreiriaid eu suddo yma'n fwriadol.

Ond ni chafwyd erioed gytundeb ar berchnogaeth y darn pwysig hwn o ddŵr, fyth ers rhannu Iwerddon yn ddwy. Mae'r Deyrnas Gyfunol yn dadlau hyd heddiw mai hi sy'n berchen ar y cyfan reit at lannau'r Weriniaeth, lle bydd plantos bach yn trochi eu cyrff yn y môr. Mae llywodraeth y Weriniaeth, ar y llaw arall, yn taer wrthod derbyn unrhyw haeriad o'r math.

Cafwyd llongau rhyfel o'r ddwy ochr yn bygwth ei gilydd yn y Loch yn y gorffennol. Yn fwy difrifol, ymosodwyd ar, a suddwyd, nifer o longau masnachol Prydeinig gan yr IRA ar ddiwedd yr ugeinfed ganrif. Ac efo Brecsit wedi rhoi'r cwestiwn o ffiniau yn ôl ar y bwrdd, mae'n anghydfod all yn hawdd ffrwydro i'r wyneb unwaith eto.

Cawsom le dymunol i dreulio'r noson ger traeth hyfryd An tSrúibh, Shrove, yng nghysgod ei oleudy gosgeiddig. Ar ôl iddi fachludo'n hyfryd, sylwon ni ar oleuadau ceir a fflachlampau ar y tir uwchben, sef penrhyn Srúibh Bhrain, pig y gigfran, neu Inishowen Head.

Yn y bore, efo nifer o gerbydau yn dal o gwmpas, cerddais draw i fusnesan. Ces wybod gan aelod o'r Garda oedd yno yn llewys ei grys bod rhywun wedi lladd ei hun, a'u bod yn chwilio am gorff. Roedd swp o wirfoddolwyr hefyd yn helpu yn yr ymdrech, nifer fawr o'u ceir wedi eu cofrestru yn y gor-wladwriaeth ar draws y dŵr. A neb yn hidio dim am ryw ffin fympwyol a ddyfeisiwyd i gadw un garfan o gymdeithas o dan y bawd.

Cerddais ymlaen ar hyd lôn arw, gan feddwl yn ddwys am y person druan oedd wedi cael digon ar fywyd. Roedd hi'n ddiwrnod tanbaid, a nifer o bobol o gwmpas yn dangos eu cnawd i'r haul wrth gerdded. Roedd y môr mor berffaith las â'r awyr, a thymestl y noson cynt wedi ei hen anghofio yn y tes.

Teimlais yn fy mhoced am newid mân lwcus wrth glywed y gog yn canu yn rhywle. Wyddwn i ddim os oedd hi'n arferol i'w chlywed reit wrth y môr fel hyn, ond roedd yn brofiad newydd i mi. Yn fwy anarferol byth, ro'n i'n ei chlywed yn dŵad yn nes ac yn nes.

Ac yn sydyn ddigon gwibiodd aderyn llwydaidd rhyngof fi a'r tonnau, gan fy nghyfarch efo'i sain nodweddiadol wrth fynd heibio. Teimlais iddi fod yn fy ngwatwar am fy nhwpdra. Bydda'n ofalus y diawl, bygythiais i hi'n dawel, neu mi wthia' di'n ôl i dy gloc. Dyna'r unig dro imi erioed weld un, yn hytrach na'i chlywed. Braint, heb os.

Ymhen dim des i drwyn pella'r penrhyn. O fan hyn aeth Sant Colm Cille, colomen yr eglwys, neu Columba, yn y flwyddyn 563 ar ei ffordd i ynys Iona yn yr Alban. Roedd ar ffo, yn dianc o dan gwmwl o euogrwydd yn sgil brwydr enfawr a welodd 3,000 yn gelain. Teimlai Colm Cille mai ei fai o oedd y frwydr, ac alltudiodd ei hun o'i wlad, gan fynnu na fyddai o byth eto yn ei gweld.

Sefydlodd abaty ar Iona a ddatblygodd yn ganolfan grefyddol ac addysgiadol o bwys enfawr, adeilad sy'n dal ar ei draed heddiw. Oddi yno aeth ati i gyflwyno Cristnogaeth i ddarnau helaeth o'r Alban.

Daw'r cofnod cyntaf erioed o fodolaeth honedig anghenfil Loch Ness mewn cofiant o'i fywyd, lle dywedir iddo ddychryn y bwystfil i ffwrdd drwy wneud arwydd y groes o'i flaen.

Yn ôl stori arall, y ceir fersiynau a lleoliadau eraill iddi, aeth mynaich ar Iona ati yn y seithfed ganrif i nodi canmlwyddiant ei farwolaeth drwy ysgrifennu fersiynau cain o Bedwar Efengyl y Testament Newydd ar femrwn. Efo Iona o dan fygythiad o du'r Llychlynwyr, cafodd y gwaith ei gludo i abaty arall a sefydlwyd ganddo, yn Ceanannas, neu Kells, yn nwyrain Iwerddon i gael ei gwblhau mewn diogelwch.

Caiff Leabhar Cheanannais, llyfr Kells, bellach ei arddangos yng Ngholeg y Drindod yng nghanol Dulyn. Os fyth y byddwch yn Nulyn, cofiwch fynd drwy giatiau trymion y Coleg gyferbyn â phencadlys Banc Iwerddon i'w weld. Mae'n un o drysorau mawr nid yn unig Iwerddon, ond Ewrop gyfan.

Pennod 30

Dinas Doire

PRIN y gwelwch chi groesfan 'ryngwladol' mwy disylw. Mae'n llawer llai trawiadol hyd yn oed na'r prif rai rhwng Cymru a Lloegr. Ond ffiniau'n diflannu oedd y drefn ledled Ewrop hyd nes i freuddwyd wleb Brecsit ddŵad i geisio cau'r adwy. Ac ni fyddai Magh, neu Muff yn ei ffurf Saesneg hyd yn oed mwy di-fflach, erioed wedi bod yn fwy na phentre ar ffin sirol oni bai am Lloyd George a'i gynghorwyr.

Dywed ambell eiriadur y gellid cyfieithu 'Magh' i'r Saesneg fel 'plain'. Tir gwastad sydd mewn golwg, wrth reswm. Ond mi fysai'r dehongliad arall, 'plaen', yn llawn mor addas. Siop a garej ac ysgol. A dyrnaid o dai.

Dyma ben draw swyddogol Slí an Atlantaigh Fhiáin, y WAW. Ei fan cychwyn i eraill. Ond nid dyma ddiwedd ein taith. Ni fyddai'r Iwerydd cryf ei fraich fyth yn maddau inni am dalu sylw i ryw ffin hollol fympwyol. Ymlaen â ni hyd nes na fydd o'n gallu goglais arfordir Iwerddon ddim mwy.

Yn y gorffennol bu plismyn a milwyr a'u gynnau yn cadw golwg ddadleuol ar y ffin hon. Yn rhwystro Gwyddelod rhag mynd o gwmpas eu bywydau bob dydd yn ddi-rwystr. Yn gorfodi iddynt aros i egluro pam eu bod nhw'n mynd i'r siop, neu i weld un o'r teulu mewn ysbyty, neu i chwarae efo cefndryd a chyfnitherod. I esbonio pam eu bod nhw angen mynd i angladd taid neu nain, wrth i filwyr estron ymbalfalu drwy'u trugareddau personol.

Daeth y ffwlbri hynny i ben efo Cytundeb Gwener y Groglith yn 1998, cytundeb rhwng Llundain, Dulyn a Belffast, wedi ei hwyluso gan yr Unol Daleithiau. Daeth â diwedd i'r brwydro ffyrnig fu'n chwalu cymunedau ers y 1960au, a gwelwyd rhwystrau corfforol ar y 'ffin' yn diflannu.

Yr awdur ar y Bont Heddwch

Roedd hynny'n gymharol rwydd i'w blismona pan oedd y ddwy ochr i'r 'ffin' yn dilyn rheolau masnach yr Undeb Ewropeaidd. Ond â'r freuddwyd wleb wedi chwalu'r trefniant hwnnw, mae nifer yn pryderu y daw'r hen ddyddiau drwg yn eu holau.

Do, sylwon ni ar arwydd yn datgan 'Welcome to Northern Ireland'. Roedd rhywun wedi taenu llinell o baent du dros y gair 'Northern'. Newidiodd yr arwyddion ffyrdd o gilomedrau i filltiroedd, diflannodd y dwyieithrwydd, a hysbyswyd ni am brisiau tanwydd mewn punnoedd yn hytrach nag ewros. Ond fel arall, prin oedd y gwahaniaethau amlwg.

Dinas fawr brysur o 83,000 o bobol ydi Doire, neu Derry. Teimlon ni'n ffodus i ganfod lle i Alabeina mewn maes parcio reit yng nghanol y prysurdeb ar lan afon An Feabhal, yr enwog Foyle.

Wrth gerdded tua'r canol roedden ni'n gweld trenau cwmni Rheilffyrdd Gogledd Iwerddon yn llithro'n osgeiddig i mewn ac allan o'r orsaf yr ochr arall i'r afon. Mae'r daith oddi yno ar hyd yr arfordir gogleddol wedi ei disgrifio fel un o'r harddaf yn Ewrop.

Daethon ni at bont droed hir a throellog yn ymestyn fel neidr ddiog at y lan ddwyreiniol. Hon ydi'r Bont Heddwch. Agorwyd hi yn 2011, efo hanner y pres yn dŵad o goffrau'r Undeb Ewropeaidd. Ei bwriad oedd ceisio creu gwell cyswllt rhwng y gymuned fwy unoliaethol ar y lan ddwyreiniol, a'r gweriniaethwyr ar yr ochr arall.

Ac yn yr ysbryd o gytgord oedd yn bodoli bryd hynny, gwahoddwyd y Prif Weinidog unoliaethol ym Melffast Peter Robinson, y Dirprwy Brif Weinidog gweriniaethol Martin McGuinness, a'r Taoiseach Enda Kenny i'r agoriad swyddogol.

Mae enw'r ddinas yn deillio o'r gair Gwyddeleg am goed derw. Cafodd yr enw Londonderry, y mae ei ddefnyddio yn arwydd clir o ddaliadau unoliaethol, ei greu yn 1613 wrth i bres Llundain ddylanwadu ar ei ddatblygiad.

Roedden ni'n blysu brecwast bach, a chodais bres parod o beiriant twll-yn-y-wal er mwyn cael arian papur mewn punnoedd. Gwyddwn fod sawl busnes bach yn falch o gael arian parod i'w roi yn y til. Os nad o dan y fatres o olwg y bleiddiaid treth. A rhywle felly roedden ni'n bwriadu rhoi'n pres iddyn nhw'r bore hwn.

Daeth y pres allan o'r wal efo enw Banc Iwerddon arnyn nhw, delwedd o'r dduwies Hibernia ar eu blaen, a distyllfa wisgi Bushmills ar y cefn. Mae'n un o dri banc sy'n dyrannu punnoedd Gwyddelig.

Muriau Doire, gyda'r Bogside yn y cefndir

Cymru ydi'r unig wlad yn y wladwriaeth sy'n ein rheoli sydd heb ei harian ei hun. Mae gan Loegr, yr Alban a Gogledd Iwerddon, yn ogystal ag ynysoedd fel Manaw, Jersey a Guernsey, nad ydyn nhw'n rhan o'r Deyrnas Gyfunol, bres sy'n datgan eu hunaniaeth. A'r eironi mwyaf ydi bod y rhan fwyaf ohono yn cael ei gynhyrchu yn y Bathdy Brenhinol yn Llantrisant, er bod gan y Gwyddelod fathdy eu hunain yn Nulyn.

Talcen enwog Saor Dhoire

Byddaf yn defnyddio cerdyn debyd efo clamp o ddyluniad Draig Goch ar ei draws fel arwydd o bwy ydw i. Dwi'n ymwrthod â ffyrdd mwy cyfoes o dalu, nad oes modd rhoi stamp Cymreictod arnyn nhw.

Cawsom frecwast blasus mewn caffi bach parablus yn llawn acenion caled Ulaidh, oedd yn fwy na pharod i dderbyn ewros hefyd. Cynghorodd y ferch fu'n ein gweini efo gwên y dylen ni'n sicr grwydro waliau enwog Doire. Maen nhw'n rhedeg am filltir yn gylch perffaith drwy ganol y ddinas, ac yn chwarae rhan ganolog yn ei hanes. Cafodd y muriau eu codi, fel y rhai mewn trefi yng Nghymru, i gadw'r gwladychwyr yn ddiogel oddi fewn iddyn nhw rhag ymosodiadau'r brodorion cas.

Mae muriau Doire ymysg y mwya' cyflawn yn Ewrop, ac yn hynod ddifyr eu pensaernïaeth. Ceir golygfeydd trawiadol ohonyn nhw dros hen ganol y ddinas, ac allan at y stadau tai enfawr fel y Creggan a'r Bogside y caiff trigolion Pabyddol y ddinas eu gwasgu iddyn nhw.

Buon nhw mor ddifreintiedig ar un pryd, efo hawliau'r Pabydd o ran gwaith, tai, iechyd ac addysg yn eilradd gwael i rai'r Protestant, nad oedd hi'n unrhyw syndod i ddrwgdeimlad gyniwair. Yn y diwedd ffrwydrodd y cyfan yn wallgo' waedlyd, yn 1969, a bu hi'n rhyfeddol o anodd rhoi'r bwgan hwnnw'n ôl yn ei botel unwaith iddo gael ei dracd yn rhydd.

Digon ansicr ydi'r corcyn yn y botel hyd heddiw. Ac mae'n ddychrynllyd gweld gwleidyddion cyfrifol honedig yn fodlon ei hysgwyd er mwyn ceisio profi rhyw bwynt neu'i gilydd. Mae'r gorffennol tywyll yn dal i lechu dim ond trwch croen o'r wyneb.

Ni chafodd muriau Doire erioed eu bylchu. A cheir dathliadau o hyd i gofio am y diwrnod yn 1688 pryd y clôdd 13 o brentisiaid ifanc y saith giât sy'n fynedfeydd i'r ddinas, efo 1,200 o filwyr Pabyddol yn dynesu. Bu'r ddinas o dan warchae am 105 o ddiwrnodau.

Yn rhyfedd ddigon, enw brodorol y ddinas geir yn nheitl y corff brawdol, Apprentice Boys of Derry, sy'n trefnu'r dathliadau, digwyddiad fu ar un pryd yn destun gwrthdaro enfawr.

Yn ogystal â'r gorymdeithiau, mae'r mudiad yn trefnu darlithoedd, perfformiadau cerdd a drama, ac yn rhedeg amgueddfa hynod ddadlennol yn y ddinas. Mae ganddyn nhw ganghennau yn y Weriniaeth, ym Mhrydain ac yng Nghanada.

A Cath wedi mentro am rywfaint o therapi siopa, ces fy hun â 'nhraed yn rhydd. Cerddais i lawr allt o dan y muriau i ganol stad y Bogside. Mae'r lle wedi ei weddnewid ers y dyddiau du, ond mae'r talcen teras efo'r arwydd enwog 'You Are Now Entering Free Derry' wedi ei beintio arno wedi ei warchod.

Datganwyd y rhan hon o'r ddinas i fod yn Saor Dhoire, Doire rydd, yn 1969 wrth i'r protestiadau dros hawliau sifil cyfartal boethi. Gwrthododd y trigolion ymwneud mewn unrhyw fodd â'r awdurdodau, ac ar gyfnodau ni châi plismyn na milwyr hyd yn oed fynediad yno. Cododd carfannau o'r IRA eu harfau unwaith eto er mwyn amddiffyn yr ardal, a hyd yn oed ei phlismona, a dechreuodd y trafferthion ymestyn i rannau eraill o'r dalaith.

Ond pan laddwyd 13 o brotestwyr heb arf rhyngddyn nhw gan filwyr Prydeinig yn Ionawr 1972, y diwrnod hwnnw ddaeth i gael ei adnabod fel Sul y Gwaed, ffrwydrodd y bwgan o'i botel. Lladdwyd mwy na 3,000 yn y trafferthion a ddilynodd dros gyfnod o flynyddoedd. Cyflawnwyd erchyllterau gan grwpiau parafilwrol ar ochr yr unoliaethwyr a'r gweriniaethwyr fel ei gilydd. Roedd hi'n llygad am lygad, dant am ddant, efo lleisiau gwleidyddol – a diwinyddol – croch i'w clywed yn uwch na'r rhai call.

Roeddwn wedi gobeithio ymweld ag Amgueddfa Doire Rydd yn y Bogside, a cherddais ati'n awchus. Prin ddeng munud i ffwrdd roedd

Ardal unoliaethol Doire yn goch, glas a gwyn

amgueddfa'r Apprentice Boys, a strydoedd lle'r oedd polion stryd ac ymylon y palmentydd wedi eu peintio'n goch, glas a gwyn unoliaethol. Gwelais boster yn y strydoedd rheiny yn bloeddio 'No Surrender' arna' i. Bron na allwn i glywed llais corn niwl y diweddar Ian Paisley tu ôl i'r geiriau.

Wrth imi chwilio am y drws, neidiais o 'nghroen pan gleciodd llais benywaidd cras o'r tu ôl i mi.

'Be' ti'n neud yma?' holodd. 'Isio gweld yr amgueddfa wyt ti? Dydi o ddim yn agor ar ddydd Llun. Ma' pawb angen diwrnod i ffwrdd, tydi?'

Troais i'w hwynebu. Roedd hi yn ei chwedegau hwyr, mae'n debyg, er yn edrych yn hŷn. Roedd olion oes o smygu sigaréts wedi melynu ei hwyneb, a bag siopa plastig Dunne's Stores yn ei llaw.

''Dan ni'n gorfod cadw golwg ar yr amgueddfa,' aeth ymlaen. 'Dydi pawb ddim yn cytuno efo'i fodolaeth. Ond os oes gen ti ddiddordeb, ty'd efo fi i weld y gofeb.'

Dim ond lathenni i ffwrdd ar draws y ffordd roedd Cofeb Sul y Gwaed, a safon ni'n dau yno yn dawel yn darllen enwau'r rhai a gollwyd. Oedd hi'n 'nabod rhai ohonyn nhw? holais i hi. "Nabod y teuluoedd yn fwy na nhw eu hunain,' meddai. 'Roedd pawb yn y Bogside yn 'nabod rhywun drwy deulu o leia'. Dim ond ifanc o'n i, ond roedd hi'n adeg anodd ofnadwy. Dwi ond yn gobeithio na fydd y ffyliaid yn Llunda'n yn ein llusgo'n ôl i'r dyddia' drwg.'

Ac efo hynny, trodd ar ei sawdl, efo'i bag siopa yn siglo'n flin rhwng ei bysedd. Gwnes fy ffordd heibio talcen Saor Dhoire, efo baner Palesteina yn cyhwfan uwch ei ben. Roedd baner goch yr hen Undeb Sofietaidd, efo'r cryman a'r morthwyl mewn un cornel, yn fflapian ar ambell bolyn stryd. Ac roedd y lle yn blaster o faneri trilliw a phosteri yn clodfori'r IRA.

Roeddwn i ar fy ffordd am faes pêl-droed Derry City yn y Brandywell, fy niddordeb wedi codi yn sgil y sgwrs ges i efo'r cefnogwr brwd yn Inse. Bu gen i wastad ddiddordeb mewn ymweld â stadiymau chwaraeon, hyd yn oed rhai gweigion. Mae 'na wastad doreth o hanes ynghlwm â nhw, a'r mannau lle maen nhw wedi eu codi.

Bûm i mewn nifer fawr o stadiymau pêl-droed ledled y byd, o'r Gambia a Buenos Aires, i Barcelona, Armenia a La Gomera yn yr Ynysoedd Dedwydd. Trist, dwi'n gwybod. Ond bellach gallaf ychwanegu'r Brandywell.

Ces fynediad hawdd i'r stadiwm, efo un o'r giatiau yn agored. Eisteddais yn un o'r seddi cochion plastig yn y prif eisteddle, a gwylio'r tirmon wrthi'n paratoi ei gae'n gariadus. Meddyliais am ymweliad Caerdydd yn y cymal cyntaf hwnnw o ddwy gêm nôl yn 1988. A meddyliais am sut roedd hanes y clwb hwn yn cloriannu hanes cythryblus y wlad.

Ni wahanodd rygbi na gemau'r GAA yn ddau gorff llywodraethol efo hollti'r wlad yn ddwy yn 1922. Ond fel arall oedd hi efo'r pêl-droed. O'r herwydd mae Derry City, fel Caerdydd, Abertawe, Wrecsam, Croesoswallt a Chasnewydd, yn un o'r clybiau cymharol brin rheiny sy'n chwarae dros ryw ffin. Maen nhw'n cystadlu yng Nghynghrair Iwerddon (LoI) yn y Weriniaeth, yn hytrach na'r Cynghrair Gwyddelig yn y gogledd.

Sefydlwyd y Cynghrair Gwyddelig yn 1890, ar gyfer Iwerddon gyfan, ond deuai bron y cyfan o'i glybiau o ddinas Belffast. Ymunodd ambell un o Ddulyn am gyfnodau byrion o 1900 ymlaen. Ond pan rannwyd y wlad yn ddwy, roedd pob clwb ond un yn y cynghrair wedi ei leoli ym Melffast. Glenavon oedd y llall, o dre Lurgan, heb yr un clwb o'r Wladwriaeth Rydd newydd.

Nid oedd unrhyw awch gan glybiau yno i ymuno â chyfundrefn oedd yn cael ei rheoli'n llwyr gan unoliaethwyr, felly sefydlwyd eu cymdeithas a'u cynghrair eu hunain. A sefydlwyd timau 'cenedlaethol' newydd yn enwau'r Weriniaeth a'r Gogledd. Ond mae'r bathodynnau ar grysau'r tîm gogleddol yn dal hyd heddiw i ddatgan mai nhw sy'n cynrychioli'r 'Irish Football Association'. Anodd tynnu cast......

Yn y pen draw ymledodd y gêm oddi allan i Belffast wrth i glybiau newydd ymuno â'r Cynghrair Gwyddelig, Derry City yn eu plith yn 1928. Buon nhw'n lled llwyddiannus, gan gipio'r bencampwriaeth yn 1964/5. Ond erbyn 1971, efo'r stadiwm wedi ei leoli yn ardal gythryblus y Bogside, dechreuodd clybiau o'r ardaloedd unoliaethol bryderu am eu diogelwch wrth chwarae yno. Fel yr oedd tîm Doire yn pryderu am eu diogelwch hwythau wrth ymweld â'r clybiau unoliaethol.

Bu'n rhaid i'r clwb ymddiswyddo o'r Cynghrair. Chwaraeon nhw yn y cynghreiriau is am 13 blynedd, cyn cael eu derbyn fel aelodau o Gynghrair Iwerddon yn 1985. Enillon nhw Gwpan Iwerddon yn 1988, gan arwain at y daith i Gaerdydd, ac eto wedyn yn 2012 a 2022.

Mae dau dîm 'cenedlaethol' Iwerddon wedi chwarae yn erbyn ei gilydd 11 gwaith, efo'r Weriniaeth wedi ennill pedair gwaith, pum gêm yn gyfartal, a'r Gogledd wedi ennill dwywaith. Am gyfnod bu'r ddau yn galw eu hunain yn Iwerddon, a'r gogledd hyd yn oed yn dewis chwaraewyr o'r ynys gyfan. Bu'n rhaid i'r corff llywodraethu byd-eang FIFA wahardd y ddwy gymdeithas rhag defnyddio'r enw Iwerddon, a ganwyd timau Gogledd Iwerddon a Gweriniaeth Iwerddon.

Bu sawl un yn breuddwydio am gystal tîm y gellid bod wedi ei roi at ei gilydd o'r ddwy garfan. Yn 1973 chwaraeodd tîm unedig

Iwerddon, y bu'n rhaid ei alw'n Shamrock Rovers XI yn sgil gwrthwynebiad i'r gêm gael ei chynnal o du'r awdurdodau pêl-droed ym Melffast a Dulyn, yn erbyn sêr llachar Brasil ar faes rygbi Lansdowne Road. Brasil enillodd o 4-3, efo arwyr fel Rivelino, Jairzinho, Leão a Clodoaldo yn eu rhengoedd. Roedd tîm y Gwyddelod yn cynnwys sêr amlwg megis Pat Jennings, Johnny Giles, Derek Dougan a Don Givens, pob un yn awyddus i hybu goddefgarwch a chyfeillgarwch yng nghanol y trafferthion.

Cafwyd sawl trafodaeth ynglŷn ag uno'r ddwy gymdeithas Wyddelig dros y blynyddoedd, ond yn ofer. Ac mae tîm y gogledd yn parhau i gael ei drin gan eu cefnogwyr fel tîm unoliaethol. Chwifiant faneri Jac yr Undeb, a chwaraeir Duw Gadwo'r Brenin fel eu hanthem cyn y gemau. Yn 2002 bu'n rhaid i'r Pabydd Neil Lennon roi'r gorau i chwarae dros y tîm ar ôl derbyn bygythiadau yn erbyn ei fywyd.

Yn ôl ger muriau'r ddinas, methais ag ymwrthod â'r temtasiwn i flasu peth o awyrgylch un o dafarnau'r lle, er mai prin ddynesu at amser cinio oedd hi. Roedd drysau'r Brickyard Bar yn led agored, ac ambell chwerthiniad gerwin i'w glywed yn atseinio drwyddyn nhw.

Camais i mewn a chodi peint o'r stwff du. Roedd yn far eitha' cyfoes, yn llawn ar benwythnosau o'r to iau yn chwilio am gymar, fysai rhywun yn ei dybio. Roedd sgriniau teledu wedi eu gosod yn rhyddfrydol o amgylch y lle, wedi eu troi 'mlaen i ryw sianel newyddion.

Dim ond dyrnaid o gwsmeriaid oedd yno, dynion yn eu hoed a'u hamser. Daeth lluniau o Boris Johnson ar un o'r sgriniau, oedd ar y pryd yn brif weinidog Lloegr, fel y gwnaethon nhw gyfeirio ato. Diolchais yn dawel am yr arwydd yna o ba ochr i'r hollt wleidyddol yr oedden nhw'n sefyll. Mae hynny'n wybodaeth hanfodol cyn dechrau ar unrhyw sgwrs yn Doire.

Roedd Johnson ar ymweliad â Belffast i drafod y freuddwyd wleb, a sut i ddatod y cytundeb efo gweddill ein cyfandir yr oedd o ei hun wedi ei chymeradwyo. Roedd gan y dynion hyn afael sicr ar yr ochr goch o sbectrwm yr iaith Saesneg. Ac roedd hi'n ymddangos bod ganddyn nhw syniadau cryfion am arferion y cyfaill penfelyn.

'Be ti'n feddwl ohono fo?' gofynnodd un ohonyn nhw wrtha' i.

Atebais fy mod i fel Cymro a chyd-Gelt yn dueddol o gytuno efo nhw, gan wybod na fysai hi wedi bod yn gam doeth i anghytuno beth bynnag.

'Dwyt ti ddim yn cytuno efo Brecsit, felly?' aeth ymlaen. 'Ond o'n i'n meddwl 'ych bod chi yng Nghymru wedi pleidleisio o blaid y llanast?'

Trïais egluro am sut roedd ardaloedd mwy Cymraeg y gorllewin wedi bod yn gryf yn erbyn Brecsit. Ceisiais dynnu sylw at ambell ddarn o ymchwil oedd yn awgrymu na fyddai Cymru wedi pleidleisio'r ffordd y gwnaeth hi oni bai am y mewnlifiad. Ond doedd dim pwrpas. Roedd yr olwg yn ei lygaid yn dangos ei ddirmyg amlwg.

Bradwyr wedi ochri efo'r Torïaid oedden ni, un ac oll. Bradwyr oedd yn bygwth dinistrio'r heddwch y bu iddyn nhw ei fwynhau ers y Gwener y Groglith hollbwysig hwnnw.

Allwn i ddim meddwl am wrthddadl. Llyncais fy mheint, codi i adael, a dweud ffarwél wrthyn nhw. Atebon nhw ddim.

Pennod 31

Canfod gwreiddiau

DAETH cybolfa o goncrit a weiran bigog a chamerâu diogelwch i'r golwg, ar ôl inni droi oddi ar yr A2 i gael cip ar le mae'r fferi ar draws Loch Feabhail yn glanio. Hwn oedd carchar HMP Magilligan. Roedd fan hyn ymysg y llefydd a welodd aelodau honedig grwpiau parafilwrol yn cael eu carcharu heb eu cyhuddo na'u cael yn euog o ddim. Wedi ei gyflwyno yn 1971 gan lywodraeth Brian Faulkner, prif weinidog unoliaethol llywodraeth Gogledd Iwerddon, profodd y polisi yn un hynod ymfflamychol.

Cafodd y carchar hwn ei agor y flwyddyn ganlynol ar safle hen wersyll milwrol Prydeinig. Yn wreiddiol yn ddim ond wyth cwt Nissen, cafodd ei ddatblygu ar ffurf tri o flociau siâp-H, fel carchar drwg-enwog y Maze. Digon byrhoedlog fu ei ddefnydd fel lle ar gyfer carcharorion gwleidyddol a gelynion eraill y wladwriaeth. Yn 1977 cafodd y rheiny eu symud i'r Maze.

Mae'n anodd gwahanu hanes cyfoes y gor-wladwriaeth ogleddol a'i charchardai, oedd yn cael eu rhedeg a'u staffio bron yn gyfangwbl gan unoliaethwyr. Roedden nhw yn un o sawl rheswm dros barhad y gwrthdaro, ac roedd y gyfundrefn yn barod iawn i brocio'r nyth cacwn sectyddol.

Y gwaethaf o'r sefydliadau rhain o ddigon oedd HMP Maze yn Long Kesh, rhyw naw milltir o Felffast. Yn wreiddiol câi'r rhai oedd wedi eu caethiwo heb gyhuddiad eu trin fel carcharorion rhyfel. Roedd hyn yn debyg i sut y cafodd y gweriniaethwyr eu trin yng ngharchar Fron Goch adeg y Rhyfel Mawr. Roedd hawl ganddyn nhw i gymdeithasu, ac i wisgo eu dillad eu hunain.

Nid oedd hi'n fwriad gan yr awdurdodau i ail-adrodd camgymeriadau Fron Goch yn Long Kesh. Nid iddyn nhw lwyddo'n llwyr. Aeth nifer o'r carcharorion ati i ddysgu'r Wyddeleg, a chynhaliwyd gwersi ar theorïau gwleidyddol. Datblygon nhw hefyd ddulliau effeithiol o dynnu sylw rhyngwladol i'w sefyllfa, ar brydiau drwy aberthu'r cyfan.

Aeth pethau o ddrwg i waeth yn 1976. Rhoddwyd terfyn ar eu statws arbennig gan yr Ysgrifennydd Gwladol dros Ogledd Iwerddon, efo'r llywodraeth ddatganoledig erbyn hynny wedi ei diddymu gan Lundain. A Chymro oedd yr Ysgrifennydd Gwladol hwnnw: Merlyn Rees, brodor o Gilfynydd.

Gwrthododd nifer o'r carcharorion â gwisgo dillad carchar, gan yn hytrach lapio'u hunain yn eu blancedi. Yn ddiweddarach dechreuon nhw wrthod gadael eu celloedd, gan daenu eu baw eu hunain dros y waliau mewn gweithred ddaeth i gael ei galw'n Brotest Fudr.

Ymprydiodd deg ohonyn nhw i farwolaeth yn 1981, yn eu mysg Bobby Sands. Mis cyn ei farwolaeth enillodd Sands is-etholiad ar gyfer sedd etholaeth Fermanagh & South Tyrone yn San Steffan. Cafodd y writ i gynnal yr isetholiad ei chynnig gan Aelod Seneddol ifanc o Gymru, Dafydd Elis-Thomas, yr aelod dros Feirionnydd.

Llwyddodd y sylw rhyngwladol a ddenwyd gan yr isetholiad, a marwolaethau'r ymprydwyr, i greu rôl gyfansoddiadol gref i Sinn Féin ar y ddwy ochr i'r 'ffin'. A chwaraeodd hynny yn y pen draw ran amlwg yn y gwaith o ddarbwyllo'r carfannau parafilwrol i ddatgomisiynu eu harfau. Cyfnewidiwyd y fwled a'r bom am y blwch pleidleisio.

Bellach, carchar cyffredin ydi HMP Magilligan. Lle i gadw lladron a thwyllwyr, ambell lofrudd, ac ambell un dieuog. Rhyw fath o normalrwydd.

Wrth inni adael y carchar a gwneud ein ffordd yn ôl am y briffordd, ar ôl bod yn gweld glanfa'r fferi, roedd teulu bach yn cael eu gwthio'n anfoddog tuag at y giât erchyll at uffern. Mam ifanc yn benderfynol o gadw cysylltiad rhwng ei phlant a'u tad yr ochr arall i'r weiran bigog, mae'n debyg. Rhag ofn iddyn nhw anghofio'i gilydd.

Duodd yr awyr, a hisiodd mellt gwynias ar ei draws, cyn i'r diafol glecio'i chwip. Rhedodd cŵn Annwn i bob cyfeiriad. Teimlai fel un o areithiau tân a brwmstan y Dr Ian Paisley yn ei anterth.

Sefydlodd hwnnw ei eglwys a'i blaid ei hun, sy'n wers i unrhyw offeiriad neu wleidydd – neu gyfuniad o'r ddau – sydd am sicrhau ei gynulleidfa. Enillodd ei ddoethuriaeth drwy un o'r colegau Beiblaidd sy'n frith yn nhaleithiau deheuol America. Roedd yn ddyn ddi-ildio ei farn. Gwrthwynebai erthylu, a hawliau cyfartal i Babyddion. Roedd hoywon yn esgymun iddo. Roedd yn credu bod yr Undeb Ewropeaidd yn ymgais ar greu archwladwriaeth o dan reolaeth y Fatican. Disgrifiai'r Pab fel y gwrth-Grist. Roedd yn casáu'r iaith Wyddeleg a phopeth yr oedd yn sefyll drosti. Daeth yn wyneb afreswm i bawb ond ei ddilynwyr ffyddlonaf.

Ond eto, aeth yr unoliaethwr taer hwn i Ddulyn i drafod y posibilrwydd o greu dwy wladwriaeth annibynnol ar dir Iwerddon. Neu hyd yn oed undeb ffederal, efo llywodraethau ar wahân yn Nulyn a Belffast. Teimlai nifer nad teyrngarwch at Loegr a'i brenhiniaeth oedd yn ei wneud yn unoliaethwr mewn gwirionedd, ond casineb at Babyddion a'u sefydliadau. Cred ddigon anghydnaws efo'r Gristnogaeth roedd yn ei phregethu.

Roedd dwy ochr i'w gymeriad, yn sicr. Dwi'n cofio cyfarfod ag o yn y Senedd Ewropeaidd yn Strasbwrg, yn rhinwedd fy ngwaith fel newyddiadurwr. Roeddwn yng nghwmni criw o newyddiadurwyr eraill, y mwyafrif ohonyn nhw'n siaradwyr Gwyddeleg o Babyddion, er yn Babyddion digon seciwlar eu hagwedd.

Ro'n i'n pryderu am sut groeso fydden ni'n ei gael gan ddyn, cawr corfforol, oedd efo'r ddelwedd o fod yn dipyn o darw cibddall. Ni ddylwn i fod wedi poeni am y peth. Roedd fel rhyw Fleiddgi Gwyddelig hawddgar a chroesawgar, yn holi o ble roedd pawb yn dŵad. Ac yn tywallt coffi a rhannu bisgedi inni fel rhyw hoff hen ewythr, cyn inni fwrw ati i'w holi.

Ai rhywbeth wedi ei feithrin oedd y ddelwedd, er mwyn apelio at y sylfaen mwya' cwrs o'r gymuned oedd yn ei gynnal yn wleidyddol? Does wybod. Ond llwyddodd i greu cystal perthynas efo'i arch-elyn Martin McGuinness, pan fu Paisley yn Brif Weinidog Gogledd Iwerddon a McGuinness yn ddirprwy, nes i'r ddau gael eu llysenwi'r Chuckle Brothers.

Port Rois

Roedd y glaw wedi cilio a'r mellt yn ôl yn eu bocs wrth inni gyrraedd Port Rois, Portrush. Dyma dre glan môr ddigon sidêt sydd, yn ôl tystiolaeth yr holl bulpudau cerdded a chadeiriau olwyn a welon ni, yn dipyn o ffefryn ymysg y to hŷn. Ac roedd y llu o acenion Seisnig ac Americanaidd oedd i'w clywed yn awgrymu bod pobol yn teithio yma o bell.

Tua chwarter y boblogaeth sy'n Babyddion, sy'n golygu ei bod hi'n gadarn ar ochr unoliaethol y glorian. Bydd cymaint â 30 o orymdeithiau'r Urdd Oren yn cael eu trefnu yno'n flynyddol gan yr unoliaethwyr i ddathlu eu hunaniaeth. Daw hyd at 50 o fandiau gorymdeithio o ardal eang ynghyd ar gyfer y gorymdeithiau hyn, eu henwau yn atseinio o sŵn brwydrau milain y gorffennol pell: Sons of Ulster, Derryloran Boyne Defenders, Drumderg Loyalists.

Yn 2019, â phencampwriaeth golff agored Prydain yn cael ei chynnal ar gyrion y dre', cafodd ymwelwyr o ledled y byd flas ar y gorymdeithio. Tair awr ohono. A chyfle i holi be' ar y ddaear oedd yn cael ei ddathlu.

Ni fu unrhyw drafferthion yn sgil y gorymdeithio ers sawl blwyddyn. Ac eto 'doedd yr awyrgylch yn y dre mo'r cynhesaf inni

295

ei brofi dros yr holl gannoedd o filltiroedd inni eu teithio yn y wlad. Pasio'i gilydd ar y stryd wna pobol, yn hytrach na chyd-gyfarch. Sych hefyd oedd y gwasanaeth yn y siopau a'r tafarnau. Gweini heb wên. Nid i neb fod yn uniongyrchol anghwrtais, ond roedd rhyw amharodrwydd i fod yn agored.

Piciais i'r Springhill Bar i osgoi cawod drom, a chanfod criw o ddynion swnllyd yn gwylio'r rasys ceffylau o Wolverhampton ar y teledu. Llwyddon nhw i osgoi gwneud unrhyw gyswllt llygaid er imi orfod gwasgu heibio iddyn nhw i gyrraedd y bar. A llwyddodd y barmon i'm gweini heb ddweud gair, â minnau wedi plannu papur £10 efo llun Hibernia arno yn ei law cyn iddo ofyn.

Er mod i'n berchen ar yr un math o basbort â'r mwyafrif ohonyn nhw, ni theimlais cweit cymaint o estron gydol fy amser yn Iwerddon.

Cawsom le i aros dros nos mewn *aire* pwrpasol. Roedd yn rhan o faes parcio dim ond tafliad bricsen o Neuadd Oren cyfrinfa'r Arwyr Porffor, o le bydd y gorymdeithiau'n cychwyn. A dim ond dau funud o'r fan lle saethwyd dau heddwas rhan-amser yn farw ar y stryd gan yr IRA yn 1987. Efallai y gallaf ddeall y ddrwgdybiaeth oedd yn yr aer.

Digon balch oedden ni o barhau â'n taith yn y bore. Ac roedden ni am unwaith yn anelu am rywle sydd ar frig rhestr pob twrist i'r parthau hyn o fannau i ymweld â nhw. Mae'n anodd gwybod beth i'w ddisgwyl cyn cyrraedd Clochán an Aifir, Sarn y Cawr, y byd-enwog Giant's Causeway. Yn sicr, dydi'r lluniau a welon ni cyn cychwyn ddim yn gwneud unrhyw gyfiawnder â'r lle.

Mae'r safle yng ngofal yr Ymddiriedolaeth Genedlaethol. Dyna'r corff cadwriaethol maen nhw'n ei rannu efo ni a Lloegr, ond nid yr Alban, Ynys Manaw, Jersey na Guernsey, sydd i gyd â'u hymddiriedolaethau eu hunain. Sy'n gamddefnydd dybryd o'r gair 'cenedlaethol' sut bynnag yr edrychwch chi arno.

Bu'n rhaid gwasgu i gornel gyfyng o faes parcio ar frig y clogwyn uwchben y safle. Wrth wneud ein ffordd am y llwybr i'r Sarn bu'n rhaid cerdded heibio adeilad – sydd bellach yn amgueddfa, ond oedd ar gau'r diwrnod hwnnw – oedd â rhywbeth rhyfeddol o gyfarwydd ynglŷn ag o. Ac yn arbennig felly am ddyluniad y giatiau, efo peli concrit wedi eu gosod o boptu iddyn nhw.

Hen ysgol oedd yr adeilad, a deallon ni ei bod wedi ei dylunio gan Syr Clough Williams-Ellis. Sef y dyn fu'n gyfrifol am gynllunio a chreu pentref Eidalaidd anhygoel Portmeirion ar bentir moel ym Meirionnydd. Y fo hefyd a ddyluniodd yr hen ysgol ramadeg i lawr y ffordd o fan hyn ym mhentre Muileann na Buaise, melin y buchod, neu Bushmills, lle mae'r ddistyllfa wisgi enwog. Codwyd yr ysgol honno yn 1927.

*Yr hen ysgol o waith
Syr Clough Williams-Ellis*

Ymhellach tua'r dwyrain dros ysgwydd Aontroim ceir enghraifft o bentre cyfan wedi ei ddylunio ganddo. Comisiynwyd o i godi Cois Abhann Doinne, coes afon Doinne, neu Cushendun, ar ffurf pentre Cernywaidd gan y tirfeddiannwr, yr awdur a'r Aelod Seneddol Torïaidd Ronald McNeill. Bu'r pentre yng ngofal yr Ymddiriedolaeth Genedlaethol ers 1964.

Penderfynon ni fod yn gybyddlyd, a pheidio â thalu i gael mynediad i'r Ganolfan Ymwelwyr, ac ymuno efo'r heidiau o bedwar ban byd oedd yn cerdded i lawr yr allt serth at y Sarn. Roedd modd dal bws gwennol hefyd am bunt neu ddwy.

Cafodd capiau eu dal yn dynn am bennau wrth i'r gwynt cry' chwarae mig o'n cwmpas. Roedd y tonnau'n taranu oddi tanom, ond heb boeni dim ar yrr bychan o wartheg mewn cae hirgul, oedd wedi hen arfer efo castiau'r hin. Roedd myrdd o flodau gwylltion, chwyn os mynnwch chi, yn dawnsio'n lliwgar ac ystwyth o gwmpas eu traed wrth iddyn nhw gnoi cil.

Sarn y Cawr
Llun: Fáilte Ireland

Casgliad o hyd at 40,000 o golofnau o gerrig tawdd duon ydi'r Sarn, y rhan fwyaf yn chweonglog perffaith. Crëwyd nhw filoedd ar filoedd o flynyddoedd yn ôl pan chwydodd llosgfynydd ei berfedd i'r môr. Mae nifer o'r colofnau yn llawer talach nag y byddai rhywun yn ei ddisgwyl, hyd at 12 llath, ac mae'r wal o lafa caled mewn mannau yn 28 llath o drwch.

Dwi wedi bod yn dyst i sawl rhyfeddod naturiol ar fy nheithiau, ond mae hwn yn uchel tua brig y rhestr. Does ryfedd i UNESCO ei ddynodi yn Safle Treftadaeth y Byd.

Yn ôl chwedloniaeth, cafodd y Sarn ei greu gan y cawr Fionn mhac Cumhaill – hwnnw eto – er mwyn gallu ymladd efo cawr gwalltgoch a barfog o'r Alban, Benandonner. Ac mae dewis ichi ynglŷn â sut y gorffennodd yr ornest. Yn ôl un fersiwn bu Fionn yn drech na'r Albanwr. Yn ôl un arall, gwisgodd Fionn ei hun mewn blanced i edrych fel babi bach, a gorwedd yn ddiymadferth ar y traeth. Pan welodd Benandonner y plentyn, dechreuodd ddychmygu pa mor fawr oedd y tad. Sgrialodd hi'n ôl am yr Alban, heb ddafn o waed wedi ei dywallt. Troi'r foch arall ar ran Fionn, neu gachgïo? Penderfynwch chi.

Bu'n rhaid aros sawl gwaith ar y ddringfa'n ôl i fwynhau'r golygfeydd, ac i gael ein gwynt atom. A naddo, chawsom ni mo'n denu i neidio ar y bws wennol. Ond roedden ni'n llwyr haeddu bach o ginio yng ngwesty'r Causeway Hotel ar ôl cyrraedd y brig; efo seidr Gwyddelig McIver's i'w olchi i lawr i mi, a siocled poeth i'r wraig druan.

Treulion ni'r noson honno ym maes parcio cwmni fferi yn Baile an Chaistil, Ballycastle, neu Ballykessel mewn Sgoteg. Roedden ni'n croesi'n bysedd y byddai'r tywydd yn ffafriol yn y bore i'n galluogi i groesi i ynys Reachlainn, neu Rathlin. Racherie i siaradwyr Sgoteg.

Hon fyddai'r seithfed neu'r wythfed ynys inni droedio arni, mewn wyth wythnos yn Iwerddon. Roedd hi'n anodd cofio faint yn iawn, ond roedden ni'n wirioneddol wedi cael ein traed o dan y bwrdd Gwyddelig. Ro'n i hyd yn oed yn gorfod gochel rhag dynwared yr acen a defnyddio'u hymadroddion wrth siarad Saesneg, rhag ofn i rywun feddwl fy mod yn eu gwatwar.

Ar yr amser penodedig, i'r eiliad bron, cychwynnodd catamarán y Rathlin Express am ein cyrchfan bum milltir allan yn yr Iwerydd.

Y pentref ar ynys Rathlin

Dim ond 12 milltir ydi'r ynys oddi wrth arfordir yr Alban yn Maol Chinn Tìre, y Mull of Kintyre, efo'i mynyddoedd i'w gweld mor glir fel y teimlai rhywun bod modd eu cyffwrdd.

Doedd ryfedd i Robert I, Raibeart an Bruis, brenin yr Alban yn y cyfnod 1306-29, dreulio rhai misoedd ar Reachlainn efo'i ddilynwyr dros aeaf 1306/7 yn cuddio rhag ei elynion. Yma y deilliodd y stori enwog amdano yn gwylio pry' copyn, neu gorryn, yn ail-greu ei we waeth pa mor aml yr oedd yn cael ei chwalu. Deallodd y brenin nad oedd pwrpas rhoi'r ffidl yn y to, a dychwelodd i'w wlad i ail-gipio ei goron.

Mae modd ymweld â'r ogof lle maen nhw'n honni iddo gwrdd â'r corryn. Ond dywed y llyfrau hanes mai aros yng nghastell perchnogion yr ynys, teulu Bissett, wnaeth Raibeart a'i osgordd. Nid rhyw ogof laith, ddigysur. Ac efo'r stori am yr ogof mor annhebygol o fod yn wir, penderfynon ni beidio â gwastraffu'r ychydig oriau fyddai gynnon ni ar yr ynys. Beth bynnag, onid ydw i eisoes wedi gweld Ogof Owain Glyndŵr?

Mae tua 150 yn byw ar yr ynys heddiw. Mae'n nifer sy'n cynyddu'n raddol wrth i bobol gael eu denu gan y syniad o'r bywyd syml, sy'n llawer haws yno heddiw nag y bu. Bu'r boblogaeth ar un pryd yn siarad tafodiaith oedd yn gorwedd rhwng y Wyddeleg a'r Aeleg, a ddaliodd ei thir hyd y 1960au. Ond Saesneg ydi'r iaith heddiw, fel y tystion ni wrth glustfeinio ar ryw ddeg o blant yn cael gwers ymarfer corff ar fuarth yr ysgol gynradd.

Caiff y casgliad o dai, siop gydweithredol, gwesty, caffi neu ddau, tafarn a dwy eglwys – un Babyddol ac un Anglicanaidd – sydd wedi ymgasglu o gwmpas y lanfa ei alw'n Church Quarter. Yno roedd bws bychan amryliw yn chwythu tarth llwyd i'r awyr wrth ddisgwyl i'n 'sgubo i ben pella'r ynys siâp-L, bedair milltir i ffwrdd. Penderfynon ni y byddai dal y bws at y wylfa adar enwog yno yn ddefnydd call o'n hamser, pe bydden ni'n cerdded yn ôl.

Mae'n rhyfeddol pa mor orhyderus y gall gyrwyr fod ar ffyrdd cyfarwydd, hyd yn oed efo clogwyni erchyll dim ond fodfeddi o'r olwynion. Ac felly roedd hi efo'n gyrrwr penfoel, llawen, ni. Roedd y bws yn cynnig gwasanaeth i'r bobol leol yn ogystal â ni'r

Yr olygfa o'r wylfa adar

ymwelwyr, ac yn barod i aros yn unrhyw le ar unrhyw bryd. Doedd dim angen arosfannau bysus ar ynys fel hon.

'Os byddwch chi'n dewis cerdded yn ôl ond yn ail-feddwl ac am gael lifft, codwch law arna' i,' eglurodd, cyn ychwanegu efo gwen ddireidus, 'Mi fydda' i'n siŵr o godi llaw yn ôl.'

Tua diwedd ein taith, roedden ni unwaith eto ar erchwyn dibyn dychrynllyd uwch y môr, ar lôn gul yn hofran rhwng yr awyr a'r gorwel. Erfyniodd y gyrrwr ni i edrych i'n chwith at gyfeiriad y cefnfor.

'Os edrychwch chi'n ofalus, mi welwch chi weddillion fy hen fws,' meddai, gan glegar fel dyn drwg mewn pantomeim. Llinell oedd wedi ei hamseru a'i hymarfer i'r dim.

Roedd y wylfa adar, sydd wedi ei lleoli mewn ac o amgylch hen oleudy, yn wirioneddol syfrdanol. Codai arogleuon pysgod cryfion o garthion yr adar, fel tun pysgod gwag wedi ei adael yn yr haul, â'r dirwedd wedi ei wynnu dros y canrifoedd.

Roedd adar y môr yn eu miloedd yn chwyrlïo uwchben y tonnau, ymhell i lawr y clogwyn roedden ni ar ei gopa, neu'n sgrechian am fwyd o'u nythod mewn holltau yn y creigiau. Roedd yna heidiau anferthol o weilch y penwaig, gwylogod a phalod bach doniol.

Cododd pwl o euogrwydd drosta' i wrth gofio bwyta pâl mewn bwyty yng Ngwlad yr Iâ unwaith. Faddeuais i erioed i fy hunan. Oedd hi'n rhesymol gwario cymaint am gyn lleied o fwyd? Daeth un o'r gwirfoddolwyr i gynnig benthyg sbienddrych inni. Roedd James yn dŵad o Coleraine, meddai, ac yn treulio rhai dyddiau bob wythnos yn gwirfoddoli ar yr ynys. Roedd yn fôr o wybodaeth, ac yn bencampwr am siarad. Dywedodd iddo lwyddo i recordio rhegen-yr-ŷd y noson cynt. Eglurodd eu bod nhw wedi dŵad yn ôl i'r ynys ers tu chwe blynedd, ar ôl bod yn absennol am ddegawdau.

Ymddiddorai yn y ffaith ein bod ni'n siarad Cymraeg efo'n gilydd, ond trodd ei wedd pan godais bwnc y Wyddeleg.

'Mae'n iawn iddi gael ei gwarchod,' meddai. 'Ond mae 'na un blaid fan hyn sy'n ceisio'i stwffio hi i lawr corn gyddfau pawb y dyddiau hyn.'

Penderfynais adael y sgwrs yn ei blas, a dechreuon ni gerdded y pedair milltir yn ôl. Roedd yr ynys yn cynnig tirwedd gymysg; corsydd a thir rhedynog, ond swp sylweddol o dir amaethyddol da yn ogystal. Roedd ffermdy fan acw yn cuddio rhag eithafion yr Iwerydd yng nghysgod cefnen greigiog. Prin y daethon ni ar draws unrhyw gerbyd, a'r rheiny a ddaeth i'w clywed yn rhuo o bell dros sŵn y tonnau.

Wrth ddisgyn i lawr allt serth a thyllog am yr hynny o bentre ag yr oedd yna, daeth rhyw awch am lymaid. Roedd bar McCuaig's yn anferth o le, ar ffurf neuadd, fel y Golden Strand Bar. Roedd y drysau i'r tai bach wedi eu nodi yn uniaith Wyddeleg efo'r cyfarwyddiadau Fir a mNá, ond uwchben y drysau roedd darn o bren cerfiedig yn clodfori 'Her Majesty'.

Roedd nifer o Americanwyr oedrannus yn hofran o gwmpas y lle, oedd yn llawn ffyn a baglau, sŵn clwcian, ac arogl persawr lafant.

Ceisiodd dau aelod ifanc o'r staff fygu chwerthiniad wrth i un ddynes holi mewn llais utgorn a oedd hi'n bosib trefnu tacsi i fynd i'r wylfa. 'Doedd hi'm yn un i fynd ar fysus, wir. Na, atebon nhw'n hollol gwrtais, 'does dim tacsis yma. A na, doedd y dafarn ddim yn gweini bwyd ar y pryd. Ond roedd croeso iddyn nhw brynu pysgod a sglodion o'r fan i lawr y ffordd a'u bwyta nhw wrth fyrddau'r dafarn. Ni phlesiodd hynny 'chwaith.

Codon ni ddiod yr un, ac eistedd wrth fwrdd picnic simsan y tu allan yn edrych heibio trelar cwmni Ifor Williams oedd wedi ei adael yno, a thros y bae a'r traeth graeanog. Teimlwn fel 'mod i'n wirioneddol berthyn. Roedd y gwreiddiau 'Celtaidd' yn tynnu unwaith eto.

Neidiodd rhyw atgof aneglur i flaen fy meddwl o rywle, wedi ei storio ym mherfeddion fy ymennydd. Ro'n i'n cofio Cath yn sôn rhyw bryd, yng nghanol ei holl ymchwil i'w hachau hi a minnau, bod canlyniadau'r prawf DNA iddi ei brynu imi fel anrheg Nadolig yn dangos cysylltiadau amlwg efo dyn o'r Oes Efydd. Dyn o Iwerddon.

Doeddwn i heb dalu llawer o sylw. Roedd o'n gysylltiad braidd yn bell i feddwl gwireddu'r freuddwyd o gael pasbort Gwyddelig yn ei sgil. Ond roeddwn wedi cadw ffeil efo'r manylion ar fy ffôn symudol. Estynnais am hwnnw o 'mhoced. A dyna hi'r ffeil.

Rydw i'n rhannu 5.8 centimorgan o DNA ag o, ar gromosomau 5, 16 a 21. Beth bynnag mae hynny'n ei olygu. Sy'n rhyfeddol o agos, meddan nhw sy'n deall y pethau 'ma, o ystyried yr holl genedlaethau sy' rhyngom ni. Roedd o'n troedio'r ddaear hon rhyw bryd yn y cyfnod rhwng 2025CC a 1885CC.

Yn rhyfeddol, cafodd y DNA ei dynnu o esgyrn a phenglogau oedd wedi eu canfod mewn bedd bas yma ar yr union ynys hon yn 2006. Ynys Reachlainn, Rathlin, Racherie, galwch hi be' y mynnwch chi. Cafodd fy hynafiad ei alw'n syml 'Rathlin 2', am y rheswm syml i weddillion tri o ddynion gael eu canfod yn y bedd. Roedd yn rhaid i rywun fod yn 'Rathlin 1', wedi'r cyfan.

Yn fwy rhyfeddol byth, canfuwyd y bedd o dan garreg wastad tu cefn i'r union dafarn lle'r oedden ni'n llymeitian, wrth i'r tafarnwr Bertie Currie baratoi'r tir i osod lôn newydd. Galwyd ar yr heddlu, rhag ofn bod y trueiniaid wedi eu llofruddio. Mae'n ddigon posib eu bod nhw ond, chwarae teg, roedd hi tu hwnt i allu'r gwnstabliaeth i ddatrys achos mor gythreulig o hen.

Doedd dim olion amlwg yno bellach, hyd y gallwn i weld. Roedd y bedd mae'n debyg wedi ei guddio'n ôl ar ôl cael ei ysbeilio, a bellach o dan y lôn. Ni allai'r staff, gweithwyr ifanc o'r tir mawr yn hytrach na brodorion, fy ngoleuo mewn unrhyw fodd.

Ond y gweddillion hynafol rheiny a brofodd unwaith ac am byth bod pobol frodorol yn byw yn Iwerddon cyn dyfodiad y Celtiaid. A bod eu disgynyddion yn dal yno hyd heddiw.

Mae'r DNA hwnnw hefyd wedi ei ddefnyddio i brofi bod perthynas ddiamheuol rhwng y bobol sy'n cael eu galw'n Geltiaid heddiw. Yng ngeiriau'r gwyddonwyr o Goleg y Drindod yn Nulyn fu'n ei astudio, roedd parhad haplotypig amlwg rhwng genomau'r esgyrn yn Reachlainn a rhai'r Gwyddelod, Albanwyr a Chymry heddiw. A gwyddon ni eisoes bod y Manawyr, y Cernywyr a'r Llydawyr wedi eu pobi yn yr un ffwrn.

Pobol ydyn ni˙sydd mewn gwirionedd yn cario cymysgedd o waed brodorion gwreiddiol tiroedd ymylol yr Iwerydd, a'r Celtiaid ddaeth i'n gorchfygu.

Roedd gynnon ni lawer mwy o deithio i'w wneud eto cyn troi am Ddulyn, a'r fferi'n ôl i wlad y freuddwyd wleb. Ond roedden ni'n ffarwelio â'r Iwerydd gwyllt yma yng nghanol ei ferw hudol, er mai goglais y traeth roedd o'n ei wneud y pnawn hwnnw. Doedd dim modd iddo ymestyn ei fraich ymhellach dros y wlad, efo Chulfor y Gogledd rhwng Iwerddon a'r Alban bellach yn cymryd yr awenau.

Ond ro'n i'n deall o'r diwedd bod mwy i'r dynfa at Iwerddon na dim ond ei phobol a'i diwylliant a'i chwrw du. Taid Rathlin, mae'n ddrwg gen i imi fod gyhyd. Ond dwi wedi dŵad yn f'ôl adra.